北京地坛皇地祇
（刘晨 2023 年 2 月 18 日摄）

河北省承德市承德避暑山庄关帝庙，内有圣母殿
（佟新阳 2022 年 9 月 8 日摄）

河北省保定市易县流井乡马头村洪崖后土皇帝宝殿后土皇帝像

（许琳琳 2020 年 8 月 28 日摄）

河北省保定市易县桥头乡北山南村太阳宫后土皇祠

（李亚慧 2022 年 6 月 28 日摄）

河北省保定市易县桥头乡北山南村太阳宫后土皇祠供奉“承天效法后土皇地祇”
（李亚慧 2022 年 6 月 28 日摄）

河北省保定市定兴县定兴镇西辛告村辛告后土庙后土殿
（李武勋 2022 年 6 月 22 日摄）

河北省保定市定兴县固城镇三街村后土皇帝宫山门
（潘慧军 2022 年 8 月 14 日摄）

河北省涿州市东城坊镇小马村后土庙
（刘朔 2022 年 7 月 23 日摄）

河北省涿州市东城坊镇小马村后土庙后土殿

（刘朔 2022 年 7 月 23 日摄）

河北省涿州市百尺竿乡观仙营村后土庙

（刘朔 2022 年 7 月 30 日摄）

山西省长治市潞城区店上镇宋村后土庙正殿
（王琪 2022 年 8 月 7 日摄）

山西省临汾市洪洞县辛存乡北段村后土圣母庙外观
（乔安宁 2022 年 8 月 4 日摄）

山西省临汾市翼城县唐兴镇古城村后土圣母庙圣母殿
（秦海棋 2022 年 7 月 12 日摄）

山西省临汾市吉县中垛乡南柯榼村后土庙舞楼
（樊晓君 2017 年 5 月 6 日摄）

山西省临汾市尧都区土门镇东羊村东羊后土庙
（陈俊如 2022 年 8 月 12 日摄）

山西省临汾市襄汾县汾城镇尉村后土庙古戏台、钟楼、鼓楼
（敬佳鸣 2022 年 6 月 18 日摄）

山西省晋中市介休后土庙后土殿
（马立明、寇宁 2023 年 8 月 25 日摄）

山西省晋中市灵石县静升镇静升村灵石后土庙
（梁雅琨 2022 年 8 月 2 日摄）

山西省晋中市灵石县静升镇静升村灵石后土庙后土娘娘神像
（梁雅琨 2022 年 8 月 2 日摄）

山西省晋中市和顺县松烟镇许村圣母庙大殿
（高虹 2022 年 8 月 30 日摄）

山西省运城市万荣县荣河镇庙前村后土祠山门正面
（姜波 2021 年 11 月 22 日摄）

山西省运城市万荣县荣河镇庙前村万荣后土祠全景
（姜波 2022 年 1 月 14 日摄）

山西省运城市万荣县荣河镇庙前村万荣后土祠坤柔圣母殿后土娘娘像

（姜波 2022 年 1 月 15 日摄）

山西省运城市万荣县通化镇东孝原村后土娘娘庙正殿

（柴书毓 2022 年 7 月 6 日摄）

山西省运城市平陆县张店镇张店后土庙正殿

（柴书毓 2020 年 8 月 25 日摄）

山西省运城市平芮檀道庙圣母大殿

（柴书毓 2021 年 8 月 19 日摄）

山西省运城市芮城县陌南镇张家滑村后土庙
（柴书毓 2021 年 8 月 20 日摄）

山西省运城市芮城县陌南镇东峪村后土庙行宫大殿
（柴书毓 2021 年 8 月 20 日摄）

山西省运城市芮城县陌南镇朱吕村后土庙大享殿

（柴书毓 2020 年 8 月 22 日摄）

山西省运城市芮城县陌南镇朱吕村后土庙戏台

（柴书毓 2020 年 8 月 22 日摄）

山西省运城市芮城县洪池乡西张村后土庙
（柴书毓 2021 年 8 月 20 日摄）

山西省运城市河津市台头庙大门
（柴书毓 2020 年 8 月 14 日摄）

山西省运城市河津市阳村乡连伯村高禖庙

（柴书毓 2020 年 8 月 19 日摄）

江苏省扬州市琼花观蕃釐观牌坊

（陈珮瑄 2022 年 11 月 6 日摄）

浙江省丽水市缙云县壶镇镇项宅村地母庙庙会
（程浩芯 2023 年 11 月 30 日摄）

山东省济南市市中区党家镇土屋村地母庙
（刁统菊 2022 年 5 月 15 日摄）

山东省青岛市即墨区南泉镇蓝村庆余屯地母庙
（李心怡 2022 年 6 月 21 日摄）

山东省临沂市蒙阴县桃墟镇石家水营村后土奶奶庙外观
（王庆安 2022 年 4 月 9 日摄）

山东省临沂市蒙阴县坦埠镇戴家庄后土庙正殿祇母宫
（公茂栋 2022 年 4 月 8 日摄）

河南省三门峡市陕州区西张村镇前关村后土祠
（朱鹏 2023 年 8 月 30 日摄）

河南省三门峡市陕州区庙底沟遗址公园后土庙

（朱鹏 2023 年 8 月 30 日摄）

河南省新乡市获嘉县后庄村后土庙

（朱宇璞 2022 年 6 月 13 日摄）

重庆市大足区南山石刻三圣母龛
（罗国家 2021 年 10 月 23 日摄）

重庆市大足区南山石刻三清古洞
（罗国家 2021 年 10 月 23 日摄）

云南省文山壮族苗族自治州广南县坝美镇普千村光善坛正殿外观

（曾可人 2022 年 7 月 30 日摄）

云南省文山壮族苗族自治州广南县神仙坡重莲寺近景

（曾可人 2022 年 7 月 30 日摄）

广东省汕头市潮南区峡山街道洋汾林村福德老爷神位

（李国平 2016 年 8 月 22 日摄）

广东省汕头市金平区鮀浦鮀园风景区墓地“土地之神”碑

（李国平 2022 年 6 月 22 日摄）

香港东九龙观塘区五桂山蓝田公园地母元君殿神龛
（刘怡辰 2021 年 12 月 10 日摄）

香港东九龙观塘区牛头角福德庙
（刘怡辰 2021 年 12 月 10 日摄）

澳门花王堂区沙梨头街沙梨头土地庙永福古社的土地公、土地婆
（叶涛 2010 年 3 月 17 日摄）

辽宁省鞍山市双龙山公墓后土之位
（王祖悦 2022 年 7 月 9 日摄）

辽宁省鞍山市千山中部五龙宫玉皇殿后土像
（王祖悦 2022 年 7 月 9 日摄）

山西省晋城市高平市南城街道西南庄村晓山公墓中的后土神位
（吕树明 2022 年 8 月 8 日摄）

山东省枣庄市山亭区徐庄镇张山湾村张氏家族墓地后土神位(左侧后方)
(王素珍 2012 年 12 月 7 日摄)

山东省枣庄市山亭区凫城镇红山峪村清明节给后土神位描红
(刁统菊 2005 年 4 月 5 日摄)

山东省济宁市曲阜孔庙后土祠后土神位
（袁振吉 2022 年 5 月 10 日摄）

福建省南平市建阳区游酢陵园游酢墓
（石奕龙 2013 年 1 月 29 日摄）

福建省厦门市同安区西柯镇美人山安乐园公墓的后土神位
（石奕龙 2013 年 4 月 14 日摄）

台湾地区澎湖群岛望安岛墓地后土神位（墓地左侧前方）
（叶涛 2012 年 4 月 24 日摄）

台湾地区彰化市彰化县大成乡后土神位(和龙神神位相对)
(叶育伦 2022 年 3 月 20 日摄)

马来西亚孝恩园朱氏墓地后土神位(墓地左侧前方)
(叶涛 2010 年 3 月 5 日摄)

日本神户华侨墓地的后土神位
（松尾恒一 2014 年 6 月 21 日摄）

安徽省宿州市博物馆馆藏后土娘娘像
（宋朝、张冰摄，转引自傅静：《宿州市博物馆馆藏铜造像——后土娘娘像赏析》，《文物鉴定与鉴赏》2018 年第 16 期）

中华后土文化丛书

主编 叶涛
副主编 刁统菊

中华后土文化·宫庙卷

本卷主编 刁统菊

山东大学出版社
SHANDONG UNIVERSITY PRESS
·济南·

万荣县人民政府委托项目、山东大学横向合作科研项目
“中华后土文化与万荣后土祠研究”(项目编号:12310013552101)
“中华后土文化图像艺术研究”(项目编号:12310013552203)

图书在版编目(CIP)数据

中华后土文化·宫庙卷 / 叶涛主编;刁统菊本卷主编.—济南:山东大学出版社,2024.3
ISBN 978-7-5607-8202-7

Ⅰ. ①中… Ⅱ. ①叶… ②刁… Ⅲ. ①寺庙—文化研究—中国 Ⅳ. ①K203

中国国家版本馆CIP数据核字(2024)第071046号

策划编辑 傅 侃
责任编辑 肖世伟
封面设计 王 旭

中华后土文化·宫庙卷
ZHONGHUA HOUTU WENHUA · GONGMIAO JUAN

出版发行 山东大学出版社
社 址 山东省济南市山大南路20号
邮政编码 250100
发行热线 (0531)88363008
经 销 新华书店
印 刷 东港股份有限公司
规 格 787毫米×1092毫米 1/16
26.5印张 16彩插 481千字
版 次 2024年3月第1版
印 次 2024年3月第1次印刷
定 价 118.00元

中华后土文化 · 宫庙卷

主　编　刁统菊

副主编　孙华月　朱　鹏

编写与摄影人员（按姓氏笔画排序）

刁统菊　于晓雨　马立明　马荣宪　王　琪　王仁之
王全宝　王庆安　王祖悦　王素珍　王翘楚　王照波
公茂栋　石奕龙　叶　涛　叶育伦　吕树明　朱　鹏
朱宇璞　乔安宁　刘　朔　刘　晨　刘应莎　刘怡辰
许琳琳　孙华月　李　一　李心怡　李亚慧　李武勋
李国平　李富强　吴宁宁　佟新阳　佘康乐　陈　阳
陈科锦　陈俊如　陈姵瑄　罗国家　赵京伟　胡保华
段青丽　姜　波　秦海棋　袁振吉　柴书毓　高　虹
郭俊红　梁雅琨　寇　宁　敬佳鸣　程浩芯　傅灵犀
曾可人　樊　枫　樊晓君　潘慧军　［日］松尾恒一

中华后土文化研究的新起点
(代序)

2021年10月,山西省万荣县人民政府与山东大学签署《山东大学横向科研项目合同书》,正式启动了“中华后土文化与万荣后土祠研究”项目的调研工作。在此后两年半的时间里,项目组经历了新冠肺炎疫情防控的紧张岁月,也度过了2023年各项工作回归正常后忙碌的时光。在大家的共同努力下,作为结项成果的“中华后土文化丛书”终于要出版面世了,此时,作为项目的组织者,我的心情既兴奋不已又忐忑不安。

令人兴奋的是,在中华文明发展史上占有重要地位的后土文化,因为这个项目的实施,终于能够以比较系统、比较全面的面貌呈现在世人的面前。

“皇天后土”是国人对自然界的“天”和“地”最常用的称呼,这种将天地对应起来予以称呼的做法早在春秋战国时期就形成了。两千多年以来,后土及其相关的信仰和祭祀活动,始终贯穿于中华历史文明的漫漫长河中,成为国家祭祀与民间信仰、封建帝王与黎民百姓、华夏大地与海外华人社区共享的一种文化现象,也因此成为中华优秀传统文化的核心组成部分,被视作中华文明得以传承发展不可或缺的根脉。然而,与后土在中国历史文化发展中所占有的重要地位相比,关于后土文化的系统研究、对于后土文化的普及宣传就显得比较薄弱了。

这套“中华后土文化丛书”是对中国历代典籍中关于后土记录的系统整理,是对近代以来对于后土研究成果的总括性展示,主要集中在研究论著的选编、典籍史料的全面搜集与整理、后土文化传承与传播的历史与现状、后土文化核心传承地区的祠庙建筑与民俗信仰生活等方面,我们希望通过这套丛书的编纂与出版,能够对中华后土文化予以全方位的呈现。

我为这个项目所设定的学术目标是：为前人的研究做总结，为后代的学人打基础。恰恰是这个自我设定的目标，成为如今令我忐忑不安的原因。

首先，在项目启动后将近一年半的时间，由于新冠肺炎疫情防控的缘故，计划中的田野调查全部受到影响，这主要包括：对作为后土文化核心传承区的山西省万荣县后土文化的系统深入的调查，对后土文化在海内外传承与传播的面上的调查，对万荣后土祠经典建筑的历史挖掘与现状的系统测绘等。虽然在疫情期间和疫情之后有限的时间里，上述几个子课题的项目组成员对相关内容进行了力所能及的调查，但还是留下了一些无法弥补的遗憾。

其次，后土文化所包含的内容极其丰富，涉及的学术领域也非常广泛，对于后土文化的调查与研究属于多学科、跨领域的综合性学术工程。每当想到这些，我的心中就惴惴不安：我本人和项目组的成员个人的知识结构、调查能力和研究水平都有限，竟然敢于涉足如此重要的研究领域，敢于承担如此重要的研究项目，我们是不是太不自量力了?！在项目进行的过程中，随着对后土文化了解的逐步深入，我们就更加清楚自己在学养和能力方面所存在的不足。当然，我们并没有知难而退，我们把这项工作当作一次难得的学习和提升自我的机会，尽最大努力去弥补我们的不足。

我此前曾经组织过几个类似的集体性研究项目，对于这类项目的调查和研究积累了一定的经验，也有过深刻的教训。作为后土文化研究这类集体合作的科研项目，好的内容策划和合适的参与者是取得成功的关键。

在项目内容的设计方面，根据后土文化所涉及的领域，我们分解研究内容，以子课题的形式展开调查与研究工作，这些子课题主要包括“中华后土文化研究综述”“中华后土文献的搜集与整理”“中华后土文化建筑概览”“中华后土文化文学资料的搜集、整理与研究”“万荣后土祠研究”“万荣后土文化调查与研究”，在2022年4月项目中期报告会之后，又增设了“中华后土文化图像艺术研究”专项课题，共计7个子课题。这也就是如今摆在我们面前的7卷9册的结项成果：《中华后土文化·研究卷》、《中华后土文化·史料卷》(上、中、下)、《中华后土文化·文学卷》、《中华后土文化·图像卷》、《中华后土文化·宫庙卷》、《中华后土文化·万荣后土祠卷》、《中华后土文化·万荣后土文化卷》。

在项目组成员的组成方面，根据项目内容的要求，一定要找专业对口、有能力做好研究工作、有责任心的学者承担任务，特别是选好合适的课题负责人是项目顺利完成最关键的一步。我们项目组的成员以中青年学者为主,“70后”“80后”甚至是“90后”承担起了重任,子课题的负责人(丛书各卷的主编)都是接受过严格的学术训练、责任心强、善于合作、乐于奉献的中青年学者,在项目结束和成果即将出版面世的时候,我对团队成员的工作十分满意,对于大家辛勤努力所取得的成果感到十分骄傲!

在项目调研和编纂写作的过程中,我们特别注意向在后土及其相关领域有所研究的专家学者学习和请教。为此,2022年6月至9月,我们组织了为期十三讲的“后土与中华文明”系列讲座,包括“后土与社、地母之关系初探”“后土图像遗存的流变与阐释”“女神的转向:后土与碧霞元君的形象叙事”“后土史料的搜集、整理与初步研究”“解读万荣后土祠”“南洋华人的后土信仰——民族意象与天人观念的在地诠释”“宋真宗东封西祀对后土信仰的影响”“《道藏》中的‘后土皇地祇’”“西汉国家祭祀中的后土祠”“日本华侨公墓与后土、土地神信仰——旅日华侨社会的历史和记忆之表象”“天下后土——后土文化的传播与影响”“后土文化的核心传承区——万荣县后土文化的调查与研究”“从国家祭祀到民间信仰——关于后土文化研究的几个问题”,主讲人主要是项目各子课题的负责人以及特邀的田天、刘云军、王琛发(马来西亚)、松尾恒一(日本)等对后土文化有深入研究的学者。同时,每一讲都邀请了国内外相关领域的知名学者作为与谈人。通过这种讲座汇报和与谈指导的形式,先后共有40余位学者为本项目的调查与研究出谋划策。

在两年半的时间里,我们项目组的全体成员,始终是以敬畏之心面对后土文化,是以严肃认真的态度、严谨规范的学风开展调查与研究工作,我们深知这套丛书一定会存在诸多不足甚至是错误,我们期待着学术界和社会各界对于这套丛书的批评指正。

中华后土文化研究能够得以立项,在此必须要特别感谢中共万荣县委和万荣县人民政府的主要领导们,他们充分认识到了后土文化在中国历史文明中占有的重要地位,迫切希望充分挖掘后土文化的历史价值和现实意义,并且希望在万荣县的政治经济和社会文化发展建设中发挥后土文化的功用。没有他们的大力支持,就不可能有这个项目的实施,更不可能在如此短促的时间里完成项目的调研和丛书的编纂工作,谢谢他们!

为前人的研究做总结,为后代的学人打基础,是我们这个项目的初衷。如今，作为合作项目的科研工作已经告一段落，作为结项成果的“中华后土文化丛书”也将出版面世，我们的项目可以结项了。但是，对于博大精深的中华后土文化的研究，这只能说是一个新的起点。我们期待着有更多的社会有识之士关注后土文化，期待着有更多的学界才俊投入到对于后土文化的深入研究中，期待着在中华后土文化这片沃土上结出更加辉煌灿烂的成果。

叶　涛

2024年3月于东瀛旅次中

本卷编纂说明

“中华后土文化宫庙概览”是山东大学与山西省运城市万荣县政府的校政合作项目“中华后土文化与万荣后土祠研究”的一个子课题，旨在全面介绍海内外与后土文化相关的宫庙信息，现以《中华后土文化·宫庙卷》为名出版。

课题组对后土文化传承的核心地区——山西省万荣县以及国内外在传播后土文化方面具有代表性的地区和宫庙进行了调研。对于现存宫庙信息来源，以实地调研和网络调研、全面普查调研和专项定点调研相结合，同时坚持将出版物视为重要参考。专项定点调研包括国内的山西、山东、河南、河北、陕西、江苏、辽宁、云南、广东、福建、香港、台湾、甘肃、浙江等地，以及国外的马来西亚和日本。从目前资料搜集的广泛程度来看，大体可以反映后土宫庙分布现状。在对宫庙予以描述时，一些网络资料相互之间会有矛盾之处，这里主要以政府门户网站为判断依据。历史上的宫庙资料来源主要是“中国国家图书馆数字方志”“中国基本古籍库”“爱如生——中国方志库”，经初步整理可以判断后土信仰曾经广泛分布于全国各地。

后土是中国古代土地信仰的重要内容。后土祭祀的传统在西汉建立起来，退出最高国家祭祀序列之后，其生命力反而更为蓬勃。当下后土信仰作为一种历史积淀的文化产物，在民间的传承与转化显示出较为复杂的样貌。一是空间分布不均衡，明清时期后土宫、后土祠、后土庙遍布全国多数地方，而当下却主要在北方更为常见，如山西、陕西、河北、河南、山东等省；其在华南多地已经非常少见，多演变为土地爷或福德正神。二是以后土神位、土地信仰等形式见于墓地，护佑墓主合宅平安。晋东南的丧葬仪式中甚至还保留着祭后土的仪式。三是随着华人的流动，后土信仰也传播到海外各地。南洋多数华人，尤其原籍两广和福建者，造墓时也会在墓地一角安奉后土神位，祭拜先人时要先祭后土。日本华侨社会于近代形成以后，也开始在建造公墓之后竖立后土碑，例如华侨集中居住和活动地长崎、神户、京都、横滨等地的公墓，后土神位就较为常见。

四是由于后土信仰与地母信仰没有完全脱离，有时两者相互缠绕，如有些地母庙内供奉后土娘娘或后土庙的主祀神为地母娘娘，因此本书也对地母庙予以适当关注和实地调研。地母庙几乎在全国各地都有，但是已经出现明显的衰落，比如北京地母庙；有些地方的地母庙完好保存甚至重建，如山东青岛和济南、浙江、陕西、辽宁、云南、香港等地。

鉴于后土宫庙在我国南北各地的不同表现，以及后土文化的多样化传承，本书在资料方面有两个考虑：一是收录的宫庙以现存宫庙为主，而历史上的宫庙或有文化遗迹（石刻、图像、宫庙残迹等），或仍存留于地方记忆者（口述、庙会等），也酌情纳入考察范围，体例上以概况（庙宇俗称、地址、占地面积等）、历史沿革（创修、重修）、庙宇建筑（坐落、殿宇、塑像、匾额、碑刻等）等为主要内容，还适当关注庙宇的相关活动（如庙会）与对周边社会的影响；二是对后土文化在民间更为普遍的表现也予以关注，如各地在墓地祭祀后土及此种习俗在海外的传播，充分显示出中华民族对土地、生命的普遍热爱与珍视和各地在文化上的相互交融、情感上的相互亲近。后土文化既是中华文化在海外延续和发展的例证，也是中外文化交流的重要基础和重要体现，有助于增强海外华人的民族认同感和凝聚力，也可以大大增进不同文化之间的交流和理解，推动不同文明之间和谐共处。

本书是集体成果，要感谢“中华后土文化与万荣后土祠研究”项目组所有成员，以各种形式提供指导、建议的专家学者，为课题调研提供许多帮助的地方人士和参与资料搜集、田野调查、写作的师生。

由于各种主客观原因，本书在资料搜集和整理方面仍有许多不尽如人意之处，敬请读者批评、指正！

刁统菊

2024年5月20日

目 录

全国后土庙、地母庙分布

国内外后土信仰实践

全国后土庙、地母庙分布

北京市

东城区

安定门外大街路东地坛

（李富强）

一、概况

地坛，又叫方泽坛，位于北京市东城区安定门外大街路东，占地面积为640亩，是中国现存规模最大的祭地之坛。地坛始建于明朝嘉靖九年（1530），供奉“皇地祇”——正是后土神的别称。嘉靖以后，清朝的历任皇帝都在这里祭祀皇地祇，现名“地坛公园”。[①] 地坛是明清时期皇家祭祀建筑的珍贵遗存，是中国古代建筑中的典范，在建筑、历史和艺术方面都具有很高的价值。

二、历史沿革

地坛与天坛遥相对应，得名与其用途有关，“坛”是指古代举行祭祀、誓师等大典时用土石堆砌的高台。古代多利用天然方丘做坛，后来演变为筑坛祭祀。地坛始建于明嘉靖九年，由于改合祀为分祀，嘉靖十三年（1534）从礼部尚书夏言的建议改称地坛。嘉靖十八年（1539），建方泽坛祭拜二殿。

地坛于清代曾多次重修，比较显著的修缮出现在雍乾时期。雍正二年（1724），方泽坛外牌坊从旧名泰折街改为广厚街，八年（1730）重修地坛斋宫，增建内宫门3间、守卫房12间。清乾隆皇帝在位期间也多次修缮地坛，使得地坛色彩更加鲜明浓烈，建筑鼎新，大量的树木补植，堆云积翠，祭坛氛围也越发肃穆清朗，达到了北京地坛营造史的巅峰。

清末民初以来，地坛屡遭外国侵略者破坏。1925年，时任京兆尹的薛笃弼以发展民众事业为由，请求内务部把地坛划归京兆，辟为“京兆公园”；1928年又更名为“市民公园”。1935年，北平市坛庙管理所接管了坛内的古建筑，停办市民公园，恢复了“地坛”这一名称，并对外开放。

1957年，“地坛公园”建成；1981～1983年，方泽坛和其他附属建筑得到修缮；1984年，地坛被确立为市级文物保护单位；1985年起，每年春节的庙会活动

---

① 参见韩扬主编：《坛庙》，北京美术摄影出版社2014年版，第48～65页；北京市文物事业管理局编：《北京名胜古迹辞典》，北京燕山出版社1989年版，第35～37页。

也被确定下来。[1]

三、庙宇建筑

地坛建筑既十分雄伟，又古朴典雅。进入地坛，首先映入眼帘的是牌楼。牌楼为三间四柱七楼石牌坊，旧时称作“泰折街”牌坊。地坛内有汉白玉砌筑的两层方台，每层高约2米，上层为20米见方，下层为53米见方。二层南部左右设置有象征五岳、五镇、五陵的山形石座，北部左右设置有象征四海、四渎的水形石座。台外有两重围墙，坛南有皇祇室五间，供奉皇地祇神牌位。该建筑坐南朝北，为五开间歇山式一斗二升交麻叶头官式建筑，绿色琉璃顶。围墙西边有神库、神厨、祭器库、乐器库各五间，再西有宰牲亭，西北则是皇帝祭祀时居住的斋宫[2]，1990年建成的北京蜡像馆设在斋宫内。《钦定续文献通考》载：“十年(1531)四月，方泽成。建坛于安定门外之东。二成。坛面黄琉璃砖，用六八阴数。陛九级。用白石围以方坎，周四十九丈四尺四寸，深八尺六寸，广六尺。内壝方二十七丈二尺，高六尺。外垣二重。内外棂星门制如圜丘。内北门外，西瘗位，东登台。南门外皇祇室。外西门外迤西神库、神厨、宰牲亭、祭器库。北门外西北斋宫。又外建四天门。西门外北为銮驾库、遣官房、内陪祀官房。又外为坛门。门外为泰折街坊。护坛地千四百余亩。”[3]方泽坛的建筑艺术极具审美意蕴，最突出的是正方形几何母题的运用，创造了构图上平稳、协调、安定的建筑形象，这与我国古代天圆地方的宇宙观相契合。

四、主要活动

祭地典礼在我国有悠久的历史，古籍中所说的地祇、后土都是地神。古代祭地礼仪的规格随着时间的推移而不断升级，到了明清两朝，祭地仪式更为隆重。明清时期，当朝皇帝都要亲至地坛拜祭，祈求“风调雨顺、国泰民安”。地坛的祭祀每年夏至日黎明举行，以五岳、五镇、五陵、四海、四渎从祀。前五日皇帝到牺牲所视牲；前三日皇帝开始在斋宫斋戒，陪祀官员在各自官署斋戒；祭日当天日出前六刻太常寺卿到乾清门报时，恭请圣驾至地坛行礼。地坛祭祀礼仪大致如下：瘗毛血，迎神；奠玉帛；进俎；初献；亚献；终献；撤馔；送神；奉祝帛香馔、恭送瘗所。[4] 改革开放后，于1985年创办地坛庙会，地坛庙会时间是每年年三

---

① 参见池小燕：《北京地坛建筑研究》，天津大学硕士学位论文，2007年。

② 参见何本方、李树权、胡晓昆：《中国古代生活辞典》，沈阳出版社2003年版，第550页；马荣汉编著：《中国建筑之最》，中国旅游出版社1994年版，第158页。

③ (清)嵇璜纂：《钦定续文献通考》卷六十九，清光绪八年浙江书局刻本，17b～18a页。

④ 参见姚安：《清代北京祭坛建筑与祭祀研究》，中央民族大学博士学位论文，2005年，第55页。

十到正月初七仿清祭地表演是地坛庙会独有的传统节目，再现了清代皇帝的祭地活动。中国是礼仪之邦，地坛祭祀活动所体现的祭地文化是中国古代祭祀文化的重要组成部分，是先辈留给我们的宝贵的非物质文化遗产。

五、周边影响

随着中国古代君主专制政体的瓦解，原为皇帝祭祀的神圣地坛成为寻常百姓游玩的地坛公园，受传统影响，祭地表演至今仍是地坛公园的一项重要文化活动。作为京城恢复最早的庙会，地坛春节文化庙会以地道民俗、传统民间特色闻名，春节逛地坛庙会也成为老百姓沿袭多年的习俗，每届庙会都会吸引游客百万余人次。[①]

西城区

永定门内大街西侧地祇坛

（李富强）

一、概况

地祇坛位于北京市西城区永定门内大街西侧，地处先农坛内坛南门外，天神坛以西，与天神坛合称“神祇坛”，占地面积33平方米[②]，为明、清两代祭五岳、五镇、五陵、四海、四渎诸地神坛台，始建于明嘉靖十一年（1532）。

二、历史沿革

地祇坛是先农坛的坛台之一，先农坛又名“山川坛”，是明清两代祭祀先农、山川神祇、太岁诸神的场所。明永乐十八年（1420），先农坛建于北京南郊。嘉靖十一年（1532）为立京师四郊分祀之制，重建先农坛，将先农坛分为天神坛和地祇坛。《明史》记载：“嘉靖十一年改山川坛名为天神地祇坛，改序云师、雨师、风伯、雷师。天神坛在左，南向，云、雨、风、雷，凡四坛。地祇坛在右，北向，五岳、五镇、基运翊圣神烈天寿纯德五陵山、四海、四渎，凡五坛。从祀，京畿山川，西向；天下山川，东向。以辰、戌、丑、未年仲秋，皇帝亲祭，余年遣大臣摄祭。其太岁、月将、旗纛、城隍，别祀之。十七年，加上皇天上帝尊称，预告于神祇，遂设

---

① 参见北京东城区旅游委：《北京地坛春节文化庙会》，《旅游》2014年第2期。

② 参见都大明：《中国台坛》，重庆出版社2006年版，第232页。

坛于圜丘外壝东南，亲定神祇坛位，陈设仪式。”[①]“嘉靖十一年，改山川坛为天神、地祇二坛，以仲秋中旬致祭；别建太岁坛专祀太岁，东庑为春、秋月将，西庑为夏、冬月将，各二坛，前为拜殿。宰牲亭南为川井，即山川坛旧井，有龙蛰其中。坛西南有先农坛，东旗纛庙，坛南籍田在焉。”[②]此次对天神坛和地祇坛的修建对原有山川坛的坛垣进行了改易，奠定了明代先农坛最终的格局。[③] 民国时期，地祇坛与天神坛一起被拆除。1988 年，有关专家提出对先农坛建筑群进行抢救性修缮，经过几十年的努力，先农坛建筑群得到很大程度的修缮。[④] 今天天神坛和地祇坛已不复存在，坛区东南角变成了先农坛体育馆。[⑤]

三、庙宇建筑

地祇坛坐南朝北，为长方形砖石结构，高约一点五米。一层宽约十丈，长六丈，高四尺，北向，四出陛，各六级。坛南设青白石龛五座，全部饰以雕刻，其中三座镂以山形，分祭五岳等诸神位；两座镂以水形，祭祀四海、四渎等诸神位。龛下四周凿池，举行祭祀时才放水。通高各八尺二寸，顺序自东起依次为四海、五镇、五岳、五山和四渎。另外坛之东、西各有山水形石龛一座，通高各七尺六寸，东祭京畿名山大川神位，西祭天下名山大川神位。[⑥] 坛四面围有方形的垣墙，墙方二十四丈，高五尺五寸，上方覆盖琉璃色瓦，四面开门。正北门为三门六柱，东、西、南各一门二柱，全部以大理石做成华表状。[⑦]《太常寺则例》详细记载了地祇坛的建筑规制：“西为地祇坛，制方，北向，一成，广十丈，纵六丈，高四尺，四出陛，各六级，坛南设青白石龛五，刻山形者三……刻水形者二……各高八尺二寸；坛东西从位石龛均山水形各一……各高七尺六寸，壝方二十四丈，高五尺五寸，壝正北三门六柱，东西南各一门，二柱柱及门楣或皆白石屏皆朱棂，西北瘗坎一。”[⑧]

四、主要活动

祭祀先农和亲耕的传统可以追溯到周朝，至明清两代成为国家重要的祭祀

---

① (清)张廷玉撰:《明史》卷四十九，清乾隆四年刻本，第 16b～17a 页。

② (清)孙承泽撰:《春明孟余录》卷十五，古香斋袖珍十种本，第 2b 页。

③ 参见曹鹏:《明代都城坛庙建筑研究》，天津大学博士学位论文，2011 年。

④ 参见袁理:《论清代先农坛建筑群匾额中的满文》，《吉林师范大学学报》(人文社会科学版)2017 年第 3 期。

⑤ 参见韩洁:《北京先农坛建筑研究》，天津大学硕士学位论文，2005 年。

⑥ 参见都大明:《中国台坛》，重庆出版社 2006 年版，第 232 页。

⑦ 参见[日]中野江汉:《北京繁昌记》，韩秋韵译，北京联合出版公司 2017 年版，第 107 页。

⑧ (清)德勋纂:《太常寺则例》卷九十七，清乾隆四十二年刻本，第 2b～3b 页。

典礼。明嘉靖十一年(1532),嘉靖皇帝厘正祀典,于先农坛之南建天神、地祇二坛,定于每年八月中旬择日行祭礼。在先农坛祭拜过先农神后,在俱服殿更换亲耕礼服,随后到亲耕田举行亲耕礼。亲耕礼毕,在观耕台观看王公大臣耕作。[①] 清人关后,于顺治年定制,先农坛于每年春二月择吉日遣官行礼,天神坛则祀云师、雨师、风伯、雷师,地祇坛祀五岳、五镇、四陵山(今为五陵山)、四海、四渎、京畿名山大川,岁遇水旱则遣官祷告。

五、周边影响

地祇坛是明嘉靖时期根据皇家祭祀典章制度改革的需要,于先农坛内坛南门外增建的祭祀坛,用以供奉风雨雷电、山岳海渎诸多神灵,祈求风调雨顺、国泰民安。这体现了中国古代社会的重农思想和尊天祭祖的礼俗信仰。天神、地祇二坛形制现已无存,包括地祇坛在内的现先农坛建筑群设有北京古代建筑博物馆,目前尚有保存完好的地祇坛石龛座移入博物馆内,以绿色植物示意地祇坛原有的外观及其形制。博物馆展厅内陈列的"中国古代建筑发展史"诠释了中国传统建筑文化的特点和精髓,展现了中国古代建筑从蒙昧粗粝的原始状态发展到明清时代城墙高筑、布局严整、雕刻精美所走过的漫长历程[②],为广大市民提供了一个了解中国传统文化尤其是古代祭祀文化与建筑文化的窗口。

朝阳区

朝阳门北大街东侧地母庙

(李富强　刁统菊)

北京地母庙是一座道教宫观。据《北京寺庙历史资料》记载,地母庙建造年代失考。根据1928年北平特别市政府的寺庙登记,地母庙坐落于东郊一分署杨家胡同十五号后门,建造年代失考。民国十二年(1923)重修,属私建。该庙南北三丈,东西三丈,房屋三间;管理及使用状况为自行管理使用;庙内法物有佛像一尊,铁香炉一个,铁蜡扦一对。[③] 到1936年,北平市政府开展第一次寺庙总登记,地母庙的建庙时间略有调整,地点更正为东郊菱角坑十五号,私建于民

① 参见许国华:《把群众路线工作做在田间地头》,《才智》2016年第6期。

② 参见陆杨:《北京古代建筑博物馆　探秘寻踪华夏建筑魅力长卷》,《时尚北京》2014年第11期。

③ 参见北京市档案馆编:《北京寺庙历史资料》,中国档案出版社1997年版,第219页。

国十一年(1922)。庙产也出现了明显增多,不仅有不动产土地一亩,房屋七间,还有神像五十座,礼器六十一件,法器一件,画像七张,供桌一张和榆、柳树三棵;管理及使用状况为供神外自住。[①]

1947年北平市第二次寺庙总登记记载,该庙位于“十三区朝外菱角坑杨家胡同15号”,8月份时住持为王诚茗。1986年,地母庙被公布为北京市朝阳区文物保护单位。2004年底,朝阳门外大街1号地拆迁,地母庙随即被全部拆除,兴建中国石化大厦。

大兴区

亦庄镇鹿圈村后土庙

（李富强）

北京市大兴区亦庄镇鹿圈村后土庙(土地庙)始建年代不详,规模不大,被村民称为“小庙”,位于村北小溪的西岸高坡上,坐南朝北,因北侧为凉水河,有“镇河”作用。“小庙只有一进院落,一层大殿,正殿建在用大块青石砌成的土台上。”正殿供奉一尊土地爷塑像,“正襟端坐,面目和善。殿外门楣之上悬一块蓝底儿黄字‘后土庙’匾额。”“庙里除了正殿,东、西两侧还配有殿室十四间。院北正中是山门,门外对面有一砖砌影壁,把后土庙与凉水河隔开。庙院墙上半截砌有四块边长一米大小的菱形方块,上镌‘五谷丰登’四个大字非常醒目。庙外左侧种有一棵古槐,上挂一口直径约一米的大钟,每到逢年过节,钟声响亮,十里相闻。庙内庙外立有两块功德碑,一块立在大殿前台右侧,碑额镌有‘神明洞鉴’四个大字,下面刻有建庙捐资者姓名。另一块立在山门外右侧,碑额镌有‘万古流芳’四个大字,碑正面刻有捐资建凉水河桥者的姓名。”后土庙在20世纪60年代曾做过鹿圈村卫生所,后因鹿圈小学扩建而被拆除;大钟于“大跃进”运动期间被化为铁水炼钢;建桥功德碑于“文化大革命”时期因“破四旧”被砸毁;修庙功德碑现保存在鹿圈一村队部遗址地下,已被大兴区文物所卫星定位登记入册。据说这里早年间香火很盛。每年二月二香客云集,香烟缭绕,钟磬悠扬,人们都期盼来年风调雨顺、五谷丰登。[②]

---

① 参见北京市档案馆编:《北京寺庙历史资料》,中国档案出版社1997年版,第592页。

② 鹿圈村后土庙资料全部来自《亦庄史话|鹿圈村的变迁》,北京亦庄(北京经济技术开发区融媒体中心官方澎湃号),https://m.thepaper.cn/newsDetail_forward_7558559。发表时间:2020年5月26日;浏览时间:2022年6月13日。

河北省

邯郸市

武安市阳邑镇柏林村后土祠

（李富强）

柏林后土祠位于河北省邯郸市武安市阳邑镇柏林村碧霄山。阳邑镇位于武安市西部边缘，与山西左权、河北涉县交界，有万寿山旅游区和碧霞宫、唐王殿、闯王行宫等古迹，2007 年入选河北省第一批历史文化名镇。

新建的柏林后土祠坐北朝南，位于阳邑镇柏林村碧霄山山巅，由碧霄山石刻和村内的后土行宫及碑刻组成。原建筑有山门、钟鼓楼、大殿、拜殿、碧霞宫、龙王庙等，已基本无存，现存建筑均为明清时期遗存。① 院内存重修碑记 5 通、石供桌 2 个、其他碑刻 6 通。后土行宫位于柏林村内，为明清建筑风格，坐北朝南，四合院式布局，南北长 27.93 米，东西宽 22.35 米，占地面积为 624.23 平方米，由正殿、东西厢房、门房、影壁组成。行宫院内现存碑碣 20 余通，分别镶在正殿、东西厢房、门房等墙上，碑文分别记述柏林村明清及民国时期发生的重要事件，现保存基本完整。2008 年 10 月，柏林后土祠及石刻被河北省人民政府核定公布为省级文物保护单位。②

每年春节期间，柏林村村民都要举行盛大的祭祀活动。此时，碧霄山后土祠内敲锣打鼓，彩旗飞舞，热闹异常。人们身穿统一的文化衫，举办具有地方特色的抬奶奶御街跨宫活动。从后土祠至奶奶行宫的沿途，窄窄的老街道挤满了群众，大家争相目睹神灵奶奶的像身。后土奶奶按照神道巡行全村的主要街道和各座庙宇，巡行队伍逢庙停驻，敲锣打鼓，划旱船、扭秧歌等传统节目相继上演。老人们说热闹一番是为感谢后土奶奶，祈佑平安顺遂。

柏林村后土祠是为数不多的河北省省级文物保护单位，当地村民对后土奶奶有着深厚的感情和虔诚的信仰。每年后土奶奶诞辰日举行的盛大祭祀活动都会吸引周边村镇的村民前来参加，对传统民俗文化的传承和延续具有积极影

---

① 参见王朝红、舒平、赵春梅编著：《河北省历史文化名镇名村及传统村落图录 3 邯郸 保定 沧州》，天津大学出版社 2019 年版，第 106 页。

② 《柏林后土祠及石刻》，邯郸市人民政府官网，https://www.hd.gov.cn/zjhd/wwgj/sjww/sksjsk_33280/202206/t20220601_1571362.html，发表时间：2022 年 6 月 1 日；浏览时间：2022 年 6 月14 日。

响，同时也丰富了村民的精神文化生活。

承德市

避暑山庄圣母殿

（李一）

一、概况与历史沿革

承德避暑山庄是现存最大的古典皇家园林，圣母殿位于避暑山庄的关帝庙内，现今所见圣母殿是2002年所修。[①]

承德府关帝庙，俗称“武庙”，位于承德避暑山庄丽正门西侧约200米处，整体坐西朝东，占地面积约1900多平方米，是中国唯一的皇家关帝庙。[②] 此庙曾多次重修，历经沧桑，初建于雍正十年（1732），扩建于乾隆二十五年（1760），乾隆四十三年（1778）下诏重修，从此性质发生变化，由民间关帝庙变为皇家寺庙。庙殿建成后，庙内建筑布瓦顶改为黄琉璃瓦顶，并由乾隆皇帝亲题御匾“忠义伏魔”，曾立御碑两通，气势恢宏。每岁春秋及五月十三，关帝庙举行隆重的官方祭祀活动。清以后，尤其日伪时期，寺庙遭严重破坏，文物大多失散。[③] 20世纪50年代后，该庙建筑格局尚存，但被占用，且后殿琉璃瓦被改为布瓦。“文化大革命”期间，庙内部分附属建筑及殿脊上的大吻兽被拆除。[④] 2002年，为了加强对文物的保护，当地政府对关帝庙进行了修复与重建，依旧保留了关帝庙坐西朝东的走向。重修后的关帝庙前右配殿为圣母殿，殿内塑关夫人胡氏像、碧霞元君像及后土娘娘像。[⑤]

二、圣母殿整体布局

位于避暑山庄承德府关帝庙内的圣母殿，因其处于关帝庙内，故整体布局、形制风格都因受主建筑影响而呈现出与关帝庙大致相近的特色。圣母殿坐西朝东，位于承德府关帝庙的前右配殿处，殿内塑有三位神像——关夫人胡氏、碧

---

① 参见郎俊山主编：《避暑山庄大词典》，故宫出版社2012年版，第115页。

② 参见《亲历者》编辑部：《唯美避暑地100佳（环球卷）》，中国铁道出版社2015年版，第141页。

③ 参见郎俊山主编：《避暑山庄大词典》，故宫出版社2012年版，第114～115页。

④ 参见兰晓东：《承德寺庙概览》，中国戏剧出版社2008年版，第137页。

⑤ 参见郎俊山主编：《避暑山庄大词典》，故宫出版社2012年版，第115页。

霞元君、后土娘娘。尽管在传统正史中，均未见关夫人胡氏的记载，但民间传说中流传着关夫人胡氏的种种事迹。圣母殿位于关帝庙内，自然带有关帝庙的特色，人们为关夫人胡氏专塑一像，以示尊敬。关夫人塑像体态丰润，神情端庄，雍容华贵，仪态大方，身着霞帔，手捧盛满吉祥物的九宝莲花钵，服饰宽松得体，衣褶柔和自然，整体塑像立体生动。碧霞元君，全称为“东岳泰山天仙玉女碧霞元君”，民间俗称“泰山娘娘”。关于她身世的传说颇多，其在北方地区信仰颇盛，备受尊重。殿内的后土娘娘塑像，至诚至善，温柔敦厚，体态端庄。三尊塑像身后各绘有壁画，精美雅致，表现出人们对真善美的向往和对神灵的虔诚与尊敬。关夫人胡氏身后的壁画绘有牡丹、菊花、红梅、水仙、莲花等中国传统花卉，象征着富贵长寿、高雅洁净。碧霞元君身后的壁画绘有十二轮回转的十二生肖图，即子鼠、丑牛、寅虎、卯兔、辰龙、巳蛇、午马、未羊、申猴、酉鸡、戌狗、亥猪。十二生肖本就与十二地支对应，人们祭拜本命元辰神，是为了求神灵保佑平安如意。后土娘娘塑像后所配的壁画寓意五谷丰登，描绘了万物生长靠后土娘娘的内容。①

殿内左右两侧绘有壁画，歌颂古代伟大母亲的故事，栩栩如生。一为“孟母择邻”，讲述战国时期孟母盼子成龙三次迁居；二为“子不学断机杼”，讲述孟母为了使儿子专心学业、不再荒废时光，将自己织机上的线全部剪断的故事；三为“岳母木盆渡娇子”，讲述了在喜鹊的庇佑下木盆将背刺“尽忠报国”四字的岳飞安全托送之事；其四为“女娲造人”，描绘了神话传说中的女娲如何用泥造人的过程；其五为“孔母尼丘山求子”，讲述了孔母在尼丘山祈祷而诞孔子之事，介绍了孔子名与字的由来。

保定市

易县流井乡马头村洪崖山后土庙

（王翘楚　许琳琳）

一、概况

易县洪崖山后土庙是河北地区最重要的后土庙之一，位于河北省保定市易

① 参见李鸿：《承德实用导游词》，远方出版社2004年版，第85～87页。

县县城15公里处流井乡马头村的洪崖山。山上有古庙群，自山脚蔓延至山后，其中供奉着后山奶奶、财神、龙王、药王真君、三爷、关公、太阳真君、三清三霄、玉皇大帝、观音菩萨等众多神像。因供奉的主神是后山奶奶，当地人习惯用“后山奶奶庙”来指代洪崖山庙群。

20世纪90年代左右，洪崖山后土庙群成为由村民承包经营的香火庙，庙宇经营者采取了大建私庙、广造神灵的经营策略，也因此使后山奶奶庙于2017年走红网络，引发广泛关注。2019年，易县政府针对洪崖山奶奶庙区的造神现象进行了整改治理。

二、历史沿革

（一）历史渊源

当地对修建洪崖山后土庙的时间与原因有自己的说法。一说后山奶奶庙是东汉所建，目的是纪念住在洪崖山下的后山奶奶张生香。据马头村传说，当年在后山丹霞洞修行成仙的张生香下界来此，安抚百姓、救苦救难，主管人间生育。西汉后期王莽篡权，汉室后裔刘秀遭王莽追杀，张生香化作老农妇前去搭救，刘秀登基后为报其救命之恩，敕建“后山奶奶庙”，并封后山奶奶为“承天效法后土皇帝”。洪崖山下的“永安宫”壁画中，除了后山奶奶修道成仙和救刘秀的事迹之外，又增加了洛阳孙氏和山东刘勇求子，以及后山奶奶接刘勇上天、后山奶奶打进阴曹拯救李翠莲等情节。这些情节都契合了后山奶奶主管生育和行好救人的职能。这一说法与后山奶奶传说在当地广为人知。一说洪崖山的后土庙实际上是轩辕黄帝的家庙。2015年，易县政府委托成立了后山文化研究会，组织专家多次前往洪崖山考察，考证黄帝家庙记载，挖掘清代历史遗迹，但未有显著成果。到目前为止，后山庙的初建年代尚无明确考证，当地何时创修此庙、何时出现后土崇拜等问题也暂不可考。

（二）重修情况

传统的后山庙是以正殿为中心的合院式布局。[①] 根据资料记载，洪崖山后土庙原本坐北朝南，是黄瓦红墙砖木结构的皇家建筑。该庙依山势而建，由南向北依次为月亮广场、山门和左右铁旗杆。中轴线上有右钟楼、左鼓楼、东西配殿、焚香炉、正宫殿、退宫殿、外红土墙院等建筑。正宫殿是砖木结构，殿面五间，黄瓦起脊，巨檐歇山。正面东西偏间无窗，中间三间为门，门前有红柱

① 参见张宝丹：《易县后土庙民间艺术的庸俗化现象研究》，河南大学硕士学位论文，2019年。

四根。①

易县后土庙至少从清代以来便香火旺盛，至新中国成立前，奶奶庙的宫殿庙宇多达50多座。新中国成立后，后山庙归马头村管理，乡民百姓捐资修缮庙宇，庙会一度复兴。1966年，“文化大革命”开始，马头村后土庙的神像、庙宇以及诸多清代碑刻等被损毁，只留下了一座殿的两堵石墙、一尊难以拉倒的佛像和一座石碑底座，此处现重修为正殿后殿。

1978年后，马头村村民自发集资重建奶奶庙。重修后的洪崖山后土庙在空间上具有开放式的特点，被重新规划为前殿、财神殿、中殿、正殿和后殿五大庙区，供奉了后山奶奶、财神、龙王、药王真君、三爷、关公、太阳真君、三清三霄、玉皇大帝、观音菩萨等神像。这些重修的庙宇大多依循了原有的样式，但在庙宇的具体分布和供奉的神位等方面仍和原庙宇有出入，现有的26座庙宇也是在此规划基础上不断修缮翻建的成果。洪崖山下新马头村中的三座庙宇——平安殿、永安宫、后土皇帝殿则出于扶贫需要直接被划进了三户村民的宅基地中，成了私人财产。洪崖山后土庙由村民承包、自主经营，成为马头村重要的经济来源。

自2004年《宗教事务条例》施行以来，奶奶庙由于村民集体经营的性质，且没有取得合法资格的道士或和尚在庙宇中主持经营等原因，不再具备成为宗教活动场所的资格，成为民间信仰活动区域。但这些经过政府审批，在老庙遗址上重新修建起来的庙宇被认定为“具有历史的建筑”，具备了政府认可的合法性。

三、庙宇建筑

目前，重修后的后山庙群以前殿、中殿、正殿和后殿为主线。与一般寺庙中正殿、前殿等有各自名称不同，后土奶奶庙的正殿即名为正殿，前殿、中殿等亦然。这些庙宇多供奉后土为主神。在洪崖山后土庙群中，除了后土神，还有七位奶奶神与后土神并列，传说为后山奶奶张生香的干姐妹。关于这七位奶奶的名讳，有不同的说法，这里以流井乡政府整理的《刘秀为后山奶奶建庙》传说为基础略做介绍。刘秀被后山奶奶搭救后，一心想报答老奶奶，登基后他派钦差大臣张志国到后山建庙。张志国修建殿宇时先修的是三间正殿，殿内的塑像中间是后山奶奶、泰山娘娘、蚕姑娘娘，西侧是眼光娘娘、送生娘娘、催生娘娘、子

① 参见耿保昌等编著:《保定地区庙会文化与民俗辑录》，天津古籍出版社2007年版，第218页。

孙娘娘，两边还有金童玉女，下有战将。① 而在实地走访时，据不完全统计，大概出现了后山奶奶、眼光奶奶、送子奶奶、蚕姑奶奶、泰山奶奶、消灾奶奶、喜神奶奶、文学奶奶、生意奶奶、斑疹奶奶、车神奶奶、财神奶奶、平安奶奶等十余种神灵。这些神灵没有固定的形象，往往一庙一样态。前殿中，后土奶奶端坐中央，其余神灵奶奶左右依次排列，除名称与着装花色略有不同外，她们的外观并无明显区别。但前殿与正殿中的奶奶神像又有不同之处。②

同时，洪崖山的后土神像也呈现出外观多样化的特点，正殿的后土神像符合传统的后土像标准，是通体金黄且着黄衣的年轻女性形象。前殿、后殿的后土神像则各不相同，前殿的后土奶奶不再以黄色为主调，而是“面如满月、细眉、鼻梁修长、耳大垂纶、唇红齿白、指长柔软的年轻女性造像”③；后殿的后土奶奶则是通体金黄的“面容苍老的老妇形象”④。当地后土着黄衣的旧习虽还有保留，但已经不用来区分后土神像与其他神像。

经历重修、私营化的洪崖山后土庙区域自 20 世纪 90 年代开始逐渐出现了私人修建的庙宇，兴起了轰轰烈烈的“造神运动”，众多以砖瓦、彩钢搭建而成的简易庙宇内摆放着形形色色的适应现代生活需求的神像，如水电财神、车神等，后山奶奶更是从主管生育的女神变成了全能全包的“万能神”。同理，三爷殿中的猴爷、白爷、黑爷在传说中原本只是后山奶奶的管家，如今演变成了“猴爷扶正除邪，管家财神保财源广进，黑爷保水电平安”，同样被赋予了许多世俗化的功能。

此外，牌匾、壁画等装饰也呈现出简化、通俗、现代性的特点。据当地人回忆，以前的后土庙牌匾是木质金字匾，而现在的牌匾则是使用电脑打印的塑胶板，这些牌匾成本较低，标识清晰，能让信众尽快找到所需信息。⑤ 现在的后土庙壁画多以文字和简单的图画对神灵的功能进行描述，主要分布于偏殿，题材分为花草景物与描绘神灵功能，其中后者居多。以前殿为例，前殿财神后的墙面上画着缀满金元宝的摇钱树，树下有伸手采摘元宝的孩童；寿星旁边的墙上则画着寿星给信众分发仙桃的景象。在表现手法上，如今的后土庙壁画采取手绘与打印混用、古今题材杂糅的方式，如前殿的送子奶奶壁画中，身着古装的后

---

① 参见梁树明、刘格平、梁阳旭：《后山庙传说》，民间艺术文学出版社 2009 年版，第 55 页。

② 参见张宝丹：《易县后土庙民间艺术的庸俗化现象研究》，河南大学硕士学位论文，2019 年。

③ 张宝丹：《易县后土庙民间艺术的庸俗化现象研究》，河南大学硕士学位论文，2019 年。

④ 张宝丹：《易县后土庙民间艺术的庸俗化现象研究》，河南大学硕士学位论文，2019 年。

⑤ 参见张宝丹：《易县后土庙民间艺术的庸俗化现象研究》，河南大学硕士学位论文，2019 年。

土奶奶身旁围绕的是身穿吊带连衣裙的现代妇女。[①]

2017年，洪崖山后山奶奶庙因造神现象引发了媒体和网民的广泛关注。2019年3月，易县人民政府发文对洪崖山传统庙会进行综合整治，要求拆除违法建筑和违规塑像，对有历史记载的庙宇建筑以外的其他永久性、半永久性违法建筑，以及与洪崖山传统民风民俗相违的人为创造、歪曲、强加的塑像进行限期拆除。除以上被列入明文的整改规定外，易县政府还要求马头村废止庙宇的私人承包制度，改归村集体经营。相比于2017年奶奶庙走红时期卫生环境的杂乱，整改后的庙区变得整洁有序。目前易县政府要求各个庙宇中不许违规塑像，不许挂神像的名牌，不许摆放功德箱，并禁燃任何形式的“香山”和冥纸、纸元宝等。为符合政府要求，奶奶庙区前殿的车神殿已经整改，卸掉了神像名牌，从神像背后的壁画上仍然可以清楚地看出有几个小汽车图案被涂黑的轮廓，但仅从神像已经无法看出原本“车神”的痕迹。马头村村民虽然依照政府要求对后山奶奶庙区进行了整改，但除了拆除违规建筑外，在现有庙宇中仍旧保留了标志不明显的车神神像、神像名牌、功德箱以及“烧香山”的传统业务。

四、主要活动

当地相传农历三月十五为后土诞辰，后山庙一般从农历三月初一到三月十五进行为期两周的庙会，当地称为“三月十五会”。根据易县人民政府档案科和易县民族宗教事务委员会编制的《后土皇帝庙》及《易县志》记载，新中国成立之前，每年农历三月初一，洪崖山四周各村的音乐、大鼓、拾番等八大会的营事人员都会身穿黄马褂，手举会旗，率领众会员上山接驾。山上道人身披道衣，行道礼，说道语，送驾下山。众人焚烧登表，满朝銮驾、黄罗伞罩排列两旁，接驾进马头等各村，安神定驾。到了三月十七，各村送驾上山，烧香捧表，安神完毕。庙会期间，不仅邻近各州县几乎每户都会来人进香，北京、天津、上海、山东、河南甚至两广也不乏前来上香者。[②] 据马头村村民回忆，1963年的庙会举办得最为盛大，几乎有来自大半个中国的香客前来参加，近有河北、山东，远有陕西、福建、四川、贵州、云南等地。马头村村民秉承“修好”的想法，会在庙会期间为来往的香客提供方便，在上山的路上设茶棚子舍茶。

受“文化大革命”等的影响，后山庙会曾陷入停滞。直到20世纪80年代初期，随着改革开放的深入，后山庙会迎来复兴。自1984年后土殿和部分庙宇重

---

① 参见张宝丹：《易县后土庙民间艺术的庸俗化现象研究》，河南大学硕士学位论文，2019年。

② 参见易县人民政府档案科、易县民族宗教事务委员会合编：《后土皇帝庙》，易县福利印刷厂，1988年，第33页。

建，每月初一、十五便有香客上山烧香，以三月十五、七月十五、十月十五为最，洪崖山后土庙庙会也随即恢复。[①] 此后的后山庙会多是民众的自发进香祭拜活动，会统出会也由旧俗中社区集中安排变成会统内部的自发行为。上后山的香客人数众多，但上庙的会统寥寥无几。从1981年起，上后山庙进香朝顶献演的文会仅有近处易县的马头、流井、黄蒿、麻屋庄等村音乐会和后部十番会，较远的会统不再前往。[②]

私人经营的后山奶奶庙香火旺盛，每年三月初一到三月十五庙会期间，有超过100万香客前来朝拜。庙会的经济功能被不断放大，如套圈、小吃、猜谜等活动增多；后土祭祀仪式正不断减少与简化。管理者为了方便香客的请愿，更是取消了公共祭祀后土的仪式，只保留了香客个体自发上香的环节。总之，洪崖山周围的村落以后山奶奶庙为依托，形成了一个香火经济区，除了实际的香火外，还包括看病、算卦、求子等事项。

平日里，马头村也时常可以见到远道而来的香客开着车专程来到后山奶奶庙祭拜，尤其在节假日期间奶奶庙的香火几乎不断。香客们来庙区通常会选择从山脚下的前殿一路步行上去，在每个庙宇都放一点香火钱或者上几炷香。而在规模较大的前殿、财神殿、正殿，香客往往会觉得“庙大神正”，选择在这几处庙宇烧几座香山，重点祭拜。

五、周边影响

在河北境内信仰后土的区域中，以易县洪崖山后土庙的宗教影响力最大，影响范围数百公里，呈扇形向东南方向平原地带放射，广及易县、涞水、涿州、新城、定兴、徐水、满城、涞源等地。在过去，仅周边地区的个别村庄建有小型后土庙，如定兴西辛告等地的后土庙。此类小型庙宇一般被视为后土奶奶的临时行宫。当地公认的后土主庙只有易县洪崖山后土庙。[③] 但1984年洪崖山后土庙的重修，引发了易县及其周边地区民间建庙的热潮，此期间重建和新建的后土庙有：易县石门店后土庙——1995年新建，独室供后土；易县磁儿山后土庙——宣化寺旧址，旧庙无存，1995年建独室，供后土；定兴西辛告后土庙——1995年旧庙原址重建；定兴北关后土庙——1996年新建；涿州小马村泰宁宫后土

① 参见曹本冶、薛艺兵：《河北易县、涞水两地的后土崇拜与民间乐社》，《中国音乐学》2000年第1期。

② 参见曹本冶、薛艺兵：《河北易县、涞水两地的后土崇拜与民间乐社》，《中国音乐学》2000年第1期。

③ 参见曹本冶、薛艺兵：《河北易县、涞水两地的后土崇拜与民间乐社》，《中国音乐学》2000年第1期。

庙——旧庙建于1947年,1993年重修并扩建;易县裴山后土庙——近年在向阳庙旧址新建。

虽然洪崖山后土庙依然被当地看作主庙,但这些重修和新建的庙宇包围在主庙周边还是堵截和吸引了前往易县后山的大批香客。[①]

易县桥头乡北山南村卧虎山太阳宫

(李富强　李亚慧)

一、概况

太阳宫位于保定市易县桥头乡北山南村卧虎山,建筑面积约600平方米,始建于隋唐时期,为道教场所,其中有后土殿。[②] 现存建筑主要创建者为于惠祥,现任主持为于惠祥之女于宗石道长,即中国道教协会第十次全国代表大会当选的副秘书长。太阳宫于2009年正式开放,并于10月1日举行隆重的开光庆典,2011年4月在创建"和谐寺观教堂"活动中,太阳宫被评为首届全省创建和谐寺观教堂"先进单位"称号。

二、历史沿革

据史料和残碑记载,卧虎山上在隋唐时期即建有扶桑大帝庙(太阳宫)、后土庙、玉皇庙等建筑群。明朝初年有所扩建。清乾隆四十八年(1783)重修,至嘉庆八年(1803)陆续建成。到了清末,因为当时社会动荡、战火频繁,加上历经风雨侵蚀,庙宇逐渐破败。昔日辉煌的卧虎山沉寂荒凉,只剩下残垣石壁依稀可见。改革开放后,道教信徒于惠祥继承母亲弘深遗愿,决心重修卧虎山的太阳宫,从2004年至2009年,建成山门、后土皇帝殿、西王母殿、大愿地藏殿、西配殿、白玉八卦石桥、八角凉亭等建筑。[③]

三、庙宇建筑

太阳宫的建筑依山而建,山门坐西面东,门前两侧有一对汉白玉石狮,高约4.8米。山门迎面是石影壁,宽3米,高2.5米,上书"太阳宫",为中国道教协会

① 参见曹本冶、薛艺兵:《河北易县、涞水两地的后土崇拜与民间乐社》,《中国音乐学》2000年第1期。

② 参见张志军:《河北宗教史图集》,宗教文化出版社2016年版,第295页。

③ 参见刘庆文、高丽杨:《河北道教史》,宗教文化出版社2016年版,第371~372页。

副会长、河北道教协会会长黄信阳道长所题。影壁后面建有边长 4 米的正六边形八卦池，分别镶有八宝图案。八卦池西侧建有两排平房，为丹房、办公和活动场所。

太阳宫的主体建筑是奶奶殿，殿门上方悬有“后土皇祠”四字，亦为黄信阳道长所题。奶奶殿坐北朝南，为单檐歇山琉璃瓦顶建筑，面阔五间，进深二间。殿下有 4 根红漆廊柱，廊内分挂 8 盏大红灯笼，廊前和台阶有汉白玉石护栏。殿内正中供奉的是后土皇帝祇，坐像高 2 米，侍女两侧各有一根浮雕盘龙红漆柱，象征着后土皇帝祇的崇高地位。中间两根廊柱上有副对联，上书“显神威恩泽万里，施道法德惠千乡”。盘龙红漆柱两侧分别是蚕姑奶奶和普济奶奶坐像，高 2 米。月台西侧是西王母殿，为硬山布瓦顶建筑，面阔三间，进深一间，前出廊，宽 1.5 米。西王母坐像，高 1.5 米，为汉白玉石雕彩绘像。院内北面为大愿地藏殿，高 2.5 米，为硬山琉璃瓦顶建筑，面阔三间，进深二间。东西两面山墙为“地狱变相图”。大愿地藏殿西侧为西配殿，为硬山布瓦顶建筑，面阔 3 间，进深 1 间，前出廊，宽 1.5 米。远处一块大理石碑赫然可见，为黄信阳道长题写的“立观度人”字碑。后山上还有多处古代宫观建筑的残垣和瓦砾、残缺不全的石像，以及清朝嘉庆、咸丰年间重修关帝庙的碑记。①

太阳宫整体气势恢宏，巍峨壮观，流檐飞翘，99 个台阶寓意道教九九归一、道法自然、天人合一的思想。西南隅有救苦殿，该殿特点是后墙为卧虎山巨石，经切齐搭建而成，显示出能工巧匠的智慧；后土殿后依次为文武财神殿、“椿王抱榆”景观、老母祠、太阳殿遗址、顺依山势砌建的条石台阶，穿过古柏树林和卧虎书院，到达半山腰处玉皇殿。②

四、主要活动

根据访谈，太阳宫传统庙会是农历的三月初三、五月二十八、六月二十四、九月十五、腊月初八，当地村民纷纷上香祈福，周边村民还有秧歌会自发演出。每逢腊月初八的庙会，太阳宫还会施舍腊八粥。

五、周边影响

后土作为土地女神，得到了以土地为生的农民的崇拜，其信仰活动在农村历来十分普遍。位于冀中平原西北部的河北省易县、涞水等地农村，至今仍保

---

① 参见刘庆文、高丽杨:《河北道教史》，宗教文化出版社 2016 年版，第 371～372 页。

② 参见史理广:《保定道教琐记》，内部资料，2012 年，第 37 页。

留着浓厚的后土信仰习俗。[①] 卧虎山太阳宫现建筑基本保持着明清时期的风格,古香古色,巍峨壮观,已经成为易县大地上传播道教文化特别是后土文化的重要场所,吸引着众多信徒和社会各界人士前来上香与观光旅游。

涞水县义安镇南高洛村后土祭坛

(李富强)

一、概况

南高洛村后土祭坛属于乐社型音乐祭祀,位于河北省保定市涞水县义安镇南高洛村。南高洛村的祭祖音乐会在当地具有重要地位。音乐会源于当地佛教寺庙的亡灵超度仪式,音乐曲牌属于古代佛教祭祀时的专用曲谱,很少在社会上流行。很多音乐会会员是当地村民,有 30 人左右,各人按职责分工并有特定称谓。[②] 音乐会的宗旨是执行村社内的祭神仪式,音乐会的活动是义务性的,不收取任何报酬。南高洛村的古乐代代相传,在中国古代音乐史上占有一定的地位,中国艺术研究院音乐研究所所长、民族音乐学家张振涛还曾将南高洛村的音乐看作中国有声音乐的里程碑。[③]

二、历史沿革

涞水一带的后土崇拜是当地民间信仰文化的地域性现象。当地民间信仰属于多神信仰,无论佛教、道教还是民间宗教中的各种神灵,都在当地信仰体系中占据一席之地。而在诸多神灵中,最受老百姓崇信的还是被认为灵异全能的后土奶奶,影响力远高于其他信仰。[④] 音乐会社团的形成与佛教关系密切,南高洛村最早有十多座寺庙,香火鼎盛,佛事祭祀活动频繁。根据相关记载和村里传说,可推测此地的音乐会与当地的佛教寺院福岩寺(俗称高洛大寺)有关。高洛大寺始建于明洪武元年(1368),因为宗教仪式的需要,就慢慢出现了演奏佛教音乐的乐僧。由于佛教事务繁忙,没有太多人力,所以周边村民被吸纳来学

---

① 参见曹本冶、薛艺兵:《河北易县、涞水两地的后土崇拜与民间乐社》,《中国音乐学》2000 年第 1 期。

② 参见薛艺兵:《神圣的娱乐:中国民间祭祀仪式及其音乐的人类学研究》,宗教文化出版社 2003 年版,第 333 页。

③ 参见王智主编:《燕赵传奇:民俗文化(上)》,河北教育出版社 2016 年版,第 186 页。

④ 参见曹本冶、薛艺兵:《河北易县、涞水两地的后土崇拜与民间乐社》,《中国音乐学》2000 年第 1 期。

习演奏佛教音乐，这部分人成为音乐会会员后可以代替寺庙到民间举行超度亡灵的宗教仪式。薛艺兵认为，《后土宝卷》在这一带的传播与河北涞水一带民间至今仍保留着的崇拜和祭祀后土的传统习俗密不可分。当地各乐社保存的《后土宝卷》中，无论是卷本还是音乐，保存最为完善的是南高洛音乐会的《后土娘娘宝卷》，全称《后土娘娘灵应慈悲源流宝卷》，简称“后土卷”。这部后土卷是南高洛村后土祭祀音乐会所用的“经卷”[①]之一。该宝卷分上下两个卷本，均为本板书背，经折装，竖写抄本，还有彩绘插图。现今保存的版本是1943年抄本，抄卷人是当年新城县南虎贲驿村的教书先生马献图。上卷扉页还有马献图的题记。题记内容如下：

宝卷完成随意笔录

后土皇帝始自东汉重兴，至今二千余年，灵异非常。每逢春秋大祭，圣诞之日，香火甚盛。至我民主国，三民主义实现铲除迷信，各庙香火渐衰，又接民国戊寅年中日事变以来，民心一日数惊，民无圣心顾瞻，每逢春季三月十五日，只可望西北遥拜以达圣恩。忆昔圣母苦修，功完果满，后保汉室江山一统，又应人间善男信女有求必应，后卷张公求子，四圣归天之灵，令人钦佩信仰。我因一念之际，由高楼村请来后土卷，净手抄寻，以达圣恩，又可宜补我村弘扬圣会之篑，又能永存纪念奉诵。因之，我妹丈单鸿福见我抄毕之时，他由北京买来纸张，令我再抄一卷以备贵村存念。我是很欢迎信仰，即洪福乐善好施，乐心成其善意。因此，重振笔砚，每日在校，课完之余，净手静心，抄录图画，完成奉上。

高楼善会存念以补经箱

信士弟子　虎贲驿村　马献图敬书于北学校

中华民国三十二年岁次葵(癸)未年正月穀旦[②]

三、庙宇建筑

南高洛村后土祭坛演奏音乐的房子叫官房子，房中设主坛，供奉神像。官房子西侧还搭建了一个棚子，挂后土神像，专设后土神坛。[③]

---

① 经卷是音乐会在丧事坐棚和神事坐坛等祭祀仪式活动中用于唱念的底本的统称。

② 转引自薛艺兵：《河北易县、涞水的〈后土宝卷〉》，《音乐艺术(上海音乐学院学报)》2000年第2期。

③ 参见曹本冶、薛艺兵：《河北易县、涞水两地的后土崇拜与民间乐社》，《中国音乐学》2000年第1期。

四、主要活动

后土祭坛的音乐会与农业时令相协调，每年入冬后的农闲时节，就开始举行音乐会的排练活动。举办时，音乐会全体会员要着装整齐，四人身穿黄马褂抬轿，轿上有后土娘娘木偶神像，前后仪仗执事齐全，音乐队随后护送，举架上山。最常规的活动是村里有乡亲去世需要发丧时，要请后土娘娘去超度亡灵，还要演奏《上古坟》一类悲凉的音乐。南高洛村的音乐会演出场地极为简陋，经常在村里三间破旧的房子内，“他们围坐下，相互点头示意就可以演奏了。一阵节奏紧快的锣鼓过后，一声清脆优雅的管声出现，随之笙、笛、云锣群起，那古老的旋律，时而低沉铿锵，时而欢快奔腾，让人感觉激情澎湃，久久不能自已”[①]。

五、周边影响

涞水县周边与祭神相关的音乐事项大多有特定的民间社团来执行，这种社团最常见的叫音乐会，高洛村后土祭坛的音乐会在当地很有代表性。目前，得以保存下来的这类音乐社团不下 100 家，主要分布在北京、天津的周边县城，河北的易县、涞水等地。音乐会在音乐和习俗方面基本保持着一贯的传统，属于同一性质的民间社团。

定兴县北关后土皇帝庙

（李一）

一、概况

北关后土皇帝庙又叫北关奶奶庙，位于定兴县北关，南距县城 1 公里。北关后土皇帝庙始建于 20 世纪 90 年代，外观是一座四合院建筑。2007 年 7 月 15 日，定兴县宗教局批准其为宗教活动场所。2021 年，北关后土皇帝庙庙门粉饰一新，翻新后的庙门庄重、典雅。北关后土皇帝庙主建筑由山门、正殿、东西配殿构成。[②] 山门对面立有一碑，记述了后土之功。

二、庙宇建筑

（一）整体布局

北关后土皇帝庙保持着 20 世纪 90 年代的样貌，庙宇坐北朝南，占地面积

---

① 王智主编：《燕赵传奇：民俗文化》，河北教育出版社 2016 年版，第 185～186 页。

② 参见王振林：《范阳潮》，河北大学出版社 2017 年版，第 19 页。

1.8 亩，建筑面积 195 平方米，主要建筑为山门、正殿和东西配殿。山门坐北朝南，门楼为硬山顶建筑，面阔一间，位于平地上。门上悬有“后土皇帝庙”大字的金色匾额，匾额上还书有“道历四七〇四年夏月”几个小字，或许是立匾时间。匾额上方的外墙以黄色装饰，两端绘有祥云图案，生动美观。山门前立有两个石狮子，头挂铃铛，威武俊俏。石狮子后侧耸立两柱，涂以红色，寓意吉祥、喜庆。庙门为原木打造，纹理清晰，古雅庄重。山门左右两侧各立有一碑，碑外修有碑亭，用以保护碑刻。右侧石碑上书“济度众生”四字，左侧碑刻现已漫漶不清，难以辨认。进入山门后，庙宇主建筑都沿中轴线对称分布，正北方位为后土皇帝庙的正殿，正殿由正屋、西屋和东屋构成，内有 15 尊塑像。院内后土皇帝庙正殿面阔三间，进深一间，坐落于五层台阶上，两侧各立有黛紫色木柱，庙门绘以朱红色。

（二）神像

北关后土皇帝庙共供奉 16 尊塑像，均为泥彩塑，15 尊位于后土皇帝庙正殿，还有一尊位于正殿西侧的西配殿。正殿由正屋、西屋和东屋构成。正屋正中为后土皇帝，东边为财神奶奶，西边为车神奶奶，她们身着霞帔，颈上戴明黄色披巾，面颊丰润，神态祥和，其中车神奶奶服饰的主体颜色为绿色，财神奶奶的服饰由金、蓝、红拼接而成。后土娘娘像身后左右两侧放着两张装裱精致的照片，记录了最初建庙人的容貌与功绩。当地人都亲切地称呼后土娘娘为“奶奶”。正殿西屋，供奉七尊神像。西屋正中供奉消灾奶奶，头戴十二行珠冠冕旒，身着霞帔，有令牌放于胸前，神态庄重大方；正中东侧供奉泰山奶奶，身着明黄色披风，披风上绘有龙纹图案，颈上戴明黄色披巾，神情祥和；正中西侧供奉学神奶奶，身着绿色披风，颈上戴明黄色、红色披巾，神色温和。西屋西侧分别供奉子孙奶奶、蚕姑奶奶，其中子孙奶奶身着蓝袍，怀抱一个仙童，背后趴一仙童，两个仙童可爱活泼，各自看向远方，子孙奶奶端坐高台上，慈祥和蔼。子孙奶奶身侧亦有建庙人的照片，装裱精致。蚕姑奶奶脖上戴明黄色披巾，身旁立有一女仙童，束发扎髻，以红绳缠绕，面颊丰润，身着霞帔，恬淡大方、典雅肃穆。西屋东侧分别供奉斑疹奶奶和眼光奶奶，两位奶奶脖上皆戴明黄色披巾，神情肃穆自然，其中眼光奶奶胸前置有一幅眉眼画像，笔法生动，寓意可以为百姓明目去眼疾。七尊神像背后均绘有祥云壁画，以蓝色为底，祥云团团绘于其上，皎洁自然，仙气飘飘。正殿东屋，又名“关公殿”“菩萨殿”，内奉五尊神像。东屋中央从西到东依次供奉观世音菩萨、阿弥陀佛、大势至菩萨。其中最为出彩的为阿弥陀佛，塑像呈现出极强的佛教色彩，头发为螺髻式样，左手捧莲花碗，身着霞帔，肃穆庄重。东屋西侧靠墙塑有韦陀菩萨，头戴僧帽，双手合十，身着绿色披风，上绘腾飞金龙，威武凌厉；东屋东侧靠墙塑有迦蓝菩萨，手持青龙偃月刀，神情严肃，不怒自威。正殿西侧另辟一屋建为西配殿，内供奉地藏王菩萨，右手持金锡杖，低眉垂目，供桌上摆放如来佛祖、观音菩萨等小神像。

（三）碑文

北关后土庙山门正对面立有影壁，壁上题文如下：

壬午之秋，大壁始成。乡民相与志喜。上古之民用以辟邪，今之民意，非但辟邪也，欣逢改革盛世，物阜民丰，商贾歌市，农夫□野。通民俗，顺乎情。砌此点缀一景。毗公墓，□庙宇，堤柳拂风。故缘物题铭于斯壁。与□劳共享。惟，大□雄峙。高标街□之□。集八方之瑞气，统川原之雄风，非理之行，人心开口□邪辟之道，神人共戮。泯其萌生，御之横骛□。捍乡民之正气，扼邪恶之滋生。缚青龙，羁拒马，镇冥茔。壁遏千瘴。邪毋侵正，汝□莫杂于钟馗，势莫壮于魏征。思偶染之小恙，乃食五谷之炎生，无学谓之愚，愚生昧，昧生穷。人心思治，科□先行，思路豁达，勤至则□。农贸并举，畜□□容。植嘉禾，育冬棚，翰四时之鲜蔬，补春饋之歉盈，更□时先制，淘劣质品种，使瘠土生金，岂不富矣。兄弟无□，民无互讼之争。放怀忧喜，其乐融融。居昌盛之宝地，固四围之灵秀。根□坤轴，终古而长铭。虽小□风生，马能移其咫步。佑乡民之永康，祈稼禾之永穰。

□□□□□□二〇〇二年十一月六日杨才撰文并书

三、主要活动与周边影响

北关后土庙庙会时间为每年农历三月十五。定兴县后土文化底蕴深厚，定兴县委、县政府也颇重视后土文化，故2013年定兴首届非遗旅游节曾以“后土文化”和二十余项非物质文化遗产为主题，邀请省、市、县各领导，各乡镇、县直有关部门负责同志及非遗项目传承人代表参加开幕式。在官方倡导下，北关后土庙及其庙会具有一定的影响力。①

① 定兴县人民政府：《中国定兴首届“非遗”文化旅游节隆重开幕》，定兴县政府门户网站，http://www.dingxing.gov.cn/content-105-1484.html。发表时间：2013年7月1日；浏览时间：2022年4月16日。

定兴县定兴镇西辛告村后土庙

（李富强）

一、概况

西辛告村后土庙别称后山奶奶庙[①]，庙门匾额上书“辛告后土庙”，始建于清乾隆五十五年(1790)。其故事传说可以追溯至西汉末年，原在河北易县，传说与西辛告村有许多渊源，故而建庙供奉，许多善男信女来此祈求平安，其影响达方圆几百里。[②] 西辛告村后土庙是定兴县道教协会驻地。

二、历史沿革

易县、涞水一带过去曾以大寺为中心构成村社庙宇体系，大部分村社都没有后土庙，“仅周边地区的个别村庄，如定兴西辛告、涿州小马村等处，建有小型后土庙，而这些小庙被视为‘奶奶行宫’，即临时性的分庙而非主庙”[③]。西辛告村后土庙始建于清乾隆五十五年，清道光年间和同治十一年(1872)修缮，后遭毁坏。新中国成立后，原后土庙仅存清代碑刻三通，1992年西辛告村委会在原址重建后土庙，占地19亩，建筑面积1378平方米，于1994年对外开放。[④] 西辛告村后土庙，1994年经河北省政协民族和宗教委员会批准定为宗教活动场所，2002年被列为县级文物保护单位。

三、庙宇建筑

1992年新建后土庙有六个大殿，正中为九玄宫(即后土殿)，供奉的是后天皇帝及其结拜姐妹共九个老奶奶。东侧配有药王殿，西侧配有护佑天尊殿和财神殿，并建有后殿，东南侧建有观音殿。[⑤] 后土庙现存清代碑刻三通。碑一《创建后土庙碑记》立于清乾隆五十五年，所撰字迹已不清晰。碑二《重修后土庙碑记》记载了后土庙的修建时间和经过，以及捐资人员的身份与捐献数额。碑三《公立禁赌碑序》立于清同治十一年，曾遭到损毁，故许多字模糊不清。

《创建后土庙碑记》碑阴题额书“万善同归”，正文书“戏楼甲辰年修，后殿丙申年修，东配乙巳年修，西配丁未年修，十方旗民众善人等公立”；碑阳题额书

---

① 本书对河北保定定兴县几座后土庙的了解，得到了西辛告村后土庙李道长的帮助。

② 参见史理广：《保定道教琐记》，内部资料，2012年，第43页。

③ 曹本冶、薛艺兵：《河北易县、涞水两地的后土崇拜与民间乐社》，《中国音乐学》2000年第1期。

④ 参见王振林：《范阳潮》，河北大学出版社2017年版，第335页。

⑤ 参见王振林：《范阳潮》，河北大学出版社2017年版，第335页。

"万古流芳",由于许多字模糊不清,此处不整理,但标题"创建后土庙碑记"与时间"大清乾隆五十五年"均清晰可见。

而《重修后土庙碑记》碑阴为商号名和善男信女姓名及各自捐资数额,碑阳题额"与人为善",正文也有不少字迹模糊不清,因此该碑文以《保定道教琐记》中的记录为主要参考。

定兴西辛告后土庙碑①

新城县儒学生员赵怀芳撰文,定兴县温润玉书丹。

粤稽通都大邑,以至蒙州□,何处无庙以安神像之形,无人不致敬恭之意。盖莫为于前,虽美而弗彰;莫为于后,虽盛而弗传。所以看为之于其前者,尤贵有继之于其后者也。兹定邑东北辛告村之皇街,旧有后土庙一座,古语有云:其母家实□于斯,未得其祥,如略而弗陈。但论其大德,可与皇天相配;其长养化育,浩荡难名。伟绩鸿功,□弘□极。祈无不应,祷无不灵。四方皆歌功颂德,深为敬仰,焚香拜礼,□为赤诚之念也。夫德厚者,泽自长。泽长者,余斯永非甚,盛德何以臻此舆。考其遗碑,自乾隆四十余年建修,迄今数十矣。山门大殿配殿后殿群墙戏楼,因多历年所风雨摧残,悉已倾颓。□中父老不忍坐视,公议再葺。奈功多费广,□能独胜其任,募化十方,乃克共为盛举。于是坞土□□,同心协力故彩梁画栋,著□飞鸟革之□刻镂□文彩,腾蛟起凤之,殿宇辉煌,改旧为新,墙垣整修,均□方正。不□月而□□功焉,余□□□于□□□数□□□人□□□□虽时殊二,共所以兴怀,其致一也,后之好善者,者同心焉。

秋□月宗、且;住持江河德立;石匠山西崞县胡天仁镌

(李富强按:下为年月日,但字迹不清)

四、主要活动

相传农历三月十五为后土诞辰,按传统风俗,涞水、易县一带每年此时都要祭祀后土。届时,当地村民乃至方圆几百里的香客都会争相前往后土庙焚香祈祷。因路途遥远而不便前往后山的乡村,则由会统在本村搭棚,设坛祭祀。②

---

① 史理广:《保定道教琐记》,内部资料,2012年,第95～96页。李富强按:标点稍加调整。

② 参见曹本冶、薛艺兵:《河北易县、涞水两地的后土崇拜与民间乐社》,《中国音乐学》2000年第1期。

定兴县定兴镇周家庄后土庙

（李富强）

20 世纪 80 年代末，易县洪崖山后土庙的香火极为鼎盛，它迅速与风行全国的承包制相结合，并染上了浓重的商业气息。由于门票昂贵，附近村民多不愿花钱朝拜，所以周边各村修建小庙，在定兴县西辛告村、周家庄村、北关镇等地都建起了后土庙，承接香客，分流信众，使后山的朝顶规模相对减小。[①] 周家庄村后土庙便是在当时的背景下修建。[②] 周家庄村东邻天宫寺镇、李郁庄乡，南界北田乡、北河镇，西隔南拒马河与东落堡乡相望，北与涞水县、高碑店市相连。

《定兴县志》记载："后土皇帝庙会：农历三月十五日的后土皇帝庙会。传说后土皇帝是战乱中曾营救东汉光武帝（刘秀）脱险的女神，在群众中流传着很多当时的庇佑故事，被誉为庇护之神，深受地方人士敬仰，届时虔诚者远到易县马头村登山朝拜，老弱病残者则去县境周家庄村叩拜，均俗称'奶奶香火庙会'。"[③] 周家庄后土庙近年香火亦十分鼎盛，本地香客多前来上香祈祷。

定兴县固城镇三街村后土庙

（李一）

一、概况

定兴县固城镇三街村后土皇帝庙[④]，又名"固城镇三街村后土皇帝宫"[⑤]，原名"泰山行宫"，位于固城镇三街村。该庙历史悠久，底蕴厚重，始建于明朝崇祯年间，重修于 20 世纪 90 年代。1997 年 11 月，定兴县宗教局批准其为道教活动场所。泰山行宫虽更名为"后土皇帝宫"，但山门横额仍名"泰山行宫"。[⑥]

---

① 参见张振涛：《冀中乡村礼俗中的鼓吹乐社——音乐会》，山东文艺出版社 2002 年版，第 288 页。

② 参见张振涛：《冀中乡村礼俗中的鼓吹乐社——音乐会》，山东文艺出版社 2002 年版，第 288 页。

③ 王重朴主编，河北省定兴县地方志编纂委员会编：《定兴县志》，方志出版社 1997 年版，第 149 页。

④ 定兴县固城镇三街村后土皇帝庙的部分资料由该庙潘道长提供。

⑤ 定兴县人民政府：《关于取消相关宗教场所"奶奶庙会"的通告》，定兴县政府门户网站，http://www.dingxing.gov.cn/content-18-25662.html，发表时间：2020 年 3 月 18 日；浏览时间：2022 年 4 月 7 日。

⑥ 参见王振林：《范阳潮》，河北大学出版社 2017 年版，第 15～16 页。

二、庙宇建筑

（一）整体布局

三街村后土皇帝庙坐北朝南，主建筑沿中轴线排列，由南向北依次是山门与后土皇帝宫，西侧有西配殿，东侧除东配殿外，还有车神殿和慈善阁。庙宇占地2亩，建筑面积共233平方米，为矩形四合院，南北长，东西短。山门为硬山绿琉璃瓦顶门楼，门楼下有11层台阶。檐下是宽2米、高3米的红漆大门，门上装饰5排40个黄色大门钉。门上悬有一蓝色大匾，上书“泰山行宫”四个鎏金大字。正脊与斜脊上均有装饰，精巧别致，正脊上缀有鸱吻，斜脊上缀有角兽。从南向北还排列有后土皇帝宫，是整座庙宇的主建筑，整体为单檐红琉璃瓦顶建筑，面阔三间，进深二间，坐落于有九层台阶的月台之上。

（二）神像

后土皇帝宫中间两根红柱上书有对联：“诚焚香神显至高无上；恳礼拜愿达福泰安康。”正门上挂一蓝色匾额，题有“后土皇帝宫”五个金色大字，门周围立有8棵挺拔高大的白杨树。殿内共塑有15座塑像，正面供有九母娘娘坐像，形态各有风韵，慈祥端庄，均高2.5米，泥塑彩绘；塑像后绘有壁画，以祥云环绕圣母；东西山墙彩绘道教文化壁画，意蕴深厚。正殿两侧各建有东西配殿，东配殿南侧建有车神殿与慈善阁，车神殿面阔三间，殿内供轩辕黄帝，北供炎帝，南奉文昌帝君。车神殿往南为慈善阁，阁高八米，内供慈航道人神像。[①]

三、主要活动

后土皇帝庙庙会时间为每年农历三月十五。2020年因新冠疫情影响，固城镇的奶奶庙会被取消。[②]

四、周边影响

定兴十分重视后土文化，故2013年定兴首届非遗旅游节曾以“后土文化”和20余项非物质文化遗产为主题。在官方倡导下，固城镇后土皇帝庙及其庙会都具有一定的影响力。[③]

---

① 参见王振林：《范阳潮》，河北大学出版社2017年版，第15～16页。

② 定兴县人民政府：《关于取消相关宗教场所“奶奶庙会”的通告》，定兴县政府门户网站，http://www.dingxing.gov.cn/content-18-25662.html，发表时间：2020年3月18日；浏览时间：2022年4月7日。

③ 定兴县人民政府：《中国·定兴首届“非遗”文化旅游节隆重开幕》，定兴县政府门户网站，http://www.dingxing.gov.cn/content-105-1484.html，发表时间：2013年7月1日；浏览时间：2022年4月7日。

定兴县肖村乡北七村后土庙

（刁统菊）

根据庙中文字记载，“北七村后土庙始建于大清同治十二年，经百年风雨，旧庙不复存在，一九九一年由张师傅自发带领信众恢复重建！重建庙宇有：后土皇帝殿、玉皇殿、三清殿、财神殿、观音殿、地藏王殿、三爷庙、太阳神庙、土地庙等”。后土殿有三间，正中供奉后土皇帝。

涿州市东城坊镇小马村后土庙

（刘朔）

一、概况

涿州市东城坊镇小马村后土庙，就是泰宁宫，“俗称奶奶庙，供奉后土皇地祇，为易县洪崖山后土皇地祇行宫”①。泰宁宫主殿为后土殿，供奉后土，在当地曾经小有名气，古称“宝境坡泰宁宫庙”，为素有“天下道教第一丛林”之誉的北京白云观的下院，占地面积9.94亩，建筑面积600余平方米。

二、历史沿革

泰宁宫始建于1947年，“文化大革命”期间被毁。新庙重建于1993年，于1998年完成，建筑保留了传统木架构做法，雕梁画栋，清水砖墙，硬山双坡屋面，脊上垂兽、花式瓦当、滴水点缀其上，墙上壁画精美悦目、栩栩如生。泰宁宫较完整地保留和体现了典型传统木架构宫观建筑的功能特征和文化元素。2020年再度整修，于当年9月开放。

三、庙宇建筑

泰宁宫坐北朝南，庙中殿宇共计16间，各殿门旁皆贴有介绍殿内所供奉神祇的标牌。

泰宁宫正门上有醒目的“道”字，左右两侧门各印有一张太极图，正门两侧墙壁上的文字在2023年7月已经有一定程度的破损，但“立观度人”几个字依然清晰可见。另外，正门左侧墙壁上还印有中华传统二十四孝图。

① 史理广：《保定道教琐记》，内部资料，2012年，第21页。

泰宁宫最南面即紧邻正门的殿宇是灵官殿,供奉道教护法王灵官。王灵官本名王善,宋徽宗时从西蜀萨守坚真人受道符之法,为林灵素的再传弟子,位列道教护法神之首,有驱邪治病之神通。因护法显灵,明朝永乐帝为其敕修庙宇,法容乃赤面红髯,身披金甲,右手执鞭,左手掐灵官诀,足踏风火轮,因司行察天上人间之职,封为"先天主将王灵官"。灵官殿楹联为"三眼分明观天地,一鞭威武镇玄门"。殿前右侧立有石碑,内容如下:

新建宝境坡泰宁宫庙碑记

古人有六神也者,圣而不可知,聪明正直之谓也。神道□难明,而人每以神道设教藉赏善惩恶之说,感化社会之人心,其所收□果□非□□□以玉。今民□□□时期而神道犹能维□□不泯者,职是坟耳。河北省易县区域有名浚山庙者供奉。

后土皇帝之神灵威显赫,有求必应。□每岁玉三月望日为庙会之期,各地善男信女往往不远千里而来,献布施还心愿,求医问卜,焚香顶□者络绎不绝。于此可见人民崇奉之切信□之弥,其所由来也远矣。涿县城西小马村为通浚山庙必经之大道,每逢庙会开放之期,此村必搭棚施舍茶水□□,因是来往之人莫不口碑载道。然此区区之善举不足以誉神庥,于是□合全村人士决议募款捐资修建泰宁宫一座以为。

后土皇帝驻驿□□□,地方平静如常再行兴工建渠配殿,以表□村人□诚信向善崇奉之意,非徒托空言已也,今将募化巨款修建庙□之缘由。勒诸贞珉冀垂久远,将见神灵默□感应弥□,人心因之向善,地方赖以安宁,其关系岂不讵哉!

邑人　徐幼宗撰文　王香宁书丹　王凤林刻石

中华民国三十六年岁次丁亥三月榖旦

灵官殿北侧为玉皇殿,殿内供奉昊天金阙至尊玉皇大帝,玉皇殿楹联为"帝产星辰环紫极,仙堦鸾鹤捧红云"。

玉皇殿西侧配殿为土地殿,殿内供奉土地爷。土地爷雅称"福德正神",掌管本地世代风情,消灾解难,祛病避邪,呼风唤雨,护佑国泰民安。东侧配殿为车神殿,殿内供奉车神奚仲。

玉皇殿北侧为泰宁宫主殿后土殿,殿内供奉后土娘娘。后土娘娘全称"承天效法厚德光大后土皇帝祇",是道教尊神"四御"中的第四位天帝,掌阴阳,滋万物,因此被称为"大地之母",相传她是最早的地上之王,后与主持天界的玉皇大帝相配,是主宰大地山川的女性神明。其圣诞日为农历十月十八。后土殿楹联为“寡欲虚怀方参透玄机妙道，诚信向善自安居福地洞天”。在后土殿两侧的墙壁上贴有养生之道及劝善言选等内容。殿前立有石碑，碑上刻有己亥年春黄信阳道长书写的“道尊德贵”四个大字。

后土殿西侧配殿为元辰殿，殿内供奉斗姥元君与六十太岁神。农历九月初九为斗姥天尊圣诞，又称“九皇会”。东侧配殿由北至南依次为真武殿、喜神殿和孔子殿。真武殿内供奉真武大帝，圣诞日为农历三月初三。喜神殿供奉喜神，喜神又称为“吉神”，主管婚事喜乐，保佑世人趋吉避凶、大吉大利。孔子殿供奉孔子，孔子名丘，字仲尼，生于山东曲阜，是我国伟大的思想家、政治家、教育家，儒家学派创始人。另外，后土殿后立有数十块功德碑。

后土殿北侧为三清殿，殿内正中为玉清元始天尊，左为上清灵宝天尊，右为太清道德天尊（又称太上老君）。三清殿右前方立有石碑，内容如下：

重修泰宁宫碑记

泰宁宫者，道观也。奉祀之后山老奶奶，是为承天效法厚德先天后土皇帝祇，为道教主宰大地山川之尊神，与一统玄天九界之玉皇大帝互为辅弼，谓之地母天公。后土有庇国护民之功，彰善惩恶之德，抑邪扶正之灵，霧威感应香火绵绵千载无尽。

泰宁宫在州西六里许之小马村，古为善男信女易州西山后土庙进香必经之宝境，亦后土皇祇行宫，其殿难知毁于何时，唯三月庙会亘古不辍。香客络绎如织，诚无衰也。星移斗转，公元一九四六年，时村中父老以后土未有宫，倡筑新殿以彰神庥，于是乡众募资作正殿四楹，配房十余间，占地十亩有差。其后不堪沧桑颓于风雨。今逢改革开放之盛世，我市宗教局认真贯彻九三年国家宗教局廿一号通知精神，切实保护宗教组织的合法权益。应小马村村委会之请得边各庄乡政府支持，受群众信众拥护，遂集资群力使泰宁宫得以重光。

悠悠三千载历史文化渊（源）远流长之涿州大地，古刹名蓝琳宫梵宇，其披史勒碑可考者，几百多矣，而今安在哉。寻踪觅迹，唯见残碣碎瓦，不禁扼腕而发“多少楼台烟雨中”之叹。夫道教者与儒释共为中国传统文化之主流，乃具中国传统特色之宗教也，贵乎边各庄乡人民政府立于弘扬华夏文化的历史高度，着眼于安定团结和地方经济之发展，遂有重修泰宁宫之义举以求造福桑梓之益。

谨颂国泰民安薰（熏）沐而为是记。

王大丰撰文　赵文勤刻石　李梓辛书丹

甲戌三月初一榖立

三清殿西侧为无极老母殿，无极老母是道教无极天至尊，亦称“老祖母”“无极母”，圣号“至尊至圣始母元君无极祖母圣天尊”，主宰和象征无极界。东侧为文昌殿。

三清殿西侧配殿由北向南依次为财神殿、救苦天尊殿。财神殿内供奉三位财神，中间为赵公明，左侧为范蠡，右侧为比干，传说他们经常年修炼，道法极深，能驱雷掣电，除瘟灭疾，祛病禳灾，买卖求财，诚求必应，行善道德之家方可如愿取得有道之财。财神殿楹联为：“铜□久种无边树，金谷时开得意花。”

三清殿东侧配殿由北向南依次为慈航殿、三爷殿、药王殿。慈航殿内供奉慈航普度圆通自在天尊，即观音，其圣诞日为农历二月十九。慈航殿楹联为“观彻宏微真自在，音宣圆妙大慈悲”。三爷殿内供奉三爷，三爷是后土娘娘的护法，神通广大，有求必应，协助后土娘娘护佑众生，趋吉避凶，保佑风调雨顺。药王殿内供奉孙思邈，孙思邈博通老庄之学，精于医学、阴阳、占卜，解救病厄，有起死回生之神通，后被尊崇为“药王”，宋徽宗追封其为“妙应真人”。

四、主要活动

泰宁宫每天会定时开放供民众烧香祈福。每年农历三月十五，泰宁宫会举行盛大的庙会活动，吸引了周边数个县市民众参与。庙会举行之时，邀请戏班唱戏，民众欣赏演出，进香祈愿，热闹非凡。

涿州市百尺竿乡观仙营村无极屯后土庙

（刘朔）

一、概况

无极屯后土庙位于涿州市百尺竿乡观仙营村，距离市区十余公里。“相传古代无极屯庙土地祖奶奶以施母道之仁，救护汉光武帝刘秀。刘秀登基后下令报恩，建无极屯后土庙。”[①]

二、历史沿革

据称，无极屯后土皇帝庙初建于东汉建武二十五年（49），先后于清嘉庆九年（1804）和1993年重修。

三、庙宇建筑

无极屯后土庙整体坐北朝南，庙中殿宇包括两排坐北朝南的6间殿宇以及

① 参见史理广：《保定道教琐记》，内部资料，2012年，第21页。

东西两侧的13间配殿,共计19间。庙宇正门的楹联为“天赐名宫泽光普照观仙境,州西胜景惠风吹拂育富乡”。

无极屯后土皇帝庙最南面紧邻正门的殿宇是圣母殿,楹联为“杨柳瓶中春永驻,莲花座上珐长存”。圣母殿西侧是三官殿,楹联为“文昌君选秀才报国,三官赐福消灾招财”。东侧是三爷殿,楹联为“除人间不正之人,斩天下作恶之鬼”。圣母殿前立有石碑一座,内容如下:

扩建无极屯后土皇帝庙碑记

南临拒马　西望太行　无极圣地　庙宇辉煌　阳春三月　沐浴清香　家齐国治　福地呈祥

名观兴衰　史话见证　祖辈功德　乡愁莫忘　惠风习来　泽光普照　癸酉年起　乡村给力

后土重光　本村道士　冯氏士君　尊天敬地　念念不忘　带领众信　广集款物　原址增厦

修缮后土　新建三清　又盖玉皇　一台三殿　宏伟壮观　观音三爷　堂殿齐全　活动场所

生活服务　设施完善　山门闪亮　广结善缘　盛世无极　佩感乡民　观仙营村　刘氏凤全

感恩故乡　捐资数万　盖造戏楼　风生水起　卧龙腾飞　彰显功者　刻石永筑　厚德流芳

撰文耿沧富　刻石崔尚坡

河北涿州观仙营村　无极屯庙管理委员会

公元二零一五年三月初九立

庙宇北侧为泰宁宫,楹联为“天赐名宫大宝地,地育后土继善村”。泰宁宫西侧为三清殿,楹联为“拜八仙功名双德,敬三清福寿长存”。东侧为玉皇殿,楹联为“行善事财源广进,积重德健康长寿”。

正殿西侧配殿由南向北依次为顺香棚、三圣殿、生肖殿、救苦殿、五仙殿、财神殿;东侧配殿由北向南依次为地藏殿、月老殿、土地殿、车神殿、药王殿、济公殿、弥勒殿。

泰宁宫前立有石碑数块,但有些石碑因年代久远已经风化,现将留存下来的谨记如下:

涿州北关农民无极屯进香记

涿西二十五里曰无极屯,屯有祠,其神曰后土夫人,不详所自始,祷祈辄应。赛神者踵相接，而三月望为盛。三月为盛燕赵之俗，凡赛神而鸠赀集众者，皆曰会。北关之会则举陈岁，必往往数日而后返。盖自乾嘉以来，至于今百余年矣。夫之时祭于方邱及太圻，皆无祠，汉武帝始祠后土，后世因而不祀，天子之祀不已僭乎。或曰今之神即古之社也，古天子诸侯一社，汉有二十五家之社，其民所私立者，则为私社。春秋飨祀所云耶，若然则所祀者禹耳，不则共工氏之子耳，非夫人若地林川泽丘陵坟衍原隰之神耳，且不得为人，更安得称夫人。今载物静翕，广生坤之象，有母象乎，柔顺成天，无成有终，地之道有矣。不然媪神之称汉已有之，古既可媪其神，今独不可夫？人之所栖，足之所履，耳目之所接，无非土者，何土不有神？何土极，岂无极之土其神独灵乎？不知土之有神，犹人之有血，地之有泉，不祀不灵，神周于土，而无极祀之，即谓神之独灵于无极也，亦宜。今覆以榱题，陋矣！古之祀社也以尸，或以主，今被以冠帔，渎矣！古之乐以狄鞮之倡，乱以扶娄之伎，亵矣！然而文质有损益，礼乐不沿袭，初将之，则今之榱题，古之四陛也，今之冠帔，古之大裘也。今之狄鞮、寒泼胡、禾闻典，故俳优、侏儒、猱子女，诚不能不见讥于大雅，然使貌涉诡异，迹类戏玩，不犹愈于绣旙幢、铸钟磬、涂丹漆屑旃，以希一日之福者哉，其又何讥焉，是为记。

光绪十一年岁在旃蒙作噩诹月榖旦

山东□补知府州人全士锜谨撰

本庙

重修无极屯庙山门碑记

古昔天神地祇非必驱及迷信□所□教化警惕愚顽□依凭亦所以建筑商场便民互易也故庙□不厌其□□山主来重观也耳□吾乡旧有土□□

土□庙一所推其原始固□□□诸礼社□不□推山门且□门□□□□势将□地每当三月既□商民辐辏行香□□卢□一不慎即不免有岩墙之□其不便行人不回□□□□理庙会人不忍任其颓坏摧残驟废前人之功□再□重只有广行筹募以襄胜举耳乃于二十二年春幸赖各方□经营积款数百鸠工运材□兴土木□将山门重修□□□岂非诸善士赞襄之功见义勇为所成哉此两村经理庙会以报也惟有勒之金石垂名后世以作纪念而已

师范毕业生　刘润川书丹　刘□川撰文

两村经理人

中华民国二十三年三月

重建无极屯后土皇帝庙碑记

涿州市西北部有著名宫观——无极屯后土皇帝庙祠，北靠京郊房山，南临拒北支，西望巍峨太行，东接九龙宝地——观仙营村。庙宇通灵，庄重古雅，威灵显赫，古来香火盛极。岁逢农历三月十五，商贾云集，人流涌动，香烟缭绕，为四方乡民众信进香游览、交流物资、祈祷人安年丰之圣地。

据考故庙始建于汉光武帝年代，千载沧桑，几经重修重建与修葺，庙宇呈祥。中华民国三十五年春，虽毁大火，残碑犹存，香火未断。公元一九九三年初春，观仙营村村民耿沧银、冯士君、高田等人在遗址兴建全神庙一座，此举激发众信再现殿堂之愿，同年秋得己乡村各方捐施奉献支持。历经六年，新建正殿三间、配殿五座五间、庙务房舍十余间，砌砖石围墙一百九十米，正殿对面山门外坐南朝北建大戏台一座，另在原舍茶棚遗址新打井一眼，植树百余株，庙宇初具规模。

自此夙愿得成，庙会复兴。联曰：天赐名宫泽光普照观仙境，州西胜景惠风吹拂育富乡。

为不忘建庙功绩卓著者，特撰文勒碑以示纪念。

庙管会负责人　冯士君　耿福林　高田

观仙营村无极屯庙管会立

公元一九九八年三月初九

四方花会秀无极屯碑记

涿州无极屯后土皇帝庙历史悠久，花会为庙会展演源远流长，古有接驾迎来送往的涿州北关老会，数十到近千人花会大军让这古老的庙会更加热闹非凡，增添了祥和喜庆。乡愁莫忘这一民众喜闻乐见的娱乐，延续至今。

凤成神韵随时代，群众性的文体、健身活动、花会得到繁荣发展，在新农村以［已］形成了一片片一道道亮丽的风景。

从一九九四年以来，为庙会助兴演出的各队是：

北京房山区：半壁店秧歌队、南正秧歌队、广润庄秧歌队、镇江营秧歌队、后石门秧歌队、双磨村秧歌队、天开太平鼓会、辛庄太平鼓会、后石门花鼓会、五候花鼓会、广润庄歌舞队、黄元井歌舞队。

涿州地区：北鲁坡秧歌队、西秧坊秧歌队、泗各庄秧歌队、东城坊秧歌队、毛家庄秧歌队、韩村秧歌队、百尺杆秧歌队、两河秧歌队、观仙营村秧歌队、观仙营村武术会、观仙营村歌舞会、南鲁坡歌舞队、蓝家营歌舞队、北横岐戏曲歌舞队。

涞水地区：北辛庄秧歌队、北辛庄吹歌队。

保北舞狮队等民间花会，倾情献艺，星彩纷呈，这是载歌载舞的盛世，欢歌笑语庆太平。

特对上述单位刻石留念以示感谢。

涿州无极屯庙管会

公元二零一八年三月初九日

四、主要活动

无极屯后土庙平日供信众上香祈福。每年农历三月十五举行庙会，持续一周，届时会邀请附近多地演出队伍进行表演。

山西省

长治市

路城区店上镇宋村后土庙

（王琪）

一、概况

宋村后土庙位于山西省长治市潞城区店上镇宋村的东北角，是晋东南地区较大的后土庙。宋村后土庙敬奉后土娘娘、娲皇圣母、九天圣母、白衣大师、坐脚奶奶、糠神奶奶、痘神奶奶、疯神奶奶、送生奶奶、催生奶奶、眼光奶奶、魔礼海、魔礼青、魔礼寿、魔礼红、董将军、赵宝老爷、史先生、清源王等神灵。当地人统称这些神灵为“老爷”，烧香称“拜老爷”，还愿称“谢老爷”。

二、历史沿革

由清嘉庆元年（1796）所立的《重修后土娘娘圣庙告成碑记》可知，此村后土娘娘圣殿旧在河西西沟，建立始末未详。

明嘉靖四十二年（1563），后土庙“移置本村之北，增其旧制，作后山之围屏，为前面之保障，佐乾元以资生恩及庶类著坤德，以流泽佑启后人”①，距今已有400多年，且已经重修过四次。

明崇祯二年（1629），修补了西殿。② 后土庙风化破坏严重，“纠首苗雨精于乾隆三十一年会合灯社数十余人积钱粮，雨精之侄青地，继伊伯未成之志，会请合村三社人等议重修后土娘娘圣庙及诸神宝殿宫”。此次重修历经多年，“三社同心，乐于捐资，于三十八年癸巳开工，先修正殿三间，西脚殿六间。三十九年，修东西廊房十六间。四十六年，修乐台三间，角楼六间。神堂董神感应布施，系王锡纯等维首帮积至五十七年，积千百千有奇。又会维首苗太盛等增修献庭六间，狮庭两间。五十九年告竣，今岁彩画新妆工已完备，前后共花费钱一千三百余千”③。

据庙主曹春梅回忆，抗日战争期间，后土庙曾为兵工厂所在地，工人们住在

---

① 《重修后土娘娘圣庙告成碑记》，此碑立于山西省长治市潞城区店上镇宋村后土庙正殿外东侧。

② 《重修后土圣庙告成碑志》，此碑立于山西省长治市潞城区店上镇宋村后土庙正殿外西侧。

③ 《重修后土娘娘圣庙告成碑记》，此碑立于山西省长治市潞城区店上镇宋村后土庙正殿外东侧。

后土庙的廊亭里。“文化大革命”期间，后土庙里塑像遭毁。[①] 1996 年 4 月，后土庙“时代久远，风雨剥蚀，人为毁损，庙貌已失昔日之辉煌”，“为维护明代古建文物，弘扬祖先功德”，当地群众主动要求重修后土庙，并自愿捐助款物。宋村村委会决定重修，并推荐村民苗计盛、苗义旺、苗炳南负责，经多方筹资，历经两年于 1998 年农历三月竣工，此次重新塑像，完成了庙内彩塑。[②]

2013 年 3 月，因“寺庙彩绘剥离，渐显斑驳”，在护庙人曹春梅、王玉鸿等人的倡导下，信仰者踊跃捐资，修葺油饰彩画，使神像焕然一新，且将院子铺设板砖，重为村中之胜迹、一方之福镇。[③]

另外，平时的小型修缮资金主要来自香客的香火钱或者护庙人自掏腰包。[④]

三、庙宇建筑

如今的宋村后土庙坐北朝南，是典型的戏台式山门，即以戏台为入口。后土庙入口两侧有两尊石狮子，正上方写有蓝底黄字的“后土庙”三字，张贴有对联“消灾解难祐泽九州和谐风调雨顺，执掌乾坤常保盛世太平国泰民安”，横批“厚德载物”，上方还挂有两个红灯笼。中轴线位于庙正面的楼门，楼门内为倒座戏台，露天的木制梯子可通其上。如今此戏台在每年的后土庙会上仍在使用。戏台对面为正殿，筑基于 1.5 米高的石台之上，东西两侧又有两层的耳殿与妆楼，也称配殿，用来放置庙会唱戏时的一些道具。戏台东侧配殿的前方有一个五孔的小型烧炉房，用来焚烧纸钱、纸扎。寺庙东西两侧各有一廊亭，该廊亭背靠院墙，前侧由透明玻璃封住，东侧廊亭墙面有药王爷、四海龙王、二十四孝等彩绘图像；西侧建筑墙面有剩余二十四孝彩绘图像，角落处有一火炉，是护庙人在除夕夜守夜看庙的取暖工具。寺庙院内正中间有一刻有“万年香火”的香炉。通往正殿的台阶下左右各有一个燃烧蜡烛的小香炉。

往北走上四个台阶，左右各有一个亭子，前方有一个香炉鼎，由曹春梅捐赠。香炉鼎前即为正殿，门两侧贴有护庙人王玉鸿从网上查找并托人写的对联“掌阴阳育万物大地之母千秋在，消百灾赐万福人家尊神万古流”，横批“有求必应”。为感谢信众捐款，正殿门上挂有“积德垒善”“积功兴业”“进德修业”三个牌匾，正殿门口东侧立有清嘉庆元年(1796)所立的《重修后土娘娘圣庙告成碑

① 访谈对象：曹春梅，女，1958 年生；访谈人：王琪；访谈时间：2022 年 8 月 6 日下午；访谈地点：山西省长治市潞城区店上镇宋村后土庙。

② 参见《重修后土圣庙告成碑志》，此碑立于宋村后土庙正殿外西侧。

③ 参见《重修宋村后土庙碑记》，此碑立于宋村后土庙正殿外西侧。

④ 访谈对象：王玉鸿，女，1960 年生；访谈人：王琪；访谈时间：2022 年 7 月 15 日上午；访谈地点：山西省长治市潞城区店上镇宋村后土庙。

记》,西侧立有1998年刻成的《重修后土圣庙告成碑志》、2013年刻成的《重修宋村后土庙碑记》。

后土庙正殿主神为后土娘娘,当地人称地母娘娘,全称为"承天效法地祇大帝"。后土娘娘身披霞帔,腰束罗裙。后土娘娘两侧由童男、童女侍奉,其下方左右分别塑有白衣大士、左脚奶奶;正殿最里面的东西角落分别塑有娲皇圣母、九天圣母;正殿西侧塑有痘神奶奶、糠神奶奶、疯神奶奶三尊神像;正殿东侧塑有送生奶奶、催生奶奶、眼光奶奶三尊神像。东西三尊神像外侧又塑有魔礼红、魔礼寿、魔礼青、魔礼海四尊护法神像。后土娘娘前方放有供桌以及跪垫。供桌上空挂有多幅写有"有求必应"或"有求必应,功德无量"的锦旗以及"帅""令"锦旗两面。正殿东西两侧墙面有十二生肖彩绘图像,后侧有十二美女的彩绘图像。

正殿两侧有东西两殿。其中东殿主奉专治疮痍病患的清源王神像,左右有两童陪侍,门上贴有对联"神通广大营造千秋功绩,有求必应普施万代恩德",横批"神道浩荡";门上挂有"鸿业鼎盛"牌匾。西殿供奉董将军、赵宝老爷、史先生三位地方特有神灵,门上贴有对联"神功浩荡民安物丰万家康,庙宇辉煌人杰地灵千古迹",横批"积德□福";门上挂有"积善裕后"牌匾。外侧还有一块2013年刻成的《重修宋村后土庙碑记》碑刻。

四、主要活动

(一)每年例行活动

每年农历三月初八为宋村后土庙正会,三月初六为起会。当地民众除了来后土庙参加祷告与祭祀活动,还会请潞城的戏班在三月初七和初八唱上党梆子或上党落子戏,一天两场,一场1000元,最后请戏大致要花费4000元。人们还会请八音会助兴。从2012年开始,在庙会上,后土庙会为香客准备两至三顿中午的大锅饭。[①] 香客们根据心意自行捐助,2021年由本村一位男性出钱置办了大锅饭所需的面粉和菜品,剩下的由其他护庙人贴补。由于新冠疫情,2022年没有请唱戏,只架了锅做大锅饭。[②] 值得注意的是,请戏和做大锅饭的花费大多是来自香客捐助的香火钱。香客许下愿后若愿望实现,则来年请一场戏或者在

---

① 访谈对象:曹春梅,女,1958年生;访谈人:王琪;访谈时间:2022年8月6日下午;访谈地点:宋村后土庙。

② 访谈对象:王玉鸿,女,1960年生;访谈人:王琪;访谈时间:2022年7月15日上午;访谈地点:宋村后土庙。

庙会上施饭。[①] 后土庙前侧空地和马路上售卖日用品和吃食，供村民消费交易。据王玉鸿说，她曾听村中一位老人追忆，八十年前宋村庙会还有“十年一大赛、五年一小赛”的社火大赛，她们有想法和计划在明年或者后年恢复这一中断八十年的传统。[②]

除了庙会，后土庙香火较多的时段为每年的春节。除夕晚上和大年初一会有村民前来烧香祭拜，并有专门的护庙人守庙和看管。近几年因为交通便利，在外居住的宋村人或者其他地方的人也会在春节前来祭拜。此外，正月十五村民也都会去后土庙烧香。[③]

（二）平时活动

除去每年的后土庙会和春节的活动，平时每月农历初一和十五，也有部分村民或者外来人会来后土庙烧香，人数不等，但固定来烧香的是后土庙的四五位护庙人。平时主要由庙主曹春梅打扫庙内卫生和管理寺庙，她是从其婆婆手里继承了这一护庙责任，据说是因为这后土庙是由其祖先建成，因此一直由她家看管，她婆婆家离后土庙距离最近，方便管理。[④] 因她近两年为上高中的孙子在长治市区做饭，便由王玉鸿负责看管。另外还有一些有所求的信众前来祈祷，或结婚多年无子来求子，或求顺利升学，或大龄单身男女来求姻缘，或生病来求消灾祛病等，愿成之后还会来还愿“谢老爷”、送锦旗。

五、周边影响

从清嘉庆元年所立《重修后土娘娘圣庙告成碑记》可以了解到，在清代，宋村后土庙的重修得到众多乡人的资助，更是得到十里八乡的支持，其影响一直持续至今。1996～1998 年重修塑像时，捐款者除了本村村民外，还有宋村周边村庄的村民，如韩村、黄沙岭、西白兔、广卅、李家沟、南村、曹沟、东回元、常村、漳村等村，还有长治市其他县区，如长治县（现为上党区）、襄垣县、长子县等，甚至还有一位浙江省的香客捐款，可见其影响广远。

2013 年后土庙重新彩绘时，村中有人更是捐款上万，众多村民亦积极捐款，

---

① 访谈对象：曹春梅，女，1958 年生；访谈人：王琪；访谈时间：2022 年 8 月 6 日下午；访谈地点：宋村后土庙。

② 访谈对象：王玉鸿，女，1960 年生；访谈人：王琪；访谈时间：2022 年 7 月 15 日上午；访谈地点：宋村后土庙。

③ 访谈对象：王玉鸿，女，1960 年生；访谈人：王琪；访谈时间：2022 年 7 月 15 日上午；访谈地点：宋村后土庙。

④ 访谈对象：曹春梅，女，1958 年生；访谈人：王琪；访谈时间：2022 年 8 月 6 日下午；访谈地点：宋村后土庙。

由此可见后土庙在当地仍有较大影响。

2013 年至今，根据正殿悬挂的多幅锦旗可以看出，有宋村、漳村乃至平顺县、长治市区等地区的人前来后土庙求子、求姻缘、求升学、求病消等。后土庙在外地的影响多是通过姻亲纽带传播的，如嫁去漳村的宋村女儿经常还会前来宋村替自己的新家庭祈愿，从平顺嫁到宋村的女性会替平顺的娘家人祈求，因此逐渐将后土庙的影响扩大。

附录

宋村后土庙现存四块石碑。

1.重修后土娘娘圣庙告成碑记

立于清嘉庆元年，现存放在后土庙正殿外东侧。

（碑阳）

古者择地居民，虽钟灵毓秀之地，不无缺陷之处，故审曲面势，建立庙宇，无非为培补风脉计也。高其闬闳，厚其墙垣，辉栋宇而壮殿阙，上以昭神威，下以奠生民，凡有灾情困苦之感，给欲养求之志，祈祝于是，报享亦于是，诚不可一日令其圮毁也。此村后土娘娘圣殿旧在河西西沟，建立未详始末。自嘉靖四十二年，移置本村之北，增其旧制，作后山之围屏，为前面之保障，佐乾元以资生，恩及庶类，著坤德以流泽，佑启后人。

清源王居左，用鲜疮痍之患。董神居右，宏开祷祀之门。维时有求必应，随感皆通，神威所昭无远弗届，而祈祝报享者且接踵不绝。马特是声，灵赫濯至德之感。名虽万古而常新，风雨剥蚀，庙貌之巍峨且历久而渐敝，使一任剥落则圮毁堪虞，不惟有以致神明之怨恫，且无以昭风脉之旺气，良可惧也。惟使纠首苗雨精用有隐忧，爰于乾隆三十一年会合灯社数十余人□，积钱粮以及东乡贾家脚张门赵氏。

神堂董神显应威感，善男信女三月初八日，帮积布施积至三十七年，共有三百余千。雨精之侄青地，继伊伯未成之志，会请合村三社人等议重修后土娘娘圣庙及诸神宝殿。公举维首苗雨温等经管修理，三社同心，乐于捐资，勇于赴功。于三十八年癸巳开工，先修正殿三间，西脚殿六间。三十九年，修东西廊房十六间。四十六年，修乐台三间，角楼六间。越数年，又有五里后李门关氏。神堂董神感应布施，系王锡纯等维首帮积至五十七年，积钱百千有奇。又会维首苗太盛等增修献庭六间，狮庭两间。五十九年告竣，今岁彩画新妆工已完备，前后共花费钱一千三百余千。倘非神光默鉴，又焉得四方帮积，合村齐心，绝无劳民伤财之感耶。兹因本年十月十一日，开展神光刻碑勒石。纠首备述其事，以求记，余辞之，不获，因恭叙重修盛世，以志神人胥悦之情云。

恩进士候铨儒学教谕，乡饮大宾，本邑申雨濬撰，男郡学增广生员申熙书

总理贡生苗尔精　侄大学生苗清地　维首苗而温　苗安　苗涧　苗时雨　苗庭　苗子玉　曹勇　苗玉书　苗得惠　大学生苗得杨　耆宾曹得相　苗长芹　魏崇义　苗官和　苗子有　苗产武　进财灯社　苗尔精　苗实积　苗实种　苗实芳　苗尔芝　苗尔长　苗翼

苗尔兴　苗尔温　苗起兴　苗起发　苗逢雨　苗大本　李含欣　苗大成　苗正发　苗正省　苗庭　苗子成　二次维首苗大盛　苗子攀　苗景顺　苗国清　苗廷蔚　苗景元　苗沛然　苗维新　苗培林　住持辽州石佛寺监院阐　孙隆英　隆雄

东乡神堂　维首赵氏孙　张兆法　王锡纯　王聪　王荣太　李满　武祥云　王志畏　张兆鹰　郑玉桂　郭圈则　史可元

计开合村功德施主千左

苗青地钱十千　八成当钱五千　苗得相钱四千　东西井钱五千　隆□英钱三千　斜港沟井钱五千　苗泽厚钱三千　苗沛然钱三千　苗发盛井钱三千　源远号两千五百　苗大兴钱两千　苗大盛钱两千　苗松钱两千　苗安基井钱两千

苗廷蔚钱一千五百　金盛号钱一千五百　发兴号钱一千五百　苗泽沛钱一千五百　苗开基井一千五百　苗玉书次男庠生发恭一千文　苗长芹钱一千　苗子攀钱一千　韩荣钱一千　泰兴号钱一千　苗起荣钱一千　苗起枝钱一千　邓顺钱一千　张□宝钱一千

松盛号钱一千　王复盛钱一千　苗时盛钱一千　苗辅太钱一千　苗国清钱一千　苗景顺钱一千　苗景元钱一千　李世贞钱一千　张士敏钱八百　史文公钱八百　张攀钱八百　苗正时钱八百　连登虎钱八百　苗当福钱六百

黄金印钱六百　苗守基　苗闯基　苗党枝　苗逢春　苗维新　苗国选　郝金明　苗湖　苗掌山　苗金松　苗俊有　苗金山　苗芳春

苗进来　太李　苗天基　苗发　苗进府　协力号　连登第　苗于府　郭各具　苗吐英　苗傍桂　苗国安　苗黑狗　李满元

李满库　李满仓　李兴旺　苗起栗　苗国冠　李天顺　李德太　苗

尧则　苗正省　苗三则　苗英达　苗在元　苗起福　李振春

苗金荣　李世荣　王金明　魏进敔　魏世兴　苗五全　苗五仁　苗五美　苗景丰　刘兴　苗地亮　苗万枝　苗时敏　李世安

李满廒　苗发基　苗福枝　苗厂枝　苗时涧　苗得兴　张京　苗安乐　苗天龙　苗天宝　苗天成　苗发庆　苗起亮　苗时渤

庠□　苗天培　史□柱　苗逢玉　苗时沛　苗英基　李子全　武花　以上布施各五百文　苗俊枝　苗人贵　布施各四百文　苗郭管

□□　李德平　苗子福　张通文　苗青枝　苗兴　申景仓　陈套住　张时和　苗兴盛　王稳中　王靠山　李满廒　苗狂孩

苗男则　苗张锁　苗三则　苗□喜　苗寿则　苗权全　苗本□　魏□□　苗保年　苗培地　苗帮柱　苗芝兰　苗芝蕙　苗芝菁

苗犹龙　高□集　苗得春　魏世财　魏顶户　韩金山　苗时义　□安邦　苗印　曹讲理　苗全田　苗敏基　张国太　张瑞

曹发兴　曹保全　苗恺　苗聚田　苗檖　苗盛和　苗腾基　苗□基　苗权田　魏有福　曹尔芝　武远　苗含□　曹□□

苗子宏　苗子秀　苗万海　苗盛　张成德　史文德　苗兴基　苗玉雨　陈乾　马兴　以上各三百文　苗培林

□起富　姜士元　李喜来　王买则　李曹良　李辣则　倪从林　陈□□　陈□□　苗美盛　李宏保　苗□彦　苗长孩　崔加富

苗全盛　王年孩　史三易　史金福　閔保全　王庙则　宋金山　王俊狗　王改□　王维宗　王创则　杜慕成　李功　石纣则

李贵　李金锁　苗子福　苗瘦则　苗起长　苗王则　苗二王　苗三王　苗富有　苗□户　崔世□　苗子梳　苗进常　苗子好

栗进閔　苗旧则　栗狗伴　郭苗则　苗丰岁　苗丰秋　苗春荣　马苗则　苗起兴　李锁则　李同南　苗□孩　李寿长　马瘦则

苗尔兴　苗锁则　王掌家　苗成地　苗隆地　苏瘦孩　魏世隆　李喜年　魏白狗　苗成　苗根计　赵信　李成府

苗太兴　苗青基　苗良田　苗霖　刘汉枝　苗发枝　李闯嘴　苗有田　苗福基　苗□田　苗发田　苗俊田　魏之和　魏之安

苗得好　苗刘存　苗有枝　苗兴基　苗成基　魏之平　苗习基　郭□□　魏久长　张进凤　苗俊和　苗富枝　苗五安

苏有孩　曹余成　武天府　武天德　武天省　苗京基　苗陶气　徐

美安　刘建常　徐美有　曹明庆　韩崔保　韩松林　韩松会

韩松山　曹丕安　曹丕兴　杜□　苗隆基　李世明　李世月　苗子安　苗子成　赵进宝　苗子进　苗逢朝　苗逢成　苗逢景

苗马庄　冯履谦　苗仓　冯根丑　苗万枝　苗仁和　引□　苗长成　史文学　苗萃枝　苗积田　张凤　苗特泽

苗好基　张□　苗丑则　苗□安　苗尔盛　苗兴基　苗中基　苗有□　苗新孩　冯乌嘴　郭进朝　杨四　以上布施各二百文

大清嘉庆元年岁次丙辰十月中浣　日穀旦　立

木工李奇全　石工梁辅　土工梁富文　郭宗经镌

（碑阴）

万善同归

先邑常村镇　贾荣先钱一千　郝王攻　郝广德　郝万里　郝临山　郝朝阳　高坤　各钱一百五十　天顺号　聚源号　天兴号　复兴号　永兴号　郝起政　张有仁　孙仲言　各钱一百文　吴凤德　韩兴旺等　共钱七百卅文　石室村　牛增安　钱五百　牛世旺　牛丕勋　武□　武成

武德印　牛中和　牛兴富　赵振楚　各钱一百文　寺底村　李□芳　钱五百　李广达　李垒仁各钱一百文　北□上　周立位　周四　钱三百　河北村　合社施　钱一千　岭上　弓平氏　钱二百　路村　杨及时　李漳等　钱一千一百文　小辛庄　崔士龙　李建周　各三百

李元则　钱一百五十文　解从治　解建唐　各钱一百　合社施　钱二百　东北村　合社施　钱二百　故县村　西社施　钱五百　二众施　钱九百八十文　襄邑董王桥　刘二桂　钱一百　偏桥村　栗永英　钱一百　常隆镇　张运　姬邦　各一百　李村　李门氏　钱二百　长邑　魏世禄

贾世桂　郭彩　各一百　城里妙胜寺　常宾　钱一千　关帝庙　钱一千五百文　北街合社　钱三千　益友号　钱五百五十文　同合馆　钱五百　关瑞兆　钱三百　关四方　关九畴　关畏天　三合号　各二百　王佐　关六府　关□　关滂　关尔兆　关□中　西兴隆号　各钱一百文

五里后　李关氏　神堂布施开　列于后　史可元　钱二千　秦廷儒　秦廷班　秦廷□　秦百里　王吉祥　史陈　史圈则　秦涌龙　王志位　郭圈则　各一千文　李根沟　田□□　张法□　各八百　秦兆凤

秦武申　王聚祥　关应兆　田开方　秦进俭　李向荣　武祥云　王纯　李建兴

王聪　曹中魁　陈士荣　程增禄　常王春　各五百　王文魁　张兰孩　郑玉柱　崔学义　各四百　聂金梅　钱三百五十文　秦永坚　冯五江　王文秀　李宣　王永太　关太昌　李文良　李永安　孙偏则　焦应州　李永禅　王天京　李世恒　牛清泉　杨继业　韩广修□□　杨往肖

王金亭　成沛　各三百　干三乐　冯折桂　魏清沂　史海全　史九河　李成明　贾温泉　王金祥　聂金全　王永兴　史珩　张双成　关万里　秦天成　尚枢　张真明　张书　李永谦　各钱二百　上栗村　任李氏　神堂布施　钱八千四百文　坡底村　合社施　钱二千九百八十文

西村　崔苗氏等　钱二千三百文　故亦村　合社施　钱一千　牛蓝田　刘源顺　各钱二百　安昌镇　合社施　钱一千五百文　宋仁　钱一千　高沟彦钱三百　二众施　钱八百五十文　安阳村　合社施　钱一千　常好仁　钱二百　牛村　合社施　钱一千　任瑄　马进仓　各钱一百

下栗村　合社施　钱五百　贾和贵　钱一百　西沟村合社施　钱一千　众善人　钱一千　东旺村　翰林吴企皙　钱五百　崔养民　钱五百　又井上　钱二千　崔兴文　崔莊　各钱五百　广锡钱三百　二众施　钱一千三百文　王家庄　合社施　钱一千三百文　常庄　合社施　钱一千

西申庄　河北社　钱五百　二众施　钱二千二百文　张士扩　张宗□　各钱二百　张士甄　张士成　共钱三百　南村　合社施　钱一千　二众施　钱三千四百文　郝万祥　钱三百　申雨浚　钱一百五十文　中村　众善人　二千七百廿　申万璧　钱一千　申万亿　施钱三百文

北村　东西社　钱一千　二众施　钱一千二百文　杜茂林　钱二百　郭住安　钱一百　石窟村　合社施　钱一千　原苗氏孙尚仁　钱一千　原泰　原安仁　各钱二百　张村　二众施　钱一千三百文　李九标　李枝道　李作育　各钱二百　常村　合社施　钱一千　李天恒　李天辅　共钱五百

黄碾镇　中社施　钱一千四百文　南北社　钱二千　二众施　钱七百五十文　石登云　钱五百　卫好美　魏应元　共钱五百　暴村　合社施　钱一千　二众施　钱一千二百　李向荣　钱四百四十　温村　合社施　钱一千　王布汤　钱二百　白宇沟　百进国　李怀爵　共钱五百文

魏村　东社施　钱一千　一甲合社　钱一千　五甲合社　钱五百　二众施　钱十千　史秋　高有义　各钱五百　东白兔　合社施　钱五千　二众施　钱二千　□□馨　钱五百　苗得地　钱三百　曹家沟　二众施　钱一千一百四十文　贾村　曹金蕊　曹金英　各钱五百　苗万生　钱三百

安居村　合社施　钱一千　韩文仁　钱三百　二众施　钱六百　小河北　合社施　钱五百　二众施　钱一千四百文　故彰镇　张成列　钱五百　张步□　钱四百九十文　陈尚义　钱四百　张元兴　钱三百　黄史氏　钱六百　二众施　钱八百五十文　南舍村　王廷誉　钱五百五十文

王里铺　合社施　钱一千　曲里　合社施　钱一千　张彪　胡发枝　李永福　共钱六百　洪岭　合社施　钱一千五百文　李得平　钱五百　张天肖　李得泰　共钱六百　西白兔　合社施　钱一千　张世常　钱三百　天合当　韩祚秦　程守启　韩祚烈　共钱八百　二众施　钱二千六百文

唐上铺　合社施　钱六百　西旺村　□臣则　钱五百　屈明　钱四百　李如海　钱三百　黄彰　合社施　钱五百　韩村　韩□保　钱四百　二众施　钱四百　北舍村　□尚文　钱五百　众善人　钱四百五十文　郭宗经　钱三百　张庄村　王建义　李良宾　康诰　共钱四百五十文

□口村　合社施　钱五百　良才寺　妙新　钱一百五十文　浮山寺　隆杲　钱三百　圣龛寺　可信　钱二百　史坊村　□□　钱四百　史家庄　合社施　钱五百　史九安　钱一百　靳家庄　众善人　钱六百三十文　任家□　合社施　钱五百　任量才　钱五百　任正孩　钱三百

吴家庄　合社施　钱五百　吴正　钱三百　霍家沟　众善人　钱二百　朱家川　郭祥征　郭天爵　各钱二百　乔家庄　二众施　钱二百九十文　葛家庄　二众施　钱三百七十文　宋家庄　合社施　钱三百　秦家山　张泳库　张进会　各钱二百　理□沟　李维新　钱三百　李世廷　钱二百

赤□村　众善人　钱七百八十文　杨家庄　合社施　钱三百　墙上　高学臣　钱三百　李家庄　李得义等　钱五百　小沟村　魏发　□化美　共钱二百　□　韩□　钱一百五十文　丰乐村　张渊　钱一百五十文　向阳坡　栗刘□　钱一百　□室村□□□□□□钱□□

2.重修后土圣庙告成碑志

立于1998年,存放在后土庙正殿外西侧。

(碑阳)

后土圣庙始建于大明嘉靖四十二年,公元一五六三年,至今四百三十五年,中期重修过两次。大明崇祯二年,修西殿。大清嘉庆三年,修圣庙。天长日久,圣庙残缺不全,为了维护明代古建文物,弘扬祖先功德,群众要求重修,自愿捐助款物。经宋村党支委书记刘文忠、村长苗雨旺、申文义等研究决定复修,推荐专人苗计盛、苗义旺、苗炳南负责,于一九九六年四月动工,至一九九八年农历三月初八日,历经三年,重修圣庙彩塑,功德告成,安排神位,选择碑文,吉日开光,敬仰诸圣,有感董神有求必应,后土圣庙神圣重现人间,所有捐助资金的人们功名千秋、德芳启后,特立功德碑文。

捐助资金功名计用,苗小猫历捐六千元

宋村委捐款五万元　苗水旺一万三千元　苗雨旺一万两千元　刘忠秀一万二百元　苗根旺一万元　张和忠一万元　李满喜五千元　刘连昌五千一百元　苗树忠三千五百元　潞局二中三千元　曹海豹三千元

王金鱼二千五百元　银元三十八块　苗增荣两千　苗计盛一千六百元　苗小猫一千五百元　苗仁旺一千二百元　苗仁虎一千元　刘满库一千元　苗建红一千元　李保令一千元　苗长根一千元

苗保旺一千元　李先法一千元　苗延明一千元　苗玉旺一千元　窑上　王过胜一千元　苗进芳一千元　苗中秀一千元　苗来芝一千元　六队　苗志太一千元　苗义旺八百元　苗炳南八百元

牛支明五百五十元　李安虎五百五十元　苗喜霖五百元　宋小保五百元　苗宝库五百元　苗延红五百元　苗义太五百元　王水鱼五百元　郭青秀五百元　苗中山五百元　靳长柱四百元

宋金红三百元　杜莲英三百元　侣同来三百元　苗文青三百元　刘文秀三百元　苗苏平二百元　苗天福二百元　李全福二百元　路维宽二百元　路维民二百元　苗太顺二百元

牛存柱二百元　苗明虎一百五十元　苗秀红一百五十元　苗延德一百五十元　苗国俊一百五十元　苗东胜一百五十元　徐树利一百五十元　刘文忠一百五十元　苗晚凤一百元　苗保山一百元　赵支福一百元

(碑阴)

捐款一百元者　赵三秃　赵树枝　赵树文　赵焕宇　韩村　韩仁堂

苗吉增　张建国　苗善庆　苗住英　黄沙岭　刘海林　马池沟　李义兴　曹江孩　西白兔　韩爱红　魏春国　苗润芳　李存德　曹保禄　牛存库　藏引红　苗季增　赵俊孩　苗玉枝　程金龙　国太保　李天德　苗合盛　苗存盛　苗焕英　杨安根　王金木　张小四　唐拐狗　苗过明　广卅　苗惠莲　李秋龙　张支荣　张配良　刘成刚　苗支有　苗润田　苗润身　苗联存　李秀堂　王汉林　岳俊德　史志刚　李长生　冯爱英　赵延支　苗先景　赵保元　魏春忙　苗小马　李中央　二队　赵天喜　张联贵　苗树利　李家沟　呼军令

捐款五十元者　赵德顺　李虎孩　苗和平　赵天保　任三胜　苗卫星　化工厂　刘保山　刘计成　苗俊明　张存龙　苗志俊　苗爱国　苗新国　苗志英　苗志进　苗金芳　魏保喜　魏国红　曹保文　藏引芝　曹宝庆　曹志刚　史小凤　张满红　赵常兴　赵常旺　赵树林　李天福　刘贵莲　李来富　苗河堂　马福明　苗秀清　苗秀春　苗小乐　徐云峰　曹启旺　任三胜　田富成　苗小云　郭太平　王河鱼　苗鹏飞　苗春生　赵振斌　李福荣　牛天明　苗云生　苗进旺　张建中　魏天喜　魏翠玲　魏金明　王海富　马爱国　苗玉斌　苗仁兰　苗鹏霄　张波　张瑞　苗明生　张安堂　张怀恩　史宇飞　史鸿飞　曹金喜　六队　李先福　苗飞　苗树梅　南村　申建刚　曹沟　曹东旺　曹大红　东回元　吕广元　常村　李连红　漳村　李振华　李仁梅　浙江省　陈下界　东白兔　冯龙旗　靳安成　襄垣县丰曲　王冠华　长治　苗福俊　化工厂　宋忠根　史荣喜　牛晚库　苗腊和　黄沙岭　李高生　苗景秀　苗来旺

九八年三月初八日苗小猫捐资七千元

宋村党支部书记刘文忠　村长苗雨旺　申文义

修庙负责人　苗计盛　苗义旺　苗炳南

施工张怀刚　木工秦补刚　彩塑连晋枝　玉工石雕呼军令

编作碑文苗义旺　书写人苗润芳

公元一九九八年农历戊寅年季春月初八日榖旦

3.重修宋村后土庙碑记

立于2013年，存放在后土庙西殿外。

（碑阳）

后土，掌阴阳，育万物，大地山川之主宰。宋村后土庙始建于大明嘉靖四十二年(公元一五六三年),漳水环绕,群山相拥,景色秀丽,风水决胜,距今已有四百余年。期间曾于大明崇祯二年,大清嘉庆三年两次重修。然因时代久远,风雨剥蚀,人为毁损,庙貌已失昔日之辉煌,公元一九九六年村委为寻根祖之源流,复寺庙之宏制,多方筹资,上下呼号,年初重修,年底告竣,此后十多年间,村容日整,村貌日新,寺庙彩绘剥离,渐显斑驳,公元二零一三年三月,在护庙者曹春梅、王玉鸿等人的倡导下,信仰者踊跃捐资,对庙内修葺油饰彩画,使神像焕然聿新,殿堂美轮美奂,重为村中之胜迹,一方之福镇,此善事胜举乃村民之盛德,捐资者之宅心,暨以弘扬,百元以上者特勒石镌名,以传不朽是为记!历年香火三万元　李满喜五万元,苗润田四万元,苗洪斌两万元,苗润昌一万元。

(碑阴)

姓名金额

苗彦昌一万元,苗雨旺五千元,魏春国三千元,苗晚风三千元,苗银虎三千元,刘忠秀两千元,苗小猫一千元,李全福一千元,李忠灵一千元,张建国一千元,苗延红一千元,苗吉民一千元,刘连仓一千元,韩丽明一千元,苗煦洲一千元,赵常胜一千元,苗旭根六百元,贾炳六百元,苗联昌六百元,苗大平五百元,苗勇五百元,苗红飞五百元,苗福成五百元,赵银虎五百元,李秋龙四百元,苗关红三百元,刘海斌三百元,曹秋芝三百元,王金程三百元,徐桂忠三百元,刘文忠三百元,刘文秀三百元,刘钱垒三百元,邢焕刚三百元,苗新国三百元,苗玉旺三百元,赵智福三百元,赵海霞三百元,刘建忠三百元,苗军民二百三,苗利民二百三,苗小红二百元,张怀利二百元,苗保山二百元,苗延明二百元,张建华二百元,路维民二百元,王秀芳二百元,张怀庆二百元,苗海龙一百元,张怀恩一百元,张怀国一百元,张培军一百元,苗双虎一百元,李慧燕一百元,曹存禄一百元,牛国红一百元,张连堂一百元,苗跃俊一百元,苗翠英一百元,杨晓亮一百元,魏翠玲一百元,苗增荣一百元,苗银兰一百元,苗文平一百元,苗文海一百元,苗双红一百元,牛枝明一百元,苗先伟一百元,苗爱国一百元,宋小五一百元,刘小斌一百元,曹振堂一百元,苗存胜一百元,苗关平一百元,苗慧芳一百元,张秀云一百元,张振国一百元,李先发一百元,李怀良一百元,王国平一百元,王路伟一百元,赵文斌一百元,苗文明一百元,秦连庆一百元,刘爱斌一百元,赵朝峰一百元,贾恩泽一百元,宋永红一百元,苗雪虎一百元,李小燕一百元,苗志刚一百元,苗建设一百元,苗建红一百元,苗少勇五百元,苗少奇五百元。

4.施砖碑记

内嵌在正殿西侧墙壁里。

王光中妻曹氏男折桂、折升、丑孩、孙买则
施砖一万五千
神明有感，惠我无疆
乾隆三十八年三月　吉日立

临汾市

洪洞县辛存乡北段村后土圣母庙

（乔安宁）

北段村后土圣母庙位于洪洞县辛存乡北段村，其修建年代不详，现为清代遗构。“文化大革命”期间该庙受到毁坏，1995年重新翻修，之后不久又在庙的北面新修东岳大帝庙。

圣母庙有围墙，没有大门，从外就可以窥其貌。进入圣母庙之后首先可以看到的是东岳大帝庙，以及在其前面放着的一座大香火炉。庙宇两旁分别为库房及住房。

东岳大帝庙的东边紧挨着一座石碑。守庙人说这座石碑年代久远，但并未得到有效保护，“文化大革命”期间被拿去做了铺路石，经过汽车碾压以及雨水冲刷，上面文字已经不可考证，之前洪洞县文化局前来考证也无果而归。东岳大帝庙正中摆放着东岳大帝的塑像，旁边摆放着两座侍从的塑像，也是近几年新造。由于修建时间很近，因此四周都为空白墙壁，并没有壁画。东岳大帝庙之后是后土圣母庙，两座庙之间间距很小，仅容一人通过。

圣母庙主殿为后土圣母殿，相较于东岳大帝庙更为气派，门外两侧有两座牵马侍从的塑像。大殿正中是圣母塑像，在其身后两侧也摆放着四座塑像，分别为四个侍从；在圣母像两侧也供奉着两座塑像。这些塑像具体是哪位神仙，村民也说不清楚。

在圣母庙的东西两侧各有一座新修石碑，碑阳记载着圣母庙翻新时的捐款人姓名以及金额，碑阴无文字。圣母庙西侧有两座门神和土地庙、高神小庙、马王小庙，也为当地人所信奉。

翼城县唐兴镇城内村后土圣母庙

（赵京伟　李富强　秦海棋）

一、概况

后土圣母庙，俗称娘娘庙，位于翼城县石牌楼东侧，距石牌楼 300 多米，建于城东的最高处。后土圣母庙创建年代无考，自明末至民国初年，历经五次重修。《翼城县志》记载，后土圣母庙原在东城颠，庙貌雄壮，内有古柏。[①] 庙内供奉的是后土娘娘，存有山门、正殿、献殿、廊坊、戏台、裕公和尚道行碑等建筑遗迹。

二、历史沿革

据《山西寺庙大全》记载，翼城县后土庙于元代修葺，位于县东城颠。“元都监尚利宾有记，明万历间增建。清乾隆间重修。另一在东河下。”“现存遗址，余裕公和尚道行碑一通。”[②]明万历十年（1582），乡耆杨太湖、刘东郊建承天楼于后土庙殿后[③]，为翼城古八景之一，名曰“凌霄一楼”。承天楼为民国十八年（1929）评定的“新八景”之一，于 1938 年 4 月 16 日毁于日军侵华战火，当时其他建筑也损坏严重。据当地百姓介绍，承天楼是为后土圣母建造的专用梳妆楼阁，故俗称“梳妆楼”。据庙内文字记载，民国时期《翼城留并学友年刊》中收录桂馨所撰写的《凌霄一楼》中云：“楼立殿后，其势巍峨，高凡十余丈，上下计分三层，各有不同，由内绕梯而上，可步于顶……其规模之大，县中确无与比者，雕刻之巧，工程之佳，尤为四境所莫及。三层四面，各围栏杆，以壮游人之胆；而工花样式，更耐观瞻。房檐屋脊，皆用绿黄二色玻璃瓦，满竖人物，景色亦然……”清代顺治年间任翰林院检讨的陕西清涧人白乃贞赋有《登承天楼》云：“城隅何代构琳宫，矗有层楼倚碧空。翠霭千里迷远树，雕梯百尺迎长风。翔峰秀出浮云外，雉堞低环积气中。呼吸灵通天河问，几回凭榭讶神工。”可惜后土圣母庙连同承天楼于 1938 年 4 月 16 日毁于日寇侵华的战火，所幸的是承天楼尚有照片存世。

---

① 参见（民国）马继桢、邢翙桐：《翼城县志》，成文出版社民国十八年铅印本，第30 页。

② 参见白清才：《山西寺庙大全》第 3 卷，山西经济出版社 1995 年版，第 1472 页。

③ 参见（民国）马继桢、邢翙桐：《翼城县志》，成文出版社民国十八年铅印本，第 31 页。

三、庙宇建筑

2012年，城内村“明清一条街”被定为山西省旅游保护开发项目。为保护历史文化名城，传承历史文化遗产，当地在原遗址上对后土圣母庙进行了重建。新后土圣母庙为两进院落，四周围以红墙，绕墙流柱，在原有山门、正殿、献殿、廊坊、戏台等建筑的基础上，增建了前门和远望亭。前门隆重威仪，大门两侧悬有楹联：“万古馨香拜母祖，千秋俎豆祈灵光。”进入前门，便可看到修葺一新的《裕公和尚道行碑》碑亭。碑亭两侧悬有楹联：“文敏法书万世景范，裕公道行四众崇尊。”《裕公和尚道行碑》由元代大书法家赵孟頫撰文篆额并书丹，为中国书法瑰宝。据碑侧题记和《翼城县志》记载，裕公和尚道行碑于元延祐七年(1320)立于翼城旧城同颖坊东隅金仙寺，寺废后于明万历元年(1573)移至后土庙，1938年庙毁，唯此碑幸存。此碑为青石质，通高4.09米；碑首方形，高1米，宽1.4米，厚0.55米；碑身高2.54米，宽1.14米，厚0.34米；楷书，间有行书，字径寸余，22行，满行54字，共1014字。历经日晒、雨淋、火焚碑身裂纹较多，下部已有文字难以辨认。①

圣母大殿红墙绿瓦，飞檐翘角，其上塑有五脊六兽。大殿大门两侧设有金钟和法鼓。进入殿内，正中央为后土圣母女娲像，左为碧霞元君像，右为明万历慈圣皇太后像，即翼城人十分尊崇的李娘娘，这也是翼城后土圣母庙不同于其他地方后土圣母庙的突出特点。大殿两侧悬有木刻《祭后土圣母文》及民间敬悬的“麟趾呈祥”“坤德常昭”等牌匾。两侧墙壁上为大型壁画，东壁为《圣母出巡图》，西壁为《娘娘送子图》。殿外两厢廊坊对称协调，雕梁画栋，戏楼风格新颖，颇有气派。新建的亭阁精巧玲珑，上有楹联“翔岳巍巍方百里光风霁月，浍流涓涓五千年毓秀钟灵”②。

祭后土圣母文

阳春三月，祥光灿烂。大地盈瑞，神州民欢。莹莹紫气，袅袅云烟。箫鼓喧喧，歌舞翩翩。后土神诞，唐尧盛典。娲羲子孙，祭土祈天。中华圣母，民族之源。馨香俎豆，酹酒拜献。混沌初兮，盘古开天。吾祖娲皇，驾临尘寰。抟土造人，昌盛繁衍。除怪杀妖，平祸战乱。斩鳌立极，炼石补天。疏洪止淫，调节自然。兹怀化壤，九州复原。天人合一，河清海晏。化生阴阳，秀美山川。资生资育，消灾消难。大哉地祇，至哉坤元。功德厚

① 参见王道旺、王汝意：《〈裕公和尚道行碑〉点注》，《文物季刊》1994年第4期。

② 参见翟铭泰、黄将：《后土圣母庙》，《今日翼城》2020年11月13日。

博,慈恩深远。圣母辉光,赤县照遍。有求必应,日月可鉴。古唐子民,世受恩典。物阜民康,地灵人显。翰林进士,御笔钦点。秀才举人,世代续延。财源滚滚,福禄骈骈。绵绵子嗣,穰穰丰年。感愚化昧,惩恶除奸。民风淳正,人心向善。厚德载物,灵光粲粲。懿范昭昭,神庥无边。欣逢盛世,圣庙重建。神明赫赫,光照人间。改革开放,跨越发展。八方凯奏,百业花绽。祈吾圣母,普施大爱。庇我蒸黎,康泰平安。人人厚土,代代德天。惠荫千秋,祚佑万年。

大礼告成,伏惟尚飨。

张美恭撰

李磊书

起初,裕公和尚道行碑位于庙内,是省级文物保护单位,但碑文内容不详。近年来,翼城县先后投资2000余万元,在原址上重建了后土圣母庙和东门楼,修复了《裕公和尚道行碑》碑亭。翼城县文物旅游局于2013年4月25日,立石《裕公和尚道行碑环境整治记》,具体内容如下:

裕公和尚道行碑即大元晋宁路翼城县金仙寺住持弘辩兴教大师裕公和尚道行碑。此碑由元代书法臂擘赵孟頫撰文并书篆,据县志记载是碑原藏于旧城东门外浍水旁金仙寺内。因寺庙遇水冲毁,于明万历元年移置旧城东隅后土圣母庙内。惜日寇犯翼焚毁庙宇碑体。虽存碑身多处裂伤,因此碑文辞练达,记事通明,书法绝伦,刻工精妙,一九八六年被山西省人民政府列为省级重点文物保护单位,一九九二年县树碑建亭予以保护,后因财力有限,周边环境久不得治。时下政通人和,九州昌盛,文化旅游产业俱兴。又喜城内古街被省政府命名为历史文化街区。天时地利与人和,乃重启环境整治之事,由县文物旅游局督办,城内村委会组织实施,历时十余月,斥资两百四十余万元。对碑亭揭瓦修缮,油饰彩绘,重建后土圣母庙大殿、廊坊、戏楼、望月亭等。修复护坡围墙数十米,硬化绿化美化面积两千余平米,遂成城内靓丽景观。此举顺天意,得民心,功当代,利千秋。故勒石以记之。

四、主要活动

古时每逢后土娘娘圣诞日,翼城县城都要举办由县衙主持的盛大祭祀活动。邻村群众会在圣诞日到此结社演戏,焚香叩祷,求子祈安,并有“搬神”“迎神”及“旋娘娘”之习俗。《翼城县志》记载,每年农历三月十六为城关人民迎神大会，远近村庄的人们届时都来结社演戏敬神，自三月十四起，直到三月二十才结束。[①] 求子者焚香叩祷，香客往来不断，极其热闹。直到今天，民间也一直延续着尊土、敬土的习俗。

五、周边影响

翼城古城位于唐兴镇城内村，于2012年5月开始创建，景区主要以木、石牌坊、关帝庙、金代铁钟、后土圣母庙、文峰塔、五魁塔、御史第、赵宝成烈士故居纪念馆、尧王棋院等人文资源为主，构建了孝定李太后故里古韵风情观光区，已成为翼城历史文化的新坐标、新名片。翼城县后土圣母庙庙会已成为古城文化旅游节的一部分。古城文化旅游节自2013年启动以来，迄今已经成功举办九届，时间在每年5月至7月，届时翼城剧团会在后土圣母庙的戏台上进行表演，翼城琴书、眉户戏等传统文艺形式轮番上阵。

吉县锦屏山皇天后土庙

（赵京伟）

据《山西寺庙大全》记载，皇天后土庙始建于北宋天圣元年（1023），位于谢悉村，俗传为公输般所建，“保存完好，迁挂家山”[②]。现存锦屏山皇天后土庙，为仿本县坤柔圣母庙而建，属于1996年的仿制建筑，位于山西省临汾市吉县城南约0.5公里锦屏山（又称挂甲山）公园，且保存完好，在当地香火旺盛。

处于锦屏山公园核心位置的皇天后土庙位于公园的主轴线上，庙内供奉着伏羲和女娲，属于寺庙园林中的道观类园林。皇天后土庙藏于黛岭翠谷之间，周围群山环绕，一方面便于登高极目远眺，另一方面也有超世脱俗、表现神秘色彩的意味。将寺庙建于制高点上，也有利于形成以点控面、点面结合的布局。拾级而上的甬道，将人们逐步引向人间仙境，这与道家的神仙崇拜不谋而合。皇天后土庙的布局并不是典型的方正格局，虽位于公园的主轴线上，布局却不是常规的坐北朝南，而是因山势地形形成了现有的建筑格局。受地形所限，皇天后土庙内原有建筑体量不大，但其得天独厚的地理位置也顺应了道教尊重自然、亲近自然、顺从自然的理念，使之与周围的地形、林木、岩石、溪流有机地融

① 参见（民国）马继桢、邢翙桐：《翼城县志》，成文出版社民国十八年铅印本，第30页。
② 白清才：《山西寺庙大全》第3卷，山西经济出版社1995年版，第1417页。

为一体，相互辉映，达到“虽由人作，宛自天开”的境界。①

吉县中垛乡南柯楂村后土庙②

（李一　樊晓君）

一、概况

南柯楂村后土庙位于山西省临汾市吉县中垛乡南柯楂村外东南方向。庙宇坐北朝南，院落东西宽 26.5 米，南北长 23 米。庙宇修建年代久远、饱经沧桑，又多次受到人为破坏。庙内现仅存舞楼与《重修后土庙记》碑，其余建筑皆已不存。因缺乏文字资料记载，后土庙舞楼具体修建年代难以考证，但依据形制、架梁彩绘与雀替木雕来看，其具有较为显著的清代建筑特点。据《重修后土庙记》记载，舞楼作为后土庙中的演剧场所，元、明、清三代多次重修，是原后土庙建筑的重要组成部分。《重修后土庙碑记》意义重大，记叙了元代重修后土庙的过程、建筑格局、位置以及民众的神灵信仰崇拜，对深入了解南柯楂村后土庙的重修时间、过程、格局、规模以及元代中期的戏曲文化具有重要的价值。

二、历史沿革

（一）庙宇

南柯楂村后土庙的修建应早于元大德七年(1303)，据《重修后土庙记》的碑文记述，后土庙于元大德七年重新翻修。该庙重修与后土信仰在山西地区植根深厚关系密切，民众信奉后土，因其可以克平水土、功于天下，故而希望其庇佑农业生产，此外更因后土曾是国家最高统治者重视并亲自祭祀的神灵。这在《重修后土庙记》中有明确的记载。

重修前的后土庙损坏严重，庙宇几近倾塌，内饰斑驳，但在元大德七年重修后焕然一新，庙貌华丽。庙宇重修依赖周边民众的捐赠，加之工匠之力，涉及工程包括正殿、廊庑、塑像、彩绘等重要事项的修缮工作在一个月内便告完成。

---

① 参见王芳、吉鑫淼、李卫忠、吉文丽:《风水文化在寺观园林景观规划中的应用研究——以吉县锦屏山公园佛阁寺和黄天后土庙为例》,《西北林学院学报》2012 年第 1 期。

② 南柯楂村后土庙的相关内容主要由李一、樊晓君依据樊晓君的《吉县南柯楂村后土庙舞楼及戏碑考》一文编写而成,原文发表于《中华戏曲》2016 年第 2 期。

（二）舞楼及舞庭

现存的清代后土庙舞楼并非后土庙中最早出现的演剧场所，而是元、明、清三代多次重修的产物。通过山西现存元代舞楼风貌考据，早在元大德七年前，庙中便有用于演剧的舞庭，舞庭甚至可能修建于后土庙创建时。且据《重修后土庙记》中碑文的记述，舞庭应是单设，庙宇中不包含舞庭。舞庭承担着特殊的功能，反映了民众期望以乐舞歌唱的形式表达对神灵特别的敬意，是宗庙祭祀文化在一般神灵祭祀中的体现。

现存的清代后土庙舞楼平面呈长方形，一面观，面阔三间 7.13 米，明间 3.26 米，通进深 6.24 米，其中前台进深 4.07 米。台基高 1 米，前部坍塌。悬山顶，灰脊筒瓦，屋顶装饰损坏极严重，屋脊高 5.71 米。内部梁架的梁、角背、檩等部位原有的蓝绿绘画皆已褪色、剥落。

三、庙宇建筑

舞楼分明次间，明间五架梁后部约三分之一处各置辅柱一根，柱头置额枋，柱中置由额，将舞台分为前后台。原有隔断将两根辅柱间、由额下连接，现已不存。台中均是圆木柱，鼓镜础，明间柱头置云拱承大小额枋、平板枋，明间平板枋上直接安有五架梁头，五架梁头断面呈方形，前有虎头护朽。次间柱头直承额枋与平板枋，平板枋上置大斗，斗口内承接五架梁头，五架梁头与刻瓣横拱十字相交，次间五架梁头为挑尖梁头。檐柱平板枋柱头部位各向前出一单步梁，梁头下接垂柱，垂柱与梁头共同承接撩檐枋、撩檐檩，弯曲状斜撑置于梁头与垂柱交界处、斜撑后尾部斜下插入檐柱中，垂柱之间有额枋相连接。明间的补间位置正中额枋上有一大斗，斗口有龙头出；两次间的补间正中额枋上同样置有一大斗，斗口则有象头出。

其内部梁架结构为五架梁上置放三架梁，三架梁下童柱两边的角背刻瓣，整体呈现出驼峰的样子。三架梁上又置脊瓜柱与叉手，脊瓜柱头置大斗，斗中置翘及横拱，两边叉手与翘头相交，共同撑起脊檩、脊枋。

据《吉县南柯榼村后土庙舞楼及戏碑考》记载，南柯榼村后土庙内碑刻资料现仅存《重修后土庙记》，碑高 255 厘米，宽 75 厘米，厚 15 厘米。笏首碑阳额正题“重修后土庙记”，碑阴额书“碑阴”。《重修后土庙记》作为刊刻时间较早的戏碑，对于了解元代中期的后土信仰、庙宇的修缮过程及当时格局具有重要的价值，同时亦反映了当时的戏曲文化和人们对戏曲文化的态度。现将其整理如下。

重修后土庙记

(碑阳)重修后土庙记

登仕郎吉州判官张撰

大平县北李村石匠□北洞刊

窃以人君之于天下也,封泰山以告成,禅梁父而报本,告成于天,报本于地,古今之通制也。《礼》曰:"能御大灾则祀之,能捍大患则祀之。"伏惟后土之神,遵考旧典,昔在共工氏之芳裔也。是时敷政九州,克平水土,灾患既御,黎民底绥,是以后世怀德报本,春秋二戊配社致祭焉。又闻乾称父,坤称母,后土之祇乃皇天之配,载负山河,蓄□□□,博施济众,德厚功隆,尤甚于平水土也,宜乎普天率土,绘像守庙而禋祭之。粤自后汉武帝元鼎四年,立后土祀于冀□汾阴之上。是岁六月,上因巡祭,得宝鼎于祠旁,帝嘉之,荐见宗庙,作宝鼎之歌,颁行诏旨,以彰有德。盖以人君诚敬,降之奇祥佳瑞,岂非神□验欤!其有国有家者,尚欲躬亲谒祭,况于凡民乎!今之庸民鄙夫,不究其本,劳役肢体,匮竭赀财,构不急之淫祠,荐无名之神鬼,妄求妖怪,以保全安,滋惑甚矣。以孔子所谓"非其鬼而祭之,谄也",复何补益哉。恭惟后土,载附祀典,可谓正神矣。顾兹吉郡之南,榼柯村之经界,高峰崒嵂,乔木阴森,中有亘古后土神灵之祠,丹青剥落,庙貌欹倾,梁摧而蝃蝀腾空,瓦解而鸳鸯失序。乡人云集,共捐白璧之赀;梓匠鸠呼,咸构丹霄之殿。不逾期月,厥工告成。正寝、廊庑、圣仪、铅饰,灿然一新,可谓荣河祖庙之行宫也。非天人赞叶,岂能如是乎!使土居之民,不失瞻企,或雷雨愆时,祈禳休咎,得尽申告之情也。每岁至于暮春之风光胜丽,花卉争妍,乡遂邻趋,携酒献牲,因之祭而欢呼,乘其间而游赏,绮罗交错,箫鼓沸天,群英毕至,少长咸集,虽会稽、山阴之娱不过此也。一日,耆旧和等,惠然而来,悉诣州廨,跪而言曰:"弊村后土之祠,摧圮岁久,营缮既完,第恐风雨浸渍,将来复致零替,使之不夺□□□□□□以俟后人相胥继踵,革故鼎新,绵绵不朽,是所愿望。"郡官允许,极令善□而求文于予。予虽不敏,敢逃鄙俗之讥诮耳。铭曰:

大哉后土,上配仓旻。涵育万物,拯济斯民。
□□□□,□□□□。八方四海,如拱北辰。
生民被厄,如问迷津。殿宇倾圮,革故惟新。
□□萧索,瑞霭氤氲。阴阳不测,□□□□。
□□致祭,黎庶谆谆。□□□□,阖境无伦。

山水秀丽，地僻民□。沃土辟垦，黍稷盈囷。

守分安业，□□□□。耕者让畔，和光同□。

□□□□，不废昏晨。童子怀惠，野雉来驯。

庶几君子，文质彬彬。跻入寿域，附凤□麟。

善哉风化，安可沉泯。□□□□，□□□□。

州吏李俊　武珏　张昱　尚思敬　□谦　郭从善

吉州吏目王

登仕郎吉州判官张

承仕郎吉州同知事□

奉政大夫吉州知州兼管诸军奥鲁劝农事□□

武略将军吉州达鲁花赤兼管诸军奥鲁劝农事□□

大元大德七年岁次癸卯孟□□□□

（碑阴）

安定县主……

盖闻为造化之功者，乾坤莫大；报生成之德者，宗庙无如。夫惟后土之祇，是乃皇天之配。载山河而不重，利品物以咸亨。实应地以无疆，终丧朋而有庆。孰测含弘之量，难明博厚之诚。茂绩□兹，明禋可废。窃见彼柯榼村之佳处，有大宁殿之故基。欲效力以重修，奈无金而可办。仰群贤之毕赞，庶胜事之能兴。凡预同盟，请题芳号。谨疏：

一、修庙宇间数、地亩、四至

四椽，五部拱料，左右神祇。庙宇、舞庭并三门□旧完备。计亩地八亩五分。东至大道，西至刘宣差、崔万，南至柴润，北至刘宣差。四至分明。内常吉施路台地一亩七分。

一、众社人等

本村柴和布施钞两定

本村朱贵长、男朱思义布施牛壹只，钞定半

本村刘宣差、孙男刘思恭、贤孙刘彦挥布施亩地叁亩

本村常庆、侄男常添布施马壹匹，计钞拾定

一、本村施钞人等

李宽钞十二两　柴广钞八两又五两　柴美钞十五两　崔安童钞十二两　刘贵钞□□□

一、外村施钞人等

北落村寄住人马宽甫施钞七定　文显施钞贰定

内阳社张恭施金盆一个

畔村崔彦施马一匹

杏駈村赵珪施牛一只

西盈村安海　强进　强顺　强彦

神祇村乔全

吉州在城张义　张三

柏封村郭社长　强大

安坪村庚和　贺兴　庚信　庚智　□海　强美　赵千

至顺村陈里正

南平村毛进　王信　刘义　杜庆　毛四　毛世荣　燕大夫

白项村白春　白四　宁才

昝家岭张典

南掌村贺义　李彦　王恩　王顺　张伯川　杜忠

嘍西昝四

下迭村刘全　李全　强玉　高二

上迭穆选

维那头众社下人　柴英　郑信　李彦　崔和　柴贵　刘清　郑润　王玉　王英　常吉　柴清　王璘　崔宝　柴润　崔万　费海　刘兴　贾秀　柴喜　柴敬　强信　张庆　王泽　安元　费进　白进　白玉　白荣　关才　白颜　柴坚　郑禄　安进　柴彦　关山　张千　崔美　关三　白润　强进李思温　贾成　柴和　柴安

维那头八名　崔善　费进　安义　郑润　李仁　柴富　柴宽　刘温

助功人　张荣　王亨　柴□　王千

施碑身碑座人　南章村任美等　小青村冯珍　冯仁等

大元大德七年岁次癸卯四月初二日庚申立碑记

四、主要活动

因庙宇破损严重，未存有与庙会相关的记述。但据碑刻资料记载，南柯樯村后土庙应规模宏大，加之曾专设舞庭等专用演剧场所，庙会活动当十分隆重、盛大。

曲沃县里村镇封王堡村赵庄后土庙

(柴书毓　李一　李富强)

一、概况

后土圣母庙位于山西省临汾市曲沃县里村镇封王堡村,而封王堡村由三个自然村组成,分别是南封王堡村、北封王堡村和赵庄村。后土庙因位于赵庄村北侧的汾河东岸台地上,故而俗称赵庄后土庙或赵庄娘娘庙。相传此地为春秋时赵文子(赵武、赵孟、赵氏孤儿)的食邑,又传因程婴在此藏匿赵氏遗孤而得名。该庙占地面积约465平方米,原为一进院落布局,坐北朝南,现仅存正殿及骊山老母洞两处建筑。

二、历史沿革

关于赵庄娘娘庙的来历,村中流传着这样的传说:

> 很久以前,汾河常发大水,汾河岸边百姓常遭洪涝之灾。有一年洪水泛滥,恰好女娲娘娘和离山老母两位神仙路过此地,见村庄被毁,农田被淹,百姓流离失所,两位神仙退去洪水,救助百姓。洪水过后,因河水浑浊,民众无饮用之水,女娲娘娘又用如意在村外南沟一戳,涌出泉水,民众有了饮用水,为感谢女娲凿泉送水,民众便将此泉唤作"神棚泉"。后离山老母(即骊山老母——引者注)又在赵庄村北崖处打了一口井,并在井中浸满神药,人们饮用后消病祛痛。但因洪水的缘故,村中大多儿童都被淹死,不少家庭面临绝后,于是女娲与离山老母又施法,送子保胎,村中又恢复了往日的生活,民众安居乐业,繁衍生息。人们为了感念两位娘娘,就在村北门外,汾河东侧,建立了一座后土娘娘庙和离山老母堂,供奉两位神灵,一是感谢娘娘恩德,二是祈求娘娘保佑子孙兴旺,平安富康。
>
> 过了数百年,至清光绪年间,因庙宇年久失修,加上汾河水多次泛滥冲刷,庙基下降,庙顶坍塌,村民自觉对庙宇进行修葺。原庙为三间,地方狭小,不能满足朝拜信众的需求,殿中时常拥堵,这次重修,便在主殿前扩建五间廊房,并扩大殿前场所。主殿完工后,廊房山墙以立,六根木柱和横梁已备好,但是缺少前檐长檩,但始终未能找到合适的。一日晚,汾河又发洪水,洪水中裹挟一根巨大的圆木,漂流搁浅在河滩上,村民将圆木运至娘娘庙,恰好够庙前廊檐长檩,原来此木为千年荆条,人们认为此木是后土娘娘见庙宇重修缺少檐檩,用神力送来,为民解忧。于是村民们抓紧施工,于农

历三月二十日前完工。赵庄与周边村民来庙里烧香祭拜，恭贺娘娘生日，祈求娘娘送子送福。如今，这座庙依然挺立在汾河东岸，庙后汾河水流过，到庙基下四五丈处便折头流向西南。千百年来，汾河水不断泛滥，但娘娘庙始终安然无恙，足见神威护佑。[①]

后土圣母庙创建时间不详，整体院落布局已无从考究。笔者 2021 年 8 月考察时仅存正殿，正在修缮。据正殿脊板和殿内碑刻记载，该庙曾于清同治十一年(1872)和民国八年(1919)重修。

20 世纪 70 年代，后土圣母庙被用作仓库，室内增设墙体，地面局部抬高，门窗改制。1987 年，后土圣母庙被公布为县级重点文物保护单位。该庙是当地市、县级文物保护单位，曲沃当地政府近两年对其进行了修缮。

三、庙宇建筑

后土圣母庙建筑整体构件简单、合理、实用，梁架间稍加雕花点缀，朴素不失厚重。该庙原为一进院落，坐北朝南。正殿为明代风格，面阔五间，进深六椽，单檐灰瓦悬山顶，七架梁前后廊式构架，斗拱仅施大斗。后廊下有三个木构件神龛，神龛彩绘已不清晰，龛内分别供奉玉皇大帝及王母(位于后土圣母左侧)、后土圣母(位于中间)、火神娘娘(位于后土圣母右侧)塑像。与民间祠堂性质类似，娘娘庙正殿进深六椽，山西省内仅有它与万荣后土祠享此规格。[②] 正殿东侧有一间骊山老母洞，砖券而成。正殿脊板上书："大清龙□同治十一年岁次壬申重修后土圣母　子孙娘娘　镇煞将军大殿五间于贰月十七日破土动工叁月十三日子时立柱上梁愿保阖村吉祥如意者。"

正殿前竖立两块认定碑，一为曲沃县古建筑认领保护碑"赵庄后土圣母庙"，认领单位为山西通才工贸有限公司，曲沃县文物局立。二为县重点文物保护单位"赵庄后土圣母庙"，曲沃县人民政府 1987 年公布，曲沃县人民政府立。

四、主要活动

从村民处得知，现在赵庄堡仅剩 21 户人家，其余都搬到新村(封王堡)或进城。村民称，庙会是新中国成立后才重新兴起，当时将错就错地定到了三月二十，但后土诞本应是三月十八。前来赶会的是周边村落人群，主要是求子，祭拜

① 参见《曲沃赵庄娘娘庙的传说》，系 2021 年 8 月 18 日于看庙人韩长军处所获材料。调研者：柴书毓、朱慧慧。

② 参见郑杰：《山西境内的祭祀类建筑型制及其空间分析——以山西后土庙为例》，太原理工大学硕士学位论文，2015 年。

完后，求男者扯神像前的一撮白绳，求女者扯红绳。自看庙人韩长军负责看庙后，他就担当起每年组织庙会的责任，并和村内几位老人一起负责各类事宜（韩长军向其余几位支付工钱），如庙会前打扫、布置，贴对联、挂灯笼、搭建戏台，以及维持庙会秩序、消防等。村委会没有参与其中。

过去每逢娘娘庙会，在农历三月二十子时，信众来庙里抢烧头炷香。各香会在庙外焚香叩拜，称为“报号”，然后进入庙中为娘娘献供品，挂锦旗，向庙内各位神灵祭拜。香会上还有专人负责为叩拜者系红丝带，为年轻夫妇系红丝带意为早生贵子，为年长者系红丝带意为健康长寿。香会参与人员以女性为主。信众祭拜后土，祈求子嗣，祈祷健康平安。

如今，祭祀后土圣母民俗被列入曲沃县县级非物质文化遗产名录，封王堡古赵庄娘娘庙会被列入第三批省级非物质文化遗产名录。

五、周边影响

庙会是以民间信仰为主要内容的传统民俗活动，具有重要的文化传承价值。赵庄后土圣母庙具有悠久的历史，几百年来庙中香客不断，可以说是当地民众精神信仰的重要道场和神圣殿堂。尤其是在当地广为流传的后土救世传说的加持下，曲沃县封王堡古赵庄娘娘庙会在周边地区知名度较高，深深影响着赵庄及周边村民。人们笃信后土娘娘能保一方平安，繁衍子孙后代，故每到娘娘庙会时能形成规模较大的群众性祭祀活动。[①]

附录

1.重修后土圣母庙碑记

镶嵌于后土圣母庙内。

常思莫为之前，虽美弗彰；莫为之后，虽盛弗传。以是知创之于前者不可或废之于后也。曲沃之西北隅有一古赵庄，左抱峻岭，右挹汾溪，山清水秀，地杰人灵。前人于村之北门外创立一后土圣母庙，所以培坤元之闲气，萃山川之灵淑者，悉在于是，昔人之创造良有以也。历年久而风雨飘摇，榱杇檩腐，瓦毁壁残，村中父老子弟，无不为目击心伤，意欲为之修葺。奈人寡力微，不克如愿，募化四方，虽少有所得，而究不足以济鸿功。迄辛未岁，庄人望善德陡发虔心，愿出资财赞襄盛事。于是公举首事，募化村中，捐施虽有多寡，乐输实无吝啬。即修庙一事，亦可见一道同风之盛也。于本年

① 参见山西省政府办公厅：《娘娘庙会—曲沃县民俗文化专题》，博雅特产网，http://m.bytravel.cn/produce5/niangniangmiaohui.html，发表时间：不详；浏览时间：2022 年 5 月 8 日。

九月间卜吉动工，鸠工庀财，未几而大殿巍然而起矣，乐楼焕然而新矣，山门廊庑亦幡然而改观矣。老母洞、龙神宫盍雕梁而画栋；三圣殿、歌舞楼俱刻角而丹楹。呜呼！是创之于前者，既彰其美，而修之于后者，复传其盛哉！将见桂子茁出，衍螽斯之诜诜；兰孙业生，赋瓜瓞之绵绵。工竣之时，余舌耕于新田，诸公造馆，备述其事之巅末，属余作文以记之。余固乐观其功之克成，且身架诸公虔诚之隐衷历久而不可没也，爰举笔而为之叙云。

万邑后学川□周雨珠撰文并书丹

辛未公直　王建奇　王化远　柴万涌　王崇池

壬申公直　王善德　王存诚　王福源　王崇林

首事人　王福新　王禄　王殿桧　柴仰元　王锡亨　王新朝仝立

大清同治十一年十一月吉旦

石工季孝周刻

2.重修后土圣母庙离山老母洞送子娘娘殿碑记

碑嵌于后土圣母庙内。

凡天之所生，地之所产，苟可荐者，无不咸在，示尽物也。外则尽物，内则尽志。尽物者三牲之俎，八簋之实；尽志者致敬之礼，致祭之诚。况夫沃邑古赵庄村距城三十里，村之北门外建后土圣母庙一座，东北隅离山老母洞、西殿送子娘娘殿由来久矣。崇祀典，荐馨香，莫非尽物尽志也。盖尽物尽志者，原为一乡之子孙绵绵瓜瓞蕃昌，被佑一方永保安康。但年深久远，风雨飘摇，庙垣倾圮，神像残缺。村人皆睹之而惨目，窥之而惊心。无奈邀集绅衿耆老，纠合商议，佥曰一木难支大厦，众志自可成城。共举村人有能力者，募化捐资，以襄盛事。兹今工程告竣，残者修之，缺者补之，其庙貌焕然聿新，其神灵依然始妥。恐嗣后施财姓氏湮没不彰，诸君乞余为记。遂详其事之巅末，勒诸祯珉，以志不朽云。

前清优行增广生员邑人王全书沐手撰文并书丹

戊申公直　柴湖　王从仁

己未公直　王甲绪　王经

值年村长　王德熊

值年闾长　王松柏　王世隆

首事人　王炎兴　王玉玺　王惠庆　王世隆　仝立

（布施名录与施财人花名略）

中华民国八年阴历八月上浣榖旦

尧都区土门镇东羊村后土庙

（王祖悦　段青丽　陈俊如）

一、概况

东羊村后土庙内有后土圣母大殿，殿中间供奉后土娘娘，西侧供奉碧霞元君，东侧供奉娲皇圣母。[①] 2006 年，东羊村后土庙被列为国务院第六批全国重点文物保护单位。[②]

二、历史沿革

东羊村后土庙始建于元至元二十年（1283），元大德七年（1303）毁于地震，元至正五年（1345）重修。又于明天启二年（1622）重修了三间悬山顶圣母殿。[③]清乾隆二年（1737）再次重修圣母殿，民国初年重修戏台。1984 年，维修戏台时，拆除了台前民国初扩建的抱厦，恢复了元代戏台原貌，同时恢复了碑楼、钟鼓楼，增建了院墙。该庙元代被称为“东岳庙”，旧有东岳殿供奉东岳大帝，但东岳殿因年久失修已于 1980 年拆毁，现庙中主殿为圣母殿，殿中供奉后土圣母。[④]

三、庙宇建筑

东羊村后土庙现存山门、戏台、牌楼、钟鼓楼、圣母殿、耳房、东西厢房。

庙中元代戏台坐南朝北，平面呈正方形，十字歇山顶，面宽、进深各为 8 米，正面敞开，三面封闭，台前竖有两根方形抹角石柱，下设覆莲式柱础石，柱头浮雕莲花、牡丹、童子图案，柱头正面题记：

> 本村施主王子敬男王益夫施到石柱一条众社般载元至正五年本村石匠王直王二。

民国初重修时，在戏台南口加筑了卷棚抱厦一坡，并增砌了两侧小八字墙和台中心隔壁；1984 年修缮时，为恢复元代旧貌而拆除。戏台后墙内壁遗存《钟

---

① 参见杨平主编：《山西·彩塑》，浙江摄影出版社 2018 年版，第 360 页。

② 参见《国务院关于核定并公布第六批全国重点文物保护单位的通知》，中华人民共和国中央人民政府网，http://www.gov.cn/zhengce/zhengceku/2008-03/28/content_5910.htm，发表时间：2008 年 3 月 28 日；浏览时间：2022 年 1 月 5 日。

③ 参见杨平主编：《山西·彩塑》，浙江摄影出版社 2018 年版，第 360 页。

④ 参见王国华：《山西古戏台通览》，山西科学技术出版社 2015 年版，第 20 页。

馗捉鬼图》壁画一幅，为元代作品，至为珍贵。

经实地测量，戏台台基高 1.70 米，深、宽各 13 米，占地面积 169 平方米；戏台面阔一间，进深一间，各 8 米。戏台建筑面积 64 平方米，戏台内方砖墁地，“丁”字缝错墁。梁架结构为四角柱上置栌斗各一，斗口内施十字形雀替，雀替上四周架大额枋各一道，接点半卯搭交，形成一个井字形框架。额枋之上，每面各施铺作七攒，绕周二十四攒，外承托檐博，内承上部框架。铺作里转出跳承井口枋置隔架铺作，同时铺作要头上设斜梁承上层铺作，铺作向外出跳又承井口枋，井口枋内出跳之上承折簇梁戗承脊博及枨杆。

戏台铺作按其部位分下、中、上三层：下层为檐部铺作，位于柱头额枋之上，外出跳承檐，内出跳承下井口枋；中层在梁架中部，为梁架结构层中的组成部分；上层位于梁架之上构成八角形藻井，极富装饰效果。

檐部铺作分为补间和转角两种，六铺作，三下昂，重棋计心造。昂为琴面式，昂嘴较短，要头为蚂蚱头。斗棋后尾出华棋三跳，跳头上皆施异形棋，要头尾端承井口枋，要头之上设斜梁斜承藻井铺作。

梁架结构层铺作为井口枋之上设铺作十六攒，与井口枋构成梁架结构层，四铺作，单棋计心造，外出跳承下平博，内出跳承檐部作之斜梁。

藻井铺作由斜梁承托，计有八攒，每面各一，四铺作，单棋计心造，华棋之上安异形棋，要头用材较薄，无承重作用，有装饰之意。各棋用材略小于梁架上的铺作，与一般小木作当中藻井上的斗棋截然不同，粗略看似梁架中的构造，实则为了装饰，并非结构所需。铺作外跳承上平博，内跳承折簇梁。

木基层由椽飞、木望板组成。椽出 107 厘米，飞出 45 厘米。圆椽乱搭头。屋面灰筒板布瓦覆盖。垂脊、垂兽、正脊、正吻亦为灰陶制品。

现存圣母殿是原东岳庙的后大殿，圣母殿面阔三间，进深四椽，单檐灰筒板瓦悬山顶，前檐是六抹格扇门，次间槛墙上设格扇窗。檐下挂着明天启二年(1622)立、清光绪二年(1876)重修的“后土圣母”木匾。后土圣母拱手端坐，面相温和，稍微下垂的眼睑似在俯察人间；碧霞元君左手安抚着俯伏于腿上的小娃，右手做给予状，似将子嗣送予人间。两尊塑像均锦袍玉带，亲切之余不失尊贵之态，端坐于大殿正中。唯有娲皇圣母穿着朴素，脸型较其他两尊更显丰腴，所立基座较矮，有几分家庭主妇之态，故陪坐在侧。其余陪侍者更为生动。一侧女官正在书案上展卷阅读，旁有一戴毡帽的小童作斜瞥状，另有一小童立于窗前，神态安静，似向外凝望；另一侧，一小童站立于碧霞元君供台之侧的柱础旁，似在偷看元君手中的小娃；一位身材健壮的妇人则侍立在娲皇圣母之侧，朝门外张望;而在她的身旁,一位侍女正半开房门朝殿内观瞧。另外,大殿两侧还有两位武士相对站立,臂膊曲张,似有摔跤之意。[①]

山门为重檐叠楼式牌坊,庑殿顶,下层檐下施镂蜂窠斗拱。两个钟鼓楼形制均为二层楼阁式,下层是用来通行的砖砌券洞,上层是面阔一间单檐悬山顶。[②]

四、主要活动

尧都区土门镇东羊村后土庙庙会于每年农历三月十二举行,传说这一天是后土娘娘的生日。为了祭拜后土娘娘,每到这一天,周围村庄的人们都过来赶庙会,人山人海,十分热闹。这一习俗一直延续至今。庙会期间的活动可分为三大类:其一,祭祀活动,后土是最尊贵的土地神,每年庙会期间都有大量香客来祭祀后土娘娘;其二,娱乐活动,村民们通过唱庙戏来酬谢神灵;其三,商贸活动,庙会成为各种民俗产品交易的舞台。

(一)祭祀活动

每年的祭祀仪式皆由当地的民间组织主持,祭祀时间集中在上午。参与祭祀的人员从年龄上看,以中老年人居多,主要原因是年轻人大多外出工作。从性别上看,女性参与者更多,原因在于庙会期间男性大多外出工作,女性有更多的时间参与祭祀。从地域来看,参与人员主要是东羊村村民以及周围村庄的村民。后土信仰是农业社会的产物,人们通过祭祀后土娘娘祈祷农业丰收。随着生产力的发展,人们生活水平不断提高,祈祷的目的多种多样,大致有以下三种。

1.祈求风调雨顺、庄稼丰收

后土圣母殿前用来进香的鼎上写着“风调雨顺,五谷丰登”八个大字。后土信仰源自母系社会自然崇拜中的土地与女性崇拜。在生产力不发达的古代社会,后土娘娘被称为“大地之母”,是主宰大地山川的神灵。人们通过祭拜后土娘娘求得风调雨顺,粮食丰收,还会通过唱庙戏、进献祭品的方式感谢后土娘娘给人们带来好的收成。

2.祈求福寿绵长、子孙满堂

碧霞元君全称“东岳泰山天仙玉女碧霞元君”,俗称“泰山娘娘”“泰山老奶奶”等。道教认为,碧霞元君“庇佑众生,灵应九州”,是中国历史上影响最大的

---

① 以上关于东羊村后土庙的建筑部分,参见杨平主编:《山西国宝之旅》,山西人民出版社 2017 年版,第 218～220 页。

② 参见闻阔:《古戏台情思》,《中关村》2018 年第 6 期。

女神之一。许多人前来进香祈福，请求碧霞元君庇护，绵延福寿。娲皇圣母炼石补天、抟土造人，给人间带来和平。后土圣母掌阴阳、育万物。求子的女子摆上香果供品，拈香跪拜祷告，请求神灵赐子；得子后，还要来拜谢，奉之以油饭、鸡、酒。

3.祈求平安和顺，消病减灾

东羊后土庙中三位女性神灵都有庇护众生的作用，人们通过向这三位女性神灵进香，祈求身体健康、家庭和顺。在元代戏曲大舞台后墙上，还保留着一幅珍贵的壁画《钟馗捉鬼图》。壁画占满了整个后墙，画面色彩以黑、白、红、黄为主，画面中是一位虬髯壮汉，怒目圆睁，骑着麒麟，右手高举，手持利刃。人们在庙会期间还会走到戏曲舞台后面瞻仰这幅壁画，有驱邪避灾之意。

当地居民祭祀进香时用三种不同颜色的香，代表了三种不同的愿望，其中黑色的香是祈求健康，黄色的香是祈求平安，红色的香是祈求子嗣。[①] 不同香客带来的祭品各式各样，日常类的有红烛、冥币、金银元宝、烧纸、蛋糕、苹果、香蕉等，比较贵重的有猪头、羊头等。

（二）娱乐活动

东羊村有个不成文的习俗，每逢庙会必唱大戏，这也是庙会期间最热闹的活动。作为全国重点文物保护对象，东羊后土庙戏曲舞台是全国屈指可数的元代戏曲舞台，是研究元杂剧在平阳（今山西临汾）一带发展历史和金元时期戏台建造规制的重要实物资料。这个戏台完全靠村民布施修建，建成后连唱大戏数天。从古至今，许多名角都曾在这个戏台上亮过相。据东羊村村民说，这座戏台是全村人的骄傲，很多人小时候都跟着大人在这里看戏。每年唱庙戏是最热闹的娱乐活动，大家都特别期待。给后土娘娘献戏是酬谢神灵的一种仪式，主要有豫剧、秦腔及河东本土的蒲剧。随着历史的发展，庙戏的种类越来越多，唱庙戏成为全村人的一场精神狂欢。近几年来，乡村文化建设越来越好，每到庙会这天，东羊村后土庙古老的元代戏台前都会围满观众。东羊村威风锣鼓社一般都会组织百人威风锣鼓表演，表演的曲目有《齐头崖》《银纽丝》《风调雪》等；翼城琴蒲剧团带来的传统蒲剧表演有《凤还巢》《泪洒相思地》《变脸》《三岔口》等剧目；农村舞蹈队员会带来《荷塘月色》《火火的姑娘》《舞动中国》等节目。

① 参见郭俊红：《山西万荣后土祠庙会调查报告》，《世界宗教文化》2018年第5期。

（三）商贸活动

农历三月十二一大早，当地的商贩纷纷赶到东羊村摆摊位。绝大多数商贩是尧都区本地人，不用交管理费，摆摊收入归个人所有。各种农副产品、土特产、特色小吃、生活用品应有尽有，给前来逛庙会的群众带来了便利，也使得庙会更加热闹。庙会成为各种民俗产品的展览平台，捏面人、画糖画、吹糖人、面塑、布艺等工艺产品异彩纷呈。这些展演中有很多是非物质文化遗产保护项目。庙会期间还有油糕、热锅子等特色小吃吸引来往的人群。

五、周边影响

东羊后土庙香火很旺，尤其是一年一度的庙会，在尧都区土门镇周边村庄有较大的影响力。对于老一辈村民来说，在土地改革时期，后土庙曾是他们的教室。对于"90后""00后"来说，后土庙曾是他们小时候日常玩耍的地方。无论男女老少，都能在东羊后土庙找到一种归属感和精神寄托。2006年，东羊后土庙获评全国重点文物保护单位，社会知名度进一步提升，越来越多的人慕名而来参观后土庙。每年庙会期间，东羊村村两委都会组织传统文化艺术节，展现了东羊村深厚的文化底蕴，提升了地区文化自信，有助于传统文化的继承与创新以及第三产业的发展和地区经济转型。

尧都区刘村镇泊庄村后土圣母庙

（陈阳）

一、概况

泊庄村后土圣母庙，俗称娘娘庙。① 泊庄村是山西省临汾市尧都区刘村镇下辖的行政村，村子濒临汾河，历史上曾有静云寺、三官庙、大将台、狮子桥、窦菩萨庙等多座神庙建筑，但都毁于20世纪的战火和动荡。

后土圣母庙位于泊庄村村西，原先被称作"梳妆楼"，整体占地面积不大，周围是泊庄村的民居建筑。后土圣母庙供奉的主神名字叫吴来仙，据说籍贯是河南汤阴县赵阁庄，其医术精湛，后演化为生殖女神，被百姓尊称为"后土娘娘"和"后土圣母"，不但能保一方平安，还能保粮食丰收。四方百姓对她的膜拜经久

---

① 关于泊庄村后土庙的描述，由陈阳根据刘朝晖《上庙的日子：寻访山西古庙会》（山西人民出版社2016年版，第231～239页）整理。

不衰，祈福求子均十分灵验。

二、历史沿革

泊庄村后土圣母庙的始建无真实可考的时间。传说，帝尧时期，吴来仙家乡遭遇灾荒，她外出乞讨至泊庄村二三里远的马站村，在马站村免费为民行医，护佑天下幼童，尤其是久婚不孕的妇女经吴来仙医治后竟都能怀孕。吴来仙18岁时嫁到泊庄村，敬老爱幼，为百姓医治各种疑难杂症，25岁时得道成仙，被玉皇大帝授予封号。她仙逝后，百姓为纪念她的功德，拜其为“子孙娘娘”，为她建庙树碑，塑像供养，祀其为“菩萨”。后来，由于自然原因和战火动乱等，后土圣母庙及娘娘塑像多次被损坏，曾经多次翻新修建，1994年重塑后的神像被移入新修的庙宇，至今香火鼎盛。

三、庙宇建筑

泊庄村后土圣母庙内有一间庙堂，庙堂左右两侧各有一间厢房相邻，有一个小庭院和一个庙门，庙门牌匾现为“福德楼”，庙的整体颜色为砖红色，庙前建有大广场。

后土圣母庙内只供奉后土娘娘吴来仙一人，庙堂又称“梳妆楼”。娘娘的雕塑端坐在轿辇上被摆放在神龛中央，头戴鲜艳的花冠，慈眉善目，端庄华贵，身披红色霞帔，脚着红鞋，双手放于轿辇扶手两侧。娘娘雕塑的背景为三幅印有吉祥图案的红色帷幔，左侧放有其牌位与一幅如来佛祖像，右侧有一面锦旗。供桌上摆有烛台、香炉、供品、花瓶以及各色花朵，桌前系着绣有福禄寿三仙的黄色桌尾，上方两侧各挂有红色灯笼和帷幔。两侧的墙面绘有祥云等吉祥图案，并各悬挂有一幅如来佛祖像。庙院中央另设供桌和香炉，挂有信众还愿时带来的金黄色的缀满五彩纸扎的“桥”；庙堂与庙门之间的上空还悬挂着各色彩旗。

四、主要活动

每年农历三月十八是后土圣母庙会的正日子，传说这天是吴来仙的生日。吴来仙是从邻近的马站村嫁到泊庄村，泊庄村与马站村理所应当结为神亲。因此，每年三月十八前几天，马站村人为表达对她的怀念与感激，会敲锣打鼓将她迎回村里小住几天。到三月十七，泊庄村人再以隆重的仪式到马站村将她接回村里的娘娘庙。迎接圣母回来的路上，旌旗伞盖，锣鼓喧天，各种杂耍、社火轮番上阵。这是全村一年当中最为热闹的一天。

泊庄村迎回圣母娘娘之后，三月十八还要举行最为隆重的民俗活动——推娘娘。当地百姓念“推”为“催”，“推娘娘”其实就是一项神圣而又有点戏谑的民间竞技活动。也因此，在泊庄村及周边百姓眼中，吴来仙不仅仅是护佑一方平安，保障民众多子多福、五谷丰登的神灵，更是民众赖以宣泄情绪和释放情感的娱乐对象。

除此之外，在三月十八这一天，许愿求子应验的家庭，当孩子长到12岁时，要制作金黄色的缀满五彩纸扎的“一座桥”到庙中给娘娘披红挂彩进行还愿，还要将“桥”挂在庙院内，以表达对圣母娘娘的感激。庙会当日，说书的、烧香的、还愿的，将庙堂内外挤得水泄不通。当然还会有蒲州梆子大戏、杂要、社火、锣鼓队等表演。

五、周边影响

目前，参加“推娘娘”活动的村子以泊庄为中心，有马站、沙桥、涧头、孔家庄、青城等10余个村庄。对于“推娘娘”活动，村民认为不仅热闹有趣，还是强身健体的体育活动。

从2015年起，三月十八圣母庙会也被称为“百姓舞台文化艺术节”。社会戏曲爱好者、体育爱好者都会到泊庄舞台登台表演，更有洪洞通背拳、太极拳、赵城镇舞狮、赵城南乡鼓乐等表演融入庙会，影响着十里八乡的百姓。

襄汾县汾城镇尉村后土庙

（王翘楚　敬佳鸣）

尉村后土庙位于山西省临汾市襄汾县汾城镇尉村的村北，其四周被普通民居包围，现在是襄汾县重点文物保护单位。庙宇已被损毁并改建为学校，庙中供奉的后土塑像被安置于学校的顶层阁楼中。庙内现存建筑有戏台、钟楼、鼓楼。

戏台与钟鼓楼皆筑在台基上。① 2022年农历四月十五《尉村古戏台修缮碑记》记载：“尉村古戏台为后土娘娘庙遗存，雕梁画栋，雄伟壮观，是尉村标志性建筑，其始建时间久远无考。”戏台因受风雨侵蚀残损不堪，村内筹款于2022年启动了修缮工作，现已竣工。戏台坐北朝南，为单檐歇山顶，半三面观。通面阔三间8.15米，其中明间4.1米；进深二间8.3米，前台4.1米，台基高1.44米，九米见方，表演区四米见方，前檐柱高3.2米，前檐方形小抹角石柱，方蹬础。

① 参见连达：《得乎檐角梁柱间：寻访晋南乡野古建》，北京时代华文书局2019年版，第174页。

施大小额枋。斗拱五踩双昂。柱头科一攒，平身科明间三攒，中间出斜昂，次间各一攒，两山面前部各两攒。深五椽，前三后二，用三柱。金柱木柱，稍前移，直抵三架梁，前后四架梁、双步梁皆插金柱。台上有隔断，有匾题书“古乐府”，上下场门门额分别书“周规”“折矩”。前檐两角内施抹角梁，垂花柱。后山墙内嵌有匾额：“时大清道光十七年岁次丁酉二月十八日辰时上梁改建……”台柱上刻有对联两幅，第一幅上联为“即景生情水月镜花皆妙悟”，下联为“逢场作戏吴歌楚舞尽奇观”；第二幅上联为“鉴古绳今有功世教”，下联为“宣和奏雅以律人心”。戏台内放置有一座大鼓，鼓面的文字是对尉村鼓车文化的简要介绍。后台两侧为耳房，面阔 3.8 米，进深 3.5 米。戏台东西两侧分别为钟楼和鼓楼。钟楼和鼓楼为十字歇山顶，下为通道。[①] 钟楼东侧立有两通石碑，一通为 1996 年修建学校时所立，额题为“兴学育人”，碑阳记载了修建学校的缘由及基本情况，碑阴为“捐款碑记”，记录了捐款人名单及出资数额；另一通为 2022 年修葺戏台时所立，额题为“名远德高”，碑阳为“尉村古戏台修缮碑记”，碑阴为“尉村古舞台修缮捐款名单公告”。

后土庙虽已不在，但其戏台作为村内的标志性建筑，仍是尉村村民唱戏观影、开会庆典、赶集逢会的重要场所。每年农历三月十五和六月初六都会在此举办庙会，襄汾与邻近的乡宁大集也在此举行，戏台下热闹非凡，还会进行跑鼓车大赛。[②]

乡宁县双鹤乡南崖村后土庙

（李富强）

一、概况

南崖村后土庙位于临汾市乡宁县双鹤乡南崖村西北 50 米处，距县城 30 公里，占地面积 498.68 平方米。[③]

二、历史沿革

南崖村后土庙始建于金大定初年，原由正殿、五岳、四渎、武安王祠、三门、

① 参见车文明主编：《中国戏曲文物志 · 戏台卷》（中），三晋出版社 2016 年版，第 317 页。

② 跑鼓车大赛，据说从唐代尉迟敬德军中流传而来。参见连达：《得乎檐角梁柱间：寻访晋南乡野古建》，北京时代华文书局 2019 年版，第 174 页。

③ 参见冯俊杰：《戏剧与考古》，文化艺术出版社 2002 年版，第 379～381 页。

露台等建筑与围墙构成围合院落。元元贞元年(1295)重建,修缮了毁于金元战乱的五岳、四渎、武安王祠等建筑,恢复了旧貌。[①] 又经过元至正八年(1348)至元至正十五年(1355)的重修,后土庙建筑群的正殿、香亭、露台,东西廊庑及神门均已齐全,构成完整院落。[②] 清代多次重建,庙内建筑多为清代遗存。

三、庙宇建筑

南崖村后土庙坐北朝南,现存后土庙建筑仅有清代所建的山门、正殿、戏台、钟楼。山门为石砌圆拱门洞。正殿面宽三间,进深一间,单檐硬山顶,里面供奉的神像有后土圣母、碧霞元君、紫霞元君。东西两面供奉送子和注生娘娘。四面墙壁绘有圣母出游、祈福送子等图案。钟楼有上下两层,下层是砌砖圆拱洞门,上层为六边六楼六柱攒尖顶。戏台位于正殿对面,坐北向南,面阔三间6.9米,进深四椽7.11米,高6.34米。歇山顶、套兽、仙人保存较为完好。戏台为五架梁,梁头伸出作三幅云,次间有槛窗,上有题字"鉴古""绳今"。现存清代碑刻三通,分别立于清嘉庆十七年(1812)、清光绪十五年(1889)、民国二十四年(1935)。[③]

重修后土圣母龙王庙并置地碑

当开创之者固不易,因之者尤艰难,天下事大抵如是耳,况神庙之伟功乎。兹鄂邑东都鄰上余里麻底沟存西,旧有后土圣母、龙王神庙一所,代远年湮,神像殿宇多有损坏,理宜重修。去年六月间公议此事,各社无不快意乐从,但力程浩大财资之缺,因而募化四方金银数百两,庙貌始得焕然聿新。又外建东边石窑三孔,庙门外置空地一块。今春大功告竣,不得不勒刻碑铭以志不朽。社人嘱予为文,予诚不能,只就石迹以叙焉耳。

后学弟子庠生刘联登熏沐敬撰并书

龙飞嘉庆拾柒年桐月念三日立第六次重修碑记

第八次重修碑记

盖闻图终者必先善始,能创者必赖乐成,是知莫为之前虽美弗著,莫为之后虽盛弗传耳。斯山有圣母、龙王庙建自前明,地虽弹丸层峦耸翠,人知禋祀明德维馨,其脉由北注而西旋,气发天岭,其势则兑方而离向道,达太

---

① 参见冯俊杰:《戏剧与考古》,文化艺术出版社2002年版,第379～381页。

② 参见郭华瞻:《民俗学视野下的祠庙建筑研究——以明清山西为中心》,天津大学博士学位论文,2011年。

③ 参见沈媛媛:《山西乡宁县古戏台调查报告》,山西师范大学硕士学位论文,2017年。

平以矣，神灵赫民物丰享矣，第以年湮代远，雨剥风摧，庙貌未尊，栋榱全折，于是四社父老不忍其颓，纠群黎而协力。其乐斛囊，纵周岁之勤劳，不遑暇日。或董事者数人，或募缘者几辈，于丁亥巧月开工戊子重阳告蒇，则见神像辉煌墙屋焕彩，靡不巍峨壮丽，气象峥嵘也。从此艺香济济肸蠁共尽其诚，丰岁穰穰，豚祝各承其福，其不懿哉，是为记。

邑儒学增生李之源沐手敬撰

例授修职郎候铨儒学训导增贡生王懋德沐手敬批

钦加同知衔□□乡宁县正堂光绪己卯科举人唐安仁批准

邑士经理人童生升廷程兆兰顿首拜书

太清光绪十五年梅月吉日立石重修第八次庆志

第九次重修碑记

从来世道之隆替系乎天，而人事之休咎由神县治之，东距城六十里麻底沟村古……圣姥（龙王）庙一所，其地崇山峻岭，有龙盘虎踞之势，其间映带环列，有河岳钟秀之灵。宜乎……风雨应灵，护庇斯民者，诚为一方之保障矣。独是斯庙建立于丘陵之上，其地虽隘其……来于是合社共议，虽无大鸿，犹情愿改作重修，俾使隘者增阔，毁者复兴于光绪三十四年……在庙东边建修厦房九间，越二载又修北房五间，南边大门楼三间，历数载而后成功，足……瞻之壮，较前之修补者不大有以增辉厥美哉子，于甲戌春在此训蒙，众老嘱予作文，辞之……不朽，是为序。

邑儒学增生己丑年县议会议……

民国二十四年瓜月上旬吉日第九次创建楼房地窑碑记

四、主要活动

南崖村圣母庙古庙会原为每年举办两次，一次是在农历三月十八，另一次是在农历七月初三，一般持续 3～5 天。[1] 庙会时会邀请戏班唱戏，乡民焚香祈福，欣赏民俗文化演出，热闹异常。

① 参见沈媛媛：《山西乡宁县古戏台调查报告》，山西师范大学硕士学位论文，2017 年。

吕梁市

石楼县前山乡张家河村殿山后土圣母庙

（傅灵犀）

一、概况

殿山后土圣母庙又名“殿山寺”，位于张家河村西南约 2.5 公里的殿山上。庙宇处在半山梁开阔的黄土塬之中，紧邻农田，坐北朝南，占地面积约 2375 平方米，建筑面积约 1500 平方米。

寺内建筑沿中轴线对称分布，依次为正殿、戏台、山门、增建的戏台。两侧分布有东西配殿、厢房，以及不甚对称的 11 孔窑洞。正殿内多神并祀，供奉着后土圣母、九天圣母、使令圣母、催生娘娘及豆生娘娘。庙会日期为三月十八。[①]

二、历史沿革

殿山后土圣母庙具体始建年代不详，但依据正殿前石雕灯台上的“元至正七年”字样可以判断，该后土圣母庙至少在元至正七年（1347）重修。[②] 有学者认为，寺内所存覆莲柱础为推测殿山寺的始建年代提供了证据。覆莲柱础自隋唐开始盛行，宋金以后基本绝迹，因此殿山寺的始建年代应当不会比宋更晚。[③] 此后，该庙历经数次修缮，至今保存较为完好，相继被列为山西省重点文物保护单位和全国重点文物保护单位。此外，由于庙内戏台台基下的裙墙旧砖与宋砖尺码相近，有专家依此推断戏台台基应为元代以前建筑。然而，从戏台现状来看，台基上部、顶柱、斗拱、梁架和基体结构又符合元代建筑形制，此后进行的局部补修则仅限于瓦顶脊兽而已。[④] 后土圣母庙有明确记载的一次重修是在清代，在戏台脊枋上则有墨书题记“大清光绪三十年岁次甲辰捌月初四日吉时上梁”，说明该寺庙于清光绪三十年（1904）再次得到修缮。[⑤]

---

① 参见冯巧英、赵桂溟：《山西佛道摭存》，三晋出版社 2016 年版，第 616 页。

② 参见王俊、刘金明：《石楼殿山寺彩塑艺术赏析》，《文物世界》2002 年第 3 期；杨平主编：《山西·彩塑》，浙江摄影出版社 2018 年版，第 249 页。

③ 参见冯巧英、赵桂溟：《山西佛道摭存》，三晋出版社 2016 年版，第 615 页。

④ 参见石楼县志编纂委员会编：《石楼县志》，山西人民出版社 1994 年版，第 406～407 页。

⑤ 参见黄竹三：《黄竹三学术论文自选集》，三晋出版社 2015 年版，第 184 页。

1904年落架大修时，戏台原初的木构件被改换了不少。按照惯例，宋金建筑斗拱的立面高度一般要达到柱高的三分之一，元代的通常达到四分之一，而且用材比较宏大。然而，殿山后土圣母庙戏台的斗拱高0.59米，不足柱高的四分之一，且斗拱上面用撩檐枋而不用替木。[①] 重修后，戏台的梁架、斗拱及其他构件多有变动，但基本保存着元代形制。[②]

近代以来，殿山后土圣母庙因年久失修，一度呈现出衰败的风貌。寺庙前所立重修碑云："台柱斗拱倾斜，台基瓦顶塌毁，殿堂塑像破损，壁画悬雕脱落。1985年8月15日，石楼县人民政府将其公布为文物保护单位并开始积极组织维修工作。"1998年，山西省文物局委派省古建筑研究所对元代戏台进行修缮，同年村民集资对正殿进行揭瓦维修。[③]

三、庙宇建筑

殿山后土圣母庙坐落于农田之中，周围峰峦叠嶂，景色秀美，直观地反映了后土庙建筑蕴含的土地信仰观念。[④] 整体来看，庙宇为一进院落布局。中轴线上有正殿、元代戏台、山门和后来仿临汾魏村牛王庙戏台所修戏台一座。东西两侧有配殿各三孔，社窑各三孔。[⑤] 庙内正殿及东、西配殿就地取材，由料石垒砌而成，为窑洞式殿堂，唯有戏台为砖木结构建筑。[⑥]

殿山寺正殿也称悬空无梁殿，坐北朝南，为砖券窑洞，面阔三间，进深一间。殿外设有木结构的回廊，单檐硬山顶，结构雅致、别出心裁。[⑦] 正殿内现存塑像共三组，十三尊，堪称元明彩塑艺术的精品。中间为后土圣母，即殿内主神，东侧是九天圣母，西侧是使令圣母，分别高1.16米、1.1米、1.2米。圣母两侧各有两尊侍女站像。正殿东、西两侧为豆生娘娘、催生娘娘的坐像，均高0.96米，另有两名女官的站像，均高1.3米。各神像体态轻盈舒展，神情恬静端庄，栩栩如生。[⑧]

后土圣母发式为明代典型的特髻发式，特髻上有四只金孔雀，口衔珠结。

---

① 参见冯俊杰：《山西神庙与戏台调研小结》，《中华戏曲》2002年第1期。

② 参见车文明主编：《中国戏曲文物志·戏台卷》(上)，三晋出版社2016年版，第222页。

③ 参见郑杰：《山西境内的祭祀类建筑型制及其空间分析——以山西后土庙为例》，太原理工大学硕士学位论文，2015年。

④ 参见马婷：《民俗文化视野下山西后土建筑艺术研究》，山西大学硕士学位论文，2019年。

⑤ 参见王俊、刘金明：《石楼殿山寺彩塑艺术赏析》，《文物世界》2002年第3期。

⑥ 参见杨子荣：《三晋文明之最》，三晋出版社2012年版，第113页。

⑦ 参见王俊、刘金明：《石楼殿山寺彩塑艺术赏析》，《文物世界》2002年第3期。

⑧ 参见《山西文史资料》编辑部：《山西文史资料》第81辑《文物古迹专辑》，山西人民出版社1992年版，第180页。

九天圣母、使令圣母仅在特髻上少两只金孔雀，其余部分均与后土圣母一致。三位圣母均佩戴垂花耳坠，面部丰腴，额中央饰有金色额黄，与蛾眉、红唇相得益彰。服饰方面，后土圣母着凤冠霞帔，披白色三角云肩，穿红色展翅广袖凤袍，束胸巾，裙带垂于两腿间结蝴蝶结，绿裙及地，足尖微露；右手捧巾执笏板，左手戴戒指，倚坐于须弥座上。另外两位圣母的服饰形制与后土圣母相似，均为外着披肩，穿交领大衫，胸背有补子；一手持圭，另一手相扶；腰配玉环带，足穿云头鞋。三尊圣母塑像极具程式化，颇为巧妙的是两侧的圣母头略向中间偏斜，不同于正襟危坐的传统塑像，而增添了几分活泼的气息。圣母两侧塑女官则头戴黑色乌纱帽，帽饰垂带，帽顶有金色花钿及鸟雀衔珠，额部有额黄，身着紧袖长衫和外罩较长的对襟比甲，内裙外露；两侧女官动作不一，东侧女官右手捧印，左手相扶，西侧女官则左手捧宝罐，右手相扶。①

豆生娘娘和催生娘娘造型与后土圣母基本相似，宽大云肩，腰间束裙。东山墙神台供奉的是豆生娘娘，其扮相为民间妇人，头发向后盘起，身着绿色对襟内衣及红色宽袖大褂敞怀，下身穿青蓝色紧腿裤，裤腿束扎，右腿盘曲，左腿垂下，露出红色的三寸金莲。豆生娘娘左手持生育簿放于腹前，右手抬起执笔，每一位妇女该生育儿子或几女，在其生育簿上皆有记录，并接受祈愿予以删改。在其南侧神台下，塑一女官，头戴梁冠，面相俊俏，额部有额黄，头发于冠下向后梳，遮盖双耳上部，耳饰坠下，身穿广袖袍服，衣袖三层，护袖外翻，下身裙裾覆脚，束胸巾，双手捧笏板于胸前。西山墙神台供奉的是催生娘娘，即传说中掌管生育、负责送子的神明。与豆生娘娘像相似，催生娘娘像也是民间妇人形象，面目白净，和蔼可亲，不同之处在于身姿。她左腿盘曲，腿面塑有一身穿红色肚兜的小孩。其身旁的女官与豆生娘娘身旁的女官相向而立，装束略同，双手捧笏板于胸前。②

正殿采用传统的四根蟠龙柱将三位娘娘间隔开，柱础为宝瓶形状，精美绝伦。花柱上满塑花卉，点缀凤凰、莲花童子、仙人等造型。其中，明间神龛的两根花柱最为华丽，柱子由牡丹缠枝包裹，其间塑有盘旋的金龙，寓意“龙穿富贵”。龛楣中间泥塑镂空匾额，明间匾额为“后土圣母”，东次间匾额为“豆生娘娘”，西次间匾额为“保我子孙”。③ 后墙壁除了用牡丹、芙蓉等花叶填充格扇背

---

① 参见杨平主编：《山西·彩塑》，浙江摄影出版社 2018 年版，第 250 页；冯巧英、赵桂溟：《山西佛道摭存》（下），三晋出版社 2016 年版，第 614 页。

② 参见杨平主编：《山西·彩塑》，浙江摄影出版社 2018 年版，第 253～254 页。

③ 参见杨平主编：《山西·彩塑》，浙江摄影出版社 2018 年版，第 250 页。

景之外，还大量使用了悬塑的艺术手法，有山水树木、花鸟奇兽、楼台亭阁以及层层云涛之中姿态各异的百子图，用于表现人间多子多福、天上仙乐祥云等场景。[①] 殿内悬塑面积虽小，但气势宏大，据有关专家考证，工艺、手法同隰县小西天大雄宝殿出自一家之手。[②]

正殿外的殿山寺戏台，结构严谨而精美，是目前发现的元代戏台中面积最小的一座，因而具有独特的研究价值。[③] 早在宋金时期，戏曲就已在山西农村演出，至元代杂剧繁衍盛行，登台演出者日趋增多。山西保存的一批元代木结构戏台是我国戏曲文化源远流长的见证，石楼县后土圣母庙戏台便是其中之一。[④]

戏台坐南朝北，平面近于正方形。面阔 4.65 米，进深 4.3 米，台基宽 6.5 米，侧宽 6.35 米，戏台面积 20 平方米，高 1.5 米，今戏场面积为 202 平方米，距离正殿 24.63 米。整体来看，四角翘然若飞，前台敞开，为亭榭式单檐歇山顶、一面观戏台，这是元代后期戏台的典型形制。[⑤] 四角立圆木柱，高约 3.5 米，柱头略有收煞，上承粗大浑圆的额枋。侧脚，高约 3.5 米。除前二角柱外，后二角柱及东西两侧均砌山墙，两侧山墙中部各施一辅柱。角柱及辅柱上施阑额、由额，形成"井"字形梁架结构。斗拱四铺作单昂，转角各一朵，补间各两朵。拱面抹斜，耍头为蚂蚱头。补间斗拱衬方头出头嵌入檐榑，后尾托垂柱承金桁。[⑥] 戏台内顶端的艺术造型为"八卦串顶"。[⑦] 由脊枋题记"大清光绪三十年岁次甲辰捌月初四日吉时上梁"可知，该戏台曾于清光绪三十年(1904)重修，但斗拱的部分构件还保存着元代手法，如部分假昂、耍头和令栱抹角。在山西，令拱抹角的做法自元中期以后流行。台角的两根角柱从其侧脚和收分来看，可能也是元代的原物。[⑧]

这座戏台设计十分精妙，两侧山墙与后山墙的围挡使声音被反射至台面、观众席乃至正殿。这不仅提升了舞台的声效，面向正殿的反射声亦体现了古戏

---

① 参见刘维颖：《走进吕梁》，山西经济出版社 2016 年版，第 269 页。

② 参见郑杰：《山西境内的祭祀类建筑型制及其空间分析——以山西后土庙为例》，太原理工大学硕士论文，2015 年。

③ 参见冯巧英、赵桂溟：《山西佛道摭存》(下)，三晋出版社 2016 年版，第 615 页。

④ 参见柴泽俊：《山西古建筑历史地位和文化价值刍议》，三晋文化研究会编：《三晋文化研讨会论文集》，2010 年，第 46～65 页。

⑤ 参见延保全：《宋金元时期北方农村神庙剧场的演进》，《文艺研究》2011 年第 5 期；俞清源：《平遥县汾河以西村落构成与庙会空间研究》，深圳大学硕士学位论文，2017 年。

⑥ 参见黄竹三：《舞楼寻踪——记现存最大和最小的元代戏台》，《黄河》2001 年第 3 期。

⑦ 参见许国生、陈宇华主编：《山西县区经济发展史略》，山西经济出版社 1992 年版，第 690 页。

⑧ 参见丁明夷：《山西中南部的宋元舞台》，《文物》1972 年第 4 期。

台敬神献演的意图。① 殿山后土圣母庙的山门为砖石结构，前有木构插廊，面阔一间，进深一间，单檐硬山顶。② 辟木门两扇，两扇门上彩画门神各一，门头上悬挂匾额，上书“殿山寺”。寺庙规模不大，但布局规整，彩塑精美，殿宇造型奇特，是一处不可多得的元、明古寺庙建筑群。③

四、主要活动

相传农历三月十八是后土圣母的诞辰，是日后土圣母庙内香火颇盛，戏班会应村民邀请上山为神灵演出。殿山附近前山乡、义碟乡等村信众络绎不绝，焚香礼拜，共享弦乐，其乐融融。由于善男信女人数众多，庙会献戏活动空间需求扩大，而庙内所存元代戏台前的空地面积有限，各乡村民自费在殿山后土圣母庙山门外修建了一座新戏台，其形制为三面观戏台，以容纳更多观众。④

殿山后土圣母庙正殿内常年摆放着四座木制楼轿，每年农历三月十八，娘娘的塑像会被信众抬至周边巡游，热闹非凡。⑤

汾阳市栗家庄乡田村后土庙

（李富强　王祖悦）

一、概况

田村后土庙俗称汾阳圣母庙或汾阳后土庙，位于山西省吕梁市汾阳市西北2公里栗家庄乡田村。该庙原呈南北长方形，总占地面积约5亩。庙内原有正殿、钟楼、鼓楼、戏台等，现存建筑有圣母殿和东西配殿，主体建筑圣母殿内和殿外廊下山墙保存有场面宏大、绘制精美的明代壁画。⑥ 正殿内塑像共三组，十三尊。中间是后土圣母坐像，东侧是九天圣母坐像，西侧是使令圣母坐像。圣母两侧各有两尊侍女站像。正殿东、西两侧有豆生娘娘、催生娘娘坐像，以及两名

---

① 参见杨阳、高策、丁宏：《古戏台传音的秘密》，《科学》2021年第3期。

② 参见《后土圣母庙》，山西省文物局网站，https://wwj.shanxi.gov.cn/wwaqzjzrrgs/lls/slx/gb_30875/202109/t20210908_1987960.shtml，发表时间：2019年8月11日；浏览时间：2022年1月22日。

③ 参见杨平主编：《山西·彩塑》，浙江摄影出版社2018年版，第248页。

④ 参见黄竹三：《舞楼寻踪——记现存最大和最小的元代戏台》，《黄河》2001年第3期。

⑤ 参见《桃花者访古　玉米地里挖出殷商青铜器　张家河探秘　圣母庙中藏有元代小戏台》，山西新闻网，https://baijiahao.baidu.com/s? id=1616254445477333199&wfr=spider&for=pc，发表时间：2018年11月5日；浏览时间：2022年1月22日。

⑥ 参见廖奇琦：《山西汾阳圣母庙壁画送子图像研究》，《荣宝斋》2009年第1期。

女官的站像。[①]

二、历史沿革

田村后土庙创建于唐代，最早的文献记载见《唐田村神母庙尊胜经幢》[②]，说明该庙至迟在唐景龙二年(708)就已存在。据明嘉靖二十八年(1549)《重修田村里神母庙碑记》，该庙于嘉靖二十七年至二十八年(1548～1549)重建，可能是因为祷祀灵验。该庙又于清顺治二年(1645)、道光八年(1828)、道光十年(1830)、道光二十八年(1848)、光绪七年至十三年(1881～1887)多次修缮。[③] 明嘉靖二十八年(1549)重修汾阳圣母庙碑刻记载："先年戊申居民鸠众潺功，为重修计，各捐资不等，约百余金，尚未完。适严双松九龄还自淮上，以尝祷嗣获应概然出百金，用报神惠，越今年己酉夏遂告厥成。"[④]从重修碑刻中可以得知，圣母庙从一开始就与祈子有着直接的联系。1986 年 8 月，山西省人民政府将该庙定名为"后土圣母庙"，列为省级文物保护单位。1994 年，正殿内外皆修葺一新。2019 年 10 月，入选第八批全国重点文物保护单位。

三、庙宇建筑

田村后土庙坐北朝南，原为四合院布局，原主要建筑包括正殿、钟楼、鼓楼、乐楼等。[⑤] 现仅存正殿一座，殿宽三间，进深三间，单檐悬山顶，绿琉璃瓦剪边，五檩前廊式构造。柱头施五踩斗，前檐施六抹头格扇门。在明嘉靖二十八年《重修田村里神母庙碑记》中，未发现明代庆成王府参与修建的记载，但是圣母庙与庆成王府之间有着十分密切的联系是毋庸置疑的，一种合理的推测是重修后的圣母庙在王室成员祷嗣获应之后，其等级已由原来的乡间民祠荣升为庆成王府家庙。[⑥] 大殿神台置木制神龛，做工华丽工整，殿内正中旧神龛下有新塑西王母与侍女塑像。庙内壁画极具文物艺术价值，殿门廊庑两侧绘有门神，殿内东、西、北三壁满绘壁画，东、西壁画高 3.7 米，北面壁画高 2.5 米，三壁壁画总面积达 59.46 平方米。[⑦]

该庙正殿顶琉璃脊背面有"大明嘉靖二十八年造"题记，殿内大梁上还保存有四条扶梁功德主的墨书题记，其一曰：

---

① 参见武丽敏：《汾阳圣母庙壁画的后土信仰体系及功能演变》，《山西档案》2013 年第 5 期。

② 参见王堉昌：《汾阳县金石类编》，山西古籍出版社 2000 年版，第 192 页。

③ 参见王中旭：《中国古代物质文化史 · 绘画 · 寺观壁画》(下)，开明出版社 2016 年版，第 260 页。

④ 王堉昌：《汾阳县金石类编》，山西古籍出版社 2000 年版，第 484 页。

⑤ 参见壁画艺术博物馆编：《山西古代壁画珍品典藏》卷五，山西经济出版社 2016 年版，第 1 页。

⑥ 参见廖奇琦：《山西汾阳圣母庙壁画送子图像研究》，《荣宝斋》2009 年第 1 期。

⑦ 参见刘守覃、潘絜兹：《山西汾阳县田村圣母庙壁画小记》，《文物》1979 年第 10 期。

庆城王府扶梁功德主卢大富妻李氏谨志。

其二曰：

在城尊礼厢扶方梁功德主贺麟妻张氏。

其三曰：

李伟　马氏李□□

同□坊扶梁功德主父李延润在堂母田氏己身　李□　刘氏　男李大□□

李□　□氏李大邦

□□□□

田氏

孙男谨志

陈氏李桐

其四曰：

谢未儒　□氏　与氏

在城安静坊扶梁功德主故父谢辉母田氏本身妻　男仪嫔

谢未康　赵氏　阎氏

谢朝化　乐成　□□　谢朝□　□□

谢朝□　□□

谢朝士　安喜　□□　谢朝□　李氏　谨志

此外，还有《田村神母庙尊胜经幢》：

佛顶尊胜陀罗尼经幢序

佛顶尊胜陀罗经者至以传未悟

□□二年岁次丙申八月辛酉朔廿八日戊子合邑□□□□□□□造

（王堉昌按：经文不录）

该经幢高四尺，分八面。每面宽七寸许，经文八行，行各六十五字，径四分。该经幢原在汾阳市田村神母庙，民国十二年移存县图书馆。[①]

《汾阳县金石类编》有《重修田村里神母庙碑记》，内容如下：

① 参见王堉昌：《汾阳县金石类编》，山西古籍出版社2000年版，第192～193页。

汾城西五里许，为田村，连络向阳诸山，禹山南抱，彪岭北环，盖汾西之隩区也，宜有庙祀哉。顾神母庙建代不可粤，惟门匾题曰“神母祠”，旧址殿庑轩楼将颓然于草莽中，而石刻神像爽然独存。其亦山川之精，水土之神，有功于民，则祀之。而岁久易湮欹。先年戊申居民鸠众潺功，为重修计，各捐资不等，约百余金，尚未完。适严双松九龄还自淮上，以尝祷嗣获应，慨然出百金，用报神惠，越今年已酉遂告厥成。广正殿为三楹，列廊庑为六楹，虚轩特起，层楼耸立，振以钟鼓，缭以周垣，神像焕然聿新，金碧交映，云烟相连，足以托神明而表奠安，壮瞻仰而作诚肃矣。大庙尚夫义建，祀献于黩举，兹曷取尔也。予观西北诸山，峰峦萃嵂，崖壑盘纡，庙居其麓，禹河迤逦而来，转折潆回环抱庙前，盖山川之交会间也，岂所谓含泽布气，钟一方之灵秀，触石吐云，兴百里之风雨，效捍御昭，感应默有，裨于兹土乎？故修饰庙貌，答神赐也。祈祷丰穰，庇神体也。庙以众建，教民义也。祀以时举，教民敬也。幽格而明歆矣。岂曰黩神诬世者哉。岳渎崇祀礼也，山川之神，祀典不载，亦附于礼而协也。宜记于无穷云。

嘉靖二十八年己酉岁季秋望日举人龙冈王纬撰

碑高五尺四寸，宽二尺五寸，共十四行，满行三十二字，字径一寸一分，正书兼行书。今存汾阳市田村神母庙。①

正殿北、东、西三壁绘画是围绕圣母来设计的，北壁为《燕乐图》，表现的是后宫备乐、备飨的情形；东壁《迎驾图》为圣母送子出行；西壁《巡幸图》为圣母回銮和后宫备宝。三幅图从视觉上组成连续的画面。《燕乐图》作为主神塑像陪衬，表现圣母后宫享乐生活的场面，围绕圣母塑像展开。画中有身姿秀美的乐伎为主人献艺，其中最精美动人的是东侧一组正在行进的女乐队，演奏的乐器有琴、瑟、笙、笛、琵琶、阮咸、二胡等；有捧茶、酒、镜、奁、香炉等物的宫女，刻画细腻，神态各异。壁画中描绘的很多音乐场景，为我们研究明代道教音乐的多元构成提供了图像资料。表现圣母出游的《巡幸图》描写行进中的龙辇内端坐着圣母，极力颂扬圣母的盛德威仪。画中表现圣母巡幸途中，龙辇飞驰，山川衬托，随行侍吏跃马奔驰的情景，“圣母娘娘殿”的牌匾非常醒目。表现奉迎圣母的《迎驾图》，一部青龙驾驭的乘辇正停在宫门前，驭者肃立侍驾。前面持节的使者表情庄严肃穆，文武官员在马上恭候，仪仗乐队环绕龙辇四周。总体上看，壁画均为工笔重彩，沥粉贴金，构图宏大，人物线条运笔灵活，简练细致，线条舞

---

① 参见王堉昌：《汾阳县金石类编》，山西古籍出版社2000年版，第484～485页。

动，色彩缤纷。殿中壁画显然承袭了宋、元画风，而又有明代绘画特色，艺术价值很高。①

北壁塑像身后及两侧表现的是后宫露台上众侍女备乐、备飧的情形，露台下方为莲池，连接庭院，上方为庭院。北壁东、西侧的侍女皆面朝中间的塑像。北壁东侧从西至东依次描绘了四组侍女。第一组绘三位侍女，分别演奏横笛、拍板和曲颈琵琶；第二组绘五位侍女，其中两位分别执琴、拍板，一位捧画，一位所执物被包袱皮紧裹，一位捧盒；第三组绘十五位侍女，前九位为挑香炉、捧壶、弹奏曲颈琵琶、弹琴、吹笙、拉二胡等各种姿势，后六位以抬蒸屉为中心，其中两位着男装（头戴幞头，身着窄袖衫）的侍女肩抬蒸屉，蒸笼为红色，上覆饰有沥金龙纹的红巾，其侧一身着男装的侍女举宝盖，其侧一侍女捧盘，两侍女捧壶，极力突出蒸屉内食品的重要性——应该是献给圣母的宴飧；第四组绘三位侍女，位于露台连接的走廊上，上有屋顶，其中一侍女手捧半个的西瓜，红色方桌上放着另一半，西瓜边缘被切成锯齿形，其侧圆桌上置有荷花，一侍女在生火，一侍女捧盏，内侧一大桌上放有经籍、珊瑚、灵芝等宝物。下方假山石侧有双鹿。

北壁西侧从东往西依次描绘了三组侍女。第一组绘三位侍女，分别挑香炉、捧坐垫、捧盒，三位侍女上方有两只貂在看蝴蝶，一为黑色，一为白底黑斑，看起来都比较凶恶，在其后圣母送子出行、回銮图中又反复出现；第二组绘六位侍女和两个小孩，前两位侍女分别演奏横笛、笙，后四位侍女分别捧棋盘、壶、琴、盒，侍女中间有一年纪略大的小孩牵一幼童玩耍；第三组绘十四位侍女，位于露台连接的走廊内，前面五位侍女分别捧荷花、灵芝，演奏阮咸、曲颈琵琶、拍板，中间两位侍女搬供桌，供桌上置一盏，两侧着男装的侍女举羽葆，后面一着男装的侍女举宝盖，一侍女所捧物似为香炉，最后三位侍女被双树遮挡，其中一位捧琴，另两位不清。

东壁表现的是圣母送子出行的情形。东壁北侧松云掩映一宫殿，圣母立殿内，头戴凤冠，身着红色圆领广袖长袍。圣母及众侍女的服饰根据袖长、颜色、纹饰大体可分为三个等级：最高等级是圣母所着的红色圆领广袖长袍，拱手时袖垂至膝下，袖间饰金色龙纹，并有羽状装饰；其次是圣母旁边的高级侍女，亦为红色圆领广袖长袍，样式与圣母所着袍服相似，只是袖间没有饰金色龙纹；最后是一般的侍女及乐伎，上身着圆领窄袖或中袖衫，下系长裙，外罩蔽膝，圆领衫的颜色有红、青、灰等。圣母身侧立二红衣侍女，分别捧珊瑚、牡丹，身后着男装的二女官掌团扇，扇上有鎏金双凤纹。圣母及捧灵芝侍女右侧立四侍女，一

---

① 参见刘守覃、潘絜兹：《山西汾阳县田村圣母庙壁画小记》，《文物》1979年第10期。

捧灰貂，一捧圆盒，另两位捧物被遮挡。圣母身后立众侍女，前四位捧方盒、圆盒等物，其后除一位捧白貂外，其余均抱子。众侍女下方绘三马拉的百子车，车上密密麻麻地坐满了婴儿，另有三子相互牵拉欲攀车而上。很显然，送子是圣母此次出行的目的。圣母前方，一使者立于台阶上，双手捧方形物，似为金印。台阶两侧立着四个身着甲胄的天王，台阶右前方，送子鬼王回首而望，此鬼王的形象颇有特点，青面红发，头发竖起，白眉，鼻尖、嘴唇为红色，以红色包袱皮背负三子，红色短裙，白色护腰，另有三子抱其腿。送子鬼王前方一红衣官员举幡。台阶左前方为一判官，头戴幞头，赤面须髯，内着红袍，外罩青衫，右手执笔，左手握纸。判官前方一灰衣官员扛幡。值得注意的是，殿内现存坛前两侧亦站立有送子鬼王、判官的塑像。判官侧有龙和力士拉的辇，辇上虚位以待。辇的装饰颇为华丽、精美，绿色宝盖、帷帐，黄色垂帘，座椅、辇身及车轮皆为红色，辇尾插两面红色鎏金龙纹旌旗。车轮较为特殊，一半是车辐，一半是饰鎏金双龙纹实木。辇前方左右两侧有鼓吹及仪仗队列，每侧可分为前、后两组，共四组。左前绘五人五骑，均为身披甲胄的武将，一举白虎旌旗，一执幡，一吹号筒，一吹长尖，一扛长尖；右前绘四人四骑，一人头戴瓦楞帽，有髭须，身着红袍，外罩半臂，左手举胸前，背负一长杆状物，被黄色外套紧裹，其余均为身披甲胄的武将，一举白虎旌旗，一吹号筒，一擎幡；左后三骑，但画面上仅见两人，皆为武将装束，一击鼓，一吹唢呐；右后四人四骑，均为武将装束，两吹长尖，一吹唢呐，一击鼓。

东壁南侧下方有土地公、城隍率夜叉恭迎。土地公为一老者形象，头戴东坡巾，白色须髯，身披灰袍，双手拢袖中躬身作恭候状。城隍为头戴展脚幞头、身着灰色袍服的官员，双手捧笏。他们前方一夜叉伏地叩首，身后有三夜叉，分别为合十、捧经卷、拄旗。城隍身侧还有一只体形较小的老虎，从对面西壁的图像上看，该小老虎应该是被跪伏的夜叉牵引。

西壁表现的是圣母回銮的情形。与东壁南侧的空辇相对应，西壁南侧圣母坐辇上，回首下望，下方有一白一灰两只貂。辇的形制与东壁的空辇相似，唯插在辇尾的两面旌旗上所饰的不是白虎纹，而是云纹。除前方拉辇的力士、龙外，车轮处还可见一力士奋力转动轱辘。四组鼓吹、仪仗队列，围绕在辇四周，四组队列都被云纹包围，除青面鬼王及判官外，其余均为身披甲胄的武将，或英武或凶恶。最前方的仪仗、鼓吹队伍已经抵达后宫，五人五骑，分别执旌旗、吹唢呐、吹长尖、执长尖、扛号筒；左侧亦五人五骑，值得注意的是，其中有青面鬼王，竖发白眉，怀抱婴儿，骑乘黄马，特别显眼，其他四位武将中两位执幡、一位执旌旗、一位似捧圆盒；右侧亦五人五骑，分别执旗、扛号筒、吹唢呐、吹长尖、扛长尖；后方八人八骑，下方为首者为红脸须髯、身着绿袍的判官，双手捧判簿，其他武将似均执幡，其中一位头戴象鼻帽。

西壁南侧下方另有三组图像值得注意。判官下方一手执利斧的夜叉牵着五位妇女，从最下面两位比较清楚的妇女来看，她们脖子上都套着绳索，表明她们都为罪妇，另有两位妇女都抱着小孩。这组图像表明出行的圣母不仅有送子的功能，还有惩罚罪妇的职责。该图像下方还绘有城隍土地率夜叉相送的场景，与东壁南侧城隍等恭迎的画面相对应。图中头戴展脚幞头、面容英武的城隍双手捧笏，头戴东坡巾、白色须髯的土地公双手拢袖中。其侧一夜叉以绳牵一体形较小的老虎。他们身后另有三夜叉和一执旗的使者。城隍、土地相送的北侧绘有龙王奉宝图。图中露出一角，汹涌的波涛中龙王身着红色长袍，双手捧笏，其侧龙女双手捧海螺，龙女身侧可见一青色鬼卒，龙王身后一蝙蝠翼的夜叉执莲花纹旌旗。龙王奉宝斜上方绘四人四骑，或执幡，或挑香炉，正在接受龙王进贡。

西壁北侧绘后宫备宝的情形。大殿匾额上书“圣母娘娘殿”五字，殿内中间置一方桌，桌上放有香炉、珊瑚和鲜花，一侍女正俯身查看香炉，身侧二着男装的女官正专注地看，另有着男装的二女官掌扇，表明是奉献给圣母的供品，桌侧另有一侍女握一拂拭宝物用的大刷子。桌前一身材矮小的昆仑奴头顶灵芝，两侧各有一侍女执幢。殿前二将军横剑而立。①

四、主要活动

圣母庙是山西地区众多民间神祠的代表，其供奉的主神为后土圣母。当地传说和有关文献资料显示，每年农历七月七，田村后土圣母庙都会举行盛大的庙会。② 届时会吸引周边村镇的善男信女前来焚香，满足百姓祈求子嗣、保佑平安的心理需求。从保存在大殿内的一条梁架题记看，圣母庙的功德主多为女性，诚如廖奇琦所言：“这与今天前往该庙祭祀的香客中以女性居多的情况基本相同，说明送子求子是圣母庙的主要功能。”③此外，相传过去每年农历三月三该庙会举行盛大的庙会。④

---

① 对田村后土庙壁画的全部描述，引自王中旭：《中国古代物质文化史·绘画·寺观壁画》(下)，开明出版社2016年版，第263～269页。

② 参见沈旸、布超、于娜：《山西后土庙建筑遗存探析》，《兰州理工大学学报》2011年第37卷。

③ 廖奇琦：《山西汾阳圣母庙壁画送子图像研究》，《荣宝斋》2009年第1期。

④ 参见刘守覃、潘絜兹：《山西汾阳县田村圣母壁画小记》，《文物》1979年第10期。

五、周边影响

创建于唐代的田村后土庙，庙内壁画极具文物艺术价值，与其他人文、自然景点一起成为田村经济和文化振兴的重要支柱。

晋中市

介休市城西北角后土庙

（赵京伟）

一、概况

介休后土庙是一座道教庙宇，历史上有“道家地”之称，位于山西省介休市西北角庙底街的北端。1962 年，后土庙古建筑群被山西省人民政府公布为山西省重点文物保护单位，2001 年被列为第五批全国重点文物保护单位。后土庙大殿是为祭祀后土神建造的。后土殿内供奉道教四御之一的承天效法厚德光大后土皇地祇，俗称“后土娘娘”。

二、历史沿革

后土庙的始建年代已不可考，但曾经历过数次重修，究其原因，多是遭到地震毁坏。根据资料记载，后土庙的历史可以追溯到南朝宋孝武帝大明元年(457)，梁武帝大同二年(536)重建，可见其始建年代早于南北朝。

根据庙内碑刻记载我们可以得知，隋朝末年，定杨可汗刘武周曾与李世民在介休对垒，刘武周的部将尉迟敬德曾在后土庙累宿，镇守点兵，遗址在今庙南镇口听令巷。在隋唐时期，后土庙处并无三清观，其所在区域均属后土庙。

到了宋代，后土信仰在民间尤为兴盛。介休后土庙于宋皇祐元年(1049)敕修。元大德七年(1303)，山西发生大地震，后土庙再次遭受严重破坏，建筑物逐渐荒废。元至大二年(1309)，有一些道士在损毁的后土庙前部的区域上修建了一座三清观。[①] 但是，从明嘉靖十三年(1534)《重建后土庙记》[②]碑刻“延佑戊午，本庙提点李道荣复建”中看，后土庙建筑并没有被全部摧毁，而是在元延祐五年(1318)的时候重修了大殿。也正是经过了这次整修，才形成了现今后土庙

---

① 参见陈文龙:《试论山西介休后土庙道教建筑群之管理》,《世界宗教文化》2010 年第 4 期。

② 本篇提到的碑刻现皆存于介休市后土庙内。

大殿在后、三清观在前的建筑格局。

明洪武年间，后土庙由辛秀颜重修，始建了真武庙和三官祠。《重建后土庙记》碑刻记载："国朝洪武，□□□□□□会，辛秀颜又重修之，左有真武庙，右有三官祠，迄今百余年来俱被风霾所□。"

明正德十四年(1519)《创建献楼记》记载：

> 后土庙旧有乐棚三间，因其敝坏，矮窄不堪，正德丙子春，邑耆梁公讳智等欲建楼，广阔而重修之。奈城下有三清观与乐棚相近，建楼乐愈高而神愈不可乎？士民薛君雄谓众曰："改三清阁，筑基与献楼同合为一，中则分之，起三清圣像以崇楼之极，前列万圣朝元，后奏献以奉后土，则神上而乐下，使人心安而神妥也。"

明正德十四年，当地百姓想为后土娘娘重建乐棚，但三清观与乐棚相邻，人们害怕三清观地势低于乐棚，从而得罪三清观内神仙。薛雄提议抬高三清阁地基，因地制宜、因势而置，与新建的献楼齐平，从中间分开，前为三清观，后有献楼以供奉后土娘娘。这就巧妙地解决了上述矛盾，既满足了崇奉后土娘娘的需要，也充分展现了对三清尊神的尊重，形成了现存的三清观、献楼、后土庙紧邻的建筑格局。

据明嘉靖四十年(1561)《重修太宁宫殿并创建三门记》记载，后土庙"楼殿虽饰而土阶犹存，两廊虽建而神像未置，规制虽伟而尚未之建也"。也就是说，介休后土庙作为单体建筑，直至明代也还是一座极为简陋的庙宇。

明崇祯十二年(1639)，在后土庙东侧敕建吕祖阁。清康熙二年(1663)《三清观重修碑记》记载，"地势加以崇高，院宇益以广阔"，对三清观进行了重修。清雍正十年(1732)，在吕祖阁旁边新建土神庙。清乾隆二十五年(1760)，知县汪本直将关帝庙移建于此。[①] 于是，后土庙古建筑格局基本形成。

民国时期，介休后土庙的鼎盛时期已经过去，加之缺乏专门的监管，及当时社会的动荡不安，后土庙部分建筑物被破坏。抗日战争胜利后，1947 年阎锡山的部队占驻后土庙，拆毁了正殿前的献亭"思静亭"，修筑了自省堂，并将泥塑毁掉，后土庙遭到了极大的破坏。解放战争时期和新中国成立后(1946 年 6 月至 1950 年 6 月)，国家非常重视文物古迹的保护，根据相关保护政策，1949～1989 年全面维修后土庙。1989 年，后土庙正式对外开放。

唐宋时期，道教发展迅速，道教庙宇修建较多。但由于战争、地震等原因，

① 参见政协介休市文史资料委员会：《介休县志·坛庙》，《介休文史资料》第 5 辑，1994 年。

我国现存的道教建筑中，唐宋以前的古建筑已很少见到。现存的介休后土庙古建筑群基本上保留了明代重修时的格局，此后虽屡有重修和扩建，但其建筑格局基本完整。

三、庙宇建筑

介休后土庙是一座规模宏大、体系完整且保存完好的道教古建筑群。现存建筑保存了明清时期的格局和风貌，继承了我国传统的古建筑思想和格局理念，具有深刻的道教文化内涵，堪称中国明清建筑之典范。① 后土庙古建筑群主要由三清观和后土庙两部分组成。又由于以后土庙大殿为主体，这一道教建筑群遂总称“后土庙”。

介休后土庙建筑布局紧凑，庙观西侧为主轴线，共计 30 余座殿堂楼阁建筑物，总占地面积 9196 平方米。主轴线的东西各有一条中轴线。主轴线以东横向依次有吕祖阁、关帝庙和土地庙等，庙前的三连戏台保存完好。中轴线上由南到北依次为后土庙影壁、山门过殿、元君殿、后土殿，元君殿东侧面为吕祖阁、关帝庙、土地祠、真武庙、三官祠等。主轴线西部是三清观，中轴线上自南向北依次为三清观影壁、山门、天王殿、护法殿、南殿、三清楼、戏楼、东西配殿、钟鼓二楼。三清楼作为庙内主体建筑，位于庙院中心，与后土庙戏楼相连。殿内主要供奉玉清元始天尊、上清灵宝天尊、太清道德天尊。② 除此以外，殿内东西两侧还塑有上古贤君尧、舜、禹、汤四王坐像，体量不是很大，头戴王冠，身穿官服。

后土庙总共有五间，进深三间，左边是真武庙，右边是三官祠，真武庙和三官祠各三间。后土庙大殿用金黄色琉璃覆顶，在殿顶的脊梁中央，饰以狮象楼阁、宝瓶等琉璃饰件。这种在古代皇宫皇陵专用的黄色琉璃，在山西民间仅见于五台山菩萨顶的喇嘛庙和介休后土庙。由此可见，介休后土庙的规格级别非同一般。后土庙除了主体建筑的独特之外，屋顶黄、绿、蓝等颜色精美的琉璃配件也异彩纷呈。这些精美的琉璃制品与后土庙主体建筑交相辉映，其中琉璃烧制的三清观影壁《麒麟闹八宝》《二龙闹海》和后土影壁《鲤鱼跃龙门》《蓬莱仙阁》等都是后土庙典型的琉璃吉祥图案。③ 其雕塑技巧水平高深，釉质细腻牢固，造型逼真而生动灵巧，历经数百年不变色。整个后土庙古建筑群也正是由于这些精美琉璃艺术品的存在，更显富丽堂皇。介休后土庙素有“琉璃艺术博物馆”之美誉，这和山西琉璃历史发展有紧密关系。山西琉璃历史悠久，色泽鲜

① 温春爱:《介休后土庙建筑艺术赏析》,《文物世界》2006 年第 6 期。

② 参见荀建主编:《历史遗珍 · 山西古代建筑六十例》，中国建材工业出版社 2019 年版，第 216 页。

③ 参见雒宁:《山西介休后土庙后土信仰研究》，山西师范大学硕士学位论文，2014 年。

艳，造型独特，曾在全国居于首位。介休窑[1]也曾风光无限，其创烧于宋代初期，一直延续至清代。介休窑早期主要烧制白瓷，后期受磁州窑的影响，品种增多，生产白釉划花、剔花等多个品种。介休窑存续期间，虽然不以生产琉璃、法华瓷器为主，但介休琉璃在明清时已自成体系，在后土庙内留存下来的琉璃和法华瓷器文物，与介休窑的存在有极为紧密的关系。

介休后土庙内保留了不少碑刻，有些碑刻文字模糊，无法辨认。但有些碑刻内容字迹清晰，字里行间可见后土庙的恢宏历史。现存的碑刻包括《金妆圣像碑》《流芳碑》《三清观重修碑》《重建永泽庙堂碑》《创建献楼之记》《重修太宁宫殿并创建三门记》《修庙纪事碑》《重建后土庙碑》《重修关圣帝君庙碑》等。根据庙内现存碑刻及文史资料，彭兆荣、张颖在《文化遗产的生命样态——以山西介休后土庙为例》[2]一文中整理了介休后土庙建筑群历史沿革情况，如表 1 所示。

表 1　介休后土庙建筑群历史沿革

建筑	年代	事件	文献出处
后土庙	始建年代不可考		明嘉靖十三年《重建后土庙记》
后土庙	南朝宋孝武帝大明元年(457)	宋孝武帝大明元年，梁武帝大同二年，皆重修之	明嘉靖十三年《重建后土庙记》
后土庙	隋朝末年	尉迟敬德在此累宿	明嘉靖十三年《重建后土庙记》
后土庙	宋仁宗皇祐元年(1049)	宋仁宗皇祐元年，敕修之	明嘉靖十三年《重建后土庙记》
后土庙	元大德七年(1303)	遭地震破坏	
三清观	元至大二年(1309)	创建三清观	康熙《介休县志》
后土庙	元仁宗延祐五年(1318)	延祐戊午，本庙提点李道荣复建	明嘉靖十三年《重建后土庙记》

① 参见王文博：《琉璃建筑的瑰宝——介休后土庙》，《玻璃艺术》2011 年第 2 期。

② 彭兆荣、张颖：《文化遗产的生命样态——以山西介休后土庙为例》，《厦门大学学报》(哲学社会科学版)2015 年第 5 期。

续表

建筑	年代	事件	文献出处
后土庙	明洪武年间(1368～1398)	重修大殿，左右分别建真武庙、三官祠	
后土庙 三清观	明正德十一年至十四年(1516～1519)	改三清阁筑基，与献楼同合为一，中则分之。起三清圣像于崇楼之极，前列万圣朝元，后奏献以奉后土，则神上而乐下，使人心安而神妥也 迨我朝正德丙子岁，本邑义士梁公讳智者，首倡重建，增以献亭乐楼并两廊焉	明正德十四年《创建献楼之记》 明嘉靖四十年《重修太宁宫殿并创建三门记》
后土庙	明正德十五年至十六年(1520～1521)	植工于正德辛巳，则三庙筑基广阔，焕然聿新。重檐转角，金碧辉煌，龙翻凤翥，倍增于昔。复□□□□庑献亭，铁铸以醮炉香鼎，以壮观也	明嘉靖十三年《重建后土庙记》
三清观	明万历六年(1578)	盖欲金玉其冠裳，粉饰其□□，□建三元神阁三殿栏杆，务俾焕然聿新，庶神明乐有所依，祀铸永为定所	明万历六年《金妆圣像碑记》
吕祖阁	明崇祯十二年(1639)	敕建吕祖阁	
三清观	清康熙二年(1663)	地势加以崇高，院宇益以广阔	清康熙二年《三清观重修碑记》
土神庙	清雍正十年(1732)	建土神庙	
关帝庙	清乾隆二十五年(1760)	知县汪本直移建于此	
后土庙	清道光十二年至十三年(1832～1833)	即如道光十二年，介邑诸君起意修补后土庙。 大清道光十三年岁次癸巳九月初九卯时上梁大吉	清道光二十六年《太宁宫梁底题记》
后土庙 三清观	清道光十五年(1835)	重修护法殿、山门、三清观景壁	《护法殿题记》《山门题记》《三清观影壁正面/背面影壁芯题记》

根据介休后土庙建筑群历史沿革梳理，明代以来后土庙历次的修缮等级明显高于三清观的修缮。来到后土庙中，也有许多人选择先拜后土娘娘，再拜三清及其他神祇。可见后土信仰在融入道教之后在民间信仰中仍然有着强大的生命力和独立性。

四、主要活动

（一）庙会

庙会既是中国古代传统民俗文化活动，也是融多种活动形式为一体的社会综合性活动。祭祀是庙会产生的重要原因之一，介休后土庙的庙会更是如此。农历三月十八，民间相传是后土娘娘的生日。为祭拜后土娘娘，农历三月十八当天，介休后土庙会举办声势浩大的后土庙会。由于历史原因，后土庙会曾中断60多年，1993年才得以恢复。[①] 起初，在三月十八这一天，人们自发祭拜后土娘娘，活动较少，持续时间较长，大多属于民间自发行为。但随着时间的推移，加之官方参与，后土庙庙会慢慢发展成为规模性的祭拜活动，时间也延长至三天左右。庙会所承载的功能，也由祭祀发展为融物资交易、娱乐、祈福、人文交流等于一体的综合性活动。

在庙会之前，人们会精心准备供品，以示对后土娘娘的虔敬。现如今的庙会，只有一些老人坚持自己制作造型独特的花馍，献给后土娘娘。大多数年轻人则会选择采买供品，包括糕点、水果、肉食等，以表诚心。介休地处三晋中部，是著名的晋剧发源地，每年庙会最吸引人的当属晋剧表演。后土庙管理机构介休博物馆会提前联系附近剧团，充分借助后土庙戏台，唱戏酬神，从而表达对后土娘娘的崇敬之情。后土庙的戏台堪称建筑艺术的典范，不仅有很强的实用价值，也有很高的艺术水准。

在庙会期间，前来祭拜的信众络绎不绝。有的独自一人，有的三五成群，有的则一家老小齐上阵。他们大都来自附近村落，也有来自稍远地方的民众，可见后土影响范围广泛。他们携带供品，有些人甚至会一路燃放鞭炮，手捧香帛。“左手拿香，右手拿烛……等到所有的香都燃烧着了，才左手在上，右手在下握住香，然后缓缓地把香高举过头顶作揖。作揖后，向前走几步把香插在香灰里，然后后退到蒲团上扣头，表示对神灵的敬重。”[②]和平时祭拜稍有不同的是，庙会期间人们大多数会先选择祭拜后土娘娘，再去其他神殿祭拜。有些信众可能无

① 参见雒宁：《山西介休后土庙后土信仰研究》，山西师范大学硕士学位论文，2014年。

② 雒宁：《山西介休后土庙后土信仰研究》，山西师范大学硕士学位论文，2014年。

法清晰地说出所拜神仙的由来，但内心无比虔诚。相比之下，庙会期间后土大殿前的香炉里香火更旺盛一些。

人们对神灵的信仰，最直接的体现就是需求的功利性。人们通过祈求神灵护佑实现心中所求。他们在庙会期间，来到后土庙祈福，祈求平安、健康、团圆、生子、升学、姻缘、财富，等等。前来祭拜后土娘娘的信众中，还有很多是来还愿的。他们曾在后土娘娘前祈求愿望，待愿望实现后会携带高香、供品、红绸等来还愿，声势比许愿的信众还要浩大一些。“介休后土庙的祭祀活动中更突出的是酬神的仪式。酬神是指主持祭祀的人（法师、道士）在神灵面前说一番好话，同时在神前做各种歌舞戏曲表演，以求得神灵的欢心。”①

在庙会期间，戏曲表演也是不可或缺的。在传统的村庙信仰中，为答谢神灵，求得神灵庇护，除丰盛的祭品外，戏曲表演也很重要。庙会具有典型的地域性，在戏曲的选择上也会带有明显的地域特征。按照惯例，后土庙管理者会提前邀请晋剧剧团，在农历三月十七开始唱戏。一到晚上，前来听戏的人就更多了，这既能达到酬神的目的，也能帮助人们在农闲时节放松身心。

（二）平时活动

现今的介休后土庙是全国重点文物保护单位，日常管理由介休市博物馆负责，包括活动安排与日常杂务。介休后土庙在历代发展过程中，其管理者发生过细微变化：“后土庙-三清观在明代，虽然其庙宇内的日常管理为道教机构，但是，它显然处于地方大族乡绅的掌控之下，梁氏族人不仅是修建庙宇的主要出资人，而且是重修扩建的倡议者，甚至可以规划庙宇的结构，他们在庙宇事务中所占的角色和所起的作用的重要性远远超出庙内道士机构……”②

介休后土庙平日对外开放，但春夏季节开放时间不一。开放期间，前来后土庙的人们源源不断，有人来瞻仰后土庙风格独特的建筑艺术，有人来敬拜神灵。一般在农历每月初一和十五前来烧香祭拜的人数较多。

陈文龙在《试论山西介休后土庙道教建筑群之管理》一文中总结了后土庙内诸神祭祀的时间与各自功能，如表 2 所示。

---

① 雒宁：《山西介休后土庙后土信仰研究》，山西师范大学硕士学位论文，2014 年。

② 陈文龙：《试论山西介休后土庙道教建筑群之管理》，《世界宗教文化》2010 年第 4 期。

表 2　介休市后土庙诸神祭祀时间与功能

祀神名称	祭日	功能
后土	农历三月十八	为执掌阴阳生育万物之神、大地山河之秀的女神
三清	元始天尊的神诞之日是正月初一。灵宝天尊之神诞日农历五月中。太上老君，即道德天尊之神诞日为农历二月十五	元始天尊开劫度人。灵宝天尊随世度人。道德天尊，为圣作师
关帝	农历四月初八、六月二十四、五月十三	职司为司使禄、佑科举、治病除灾、驱邪除恶、诛罪叛逆、巡查冥司、庇护商贾等
吕祖	农历四月十四	治病、惩恶扬善
三官	农历正月十五、七月十五、十月十五	考校人间善恶，给予祸福
真武	农历三月初三	护国安邦、剪凶除恶、调和风雨
子孙娘娘	农历三月二十	送子
土神	农历二月初二	保佑清静，五谷丰登

资料来源：陈文龙：《试论山西介休后土庙道教建筑群之管理》，《世界宗教文化》2010 年第 4 期。

五、周边影响

介休后土庙“最早最重要的神灵是后土。经宋真宗赐封后，后土地位进一步提升，成为道教三清之下的几位神灵之一”①。庙宇内还有三清、吕祖、关帝等。庙内多神共存，影响遍及介休、晋中乃至台湾地区。

长期以来，介休以及周边平遥、汾阳等地的人们把后土娘娘奉若神明，每年都要在农历三月十八举办规模宏大的庙会。现在官方参与到了后土祭祀的组织中，庙会的规模更加宏大，并逐步演变为集祭祀、物资交易、演剧、祈福、还愿以及民间文人交流等活动于一体的大型庙会。

介休后土庙还是台湾道教地母至尊庙团在大陆最早认定的祖庙。1990 年 11 月 6 日，台湾道教总会地母至尊炉下团体首次前往后土庙朝觐，拉开了海峡两岸后土文化交流的帷幕。至今，台湾信众已组织 20 多个团前来介休后土庙参访，人数达上千人。②

① 陈文龙：《试论山西介休后土庙道教建筑群之管理》，《世界宗教文化》2010 年第 4 期。
② 参见雒宁：《山西介休后土庙后土信仰研究》，山西师范大学硕士学位论文，2014 年。

灵石后土庙

（樊枫）

一、概况

灵石后土庙又称“静升后土庙”，当地人称之为“下庙”，位于山西省晋中市灵石县城东 12 公里处的静升镇镇政府驻地静升村村西，五里长街西南。该庙坐北朝南，单进院落布局，占地 1088 平方米。庙内宋、元、明、清建筑并存。院落中轴线上的献亭、大殿，为宋元时期建筑，面积421 平方米。明清时期，该庙几经修葺，又添茶房、钟鼓二楼等建筑；而朵殿、戏台、照壁、碑亭等建筑则为重建。

二、历史沿革

灵石后土庙始建年代不详，据现今可考证的最早相关资料——正殿悬梁遗存文字记载，该庙于元大德八年（1304）七月十四重修。庙中明正德五年（1510）石碑碑文《平阳府霍州灵石县静升里重修古庙记》记载：“迨景泰三年，时当仲春，本乡富家翁王贤同男义官王演等重修，迄今历年既远……故于弘治十五年正月初三日令辰，因昔人之旧制，为轮奂之一新。斯时也，土木一兴，趣者如云，版筑方举，从者归市，仅几周岁之间而厥工成焉。”可见，灵石后土庙分别于明景泰三年（1452）、明弘治十五年（1502）重修，但具体内容不详。不过，就碑文而言，此前灵石后土庙已颇具规模，庙中不仅供奉着皇天后土圣母，还包含了五岳、四渎等神仙。

至清朝，该庙又多次修葺。据清乾隆四十年（1775）所立石碑碑文《静升村重修马棚并东西茶房舍宇五岳殿舍宇并塑像碑记》可知，此次修葺主要包括庙中马棚、东西茶房、五岳殿和神像。清乾隆四十五年（1780）所立石碑碑文《创建石狮记》记载，当时适逢设醮献戏之时，庙宇往来者甚众，香会成员担心门外旗杆砸伤众人，将其变制为石狮子。又据清乾隆四十六年（1781）所立石碑碑文，灵石后土庙内外道路也得到了修整。除此之外，庙中现存碑文中还有关于清嘉庆年间官民施地的记载。

20 世纪五六十年代，灵石后土庙遭到严重破坏，殿内塑像被毁。直至 2006 年，灵石后土庙被列为第六批全国重点文物保护单位；2013 年，政府开启了全面的修复工程，除古建筑正殿和献殿在原本基础上得以修复外，还重建了朵殿、侧殿、照壁、戏台、钟鼓楼、碑亭等建筑。

三、庙宇建筑

明正德五年(1510)石碑记载:“粤自至元二年,先民因而爰度兹土,纵而二十有三丈,横比其纵而减六丈焉,于以肇建斯庙。皇天后土圣母居北殿之中,左五岳而右四渎,东西祠而列众神焉。砌之间翼以高楼,南门舍神将御之,地势敞豁,庙貌严整,足以妥平神而享其祀也。”可见元代灵石后土庙内的建筑格局业已确立,整体坐北朝南,院落分为上下两区域,为单进式布局,四周石壁相绕。以庙宇中轴线为基准,东西方向的建筑基本呈对称分布,处于中轴线最南端的是庙门,与戏台连体而筑,而最北端为正殿,献殿则位于中轴线的上院之中。

正殿面阔三间,进深五椽,建筑面积约90平方米,单檐悬山顶,梁架为四椽对前搭牵通檐用三柱,檐下斗拱柱头及补间铺作各一朵,形制均为四铺作单下昂,蚂蚱形耍头,当心间及两次间为四扇六抹隔扇门,为元代重修。殿内原供奉着后土皇地祇,俗称“后土娘娘”。出正殿,左右分别建有五岳殿和四渎殿及耳房,殿宇各三间,耳房各两间。其中,五岳殿内原供有东岳大帝、南岳大帝、西岳大帝、北岳大帝和中岳大帝塑像,四渎殿内原供有广源王、显圣灵源王、长源王和清源王塑像。此外,东西两厢建有配殿,殿阔各为三间,均为单坡顶。两殿内原供有火星娘娘、子孙痘疹娘娘、牛王、水草马明王、药王、二郎等诸神塑像。[①]上院的献殿为木结构形制,呈正方形,建筑面积约81平方米,殿内以4根大柱、4根小柱擎顶,大柱直径60厘米,小柱直径30厘米,高均为3.5米。[②] 面阔与进深均为一间,单檐歇山顶,覆盆式柱础,檐下斗拱六铺作三下昂,斗拱里转承井口枋交圈与抹角梁形成斗八藻井。献殿构造精巧,工艺考究,气势雄伟,为宋代遗存,元代有过补葺。献殿的左右两侧,各设有碑亭一座。[③] 亭内石碑分别为明正德五年、清乾隆四十六年所立,遗存至今。

下院中轴线的南面为戏台,面阔三间,进深四椽,单檐硬山顶,五檩无廊式构架。在与其并排的左右两侧,建有钟、鼓二楼;在钟、鼓二楼与戏台的相隔间,一左一右后设有两个腰门。另外,下院的东西两厢均建有茶房,面阔各三间,均为单坡顶。这些建筑均为明清遗存。整体建筑群布局合理,内涵丰富,错落有致,处处体现北方庙宇古朴粗犷、气势雄浑的建筑特色。[④]

---

① 参见侯可:《文化静升》,山西经济出版社2016年版,第162～163页。
② 参见侯文正主编:《晋商文化旅游区志》,山西人民出版社2005年版,第320页。
③ 参见侯可:《文化静升》,山西经济出版社2016年版,第163页。
④ 参见侯可:《文化静升》,山西经济出版社2016年版,第165页。

四、主要活动

静升村在春节期间向来有举行社火表演的传统，自古一直延续至今。灵石后土庙中供奉的火星神则是当地村民在此活动中主要祭拜的对象。因此，在静升村每年的社火表演中，灵石后土庙成了不可替代的祭祀和娱乐场所。

改革开放前，静升社火主要由当地的火星会主办。每年社火表演活动开始前，所有表演项目的参与者都带着面供、香、黄表纸、酒、蜡烛等物品去后土庙祭祀火星娘娘，以求表演安全顺利。其中面供都是老百姓自己精心制作的，以此来表达对神灵信仰的虔诚。所以，当时便形成了社火队由后土庙出发到关帝庙再到五里长街后至三官庙的特定表演路线。改革开放后，由于当地人信奉神灵的思想淡化，社火祭祀仪式队伍的规模逐渐缩小，既定的表演路线也发生改变。静升社火的表演不再沿着各方神灵庙宇坐落的位置形成特定的表演路线，而是主要集中在当地商业繁华的街道。

2011年，静升社火表演队中只有耍龙社火小组进行了祭祀。据老艺人介绍，每年都要舞龙灯祭拜火星爷，祭祀的时间并不固定，祭祀的供品主要是水果、糖、酒、黄表、蜡烛、香。具体的仪式过程是：在后土庙献殿前把两条龙按照龙头到龙尾一字展开，摆上供品，由组织者先上香、烧黄表纸，内心默默祈求火星神保佑全家人一年平平安安，然后叫龙子龙孙来磕头拜神，最后大家分吃供品。在祭祀之后，耍龙灯表演才能开始。而其他社火表演人员虽然没有参加祭祀活动，但是从调查得知，他们认为龙灯表演是整个社火表演中最传统、最隆重的项目，所以龙灯祭祀足以代表整个静升社火。[①]

附录

庙内现存石碑六通，分别为明正德五年、清乾隆四十年、清乾隆四十五年、清乾隆四十六年、清嘉庆八年(1803)、清嘉庆十三年(1808)所立，石碑详细信息与石刻文字皆收录于《灵石碑刻全集》[②]之中，整理如下。

1.静升村重修古庙碑记

明正德五年(1510)立石。碑高160厘米，宽70厘米，厚25厘米，青石质。碑文为楷书，共18行，满行35字。额文阳"重修庙记"、阴"后土之碑"。碑存静升后土庙内正殿左侧。

---

① 参见段友文、卫才华主编：《春节·山西卷》，光明日报出版社2014年版，第402页。

② 以下碑记皆引自景茂礼、刘秋根：《灵石碑刻全集》(上)，河北大学出版社2014年版，第114～115、554～555、584、590、744、777页。

（碑阳）

平阳府霍州灵石县静升里重修古庙记

瑞石邑东北有曰静升里，山川盘结，风气攸萃，诚适情之佳所、养神之胜地也。粤自至元二年，先民因而爰度兹土，纵而二十有三丈，横比其纵而减六丈焉，于以肇建斯庙。皇天后土圣母居北殿之中，左五岳而右四渎，东西祠而列众神焉。砌之间翼以高楼，南门舍神将御之，地势敞豁，庙貌严整，足以妥乎神而享其祀也。迨景泰三年，时当仲春，本乡富家翁王贤同男义官王演等重修，迄今历年既远，屡经风日，是以庙宇倾坏，圣像暴露，见者心虽不忍而力不能及也。时有里之耆老王伦辈，触目感心，偕男王铎、王锐、王铭、王镜、王钦、王锦、王铨亦欲重修，顾兹重务又非家人父子之所能治也，故谂于众人曰："神非庙无以依，庙非神无所主，敬其神而当修其庙。况斯土之人，凡水旱疾疫则必诣斯庙而行祷于神，而神无不佑。神佑其人，人受其福，安养之功万世永赖焉。尔曹当同心协力向斯庙而报赛之。"众人闻而喜曰："善哉！公之言也，以心之同然者而感人，我辈焉有不从乎。"既得人心，乃出己财，而众人亦多助之者。故于弘治十五年正月初三日令辰，因昔人之旧制，为轮奂之一新。斯时也，土木一兴，趣者如云，版筑方举，从者归市，仅几周岁之间而厥工成焉。规模整饬，从四方之观瞻，形势壮丽，起人心之畏敬，上下之巩固，四旁牢实，而有千百载不朽之状焉。然其规划，虽因其旧制，工夫则视旧而允密也，由是神明安而人心悦矣。无穷之休，岂可得而胜言耶？噫嘻！此间善士多布衣之微而修治庙庭如此，是能享鬼神而崇孝敬者矣。孟子曰："斋戒沐浴，则可以祀上帝"，其斯之谓欤！正宜镌勒于石，昭之于万年也。

乾道庚午仲春既望儒学科举廪膳生郭世美谨述。

大明正德五年岁在庚午二月十五日吉时立。

香老：王志刚、张显、梁田、张大庸、王俭、闫纪完、李增、孟复才、刘聚财。

石匠：姚泽刊。

（碑阴）

灵石县静升村重修古迹庙记

功德主：王伦。

助缘人：省祭官王玺、李通、义官王演、王可聚、王可才、王友才、张大宁、张瓒、王瑞吏、王进、王时习、王尚德、王素、张显、王文代、王使、王德珉、王瑜、王公廷、王公结、王信、张广、张宣、王德川、王锐、王铨、王锦、王公佑、王公让、王世禄、张聪让、张琦、孟秀、孟复成、王宁、王镜、王礼、王鼎、王翰、王世运、宁英、张珙、孟盘、李澄、王润、王铭、王棣、王璐、王遂、王时昌、张友文、阎监、郑玉、刘聚才、孟友存、王威、王迁、王琴、王贵、王连、王时昱、王耐、善友张子秀、张浣、张林、王可威、王友义、王珙、王迪、王鹏、王时昂、王清、阎秀、张使、王□、王友玉、王胜、王实、王爵、王尚文、陶守威、张大坚、阎守奉、王铎、孟复意、王当、王进禄、王聪、王时达、陶希旺、李威、王顺、王三、李增、王英、张大文、李宁、任孝贤、赵安、张全、张继廉、张雷、张旺、刘才、李资。

在城里致仕官：郑琰、郑辉、程□、程杰、程溥、程智、程鸾。

尹方村：翟守坚、翟守连、翟守安、马世坚、韩文志、耿得威。

旌介村：唐守廒、张着、段坚、段盘、高守威、张鹏远、孟珍、高雄、段子旺。

本村木匠：王杰、王得才、王得威、王忍、王玉。

籍广村铣匠：何伯占、何得胜、何斌全。

介休县塑匠：李文让。

泥匠：张文支、曹孝威、孟鸾、李明。

尹方村丹青：曹纪珉、曹继红、曹先、曹洪、曹会、曹世用。

本村医生张大云，孙男张公仁。

助缘善女人张妙贤、段氏、魏氏、王氏、张氏、张氏、翟氏、和氏、申氏、高氏、梁氏、李氏、耿氏、李氏、张氏、张氏、王氏、王氏、翟氏、武氏、王氏、任氏、宋氏、郑氏、师氏。

2.静升村重修马棚碑记

清乾隆四十年(1775)立石。碑高60厘米，宽95厘米，青石质。碑文为楷书，共38行，满行25字。碑存静升村后土庙，镶于大门外左壁。

静升村重修马棚并东西茶房舍宇五岳殿舍宇并塑像碑记

事有至小而不容已于志，且不可以不志者，如斯庙中补葺是也。补葺亦极琐屑耳，倾其所费之资，果于何来？所来之物又于何往？当事者知之，外此昧焉。夫私事或可独知，而公事则必共喻。工虽小补，事实众属，若之何而不志。是举也，约费银五十余两，谨志所收所出计开勒后。

大清乾隆四十年季秋十五日立。

收出各项细目：

五岳神前拨出银壹拾两；

火星圣母神前拨出银贰拾肆两伍钱；

财神神前拨出银壹拾柒两柒钱柒分；

马王神前拨出银壹拾肆两。

四宗共收银陆拾柒两贰钱柒分，此银卖用合钱陆拾壹千壹百壹拾捌文。

出土工工钱壹拾陆千零陆拾肆文；

出泥匠工钱肆千伍百壹拾文；

买木头钱贰千柒百叁拾玖文；

买椽栈子钱捌千肆百零叁文；

出塑匠工钱叁千肆百贰拾文；

买砖瓦钱伍千壹百陆拾文；

买石头钱贰千陆百陆拾玖文；

出大石、蓝炭、头发、绳钉零碎使钱肆千伍百伍拾伍文；

出刻字工钱叁千零零肆文；

出木匠工钱贰千伍百叁拾文。

上十宗共使钱伍拾叁千零柒拾伍文，除出乃净剩钱捌千零肆拾叁文，付与四十一年李为收存。

廪生王鸿儒撰并书。

施石灰人王炳文。

经理银钱本村人监生张奉孝。

香老：张崇、监生王琦瑶。

监工纠首：州同王中堂、监生王淮量、生员王四扬、介宾张九霄、从九品王广业、监生王如佐、贡生王曰旦、监生王万魁、监生陈子健、监生王镇民、监生王玫、赵廷英、张守仁、监生王枧将、监生王中极、监生王奇珍、张际阳。

六合石厂刻。

3.静升村后土庙创建石狮碑记

清乾隆四十五年(1780)立石。碑高42厘米，宽70厘米，青石质。碑文为草书，共24行，满行16字。碑存后土庙门内右角。

(碑阳)

创建石狮记

本庙自重修以来，门外建立旗杆，亦殊觉其辉煌也。第地形卑下，累年被湿气潮润，雨水浸灌，历年来久遇大风而辄为倒折者非一矣。窃念此地系耕家通衢，往来者甚众，况有当设醮献戏之时，市饮食货物者纷纷籍籍俱列其旁，设会逢期适恐不无他虞也。香老念及此，目于倒折之后，会众计议，更立石狮。是举也，固以绝夫前患而庙制若倍增其壮丽，庙貌亦益觉其威严也，此世世相沿，亦可以永远而无改观乎哉！爰于经理告成之余，叙其变置之由而志之。

庚子科副榜张国铭撰文。

国子监学生王绶若书丹。

出费账目列后：

买石狮银叁拾贰两、买石条银贰两、买石板刻字银壹两捌钱、买石灰□□银七钱、犒劳银陆钱捌分、一应人工钱壹两伍钱。

以上共使银叁拾捌两陆钱捌分。

香老王政齐、王国机经理立。

大清乾隆四十五年十一月吉日。

稷山丁君正刻。

4.静升村后土庙补修碑记

清乾隆四十六年(1781)立石。碑高 55 厘米，宽 90 厘米，青石质。碑文为楷书，共 25 行，满行 15 字。碑存静升村后土庙正殿右壁。

本庙自重修以来，至今四十余岁，各处舍宇罅隙甚多，雨水零落，有碍神像。余等目击心伤，爰各处补葺。庙外引路，累年骡马践踏，车辆旋转，损坏尤甚，爰置边墙，庶无前患。庙西道路壅滞崩圮，狭窄难行，因求近路，地主施舍地亩，诸君俱慷慨应允，俾修成坦平宽途，而往来较前便利。数功既成，今将施主并所费银两开后。

庚子科副榜张国铭序。

王淮公书。

大清乾隆四十六年十月二十六日立。

施主：卫千总乡饮大宾张守仁。

施道人：李维来、王庚颂、王锡龄。

理事人：闫士达、张景绿。

泥木匠土工使银贰拾四两叁钱四分。

置椅子石头砖灰使银贰拾贰两贰钱六分。

修庙内小西房西道使银五两贰钱叁分。

石板刻字使银壹两玖钱。

四宗共使银五拾叁两捌钱叁分。

香老：监生王镇民、监生王于鲁，同具。

稷山县丁君正刻石。

5.静升村两户地亩判定碑记

清嘉庆八年(1803)立石。碑高55厘米，宽90厘米，青石质。碑文为行草，共18行，满行13字。碑存静升村后土庙，镶于正殿左壁。

嘉庆八年六月十三日，张户与王庚仁因南龙头滩地争论成词。两家各勾亩数，所有余地九亩，共柳树五十九株，蒙边太爷批断，归入西社庙中，永远作业。东至道，南至天河，北至王庚仁，西至王庚仁。恐后无凭，有朱批租约为照。

孟秋上浣候选州同知王德纯书。

堡长：闫成明、程思耀、郑士林、李泰。

纠首：从九品王恒岳。

香首：王恭默、王兴顺。

阖社中人：监生王体常、闫尚斌、耆宾王良佐、李有功、监生王致远、太学生张谐孝、州同知王兴来、太学生王于鲁、监生张建钢、太学生王西藩、王炎清、高连陞、太学生郑思仁。

（补文）

此地于光绪二十三年与王文元西坡底家洼平地六亩兑换，各执各业，任由买卖，随地带到官粮贰斗五升，庙中上纳，勒此存据。

6.静升村王公培元施地碑记

清嘉庆十三年(1808)立石。碑高60厘米，宽95厘米，青石质。碑文为行书，共10行，满行8字。碑存静升村，镶于后土庙大门外左壁。

嘉庆十三年，候补兵马司副指挥王培元，施到后土庙中河水地二亩，带到粮一斗二升，又施米麦一石二斗。每年租种除纳粮，下余银钱冬至前后天地众神前祭祀使用，分文不可存留。

和顺县许村后土圣母庙

（高虹　李一）

许村后土圣母庙坐落在山西省晋中市和顺县松烟镇许村村北 400 米处，始建时间不详，大概建于清朝乾隆年间。该庙于 1993 年 4 月重修，现保存基本完好。

许村后土圣母庙主殿结构为梁柱木结构，一院一殿，大殿中心供奉圣母娘娘，两侧墙壁有门神壁画，院里有一棵年代久远的大槐树。殿门右侧有一石碑，上书"重修后土圣母庙碑记"，记录现在后土圣母庙重修的由来。

重修后土圣母庙碑记

（碑额为"万世流芳"。）

后土圣母庙位于村之北。历时既存，未知创自何朝。传说为神力驱使六畜，星夜从娘娘水迁至此也。据考，大清乾隆盛世多人曾□集钱粮修葺一新，之后岁月悠悠，世事兴替，庙宇颓废，几至荡然矣。近岁政通人和，百废俱兴，村人重修庙宇之心久矣，癸酉之春，白成孩、白金牛、王同文等十六人顺应民意，率先倡导，殚精竭虑，鼎力玉成此事。村人闻讯，欣然响应，争相解囊、投工。经数月劳顿，圣母庙拔地而起，昔日废墟今朝焕然聿新。远观近瞻，巍峨壮观，令人心旷神怡。庙前古槐，传说植于秦汉，挺拔参天，亭亭如盖，仨人合抱尚有未逮，夏天绿荫蔽日，风姿绰约，掩映庙宇，蔚然壮观。庙宇落成，请予作文以记之。余以才疏学浅坚辞，不允，遂勉为其难。予以为，庙宇复生咸赖当今政治清明、经济繁荣，祈祷上苍神灵保佑，为今昔蒸民追求幸福生活之良愿。宗教信仰乃为苍生美好想象之产物，亦为民族凝聚之根本。神耶，美化之人格者也，心存善念、嘉言懿行，于人于己均有裨益。果吾村人民风返璞，道德归真，实不枉此盛举也。

庙宇主建者花名　白成孩　王同文　高□升　郭玉良　于广宇　范小林　白启云　张成锁　白金牛　北占思　张星太　□旭成　王栓锁　白存爱　白玉云　范二文

（高虹、李一按：接下来是捐款名单，名单显示该村田氏、王氏、于氏、范氏、张氏、元氏、牛氏、刘氏、冯氏、北氏、路氏、白氏、李氏、崔氏、孙氏、邓氏、靳氏、杨氏、智氏、郑氏、魏氏、季氏、郝氏、程氏、樊氏、路氏、方氏、高氏、陈氏、贾氏等均有捐资。）

后土圣母庙西边还建有财神庙，建于道光年间，重修于光绪年间，一直保留至今。财神庙的面积很小，仅可容纳 3～5 人。财神庙里供奉着五谷神、财神和虫王爷三神，左右两侧墙壁有神位供奉，左侧墙壁刻着讲述财神庙由来的文字。

晋中市平遥古城岳北村娘娘庙

（王翘楚　刁统菊）

一、概况

岳北村娘娘庙①位于山西省晋中市平遥古城岳壁乡岳北村花堡（胡家堡）显庆寺后院。

二、历史沿革

岳北村娘娘庙的创修时间现已无迹可考。据《重修乐楼碑记》与《重修圣母祠碑记》记载，岳北村娘娘庙在清乾隆年间、道光年间历经整修。据《重修乐楼碑记》，娘娘庙乐楼在乾隆五十四年（1789）受风雨浸塌，故村中善人君子共同集资出力整修，增修转堂三间，新建神库一间，东大门一座，并更金碧神像。据《重修圣母祠碑记》，岳北村娘娘庙在清朝时称“圣母祠”，因年久失修，当地于清道光二十年（1840）集资对圣母祠进行重修，对神殿、乐楼亦皆有整修，并增设殿前厦厅、祠西廊室等。“文化大革命”时期，娘娘庙中的附属建筑南北观音堂被损毁。

三、庙宇建筑

娘娘庙坐北朝南，整个院落主要由正殿、中殿、乐楼（戏台）三部分组成。正殿为硬山式屋顶三开间，左右有耳房与拱券门，格栅门有彩画装饰，左右山墙也各有壁画，正殿牌匾上书“圣母宫”三字。正殿中供奉着后土娘娘、圣母娘娘与

---

① 对岳北村娘娘庙的描述，由王翘楚、刁统菊参照李浩《古城名村寻碑记——平遥县岳北村娘娘庙（一）》（2022 年 8 月 18 日发布）、《古城名村寻碑记——平遥县岳北村娘娘庙（二）》（2022 年 8 月 26 日发布）、《古城名村寻碑记——平遥县岳北村娘娘庙（三）》（2022 年 9 月 10 日发布、9 月 13 日修改）整理，参见“三晋文旅在线”公众号，浏览时间：2022 年 10 月 17 日。公众号“三晋文旅在线怀真堂”现改名为“怀真堂”。

王母娘娘，后土娘娘居中。三尊神皆为坐姿，身披红锦，另有侍从等，并有重绘壁画。

中殿为卷棚顶，殿前有木质栅栏，殿内存有古碑刻及新碑若干，东西墙嵌有《栲栳泉浇水规定》《村中永和社垂久志》等碑记。

乐楼为北向硬山顶建筑，西面有梳妆房，原为窑洞，改修为瓦房。

此外，庙中还有4通石碑。

1.重修乐楼碑记

清乾隆五十五年（1790）勒石。石碑为青石料，圆首，底座已佚。碑高172厘米，宽18厘米，碑文为楷体，正文共计9行38字，碑额有“重修乐楼碑记”字样。

重修乐楼碑记

或有问于余曰：“乐楼，悉为而建也？”余曰：“以昭明禋，以托神灵。使代远年湮，弗为之重振补葺，势将倾圮莫救，能保神罔时怨、神罔时恫耶？”本村北端有古庙，后土圣母居中，水母娘娘居左，子孙娘娘居右。行宫、乐楼灿然备具，保障一方田园，赖其水泽子孙，籍以蕃衍，历有年所。自明嘉靖以迄国朝雍正九年，其创建增修始末，载在贞珉者既详且悉矣。迨至乾隆五十四年，风雨浩大，侵塌乐楼。甲首会同二十四甲，内有老弱不堪，经理者公举梁贵安等代之卜地，输财力薄，难支其数。村中善人、君子兼出己赀，以襄盛举。越年，同心协力，鸠工庀材，废者举之，缺者补之，乐楼内增修转堂三间，嫌场中栖止狭隘，筑佃东边坑基一丈五尺，新建神库一间、东大门一座，更为金碧圣像，彰藻彩于榱题，著轮奂于斗拱，数月而焕然聿新矣。共费金三百有奇，禁止庙院吃酒赌钱、小儿玩耍，违者公罚不贷。工既告竣，将施财姓名勒石以昭示奕叶云。

郡廪膳生员弟子邓攀凤敬撰

弟子雷肇增沐手敬书并篆额

经理人　梁贵安　郭大亮　雷王腾　雷耀世

二十四甲甲首

一甲　雷肇魁　雷　硕

二甲　雷寿彭　雷湛海

三甲　雷肇列　雷学才

四甲　王奎慰　王殿基

五甲　雷王禄　雷锡泰

六甲	郭大明	裴山仪
七甲	雷辅宇	郭天成
八甲	雷春库	雷履文
九甲	梁贵安	胡成龙
十甲	雷浩宇	雷注宇
十一甲	雷春大	雷震霆
十二甲	李文忠	李　维
十三甲	王开基	王治基
十四甲	雷永山	雷生旺
十五甲	裴光恺	裴旺山
十六甲	冯学舜	裴重义
十七甲	雷肇恒	裴　忠
十八甲	王振基	王永熙
十九甲	李维楷	李维杰
二十甲	雷肇福	雷王喜
二十一甲	李子明	李子聪
二十二甲	雷王盛	雷　郁
二十三甲	李子荣	李子兴
二十四甲	雷云祥	雷云畅

大清乾隆五十五年岁次庚戌孟夏月吉旦

石匠　成天亮

2.重修圣母祠碑记

清道光二十三年(1843)所立。石碑以青石为料,螭龙头像,方形底座。碑高 277 厘米,宽 82 厘米,厚 18 厘米。碑额处篆刻“永保无疆”字样。碑文以楷体篆刻,共计八行。

重修圣母祠碑记

自古神道与人道两相倚者也,神道不尊,则人道之劝惩无所寄;人道不修,则神道之灵爽无所凭。是故笃庆降祥者神道也,人之所倚以生其劝惩也;修废举坠者人道也,神之所倚以著其灵爽也。夫神道以慈祥为宗,至神道而兼母道则又慈祥之至,而人之所恃以为庇荫者矣。祠宇之修,有举莫废,尤至要也。岳壁村之圣母祠,创建久矣。中祀后土感持载也,左祀水母祈润济也,右祀子孙圣母托雇复也,钟芳毓瑞,久著灵感。尸而祝之者,香花络绎，岁有常期。乡之善士虑庙貌之剥蚀而无以肃观瞻也，鼎而新之。鸠工于庚子，竣事于辛丑。神殿则仍其先而加黝垩丹青焉；乐楼则撤其旧而改欂栌金碧焉，殿前之厦厅、祠西之廊室则系增设，以为荐享斋宿地焉。是役也，费无虑千三百余金，董事者、捐资者皆踊跃而乐成之。是诚修废举坠之盛事，则固笃庆降祥之福缘也。请以是言，志之贞石，使后之视今亦犹今之视昔，将倾覆保泰于无穷。而神道之灵爽与人道之劝惩有相倚，而无相左，则是乡之人获慈祥之庇荫，而□勉于为善以答神庥也，将未有艾矣，是则余之所乐记也夫。

赐进士出身　即用知县　丙申科会魁　乙酉科亚魁　定襄梁述孔薰沐谨撰

宝贤堂业儒雷风恒沐手敬书并篆额

督理纠首　褫生雷华山　李子进　监生李　诚　王　烈　雷锡云　李培扬　雷风恒　庠生雷　益

木作　梁大林　王富德　梁大兴　郭万盛

丹青　南天辉　郝支有　李子瑞　李福义

泥匠　李学德　南云蒸

石工　孙永光　镌

大清道光二十三年癸卯孟冬中浣勒石

3.栲栳泉浇水规定

嵌于中殿内东墙，于清同治五年(1866)勒石。碑青石质，长方形。碑高68厘米，宽72厘米。碑文楷体，碑阳正文计11行，满行22字，碑阴无文。

栲栳泉浇水规定

尝思天有雨泽，地有源泉，所以养人更要勤也。余岳壁村北截后土庙东南有磨渠，发源于栲栳泉，代乱泉自东南源源而来，过中截中渠东边地堎之下，名曰磨渠。历来浇地按日轮派，北截地亩十一甲首分到五天半水分，磨渠东有中截地，两甲首分到一昼夜之水分，六天十一回，周而复始，以日出日入为接水换首时分，且中截有中渠，发源于五龙池，各自有渠，各有各水，两家并不相干。今有人乱其旧规，会仝三截，公议处罚。经中截李锡五等、南截裴育春等议定，如有霸水浇地者、偷水浇地者、抢水浇地者、冒名浇地者，鸣锣上庙各罚油三个。倘有不遵，禀官究治。恐后乱规，立此罚条勒石，以垂永远。

岁在己酉冬邱臬书

王继先敬篆书并

经理人　王继先　王洪富　冯元龄

磨渠甲首

雷时霖　王洪富　雷凌霄　雷天才

雷福盛　王尊先　王福熹　雷常全

雷天保　王树清　显庆寺

同治五年四月中浣北截二十四甲公立

4.村中永和社垂久志

嵌于中殿内西墙，清光绪三十一年(1905)勒石。碑青石质，长方形。碑高55厘米，宽85厘米。碑文楷体，碑阳正文计21行，满行22字，碑阴无文。增广生员郭郛撰文，候铨训导雷乃发书丹。

村中永和社垂久志

盖闻事之以势力胁者，霸术也；事之以情理争者，正道也。以势而论，一木固难支大厦；以理而论，丸泥亦可封函关。如我永和社一事，所应官马一匹差派公务，各另办理地址郊界。昔号村中不惟与南截、中截此疆彼界，即与北截亦别户分门，名虽三截，实系四社，累世相承，由来久矣。而孰意去年秋间，突然谋合，矫邑宰之命，假山林之威，始则不与我社同商共议，终则不与我社合约和章，愿否合从惟以强秦之势胁之。而已在邑尊之意，止为修渠筑堰，三截并力，而他截之人竟以差派公务一并统通，独不思久分忽合，久合复分，代远年沿，不将我社子虚乌有耶。言念及此，不得不纠合我社纠首、花户李有青、王炳中、李承道、王育贤、李正心等皆欣然乐为，踊跃从事，言听计从，竭力起争，共推服采李先生为领袖。而先生好义急公，慷当以慨，舍生取义，情见乎词，故当往复，争讼之余，洵有躯命不恤之志。幸而朱县天明镜不疲，原委洞悉，当堂添注合约，并勒批词、判语云云。而孰意其不遵断案，任意所为。迨至次年，刘县主莅任，复兴讼端，仍是端令各归各社，各办各公。因念斯举也，要非服采先生，任劳任怨更番叠晋以陈情，不屈不挠要曲周详以办理，亦安乱图存于既灭，振兴于将来，是有关于名分者也。故不可以不志。

总纠首生员亮臣李服采

领率一社花户头王育贤

新旧纠首并花户

李有青　李正家　李承道　雷声远　雷起风

王炳中　李生华　李正心　冯述先　胡常和

李廷世　王清和　王清彦　胡三益　杨凝春

公议公立

增广生员经畲郭郛撰

候铨训导仲声雷乃发书

大清光绪三十一年岁次乙巳七月十五穀旦

四、主要活动

娘娘庙在每年正月十五会举行“送孩孩”的祈子活动。

运城市

万荣县荣河镇庙前村后土祠

（郭俊红）

一、概况

庙前村后土祠位于山西省万荣县西南40公里处黄河岸边庙前村北，所处地势远远高出周围村落，独自矗立在黄土高原上，西邻黄河，北傍汾河。因庙前村在汉代属汾阴县地，故庙前村后土祠又称为“汾阴后土祠”。古后土祠于汉元鼎四年（前113）正式建成，历史上多次改扩建，并于明末清初和清末因黄河改道而被淹没。

现存后土祠系清末重建，整座祠坐北朝南，东西宽105.21米，南北长240.81米，占地总面积25336.62平方米，祠内现存山门、并列戏台、献殿、香亭、秋风楼、坤柔圣母殿、东西五虎殿等。[①] 现存后土祠虽不及唐宋时之宏伟壮观，但仍以严谨的布局、精美的装饰、极具历史底蕴与地方特色的建筑，为国内后土祠庙之冠。万荣后土祠庙会日为农历三月十八和十月初五。庙会中常有仿古祭祀与戏曲表演，是集敬神、酬神、求神、娱神等多种功能于一体的综合性盛会。此时，远至东南亚、近至周边各村镇的信众都会前来赴会，热闹非凡。

庙前村后土祠延续了崇祀后土的文化血脉，留存着古人对后土地祇的敬畏

① 参见贾红艳：《从后土祠庙貌碑看宋代后土祠在中国古代建筑史上的地位》，《文物世界》2009年第5期。

和崇拜，承载着时人对后土信仰的集体记忆。1996 年，庙前村后土祠被国务院公布为第四批全国重点文物保护单位。

二、历史沿革

《礼记·郊特牲》云："地载万物，天垂象，取材于地，取法于天，是以尊天而亲地也。"[①]土地承载并滋养万物，是人类赖以生存和发展的物质基础。先民对土地怀有敬畏与崇拜的心理，并最终形成原始的土地信仰。后土信仰源于古老的土地崇拜，而后土祠作为中华民族最早用以祭祀土地的灵坛，是古代祭祀后土的重要场所。从传说时期的"黄帝扫地为坛"至今，万荣后土祠经历了数千年的沧桑变化，其历史沿革可大致划分为祭祀历史沿革与建筑建置沿革两部分。

（一）祭祀历史沿革

后土祠祭祀的历史可以划分为四个时期。一是上古传说时期。据祠内所存的《历朝立庙至祠实迹》碑载，轩辕黄帝亲临汾阴，扫地为坛，开祭祀后土圣母之先河。黄帝选择汾阴扫地为坛祭祀后土，是因为此地"陡绝而盘郁"的地形。《水经注·汾水》载："背汾带河，阜长四五里，广二里余，高十丈，汾水历其阴，西入河。"[②]两河的长期冲积使这里形成了一块南北长四五里、东西宽二三里的狭长河洲，地面隆起，状如臀部。史书对它有几种叫法：汾阴脽上、汾阴脽、脽上、魏脽、脽坛、汾阴坛等。天然的"泽中方丘"造就其神圣地位，成为祭祀后土的最佳场所。

"二帝八元有司，三王方泽岁举"，传说尧舜二帝时有八位官员专管祭祀后土。夏、商、周三朝每年都会举行一次祭祀后土的仪式。"夏以五月祭地祇，殷以六月祭地祇，周制夏日礼地祇于方丘。"[③]该时期后土祠尚未创修。

二是帝王亲祀时期。起止时间大体为汉元鼎四年至宋大中祥符四年（1011），这也是汾阴后土祭祀鼎盛时期。自汉元鼎四年汉武帝依托汾阴脽修建后土祠始，汉宋之间共有 8 位皇帝 24 次亲临祭祀（见表 3），祈祷后土降福佑民。宋真宗是最后一位亲临后土祠祭祀的皇帝，此后天子不亲祭。

---

① （清）阮元校刻：《十三经注疏》清嘉庆刊本，中华书局 2009 年版，第 3138 页。

② （东汉）桑钦撰，（北魏）郦道元注：《水经注》卷六，明嘉靖十三年黄省曾刻本，第 11a 页。

③ （元）马端临撰：《文献通考》卷七十六，清乾隆十二年武英殿刻本，第 1a 页。

表 3　历代帝王祭祀后土信息

朝代	帝王	祭祀时间
汉	武帝	元鼎四年(公元前 113)
		元封四年(公元前 107)
		元封六年(公元前 105)
		太初二年(公元前 103)
		天汉元年(公元前 100)
	宣帝	神爵元年(公元前 61)
		五凤三年(公元前 55)
	元帝	初元四年(公元前 45)
		永光元年(公元前 43)
		永光三年(公元前 41)
		永光五年(公元前 39)
		建昭二年(公元前 37)
	成帝	永始四年(公元前 13)
		元延二年(公元前 11)
		元延四年(公元前 9)
		绥和二年(公元前 7)
	光武帝	建武十八年(42)
前秦	苻坚	晋穆帝升平二年(358)
唐代	玄宗	开元十一年(723)
		开元十二年(724)
		开元二十年(732)
宋代	真宗	大中祥符四年(1011)

资料来源:参照《历朝立庙致祠实迹》碑绘制。

三是官派祭祀时期。起止时间大体为宋真宗大中祥符四年之后至元末。宋真宗之后再无皇帝亲祭后土,但北宋时期仍有数位皇帝遣官致祭。金元两朝因循宋制,皆曾遣官到此祭祀后土,但由于汾阴地理区位的重要性不断下降,祭祀活动日渐式微。该时期可以视为后土祭祀的延续与衰落期。

四是民间祭祀时期,起止时间大体为明嘉靖时期至 1949 年新中国成立。明永乐十八年(1420),永乐帝下令在北京建天地坛。天地坛建成后,皇家在此举行祭祀天地的活动,汾阴后土祠转为当地民众的祭祀场所。明清之际,当地产生了负责后土祭祀及管理的民间组织“十村六社”,后土也逐渐转变为与民众日常生活息息相关的民间信仰。

新中国成立以后，被当作封建残余的后土信仰遭到抵制。特别是“文化大革命”时期，后土祠及相关的祭祀活动遭受了很大打击，祠内的部分建筑也被以“破四旧”的名义损毁。20世纪80年代，万荣县政府成立了后土祠文物管理所，负责保护、管理、利用后土祠的文物资源。2002年，万荣县委、县政府开始对后土祠进行整修。经过为期约一年的开发及修建，后土祠破败不堪的面貌得以改善，后土祠的庙会与祭祀活动也逐渐恢复。

（二）建筑建置沿革

万荣后土祠在历史上几经扩建与重修，反映了官方与民间对后土信仰的重视程度。

据地方志记载，后元元年（前163），汉文帝曾议在汾阴建祠祭祀后土，但未能实施。汉武帝时期，为了宣扬国威，开始有意识地调整祭祀规制。元狩元年（前122）冬，汉武帝在雍地进行祭祀时感慨天地祭祀仪制不统一，皇帝亲自举行祭天仪式，却不亲祭后土。祠官宽舒回应并建议武帝在汾阴脽丘修建后土祠，“上亲望拜，如上帝礼”[①]。元鼎四年，汉武帝自夏阳东幸汾阴。这不仅是汾阴祭祀后土的开端，还开启了祭祀汾阴后土祠的千年传统。

汉武帝将汾阴后土祠定为国家祀庙，纳入国家礼制，指派官员常年设祭。他一生亲临汾阴祭祀后土达6次之多，且在最后一次亲临后土祠时挥毫抒怀，写下了脍炙人口的千古绝唱《秋风辞》。东汉后帝王在都城南北郊举行郊天祀地仪式成为定则，汾阴后土祠逐渐式微。近千年来，不再有帝王亲临祭祀，使得汾阴后土祠的坛场宫馆逐渐凋零，如唐诗所言：“豪雄意气今何在，坛场宫馆尽蒿蓬。路逢故老长叹息，世事回环不可测。昔时青楼对歌舞，今日黄埃聚荆棘。山川满目泪沾衣，富贵荣华能几时？不见只今汾水上，唯有年年秋雁飞。”[②]

开元十年（722）十二月，唐玄宗巡幸晋阳返回长安途中，中书令张说提出，“汾阴脽上有汉家后土祠，其礼久废；陛下宜因巡幸修之，为农祈谷”[③]。唐玄宗听从其建议，于开元十一年（723）二月到汾阴亲祀后土。在抵达汾阴之前，唐玄宗先派人修坛，而在修坛时，曾在汾阴后土祠出土了宝鼎及砖。诸多祥瑞之下，玄宗改汾阴县为宝鼎县，陪祀官员皆加官晋爵。

---

① （宋）欧阳忞撰：《舆地广记》卷十三，清嘉庆道光间吴县黄氏士礼居刻士礼居丛书景宋刻本，第6a页。

② 傅璇琮等编：《唐人选唐诗新编》（增订本），中华书局2014年版，第117页。

③ （宋）司马光撰：《通鉴》卷二百十二，民国八年上海商务印书馆四部丛刊影印宋刻本，第14b页。

开元二十年(732)七月,萧嵩奏言:"自祠后土以来,屡获丰年,宜因还京赛祠。"[①]唐玄宗遂于十一月至汾阴脽上再次亲祀后土,并亲自撰写《祠汾阴后土》碑文云:"恭惟坤元,道昭品物,广大茂育,畅于生成,庶凭休和,惠及黎献,博厚之位,澳在汾阴,肃恭时巡,用昭旧典,敬以琮币、牺牲、粢盛,庶品备兹瘗礼,式展诚悫。"[②]之后,唐玄宗在太常寺创设了汾祠署,专门负责汾阴后土祠的祭祀与日常管理事务。《旧唐书》载:"汾祠署:令一人,从七品下;丞一人,从八品上。汾祠令、丞掌神祀、享祭、洒扫之制。"[③]

唐玄宗曾在张说、萧嵩二人的建议下两次到汾阴亲祀后土,汾阴后土祠又恢复了昔日的荣光。唐玄宗之后,其他帝王对汾阴祀后土不再感兴趣,后土祠辉煌不再。据文献所载,汾阴后土祠自开宝九年(976)至太平兴国四年(979)间曾加修葺,唐时庙貌已大为改动。

宋真宗时期多次修缮后土祠。《宋会要辑稿》载"真宗景德三年(1006)十月二十四日,内出脽上后土庙图,令陈尧叟量加修饰"[④],"景德四年(1007)正月十七日以……王化基乘驿诣后土庙致祭,用大祀礼"[⑤],由此可知由太平兴国至景德间,后土祠祭祀改中祀为大祀,并曾有过修葺,其规制当有扩大。为了迎接真宗亲祀后土,自大中祥符三年(1010)八月至次年二月朝廷对后土祠进行了大规模的修葺与扩建,使庙貌倍益增丽。

在群臣劝请之下,宋真宗于大中祥符四年二月辛酉日,亲至汾阴祀后土皇地祇。据《宋史》记载,宋真宗非常重视汾阴祭祀后土,派出重臣枢密使陈尧叟、翰林学士李宗谔、枢密直学士戚纶、昭宣使刘承珪、河北转运使李士衡、盐铁副使林特、龙图阁待制王曙、西京左藏库使张景宗、供备库使蓝继宗、宰臣王旦、知枢密院王钦若以及参知政事冯拯、赵安仁、丁谓等筹备规划,几乎朝廷中的重要大臣都出动了。官员们分层负责,计度粮草,修治行宫、道路,并"发陕西、河东兵五千人赴汾阴给役,出厩马,增传置,命翰林、礼院详定仪注,造玉册、祭器"[⑥]。宋真宗亲祀后土皇地祇时,出现了紫气四塞等祥瑞天象。宋真宗下诏,首先将

---

① (宋)司马光撰:《通鉴》卷二百十三,民国八年上海商务印书馆四部丛刊景宋刻本,第17a页。

② (宋)王溥撰:《唐会要》卷十上,清乾隆武英殿本,第16b页。

③ (后晋)刘昫撰:《旧唐书》卷四十四,清乾隆四年武英殿校刻本,第16b页。

④ (清)徐松辑,(民国)缪荃孙重订:《宋会要辑稿(不分卷)》礼二十六,民国二十五年国立北平图书馆影印本,第1a页。

⑤ (清)徐松辑,(民国)缪荃孙重订:《宋会要辑稿(不分卷)》礼二十六,民国二十五年国立北平图书馆影印本,第40b页。

⑥ (元)脱脱等撰:《宋史》卷一百四,中华书局1977年版,第2535页。

宝鼎县改为荣河县，其次为汾阴脽上后土庙题额“太宁正殿”，并给予“后土皇地祇”的封号。《三教源流搜神大全》“后土皇地祇”载：

庙在汾阴，宋真宗朝大中祥符五年七月二十三日，诰封“后土皇地祇”。其年，驾幸华阴亲祀之……真宗皇帝封曰：“承天效法厚德光大后土皇地祇”。①

汾阴祀后土皇地祇的地坛，建在后土祠北边，所谓“庙北古双柏旁有堆阜”，就在堆阜上筑坛。“社首坛，八角；三成，每等高四尺，上阔十六步；八陛，上陛广八尺，中等广一丈，下等广一丈二尺；三壝四门：如方丘制。又为瘗坎于壬地外壝之内。”②宋真宗先至地坛祭拜后土皇地祇，再入后土祠（庙）拜谒，所谓“帝还次，改服通天冠、绛纱袍，乘辇谒后土庙，设登歌奠献”③。

扩修后的后土祠庙貌被镌刻于石，称“庙貌碑”。后世对此庙貌碑多次复刻。王世仁根据明天启重刻金代《后土祠庙貌图碑》详述了此时后土庙的庙貌：

北临汾水，西靠黄河。庙在中部，坛在后部。前部正面棂星门三间，门外左右有上下马石及石狮各一。入门之左有一圆井，或系瘗坎。如是，则左右二单檐九脊方亭应为宰牲亭，此前面部分即为牺牲所。然据“大金承安重修中岳庙图”，下三门北亦有一圆井，名火池，应属燎炉之类，则本图中圆井亦有为火池之可能，但因所设位置不同，还当以瘗坎可能性较大。

棂星门以内，正中为五间九脊大门，名“太宁庙”。内开三门，平面制度为宋元建筑常见者，今山西芮城永乐宫无极门即为此等制度。门侧有廊，左右各五间，中各夹一腰门。腰门三间，悬山顶，门为“断砌造”。廊两侧接角楼。角楼下为台，上为三间九脊小阁，下有平座。四角楼之制均同。

太宁庙北有旗杆二。其右（东）为宋真宗碑楼，三间二层，副阶周匝，上为重檐四注顶，中有平座，下又为重檐。其左（西）为唐明皇碑楼，三间，重檐四注顶。按宋真宗碑即大中祥符四年之“汾阴朝觐坛颂”，王钦若撰，唐明皇碑即开元二十一年“后土神祠碑”，张说撰。碑楼之侧各有二殿，一为勾连搭式，一为三间小殿，可能系享碑之祠所。

此院之北正对承天门，三间，四注顶。东亦以墙隔之，开二小门。门北之院，右（东）为“修庙记”碑楼，三间二层，九脊顶，副阶周匝。相对一楼名

---

① （明）佚名编撰：《三教源流搜神大全》，中华书局2019年版，第25页。

② （元）脱脱等撰：《宋史》卷一百四，中华书局1977年版，第2528页。

③ （元）脱脱等撰：《宋史》卷一百四，中华书局1977年版，第2537页。

称模糊不辨。此“修庙记”碑或即前述景德三年修庙之碑。二楼之东西，各有一三间小殿，中有辘轳、井圈，当系井亭子。

再北，为延禧门，门三间，有廊，悬山顶，两端加二“挟屋”。两侧为宫墙，开二腰门。过延禧门后即为入正庙之前院。院右为“钟楼”，其制与“修庙记”碑楼同。对面一方亭，不知其为何用途。东西墙各有小门通至道院。

正庙门名“坤柔之门”，其制与承天门相同。左右各设围廊，为东、西、北之廊连接，围成廊院。廊设栅栏，只邻坤柔门之二间廊可通院内。东西侧廊伸出，与前廊成丁字相交，出山花，左名“二郎殿”，右名“判官殿”。此种处理颇为新奇。再左右即墙，设二小门。

廊院共二重。前部大殿名“坤柔之殿”，九间，重檐四注顶。下有高台基，设左右阶。殿西山引斜廊，围成内院。院内左右二方亭，正中有一台。殿前有一栅栏围绕之池。后殿名“寝殿”，为三间九脊殿，两山亦引斜廊。一二殿之间连以廊房，成“工字殿”。

在此廊房之二侧，各有三小殿，各以廊子与正院东西廊相连。左面北部一殿名称模糊不辨，其下为“六丁殿”“五岳殿”。右面，由北至南为“五道殿”“六甲殿”“真武殿”。

廊院之北，及围墙与后部坛之部分隔开。围墙正中突起高台，其上为三间悬山小殿，名“配天”。后接一“工”字形高台，台上有亭。二者间亦以廊房相连成“工字殿”；此廊房下似亦为高台，台下可能有门洞以通往来。按《文献通考》卷76载：“（真宗）分奠诸神，登乡邱亭，望河湾……”此亭或即郊邱亭？

后部之坛，周围遍植树木。中有墙横隔为两院。墙上开棂星门，左右八字墙。前部左侧有一重檐方亭，名称不辨，似应为具服所。后部正中为坛，上建重檐九脊殿，副阶周匝。其左右各有配殿。①

综上所述，可知当时的后土祠为完整的宋代大型祠庙建筑群，被赞誉为“海内祠庙之冠”。宋真宗之后，仁宗、英宗、神宗并无亲祀汾阴后土。至宋哲宗元祐二年（1087），时任荣河长官的杨照看到衰颓的后土祠时，于元祐二年丁卯起，先修外门楼阁，到了元祐三年（1088）戊辰才开始以国家经费大修前殿后寝、城楼台榭等，使它焕然一新。

金元以后，再无帝王赴汾阴亲祀后土。官方也再未举大力修缮后土祠，其

① 王世仁：《记后土祠庙貌碑》，《考古》1963年第5期。

后屡建屡毁。明代隆庆年间，黄河干流向东摆动，汾阴被黄河侵蚀，汾阴脽上的后土祠受到洪流威胁，元代所建之秋风辞亭与刻石皆没入汾河，但祠庙之大部分建筑尚存。明朝万历年间汾水护堤倾剥，汾脽渐陷，后土祠北侧继续被剥蚀坍塌，只得往东移建。

清朝顺治十二年(1655)，黄河水决，古后土祠被淹，祠前建筑仅门殿及秋风楼留存。康熙元年(1662)，黄河再次发大水，秋风楼及汾脽旧迹全被沦于河中。至此肇建于汉武帝时代的汾阴后土祠沦于水中，荡然无存。

康熙二年(1663)，在县令张锡文、陈觐圣的主持下，后土祠移地重建于今庙前村北，所用材料多是“旧祠所遗木植”。此次创修的新祠仅留存200余年，于同治六年(1867)再次被冲毁。

同治九年(1870)，万荣知县戴儒珍移建后土庙于庙前村东北的高崖上，即今址，主殿次年落成。同治十三年(1874)，秋风楼建成。光绪时继有兴建，除保存至今的文物建筑——山门、戏台、献殿、香亭、正殿、秋风楼、东西五虎殿外，献殿正前方还有一座三门牌坊，左右两侧还包括钟鼓楼。院落中轴线两侧还建有多座配殿，但随时有被淹没的危险。

民国六年(1917)，后土祠被改造为庙前村初级小学校，祠内建筑被改造为学校教室，建筑内部塑像逐渐被毁。1962～1963年，“汾阴二圣配飨铭”(宋真宗御碑)从沉于泥沙的宝鼎县故城遗址中发掘出来，陈列于正殿左侧的碑亭中。20世纪七八十年代，献殿正前方的三间牌坊及两侧配立的钟鼓楼损毁，配殿损毁。

今人所见后土祠，坐北朝南，占地176000平方米。后土祠最近一次重修，是从2002年开始，由万荣县政府投入巨资完成。

三、庙宇建筑

万荣后土祠建筑群坐北朝南，由南向北有祭道、慈恩亭、山门、并列戏台、献殿、香亭、坤柔圣母殿、秋风楼、东西两座五虎殿等建筑。祠内建筑严格按照中轴线左右对称的布局分布，呈现出中国传统建筑的组合之美。

由于后土祠建于高崖之上，通祠斜坡险峻陡峭，需沿祭道拾级而上。祭道呈太极图样，阴阳鱼交线得S形，故又名“太极道”。祭道入口位于山门右下方，占八卦之坤位，故亦称之为“坤道”“神道”。

慈恩亭建于祭道前端，状似天坛，亭面阔、进深各一间，为重檐屋顶，下为四角攒尖顶，上为圆攒尖顶，有天圆地方之意。亭前贴有楹联一副，上写“慈晕弥天地，恩德润子孙”。

从慈恩亭到山门前，设九组石台阶，有“九重天”之暗喻，每组台阶十二层，共一百零八阶，暗含十二个月、二十四节气、七十二物候。同时又在第六组和第七组之间建石门一座，称为“承天门”。承天门前六组石台阶，共七十二层，代表地府七十二司；门里三组台阶，共三十六层，取三十六天罡七十二地煞之意。

山门位于后土祠中轴线最南端，面阔三间，进深二间，重檐歇山顶，五架梁分心三柱。山门由正门和东西偏门组成，为三门组合，中设板门，两侧建歇山顶便门。宋代以前，正门只为帝王开放，清同治以后，正门只在庙会时开放。平时人们从东西两个侧门进入后土祠。正门门额上书“后土祠”三字，东侧偏门门额刻有“麟趾呈祥”四个砖雕大字，西侧偏门额为“螽斯衍庆”。山门前刻有两副楹联，一副刻于前廊檐柱上，楹文为“日月生辉，辉辉泛彩绕脽丘；河汾涌浪，浪浪推波朝圣母”；另一副刻于山门两侧门柱上，楹文为“圣祠立本，化演飞龙，问天下谁堪媲美；华裔朝宗，激扬鸣凤，看世间我最称雄”。山门建筑东侧檐下墙内嵌有“宣统三年捐资碑”，西侧檐下墙内嵌有“光绪七年迁建后土祠总账清单碑记”。

山门北檐为过路戏台，与后面的并列戏台呈“品”字形。并列戏台为两座并列三开间戏台，坐南朝北，中间由屋顶连接，进深四椽，筒瓦屋面，后搭牵，平柱外移，大额枋承接大梁。过路戏台的台柱上刻有对联，上联为“游哉，悠哉，头上生旦净丑”，下联是“演也，艳也，脚下士农工商”。西台为佛家台，匾题“歌舞楼”，上下场门门额分别书“古往”“今来”，并刻有两副对联。第一副上联为“空即色色即空我闻如是”，下联为“画中人人中画于意何云”。第二副上联为“世事总归空何必以空为实事”，下联为“人情都是戏不妨将戏做真情”。东台为道家台，匾题书“春雪台”，上下场门门额分别书“镜花”“水月”，并刻有两副对联。第一副上联为“前缓声后缓声善哉歌也”，下联为“大垂手小垂手轩乎舞之”。第二副上联为“金榜题名功成名就虚富贵”，下联为“洞房花烛男婚女配假姻缘”。二连列戏台建筑中央过道檐下墙内嵌有“清同治迁兴后土祠名册”。山门的过亭台被看作邻近河南之地，演唱的是豫剧；二连戏台中的东戏台，被看作邻近山西之地，演唱的是蒲剧；西戏台，被看作邻近陕西之地，演唱的是秦腔戏。旧时庙会期间，同一本戏用三种曲目同时演唱，热闹非凡。

并列戏台南侧立有日月石旗杆。日月旗杆原有三截，直插云霄。相传见此旗杆，文官下轿，武官下马。旗杆有联：“调元德普神恩远，保赤功巍惠泽流。”“调元”意指后土圣母在天地混沌之时，为人类创造了良好的生存环境；“保赤”意指后土圣母有庇佑婴孩平安出生、健康成长之功。日月旗杆曾沦于水中，被打捞起之后置于戏台正前方。

二连戏台与献殿之间，有东西五虎殿分列于东西两侧。两座五虎殿建制相同，都是面阔三间，进深三椽，单檐硬山顶，屋面覆筒瓦，透风雕花正脊，两端设有龙形鸱吻。东五虎殿又叫五岳殿，殿内供奉五岳大帝，即东岳大帝黄飞虎、南岳大帝崇黑虎、中岳大帝闻聘、北岳大帝崔英、西岳大帝蒋御林，殿内木柱上刻楹联："岳府称大帝，脽宫为御林。"西五虎殿供奉五虎上将，即关羽、张飞、赵云、马超、黄忠，殿前有一对楹联："在世扶蜀五虎将，归天护脽一殿神。"

戏台与献殿之间建有广场，广场中间为过道、思源亭。亭下有井，凿井年代不详。井水甘甜清冽，宛若母亲之乳汁。每逢庙会，善男信女争饮此水，以为灵药。井上建思源亭，寓饮水思源之意。思源亭两侧有龙凤柏。凡龙凤柏多龙柏在东，长势较强；凤柏在西，长势较弱。但后土祠内的龙凤柏与他处不同，凤柏居东，龙柏居西，且龙柏长势不如凤柏旺盛。当地人说这与后土祠以母为尊有关。每逢庙会，新婚夫妇常在树前合影留念，取天地福佑、龙凤呈祥之意。小孩生日时在树前挂长命锁，拍摄全家福，以求天地庇佑、成龙成凤。

戏台后为献殿，面宽五间，进深四椽，南北通透，单檐硬山顶，脊部垫板上有"大清同治十三岁次——立柱"的题记。献殿前廊檐下左右两边各立有一块石碑，为大清光绪九年(1883)所立，记录了荣河县知县戴儒珍与全县村庄以及对面陕西韩城县知事程逢及各村庄捐献银两数。左边的石碑为清光绪九年(1883)三月吉日刻石，碑文如下：

> 前知韩城县事程公逢春捐银伍拾两，韩城合县二十里捐银伍佰壹拾肆两伍钱捌分。

右边碑刻为大清光绪九年三月吉日刊石，碑文如下：

> 前知荣河县事戴公儒珍捐银伍拾两，荣河合县村庄捐银壹仟叁佰捌拾叁两陆钱柒分。

殿前木柱上刻着一副楹联："香烟浅绕，切祈浩浩神恩远；组立杂陈，诚愿悠悠福日长。"献殿门额上方刻有履中、蹈和、寅畏、虔恭八字。这八字是祭祀后土时应有的心态，也指为人处世应遵循的准则。履中，即要走正道，公平处事；蹈和，即以和为贵，对亲邻要友善和睦；寅畏，即做人做事要怀有畏戒之心，敬畏天地、生命；虔恭，即做人要低调，要虔诚恭敬。献殿有楹联"香烟漫绕切祈浩浩神恩远，俎豆杂陈诚愿悠悠福日长"。献殿内立有二碑，西侧为"轩辕扫地碑"，明代嘉靖年间刻制，碑阳刻"轩辕扫地之坛"，小字"扫地之坛相传在荣河县后土神祠秋风楼后汾脽之曲”，碑阴刻“龙马负图之处”。旧《荣河县志》记载：“旧城南十里河岸上为龙马负图处，上设白马庙，明邑令侯祁题碑。”[1]明嘉靖年间，汾阴脽渐没于河，知县侯祁恐千百年后后人不知此地为轩辕扫地之处，故立此碑。

东侧为庙貌图碑，该碑立于宋时，金代刻制，明代复刻。碑高 140 厘米、宽 110 厘米。碑阳线刻庙貌图，额题“蒲州荣河县创立承天效法厚德光大后土皇地祇庙像图石”，图空白处刻有文字。碑文楷书。碑阳共 306 字。碑阴碑文 29 行，满行 52 字，共 1288 字。碑阴碑文记载了后土祠修建和刻庙貌图的缘由以及历代皇帝亲历后土祠祭祀后土的情况。碑文如下：

（碑阳）

蒲州荣河县创立承天效法厚德光大后土皇地祇庙像图石

太宁庙事迹载诸碑石者，详矣。□无图以示远，岂前人之不思乎，或有力所未逮也。前县宰陇西公洞达百为周旋庶务，以己之所既见，虞人之所未瞻，慨然叹曰：远方之人，无力可来者，何繇睹此崇胜耶？纵或暂抵祠下，比其返也，如华胥之一梦耳，尚能记忆其详乎？因求兹石以刊厥像。又得今令尹清河公、簿尉太原公乐成其美，助建自此，不问远迩，倘获一本，自可焚香致敬，如目击胜概矣，公之所为其施博哉。天会□丁岁上元日丁亿题。

嘉靖丙辰岁秋七月吉日赐进士知荣河县事郓州□□重刻

南北长□百三十二步　东西阔三百二十步

守荣河县簿尉王修文　前知荣河县事李舜元　权知荣河县事张维同立石

天启三年正月吉日　募化道人寻崇偕匠人贺益盛重刻

守河津县簿尉张永晖　知河津县事蒙君益同施石

（碑阴）

历朝立庙致祠实迹

轩辕氏祀地祇，扫地为坛于脽上。二帝八元有司，三王方泽岁举。

汉文帝十六年，诏更以明年为元年治汾阴庙。方士新垣平言，周鼎在泗水中，今河决通于泗，而汾阴有金宝气，意鼎出乎。于是治庙汾阴，欲祀出鼎。

武帝元狩二年，郊雍，帝曰：“今上帝亲郊，而后土无祀，则礼不答也。”于是东行汾阴，见汾旁有光如绛，遂立后土祠于汾阴脽上，亲拜如上帝礼。

① （民国）范茂松、张柳星修，郭廷瑞纂：《荣河县志》卷十二，民国二十五年铅印本，第 1b 页。

元鼎四年六月，汾阴民巫锦得大鼎于祠旁，言于吏河东守滕胜，以闻诏验问无诈，乃以礼迎至甘泉，荐之郊庙，群臣皆贺。冬十二月，上亲祀后土。元封二年，祀后土，赐二县及杨民无出今年租赋。元封四年三月，祀后土，诏曰："朕躬祭后土，光集灵坛，一夜三烛，其赦汾阴。"元封六年三月，行幸河东，祀后土。太初元年十二月，祀后土。二年三月，幸河东，祀后土，有光应。天汉元年三月，幸河东，祀后土。顾视帝京，欣然中流，赋诗。宣帝神爵元年三月，幸河东，祀后土，天气清朗，神鱼舞河。五凤元年三月，幸河东，祀后土。甘露二年三月，幸河东，祀后土，神光耀烛斋宫。元帝初元四年三月，幸河东，祀后土。永光元年，幸河东，祀后土。建昭二年，幸河东，祀后土。成帝建始元年冬，罢汾阴祀。二年三月，始祀后土于北郊。永始三年冬十月，复汾阴祠。初，帝用匡衡议，罢甘露泰畤。其日大风坏甘露，竹宫折拔畤中树木十围以上百余。帝异之，以问刘向。对曰："家人尚不欲绝种祠，况于国之神宝旧畤，且其始立，皆有神祇感应。"诚未易动，上意恨之。又以久无继嗣，白太后令诏有司复甘泉泰畤，汾阴后土如故。四年春正月，帝如河东祀后土。哀帝建平三年冬十一月，祀汾阴。世祖建武十八年三月，帝如河东，祀后土。

唐玄宗开元十一年二月，祭后土于汾阴。初，上将幸晋阳。张说言于上，曰："汾阴脽上有汉后土祠，其礼久废，陛下宜因巡幸修复之，为农祈谷。"上从之。开元十二年冬十一月，祀后土于汾阴脽上。太史奏荣光出河，休气四塞，祥风绕坛，日炀其光。开元二十年冬十一月，祀后土于汾阴。十二月，帝还西京。初，萧嵩奏："自祀后土以来，年谷屡丰，宜因还京赛祠。"上从之，礼毕，上为文刻石。

宋真宗大中祥符四年春二月，帝祭后土于汾阴，大赦。三月，驻跸西京，诏脽上后土庙宜上额为太宁正殿。先是三年六月癸丑，河中府进士薛南等请祀后土。七月辛丑，群臣上表，复请。八月丁未朔，诏以来年春有事于汾阴。上曰："冀民获丰穰，于朕躬固无所惮。"戊申，以王旦兼汾阴大礼使，王钦若为礼仪使，陈尧叟为经度使，李宗谔副之。庚戌，命翰林晁迥、杨亿、杜镐、陈彭年、王曾与礼院详定祀汾阴仪注。辛未，内出脽上后土庙图，命陈尧叟量加修饰。九月甲午，命宰臣王旦撰《祀汾阴坛颂》，知枢密院王钦若撰《朝觐坛颂》。十月甲子，晁迥上祀汾阴乐章十首。十二月二十六日，诏进蔬食，群臣继请御常膳。己巳，帝制奉天庇民述，以示王旦等。四年正月，帝习仪于崇德殿。丁酉，奉天书，发京师，出潼关，渡河，次河中府。

甲寅，以冯起为考制度使，赵湘副之。丁巳，至宝鼎县奉祇宫，有黄云随天书辇。戊午，斋穆清殿。庚申二鼓，上乘金辂法驾，继进至脽坛，夹道设燎，周以黄麾下杖。辛酉，上服衮冕，登坛祀后土地祇。奉天书于左，次以太祖太宗配侑，亲封玉册玉匮。少顷，服通天绛纱，乘辇至庙，设登歌奠献。司天监言黄气绕坛，月重轮，大角光明。群臣拜舞称贺，诏改奉祇宫曰太宁。壬戌，御朝觐坛，受朝贺，大赦，赐天下脯三日，大宴群臣于穆清殿，御制《汾阴二圣配飨》，建宝鼎为庆成军给复三年。乙丑，丁谓而下，以礼成献歌颂者四十二人，付史馆。丙寅，制汾阴礼成诗赐百官。四月甲，至京师。丁未，制西巡还京歌。己未，诏脽上后土庙上额为太甯正殿，周设栏。壬戌，增葺宫庙。六年八月丁丑，参政丁谓上《新修祀汾阴记》五十卷，诏褒之。七年十一月壬辰，陈尧叟上《汾阴补记》三卷。以上俱见《通鉴纲目》及《文献通考》。①

献殿与坤柔圣母殿之间有香亭相连，三座建筑整体为“工”字殿格局。香亭面宽、进深各一间，卷棚歇山顶。香亭东侧台基之上立有“光绪捐银碑”，系清光绪九年(1883)所立。

位于后土祠次北端的坤柔圣母殿是后土祠的核心建筑，面宽五间，进深六椽，五架梁前后搭牵，悬山顶，屋顶琉璃剪边。正殿门前挂有楹联：“千秋共颂神德千古神恩千古，万众同尊后土万荣后世万荣。”殿内供有三尊高大庄严的塑像。殿中央为后土圣母像，该神像前又站立两名侍官。后土圣母左侧为送子娘娘，怀抱一子；右侧为施药娘娘像，手持钵拈丸。后土娘娘所坐神龛前有一副楹联：“后配六合之天至上至尊圣德自应崇代代，土为万物之母资生资育世人所以称娘娘。”现在正殿内的三尊神像是2002年重塑的。

原先正殿内仅有后土娘娘塑像，“文化大革命”时期被损毁，圣母塑像腹内原藏有铜镜等物，被附近居民所收藏，“文化大革命”后重塑时献出。神像腹内之圆形铜镜，背面图案分三层，最下层中央为鼎，两旁为花与钱等物；中层中央之图像难以辨明，类似两短刃相交，置于台上，两旁各二人，共有四个人像，似在举行供祀及作法；上层中央为亭台，两旁有鹤鸟及云彩等。

殿东北侧院落碑楼内立有萧墙碑，碑高2.52米，宽7.14米，由五通石碑组合而成。碑两旁镶石柱为边，上刻“博古花卉”，碑帽高一尺五寸，形如云彩，中间突出，高三尺，宽约五尺，横额上刻篆书“汾阴二圣配飨之铭”八个大字。碑文

① 碑文内容由郭俊红在万荣市政府整理资料的基础上结合实地田野调查整理而成。

共1362个字，以楷书撰写，大致记述了宋真宗赵恒在历代先王封禅之后应汾阴吏民吁请来此祭祀后土圣母的经过，追述汉唐祭祀后土之盛况，表达宋代敬奉后土圣母之诚心。在祭祀后土圣母时陈设“二圣”牌位，取其“功高德险，配享后土”之意。碑文如下：

汾阴二圣配飨铭

朕缅观旧史，历览前王，莫不事天明，事地察。以明察之志，格天地之休。在乎敬畏于神灵，严恭于祭祀。诚明昭感，坠典由是咸修；祉福来同，蒸民以之交泰。乃知萧乡之焉，方岳之巡，礼莫大于兹，文其何以阙。矧复安贞之理，博厚之功，穷以山川，丽乎草木。书云“刚克干健是承”；易曰“无疆资生攸在”。岂止属事于北正，同礼于泰坛乎？脽上者，汾水之曲，巨河之滨，故魏之国都，旧晋之疆土。其俗富庶，接秦壅之郊；其民忠淳，被虞夏之教。地形诡异，神道依凭，中断洪流，揭成高阜。俯联修壤，崛起而崔嵬；下望平皋，斗绝而盘郁。故得传于简册，降厥祯祺。汉武采方邱之仪，视泰畤之制，因兹吉土，祀乎坤元。绛光烛坛，始彰厥应；黄云复鼎，复启其祥。是以百谷蕃滋，本枝茂盛。绵载祼而虽久，瞻兆域而尚存。唐玄宗回舆于洛师，省方于冀野，视灵场之未泯，思多稼之能祈。洁粢丰盛，亲享者再至；景风甘雨，大有者累年。斯又精意感通，珍符丕显。既琬琰之斯刻，亦栋宇之云兴。国家眷命俯临，丕基肇建。太祖启运立极英武圣文神德玄功大孝皇帝迫天意，顺人心，察瘠玑，麾金钺，挹让以开国，征伐以济民。天下书文，自斯而一；域中黎献，由是而苏。合于上玄，佑乎率土。太宗至仁应道神功圣德文武大明广孝皇帝承大统，恢至神，御萝图，调玉烛。武戡定而不杀，文经纬而化成。三代典刑，从兹而复；四方风俗，因此而同。淳化滂流，丕功尽善。顾惟眇质，嗣守鸿猷。虽曰继明，未能烛理；徒云涉道，罔获知方。常用战兢，靡思逸豫。惟祖宗之积庆，暨穹壤之降祥。政得其宜，人无其怨。九德咸事，四表来宾。中夏太甯，聊存于尉侯；殊方一贯，已息于櫜犍。予且何功，神实垂佑！曩者，从篌望，答秘文，东狩以观民，上封而纪号。盛礼斯举，先志绍成。陟配岱宗，孝思克展。归格艺祖，庆赐方周。内顾之怀，弥深于若厉；盛德之事，岂暇于荐兴。而蒲阪之民，河东之守，咸言坤载，茂育群生，寔有方坛，备存旧址。囊封奏御，遐达于众情；玄冕接神，期观于巨礼。眷惟寡昧，何敢窃当！始诏公车，俾从拒绝。岂期庶尹复贡佥谋：以为答玄休，祈繁祉，后辟之职也，蒸黎之愿也。止之，则谦尊之德在于一人；行之，则纷委之禧集于兆姓。念固辞而靡获，乃增惕而勉从。由是，发至诚，告有位：充于祀事，畏乎俭而无畏乎丰；奉于朕躬，戒乎繁而勿戒乎简。盖以达精意，非以振休声。上下克谐，人神交畅。役不愆素，工靡告劳。厥日惟良，厥仪斯备。临遣上宰，柴告于圜丘；祗率百官，祼献于清庙。既而整羽卫，驾车舆，不喧不哗，以涉乎夷路；有严有翼，爰届乎名区。曲复揆灵辰，具嘉荐。惟精惟一，以奉乎宓芬；必躬必亲，如观乎仿佛。并配二后，昭累盛之基；咸秩五方，报嘉生之惠。序图纂，遵介丘之规；用牺牲，若北郊之度。八成而来格，三献而肃祇。乃命三公，累石以封信祝；乃驱五辂，执爵以谒严祠。将达至虔，岂循常度。诚恐行之不及，罔有知而弗为。既而考弥文，颁渥泽，朝群后，抚庶民，存问耆年，观览旧俗，加隆于先哲，增重于明神。固不足慰来休之谣，亦庶几协时巡之典。噫！结绳以降，垂衣而上，商周之前，莫能缕述；汉唐之际，可得详言。元鼎之隆，开元之盛，咸驻跸于郏上，开奠玉于泽中。今予冲人，踵兹盛则，何以追美于二代，交欢于三神。惟当竭寅畏之心，增干巩之志。事明祇而如在，视黔首而如伤。居安思危，无忘于斋傈；守成如始，常冀于和平。一以继庆灵，一以达眷佑。至若刊乐石，镂信辞，亦期昭锡类之仁，传乎不朽；奉持盈之训，保乎益恭。铭曰：

博哉厚哉，至矣柔祇，穹曼比大，生植攸资。乃育嘉谷，以食蒸黎。盛德必报，明祠在斯。瞻言脽上，允居汾曲。赤伏应符，黄灵受篆，咸着辉景，并昭祉福，肇建灵坛，式陈嘉玉。旧域虽在，盛礼莫陈。洪惟先后，俾乂兆民。实开丕绪，以暨冲人。徽猷仰继，阙典咸伸。初毕元封，方增惕厉。河潼之民，搢绅之士，徯望何劳，奏章叠至。愿举巡方，期观明祠。坚辞靡获，众望俯从。乃奉宝篆，言驾时龙。亲陟坛墠，并配祖宗。式申昭荐，庶达寅恭。既展至诚，爰颁巨庆。祐降两仪，功归二圣。祇答丕休，励精庶政。刻镂贞珉，发挥骏命。

大中祥符四年二月十七日

秋风楼在正殿之后、后土祠最北端，因汉武帝在此赋《秋风辞》而得名。现存秋风楼建于同治十三年(1874)，总高32.6米，砖木结构，下部筑有高大的台基，台基底部东西穿通，东门雕刻“瞻鲁”二字，西门雕刻“望秦”二字。楼体坐于台基之上，明三层，暗四层，底部围以砖砌花墙。楼每层面阔、进深各五间，四周回廊，一二层四面出抱厦一间，上筑瓦顶，山花向前；二三层廊下置有平座或斗拱，十字脊歇山顶，筒瓦琉璃剪边。三层明间匾书“秋风楼”三个大字。汉武帝《秋风辞》刻石藏于楼内，共两座。顶楼所藏刻石，据说是元代秋风亭始建时的原碑，碑石正面楷书《秋风辞》，碑后署有“大德丁未中秋日”款识及跋文，为元大德十一年(1307)所刻。碑长方形，青石质，高 61 厘米、宽 77 厘米。碑文楷书，17 行，满行 10 字，共 132 字。碑文内容如下：

秋风辞

秋风起兮白云飞，草木黄落兮雁南归。

兰有秀兮菊有芳，携佳人兮不能忘。

泛楼船兮济汾河，横中流兮扬素波。

箫鼓鸣兮发棹歌，欢乐极兮哀情多。

少壮几时兮奈老何！

秋风辞者，汉武帝之所作也。帝幸河东祀后土，宴饮中流欢甚□。此文中子曰：秋风乐极而哀木，其悔心之萌乎。

大德丁未中秋日。

光宅董若冲敬□

华安真子席□宁

清刻秋风辞碑(迁祠碑记)系清同治十三年立于秋风楼二楼，刻石内容分为两部分，前为《秋风辞》全文，小篆，洪洞王轩篆；后为荣河知县戴儒珍跋语，楷书，叙述了刻石的经过和意义。碑文内容如下：

汾阴祠，旧在县治北十里脽上，乃汉武所创建，即轩辕扫地而祭之所，尚矣。历代屡经修葺，惟岸特堆握，背汾抱黄，不免时有水患。宋开宝时徙庙稍南，明万历间汾水啮脽，祠遂圮。国朝康熙纪元移地重建，同治初又为黄河所沦。岁丁卯，珍承乏斯邑，下车后斋宿往谒，见殿宇尽没于洪涛巨浪，而百姓扶老携幼望空罗拜，香烟缭绕，络绎弗绝。询诸父老，佥云：“神灵赫显，凡水旱疾疫祝祷捷于影响，并默护往来舟楫顺轨无恙。两河士女骏奔承祀者，盖千数百年于兹。”珍慨名胜将湮，亟欲卜迁，时值军书旁午，无暇顾及。越六载，癸酉，岁丰民安，谒庙后锐竟作新。先与广文路君宜中、河西龙门令程君逢春熟筹询谋，佥同。乃进邑人而告谕之。于是，珍与程君首捐廉以为倡，各当道大人先生亦慨然乐助，而两县绅耆士庶及贩夫舟子，尤踊跃争先，诚由神庥广被，人心悦服，故不烦力而事举。即于祠之东北隅冈阜卜基二十亩，其地宽平广大，规模宏远，审方辨位，鸠工庀材，经始于癸酉秋，越甲戌夏告成。庙貌虽仍其旧，轮奂则焕然聿新。工既竣，众请珍志其事，以垂永久。珍不文，谨即颠末而实记之。

四、主要活动

后土祠作为后土信仰的物质载体和后土祭祀的神圣空间，与地方民众的社会生活紧密结合，形成了极具特色的地方民俗文化。

万荣后土祠每年的例行活动分为庙会祭祀与岁时节日祭祀。庙会祭祀为农历三月十八、十月初五的后土庙会，有春祈秋报之意。民众在春天祈求后土保佑一年无灾无害收成好，在秋天向后土汇报一年的收成、酬谢神灵。当地民众认为三月十八是后土娘娘的生日，在此时举行各种各样的庙会活动，热闹程度不亚于春节，是一年内最为盛大的节庆活动。传统社会中，后土祠庙会是由"十村六社"的地方民间自治组织轮流负责筹办。这十个自然村分别为西头村、斜口村、汤元村、大用村、闫村、仓里村、南中和村、北中和村、志范村、庙前村。因位于偏僻的半山区地带，这十个自然村占地面积都很小。历史上，根据面积大小，这十个村又被划分为了六个社。西头村、斜口村、志范村、汤元村都各为一个社，仓里村、庙前村各为半个社，南中和村、北中和村、闫村、大用村各为四分之一社。

筹划古庙会的具体事宜大致包括六个方面，一是订戏班，安排演员的吃住、烧水等后勤工作，由小村小社的社家来负责。二是由乡约委派确定评委和监台。评委们负责确定演出的剧目，并执行东起西落火炮戏的程序；监台主要负责监督演出的质量，换班维持秩序，保证安全，晚上要给舞台上的铁灯添油拨捻子，白天要绞水供应庙会用水。三是推选出大伙公认的能写会算、廉洁奉公的记账人。古庙会一开始，后土祠献殿香厅两边就放着几个放钱的大笸篮，收布施的和记账的人员分坐两旁。庙会上的每项开支，记账人员都要张榜公布，做到收支平衡。四是购买香火鞭炮和响铳用的火药硫黄，准备全猪全羊、各类献供面食等祭品。这项工作是古庙会的门面活，档次要高，花样要好，必须郑重其事，一般由乡约村的社家亲自操办。五是安排傧相，撰写祭文，制定祭祀议程。唢呐班子自愿服务，不计报酬。每年都有许多民间艺人来庙会献艺，最多的时候唢呐多达几百支，声音洪亮，黄河对岸的陕西民众都可以听见。六是安排各社祭祀的先后顺序。由于各村各社都想争在前面，常常会打架闹事、互不相让。因此筹委会想了许多办法，比如抓阄、轮换派顺序，但因为总有爱闹事的人要往前冲，秩序很难稳定。因此，筹委会制定了铁的纪律，规定谁敢闹事就开除社家，取消上庙资格，秩序才慢慢稳定下来。安排先后顺序时，要由十村六社来共同研究、商讨。[①]

三月十八一大早，十村六社按照事先排好的顺序依次进入正殿，将各种供品摆上桌子，然后三叩九拜。按照当地风俗，谁上当天头一炷香就会得到后土神灵的眷顾，祈求的愿望都会得到满足，因此每年大家都争着烧头一炷香。然后再是别的村子或是外地信众上前叩拜祭祀。等到开始演戏时，后土祠里已经是人山人海、热闹非凡，四周炮声不断。正殿摆满了各村社进供的全猪全羊和其他精美祭品，香厅下香烟缭绕。在唢呐声中，正殿的四扇门缓缓打开，十几位傧相读着祭文请后土娘娘观看戏剧。外面虔诚的民众密密麻麻地跪着。传统社会，广大民众处于最底层，农业生产和农业社会决定了他们是各种天灾人祸最主要、最直接的受害者，他们在生活中遇到各种各样自己无法解决的困难时，往往会求助于神灵。后土娘娘受到多位帝王的祭祀，所以被当地人视为最灵验和最有权威的神灵。在他们心目中，后土娘娘无所不能，是当地民众愿望表达、利益诉求的首选。[②]

庙会期间向娘娘求子、求财、求平安、求健康、求丰收的都有，其中以向后土神灵求子的最多，也最有特色。拔花求子一般是婆婆领着媳妇来，她们在后土娘娘的神像前跪拜上香，把自己的姓名、住房方位、村名告诉神灵，然后许愿。婆婆口中念念有词："后土娘娘慈悲，给我送个亲孙。明年我家谢恩，红袍替你加身。全猪献到面前，鼓杂侑食细吹。"接着磕三个响头，最后起身在神像前的花架上拔花。花架上有三种花：一种是黄蕊红瓣，主生男；一种是红蕊黄瓣，主生女；还有一种是红瓣，主长命百岁。取花不能随便取，一般要取风吹蕊动者，预示着灵验。拿到花后，要用黄符将花迅速包好，放进事先准备好的红布中，手里还要拿几根点燃的香。回家的路上既不能让香火熄灭，也不能说话。回家后要把花放在媳妇的房中或者床头，待怀孕生子后再来还愿。当地人认为，拔花返回家途中的香火代表着后土娘娘的灵气，香火不断才代表将后土娘娘的灵气带回家。如今，大多数香客都是自己开车来，拿香不太方便，所以带香火回家的人数骤减。求子者除了在庙会时求子，还可以在结婚当天或者元宵节。[③] 除了婆媳这种家庭内部成员求子方法外，当地还有一种"十保人"求子方式。保人一般由十个人组成，寓意十全十美。选择保人的基本要求是婚姻美满且育有儿女

① 参见潘新杰：《后土习俗二题》，《后土文化》（万荣县编，内部资料）2003 年第 3 期。

② 参见加俊、葛琛佳：《后土祠传统庙会的原始性与功能分析——对山西万荣县荣河镇后土祠庙会的民俗考察》，《运城学院学报》2007 年第 1 期。

③ 参见郭俊红：《山西万荣后土祠庙会调查报告》，《世界宗教文化》2018 年第 5 期。

的“全人”，与主家多为邻居或朋友关系。让保人代为拔花，是因为民众认为每个人的气场不同，请有孩子的人代为拔花可以将好运带给主家。保人年纪大都在 35～50 岁，除了最常见的十人组合，还有二十人组合、十几人组合、八人组合等，五男五女的组合方式最为常见。保人与主家一般为亲戚或者特别亲近的朋友关系。保人去拔花之前，主家要把供品送到保人家中。如果是保人帮忙拔花，主家人不需要去庙里，只需在家里等着接花。拔完花回来之后，十保人要一同前往主家，将花放在厨房，在灶王爷面前“报个户口”，第二天再由婆婆把花插在婚床上。有保人参与的拔花仪式比较隆重，主家也可以自己去拔。保人在替主家拔完花后，第二天还可以去庙里为自己许愿。①

在后土祠，民众拔花走出殿外时的行为也多有差异。有的求子香客会将花藏在前胸，捂在衣服里面，双手抱在胸前护着，只能看到红色的花蕊露在外面。这种类似“偷”的行为常见于求子活动中，因为在传统观念中怀孕生子是非常私密的，香客一般不愿把自己的求子行为公之于众，于是出现了“偷”的情况。而有的香客则是把拔的花用红布包裹，恰似襁褓中的婴儿，大大方方地抱在怀中走出大殿。

随着社会的发展和民众需求的多样化，后土祠中单一的花已经不能满足人们的需求，花架上的花不仅有男花、女花，还增加了长寿花、富贵花、吉祥花、婚姻花、平安花等。花的样式也有所改变，有黄花黄穗、黄花红穗、绿底黄花、黄底黄花，还有的顶上有一朵大红花，比其他的花个头要大。这些形状各异的纸花让人分不清楚男花与女花，一般要根据花蕊的颜色判断男女，只要是黄色花蕊的皆代表求男娃，红色花蕊的为女娃，顶上是大红花的则是平安花。② 家中人来还愿后，通常会将这朵大红花拔走，带回家中以保自己的孩子身体健康、金榜题名等。

表 4　万荣后土祠庙会拔花仪式中花的类型与特征

类型	特征
求子花(男孩)	黄蕊黄瓣
求子花(女孩)	红蕊黄瓣
平安花	红蕊红瓣

① 杜峥瑶:《万荣后土祠“拔花求子”习俗调查报告》，根据 2022 年 2 月 14～16 日在山西万荣后土祠田野调查写成，未发表。

② 参见郭俊红:《山西万荣后土祠庙会调查报告》，《世界宗教文化》2018 年第 5 期。

续表

类型	特征
状元花	一架花的花顶
财富花	一架花的花顶，一般是金蕊黄瓣
姻缘花	红瓣绿叶

十月初五的祭祀仪式与三月十八基本一致，但隆重程度远逊于三月十八。酬神唱戏是典型的庙会活动。后土祠里演出的剧种有蒲剧、眉户、秦腔和豫剧。蒲剧的剧目有西路和南路两个流派，共 24 本戏，其中《黄鹤楼》和《龙凤配》是必演戏，这是老早就留下的规矩。一般剧团没有这两本戏，就不能接后土祠庙会的台口，也没资格在“品”字台上演出。传说《黄鹤楼》戏中孔明之智引起圣母的赏识，所以《黄鹤楼》后来就成了后土祠的官奠戏。三个舞台同时开演《黄鹤楼》大本戏，直至凌晨祠里钟鼓楼的钟鼓响过，祭献完毕，三个舞台才能换戏。《龙凤配》则以其爱情部分激发了后土娘娘对远古时期她和伏羲氏婚配爱情的眷恋与遐想。此外，还有后土祠禁演《无影簪》的说法。

后土祠的对台戏，有“东起西落火炮戏”之称。先在西边舞台角上摆放一堆火炮，然后从东边舞台上点火，让它落到西边舞台的火炮上。两家剧团以炮声为号开始演戏。东台先开始，西台后结束。鞭炮火铳齐鸣，战鼓锣鼓一起敲，气氛十分热烈。生旦净末丑相继出场，行当要全，缺一不可。舞台最中间要摆两张桌子，桌子上放一把椅子，左右各放一张桌子，桌子一边放一把椅子，摞成宝塔形状。演员在锣鼓声中按照本行当的架势亮相，做一些程式性动作，没有台词。然后一个接一个上椅子，上桌子，最后上到中间最高的两张桌子上，像元帅坐帐一样往椅子上一坐，威风凛凛。生旦净末丑，各有各的姿势，各有各的特色。表演完毕，演员们从下场门慢慢回去，火炮戏告一段落。紧接着开始正戏，三折一本，风雨无阻，要一直演到鸡叫为止，俗称“彻明戏”。①

庙会除了常见的仿古祭祀和戏曲助兴之外，还有一系列娱乐与商贸活动，是融信仰、经济、社交、娱乐于一体的人神共欢的盛大节日。

岁时节日祭祀是在春节、元宵节、重阳节等寄托着人寿年丰的美好祈愿的节日中进行的祭祀，其中以正月活动较为隆重。正月十八是各村各社比赛热闹的日子。因为社规民约严格，谁也不能破坏，年年社火演戏不空，所以四五十里甚至百里以外的人潮水般地涌向后土祠，用不同的形式祭祖、敬献、拔花、求子、

① 参见加俊：《晋南万荣县后土祠俗民后土信仰调查研究》，西北民族大学硕士学位论文，2006 年。

观赏、交易，年年如此，岁岁皆同。

正月十七称作“摆道”。热闹故事在各村预演，组织花鼓、纸马、狮舞、报马、高跷、旱船等。滑稽的人扮演懒婆娘，一些卖艺、杂技要到这里凑热闹，还有丑角故事，惹人发笑，另外还有人放铳。报马走在“热闹”的前面，爱热闹的人给他脸上抹黑，其余青年抬着供品，打着旗伞，锣鼓队、热闹队紧跟其后。

正月十八拂晓，远近看热闹的人或骑马，或乘车，或步行，从四面八方赶到后土祠。此时后土祠人山人海，水泄不通。大路旁车辆头尾相接，看不到头，有些妇女、老人、小孩就坐在车上等着看“热闹”。戏迷们从早至暮在台下看戏、品戏。献殿、正殿烟雾缭绕，雾气腾腾。善男信女、求子拜母、拔花许愿的人络绎不绝。日过午，报马来到后土祠。这时祠里看戏的、求子的、烧香的都来看热闹。霎时间，锣鼓喧天，旌旗蔽日，人潮涌动，志范的高跷拐子，南张的花鼓，上朝的马脚，庙前有义的游船，大用斗子的顶灯，西头守业花脸钻桌子、宝贵坐甩子，西村的血故事，荣河的狮子……十村六社各有各的拿手戏，各种热闹让人眼花缭乱，社火表演完已是黄昏时分，戏剧正式上演，通宵达旦。[①]

当地人在结婚当天、孩子满月、本命年等具有特殊意义的时日，也会来后土祠祭祀祈福。

五、周边影响

万荣后土祠作为中华后土祖庙，在后土信仰中有着极为重要的地位。每年来后土祠拜谒祈福的人络绎不绝。由晋、陕、豫三地民众共同参与的庙会也显示出后土祠在传统民俗文化式微的当代仍具有很大的影响力。以万荣后土祠为中心的晋西南后土信仰圈的存在，不仅加强了区域内部的文化认同与社会互动，增强了民众的认同感与归属感，在一定程度上也有助于区域社会中公序良俗的建设。

万荣后土祠的经济影响主要在庙会上的商业贸易与物资交流。每年庙会都会有附近省市的商人前来做生意，从而形成了大范围的物质交换体系。后土娘娘吸引来的四方信众具有巨大的消费能力，进一步促进了物资交流的繁荣，也推动了当地与周边经济的发展。此外，后土祠作为万荣县重要的文化旅游资源之一，为当地进行展示利用与旅游开发带动经济发展作出重要贡献。

---

① 参见李英才:《热闹的庙会》，根据 2022 年 2 月 14～16 日在山西万荣后土祠调查作业写成，未发表。

万荣县通化镇东孝原村后土娘娘庙

（柴书毓）

一、概况

东孝原村后土娘娘庙又称为“孝原后土娘娘庙”，原址位于万荣县通化镇东孝原村与西孝原村（二村原为“孝原村”）东北角、里望乡西张村西面高岭处。因庙址在东孝原村，民众俗称“孝原娘娘庙”。庙内清光绪三十三年（1907）《后土庙重修碑记》上也有“两孝原之东北、西张村之西南，有土岗曰：峨嵋。又曰：蓬瀛。其上有：后土庙”[①]等文字。

二、庙宇建筑

后土娘娘庙为正殿，坐北朝南，重檐歇山建筑，面宽 16 米，进深 11.6 米，高 14 米，依垣高耸，拔地而起，四周 22 根盘龙廊柱上鳞甲虬髯，擎天立地，边角挑檐高翘，展翅欲飞，殿顶琉璃瓦裹脊，溢彩流金，宏伟壮观。庙内主祀神是后土圣母，配祀神灵有送子娘娘和司药娘娘。两侧墙壁上绘有壁画，有五子登科、麒麟送子、八仙过海、和合二仙。后土娘娘头戴金黄流苏凤冠，身披黄袍，手持“坤”牌，端坐于神龛之中，端庄典雅，神态生动。神像左侧站立手捧玉书的男侍从，右侧站立手捧大印的女侍从。神像前为供桌，上置两座金箔纸制作而成的元宝宝塔，左右各一香炉。供桌前有一铁质香炉，香炉两侧各站立一手持笏牌的官员。神龛上方书“后土娘娘”，两侧楹联为“心上敬娲皇燃香千古光祖远，膝前星期孝子脉四时耀祖长”。

正殿前献台放置认母石，上有十二生肖。认母石整体被铁框罩住，上有顶盖，外罩铁框上书“天下一母”。认母石后方有文字：“缅怀根祖文化，弘扬后土神灵，拳拳之心，殷殷之情，家长引导儿女圣旨认母，虔诚保佑一生平安，免病消灾吉祥，学业步步成功，官运财运亨通，家庭和睦幸福，走向事业辉煌。”认母石专供信众认后土娘娘为母，祈求神灵保佑。庙对面为戏台。

庙院内还有太清宫、三王殿、关帝庙、观音庙、孔子殿等。

太清宫，原址在正殿处，传说因神灵点拨，人们将河津北张村后土娘娘庙迁于此，将老君庙移到庙园西南角，1945 年毁于战乱，2006 年 12 月 24 日重建落

① 本篇所有碑刻资料皆由柴书毓于 2019 年、2020 年在孝原后土娘娘庙内搜集整理而成。

成并举行了剪彩开光典礼。

太清宫往北为一面阔三间的庙宇建筑，从左到右分别是药王殿、吕仙殿、禹王殿，合称“三王殿”。

关帝庙与观音殿相邻，2010 年筹划建造，2011 年 3 月 16 日竣工。关帝庙供奉手持《春秋》的关帝，两侧为托印的关平、持刀的周仓，有楹联“千般义气排云长，一颗仁心在世行”。观音殿内供奉手持净瓶的金身观音。殿前有《关帝庙观音殿重建碑记》。

孔子殿位于庙园东侧，始建于 2007 年 4 月，5 月 4 日落成剪彩，庙内孔子像由汉白玉雕刻而成。庙前有《新建孔子殿碑记》。

除庙宇之外，庙园内还有孝原后土娘娘庙展览厅和后土娘娘庙十年庆典展览厅。孝原后土娘娘庙展览厅内展品丰富，主要包括庙院管理委员会搜集、整理、分类的重建古庙时及之后每个阶段的历次重大活动的照片、资料、实物、诗文等。此外展厅中间还展览由村内匠人制作的古庙模型。后土娘娘庙十年庆典时展览厅内部主要展览有关建庙历程的照片。

三、历史沿革

孝原后土娘娘庙创建于何时已无从考证，据说始建于唐武德年间。相传北张村后土娘娘庙失火，一张芦席飞至孝原高冈，恰好村内长者被后土娘娘托梦，说明此地为庙宇新址，于是村民募资兴建，还得神力相助运来四根通天酸枣木，后土娘娘庙便建在了老君庙旧址上。因老君庙小，人们把它移建于庙园西南角落，与后土圣母分享香火。

2006 年《孝原娘娘庙修建史》记载，历史上庙宇复修过三次，第一次在北宋天圣年间，因日久陷旧而修；第二次在明洪武年间，因火灾而修；第三次在清光绪年间，为整修正殿和舞台而修。① 历史上的孝原后土娘娘庙规模宏大，供奉神灵很多。《重修小蓬瀛后土庙募疏》碑文记载：“正殿基址方亩余，墙厚八九尺，殿高七八丈，周围回廊柱高皆丈余。数十里外望之，如蜃楼然；东西两厢二三十间，附以三官、送子娘娘、廉公、财神、关帝、法伯、药王、五岳、四渎诸神，舞亭如蜃楼，午门同图，三门迤逦，如出崇霄。”②

现有文献记载孝原娘娘庙较为详细的是郝星久的《孝原娘娘庙会》一文，文中写道：“河津汾南，峨嵋岭端，曾有大庙一座，矗立直上，方圆二十里皆可望

① 《孝原娘娘庙修建史》，2006 年，孝原后土娘娘庙内搜集整理。

② 岳元成：《重修小蓬瀛后土庙募疏》，碑刻时间不详，但根据《后土庙重修碑记》落款人有此文作者，可考该文撰写于清光绪年间。

见。”庙内外布局为：

由庙南登临，首先步入山门，两匹朱色巨马，分停左右，姿态雄健，鞍辔齐备。过大路进入午门，塑有两将军，亦称金刚，用以比喻牢固锐利，能毁一切之意。手执金刚杵，俗称哼哈二将，左称执密金刚，右称那罗建金刚，相貌威武。

过午门，一座午台，背面而峙，坐南向北，从东西两侧大门可入庙园。园内四周，殿宇罗列，围住一片广场，可供万人游览，东西两岸厢房各数十间，内隔十多所神龛，有五岳、三义（即刘、关、张）、四渎（江、河、淮、济四神）、八仙、祖师（真武）、药王（章善君）、山神、土地、送子娘娘（姜嫄）等神像，或坐或立，似语似行，皆栩栩如生。广场北部，蹲一座挑角献亭，四根合围圆柱，擎起华丽亭盖，堪供百余人舒望看戏。献亭后一列北向南殿宇，即此庙之正殿。东廊下有万斤悬钟，响彻数十里。西廊下，排列历代碑碣，有的已经剥落，有的光可鉴人，其中有薛文清公裔孙薛华撰文一碑，识者誉为真迹。正殿居两廊之间，比山门午门更雄伟，较午台、献亭更挺拔。从广场仰望，层楼节起，飞檐舞脊，琉璃放彩，鸟兽凌云，所谓后土娘娘危坐其中。殿门外，八字墙边分列王、梁、马、柳四尊旋风神，当年本地求雨“马脚”之圣灵，即问旋风神请而来，信者盛传。[1]

1945年，孝原后土娘娘庙被烧毁，直到21世纪初才得以重建。2006年春节，东孝原村人牵头，联合西张、西孝原等村民众捐款重建后土娘娘庙。这次修建建成正殿、太清宫、孔子殿、戏台及十间侧房、围墙、道路等。

四、主要活动

1949年以前，娘娘庙迎神赛会无定期。迎神赛会由三村四社组织，东西孝原各为一社，又分正社和帮社。因占据老君庙址，所以以正月十五为小儿社祭，三村四社分别在各村起行，敲打锣鼓，前往后土庙。正月二十三是迎神赛会正日。正社村演戏三天，社规严格，谁也不能违背。前一日称作“摆道”，热闹故事在本村预演，社首分派节目，殷实之家扎台阁，一般人家组织花鼓、纸马、报马、高跷、旱船等。放铳、报马都为锦衣花帽、穿戴阔气的人家。其余贫寒青年做苦力，抬台阁、抬香蜡桌、打旗伞。正日时，人们来到庙上，看热闹、逛庙会、还愿、求子问病。中午一过，报马闯上庙来，高跷、花鼓、台阁、花车相继入庙，热闹

---

① 郝星久：《孝原庙会》，参见宁英杰、许世杰编：《龙门风情》，花山文艺出版社1993年版，第135页。

非凡。

三月十八为后土娘娘诞辰，三村四社 12 岁以下男童需要为圣母举行戴枷赎罪的仪式。人们用柳条枝做成花枷形[①]（三角形），由家人带到庙里戴枷请罪，将枷放入火盆中，然后给众神磕头，即为消灾。

1938 年，日寇来袭，庙会中断，后庙宇被毁，迎神赛会活动终止。直到 21 世纪初，重修庙宇后才恢复庙会活动。庙委会规定每年两届庙会，即农历三月十八、九月初八。庙会期间还举行剪彩仪式，由村干部和庙委领导为捐款模范披红戴花，表彰鼓励，以吸引社会捐款。庙会期间会邀请运城、临汾等地剧团演戏，人山人海，热闹非凡。

附录

1.后土庙重修碑记

两孝原之东北、西张村之西南，有土岗曰：峨嵋。又曰：蓬瀛。其上有：后土庙，每岁正月下旬香火甚盛，三村四社轮司赛会，由来久矣。庙未详创办自何时，考诸重修碑碣，亦既多历季所风雨侵蚀久且倾圮，三村首事诸公不忍听其终废也，爰议缮修目缘远近。计日兴工殿宇舞台，焕然聿新，三门五门，俱加壮丽。首事岳君则严素精堪舆之学，又与庙门外相地穿井聚水，以便食用，阅两寒暑，始克。蒇事约费白镪二千三百两有余。落成之日，四方来瞻拜者莫不欢，工程浩大而修葺之坚实也，此可垂以久矣。首事诸公介余友岳君天定索余为文余，惟后土见于书，易谓坤为母，世俗均以娘娘称后土神，或由昉而坤之象。篆曰：至哉，神元万物滋生；又曰：坤厚载物德和无疆，其与天合撰至德。弥纶亘古亘今，今凡有血气含生履厚靡有，或遗岂崇土木饰金碧，所能稍答洪庥耶其文言，又曰：积善之家必有余庆，所谓善有亦岂募化殷勤，舍施慷慨，遂足幸邀福应耶然，祈报之典自古不易，氓庶之祈后土随处皆然，今首事诸公之重修斯庙也，竭诚尽慎，情固有不得已者乎，则以盛举兴彰前人之美。谓非后德之感发也，与至相传神座生花，台前异草以为瑞，由神赐灵芝甘醴同曾有之，众所礼称兹不复赘云，是为记。

敕授文林郎吏部奏准以知县用乙亥

恩科举人柴德彰熏沐撰文

---

① 其做法是用人形的约长三尺的柳条，在距叉一尺处横绑一根柳棍，又用黄表纸、红纸缠糊着，三个角各系一条一尺长的纸筒，下边各吊一个纸炮。

儒学优行增广生员西陈庄　李赓泰沐浴书丹

总理督工耆宾王维祥、耆宾岳凤鸣

首事人

耆宾岳则严　廪生郝勇　耆宾郝殿魁

耆宾张明德　监生赵魏　从九岳元成

古绛铁笔曹胜合家关锁沐手敬刊

大清光绪三十三年岁次丁未秋九月重阳之吉

后记：该庙毁于二十世纪四十年代之兵火，数碑亦荡然无存，此碑原拓片幸得赵维先先生家祖以保存，今依原文制刻。

录于公元二零零六年秋后土娘娘庙重建之际，赵敬义谨以并记。

2.重修小蓬瀛后土庙募疏

小蓬瀛为汾阴名胜，襟汾带河，俯视城郭黎舍，后土豁然在目。古有后土庙居河汾之巅，往往有人登眺其间，披襟选胜。翰墨之迹，溢于碑石。维昔宋真宗求嗣，建后土圣母庙于此。此年赐御香，祀以太牢。崇奉文仪，昭三晋一时称盛。明洪武八年，庙遭火灾，而此庙犹存圣像，可知威灵赫濯矣！当时四村八社人等，复创正殿，基址方亩余，墙厚八九尺，殿高七八丈，周围回廊柱高皆丈余。数十里外望之，如蜃楼然；东西两厢二三十间，附以三官、送子娘娘、廉公、财神、关帝、法伯、药王、五岳、四渎诸神，舞亭如蜃楼，午门同图，三门迨逦，如出崇霄。近来历五百余年，岁久就倾，目击兴感，欲继前盛，延工程浩大，非万金不可，众共难之焉。庙有钟，重三千余斤，非有力者击之，则声不出。于是每夜静，或日中，钟辄自鸣，声闻十余里，如众皆异之。丙申岁七月，东厢关帝显圣，香炉内生神树一株，三日高数尺，众莫之识。八月初一正殿，圣母香炉出秋菊一丛，三日高尺许，十余日开花，香色异常。当时，祈祷云集，有求必应。遂集布施银三百两，受验公议，合谋重修，恐独力之难成，期众撑之易奉。所愿仁人君子，慨指之财，大贾富商，共施解囊之助。从此美轮美奂，聿昭善类之同归，行看降福降康，共拜，明神之嘉赐，谨疏。

作者：岳元成，西张村人，清代秀才从九。

3.哀孝原庙

乔鹤仙(1945 年)

峨嵋高峙孝原庙，修建至今九百年。

高栋飞甍穿碧落，回廊舞榭映汾川。

三村极赛排旗伞，四社迎神竞管弦。

一炬化成焦土样，灵光古殿有谁怜？

明钟高础薛华碑，几度登临庙上观。

今日隔沟遥相望，火光四射西阳残。

后记

乔鹤仙先生系河津市历史文化名人，卢沟桥事变后隐归故里，教育报国，在上阳办学期间，目睹日寇焚烧圣庙，捣毁神像，义愤填膺，悲壮赋诗。今值盛世，新庙落成，刊刻原诗，以期后来勿忘国耻，重振山河，是为记。

丙戌岁建之际立

4.后土庙牌楼建造暨道路硬化碑记

后土庙始建于唐代武德年间，至今一千三百多年，中途曾修复三次，历史悠久，远近闻名。于一九四五年三月因日寇侵华战乱被毁。

二零零六年春至二零零九年秋，东西孝原与西张三村干部群众和社会各界有识之士积极捐款，计人民币三百余万元，重建后土娘娘庙建筑面积近三千平方米。殿阁巍峨，雄伟壮观，万民欢乐，普天同庆。中国万荣县委书记卫儒牛等领导曾到此视察并给予高度评价。

重建的后土庙虽初具规模，然资金缺乏，无力修路，后土庙至大路边仍为坑坑洼洼的土路，晴天尘土飞扬，雨雪天道路泥泞。二〇一〇年夏，以王满顺为首的庙委会一班人积极筹划，四处奔波，获得万荣县政府交通局大力支持和部分民营企业家捐资捐物，硬化道路长 1.3 公里，宽 4.2 米，笔直整洁，工程质优，耗资计人民币一十八万，并在硬化道路的始端，即位于东孝原村与西张村之间的路口建造后土娘娘庙牌楼一个，耗资人民币四万元，整体仿古建筑，琉璃飞檐翘角，妙笔雕梁画栋，宏伟精巧，巍然耸立。

（柴书毓按：捐款单位和个人略）

后土娘娘庙管委会

二〇一〇年九月初八日立

5.重建后土娘娘庙碑志

后土娘娘庙坐落于东西孝原东北、西张村之西，居高临下，俯瞰方圆数十里。此庙始建于唐，兴于宋，盛于明清，历经修葺，遂成依垣托势、规模宏大的建筑群，观千百年来，香火不断，始由八村多社轮流供奉，至于清初方余三村四社薪火承传，可惜日寇侵华，盘踞庙院，后遭战火，毁于一旦，距六十余载焉。

廿一世纪，欣逢盛世，党策惠民，邦强庶康，乃启封开锢，百废俱兴，修祠建庙，弘扬根祖文明当此时。东西孝原及西张村有识之士顺乎民愿，集思广益，决定重建斯庙，恢复原制，以纪念抗战胜利六十周年，昭示后人勿忘国耻。

于是乎组建者殚精竭虑，排忧解难，干部职工，节薪奉献，致富大户慷慨解囊，广大村民捐物义工，精诚所至，玉汝于成。翌年清明，在古庙遗址隆重奠基，继而破土动工，历时半年，竣工告成。

正殿重檐歇山，宽十六米，深十一点六米，高十四米，依垣高耸，拔地而起，四周二十二根盘龙廊柱，鳞甲虬髯，擎天立地，边角挑檐高翘，展翅欲飞，殿顶琉璃瓦裹脊，溢彩流金，殿内后土娘娘、送子娘娘、痾痘娘娘形体丰满，俊逸面貌，清秀圆润，凝眸生动，衣纹流畅，真乃巧夺天工。正殿西南方落有太清宫，内奉汉白玉镌雕太上老君神像，洁秀清雅，栩栩如生。驻足圣庙，东望碧野连绵，西眺白日依山，南顾孤峰似屏，北瞻吕梁若阑。嗟夫！皇天后土，万世呈辉，泱泱底蕴，殷殷民心，承载文明，尊祖寻根，祈神福庇，风调雨顺，物阜民康，和谐社会。

但受资金所限，恢复原貌仍任重道远，吾侪等义无反顾，孜孜不倦，以光前裕后，全力奉献，是为志。

撰文　张喜水　杨树荣

二〇〇六年十二月三十日立

6.孝原娘娘庙修建史

据郝星久先生《孝原娘娘庙》回忆文和乔鹤先先生《哀孝原庙》诗以记之。据光绪三十三年重修碑文等资料考证：圣庙始建于唐代初武德年间，至今一千五百余年。中间修复三次。第一次是在北宋天圣年间（公元一〇二三年）因日久陷旧而修。时隔三百四十五年，到明代洪武年间（公元一三六八年）因火灾第二次修复。过了五百四十年，到清代光绪三十三年（公元一九〇八年）为整新将正殿和舞台再次重修。再时隔三十七年，到民国三十四年（公元一九四五年）因倭寇占扎，百般骚扰周边百姓，被国民党地方士兵烧毁。至今六十年整。

时至今日，国泰民安，沉睡六十年的后土娘娘庙，由三村诸君倡导、牵头、集资重建，实为盛世罕事。

撰文:赵敬义　王满顺

公元二〇〇六年夏重建之日

7.后土娘娘庙山门、西侧门、西侧房、围墙建筑碑记

后土娘娘庙,历史悠久,远近闻名,始建于唐朝武德年间,于一九四五年三月因日寇侵华战乱焚毁。为纪念抗战胜利六十周年,弘扬祖国后土传统文化,二〇〇六年春节,运城市政协委员、东孝原村人王满顺发起、牵头和倡导西张、东、西孝原三村干部群众和社会各界有识之士,积极捐款一百三十余万元,重建后土娘娘庙,至二〇〇八年四月先后建成娘娘大殿、太清宫、孔子殿、碑厅、戏台、东侧房、南侧房等建筑物,殿阔巍峨,宏伟精巧,典雅清秀,初具规模,万民欢乐,普天同庆,子孙后代为之幸甚。

二〇〇九年六月,庙委会一班人,欢庆祖国六十华诞,深入庙园科学发展,发动河津市、万荣县社会各界仁人志士为庙园捐款,于七月五日动工,至十月二十日竣工,建成庙园山门、西侧门、西侧房以及西围墙等建筑,建筑面积为五百平方,投入三十余万元。整体建筑,飞檐翘角,琉璃光彩,雕梁画栋,古香古色。山门口,红漆圆柱,紫红大门,喜庆洋溢,十八个台阶与两旁石栏,两边石狮,雄伟肃穆,巍然耸立。至此,后土娘娘庙园建筑群,珠联璧合,错落有致,浑然一体,气势壮观,令人赞叹。

第三期建庙工程捐款万元以上者如下:

(柴书毓按:名单略)

公元二〇〇九年重阳节立

8.娘娘庙重建戏台碑记

国家富强,盛世修庙。二〇〇六年春节三村有识之士慷慨好义,群策群力,重建千年古庙,同年五月二十一日,破土动工,至二〇〇七年五月四日完成正殿、太清宫、孔子殿、宾厅、办公室、道路拓宽、绿化与彩绘等工程,总建筑面积三百九十四平方米,耗资六十五万元。剪彩典礼,万民欢腾,盛况空前,但屡次活动演唱没有戏台,临时搭棚仅遮风雨而事故不断。为了保持古庙香火旺盛,庙会活动顺利进行,面对资金严重短缺,庙委会一班人克服重重困难,四处筹集资金,重建庙园、戏台。古建工程由山西亨瑞设计院设计,里望上井江海古建队施工,于二〇〇七年六月十二日动工,十月十三日竣工,彩绘工程于同年十月二日开工,至十月十二日完工。建筑面积二百九十四平方米,耗资二十五万元,同时创建戏台侧房五间,均为仿古建

筑，建筑面积一百四十平方米，耗资七万元。重建之戏台壮观新颖，古今艺术美轮美奂，方圆百里村级庙宇堪称一绝。告竣之日，民寄幽思，为公立碑，以志不朽。

（柴书毓按：捐款人名单略）

二〇〇八年农历三月十八立

9.重建后土娘娘庙捐资功德碑

公元二〇〇六年夏，西张、东西孝原三村之仁人志士发起倡导后土娘娘庙重建工程，至此三村父老积极捐款，大力支持。我河津市龙门村、官庄村本与东孝原王、赵二姓同根共祖，亦乃历史友谊之村，踊跃捐资以表乡情和信仰之心，企业家及个体商号义施巨款，鼎力资助，各界朋友、善男信女，争先恐后，敬献爱心，值此古庙新殿落成之际，谨将捐资者芳名列刻于后，以示彰昭。

后土娘娘庙重建筹委会

二〇〇七年正月廿三日立

（柴书毓按：捐款名单略）

10.功德碑

运城市果品副食公司董事长、总经理、党委书记王安民（系万荣王显乡胡村人）携子王兵孙、王栋儒为后土娘娘庙第四届庙会捐资贰万元，邀请临猗县青年眉户剧团演出五场戏，对此善举，圣灵感动，群众拥戴，为弘扬本人和全家人的功德意识和奉献精神，特立功德碑一座，以彰显后人。

后土娘娘庙管委会

公元二〇〇八年农历九月初八日

11.功德碑

为了发展庙园文化，庙委决定建东侧房五间办庙园展览厅，并同时建筑庙园围墙和三间库房，庙委此举得到了社会各界的积极响应，并捐款捐物，给以大力支持，现将捐款人名单列后。

（柴书毓按：捐款名单略）

后土娘娘庙管委会

公元二〇〇八年农历九月初八日立

12.功德铭

河津市赵家庄乡官庄村和万荣通化镇东孝原村两村赵姓均系吉县山后村赵氏外迁后裔，官庄村村长赵尚海在二〇〇五年前带领全体村民恢复重建了官庄娘娘庙之后，又多次来到东孝原村动员干部群众把日寇入侵时烧毁的孝原后土娘娘庙重新建起来，以体现故乡人民的爱国情怀和后土精神。二〇〇六年他捐资两万元作为建庙的启动资金，建庙期间他又捐叁万元巨款，解决工程燃眉之急。二〇一〇年古历三月十八日在后土娘娘华诞之际，他又出资伍万元邀请远近闻名的临汾眉户团来庙上演出五场戏，此举神灵感动，群众感激，为彰显其作为建后土庙的发起人、捐款人的无量功德，刻碑铭记，以昭示后人。

后土娘娘庙管理委员会

二〇一二年古历三月十八日

13.功德碑

山西海通房地产董事长苏建熙，通化一村人，他和运城市文联委员、市老年组织联合会副会长崔红是大学同窗好友，在崔红会长的宣传推介下，苏建熙董事长对孝原千年的后土庙有了全面的了解。二零一六年农历三月十八后土娘娘诞辰，携夫人杜丽芳从太原赶赴后土庙参加建庙十年大庆，并捐款二万元巨款资助后土文化建设。他的善行义举感动神灵，感染群众，为彰显无量功德，特立此碑昭示后人。

孝原后土娘娘庙管委会

公元二零一六年三月十八日立

14.重建孝原后土娘娘庙记

汾水之南，峨嵋岭端，孝原后土娘娘庙建筑群，依垣托势，巍然耸立。北顾吕梁，南望孤峰。俯视城郭黎舍，周围梯田连绵，方圆二十里皆可望见。进入大门，环视庙园建筑，古朴典雅，红墙黄瓦，回廊画栋；设计巧妙，雕饰精美，错落有致，流光溢彩，蔚为大观。各殿神灵塑像，雍容华贵，神态自若，栩栩如生，□□刻画□□，古式衣着飘逸。漫步庙园，赫然重现千年古庙神奇风韵，使人领略到建庙人吃苦耐劳、忍辱负重、无私奉献和执着追求之豪情。透过庙园阵阵香火烟雾，可□□□已成为百姓精神家园。原娘娘庙遗址，残垣断壁，瓦砾废墟。此庙始建于唐、兴于宋、盛于明清，始由八村轮流供奉，至清代，余三村四社薪火承传，千年香火不断。一九四五年三月毁于日寇战火，令世人叹怜。二〇〇六年春节期间，运城市政协委员、市地震局局长东孝原村人王满顺，倡导、发起和组织重建后土娘娘庙，凭着多年丰富的行政工作经验，策划召开大小会议，后于万荣县城宾馆，主持召开东、西孝原、西张三村村委干部和村民代表联席会议。张喜杰、赵英翰、郝平福三村党支部书记，王军、郝晋生两位村委主任和村民代表表态发言，会上成立重建后土娘娘庙委员会，名誉会长王满顺，会长赵敬义、副会长岳英泽、郝四丑，委员王泽庭、岳文峰、岳复生、郝镇虎，捐款会计赵其生。重建工程得到万荣县委县政府、市县文物局、通化里望乡镇政府及河津市龙门官庄两村干部群众的关心与支持。庙园建设工程，共分为五个阶段。第一期工程二〇〇六年五月二日至二〇〇七年五月四日，娘娘正殿、太清宫、孔子殿与一碑厅，先后竣工，这是最艰难困苦阶段。第二期工程二〇〇七年六月九日至二〇〇八年五月，大戏台、东厢房十间，先后建成。期间，杨树荣发现清光绪三十三年重修此庙残碑一块，立于庙园。第三期工程二〇〇九年四月至二〇〇九年八月，牌楼、大道、山门、展览厅、围墙、西侧门与庙园前半院硬化，先后完工。期间，王陆庭发现明正德九年修缮此庙残碑一块，立于庙园。第四期工程，观音、关帝殿五间于二〇一一年二月二十二日至四月八日竣工。第五期工程，二〇一二年五月至二〇一二年十一月，吕仙、禹王、药王殿二碑厅，仿古住宅、石厅、灶房相继落成，并硬化庙园后半院场地。整个工程建筑筹资，由王满顺负责运作，牵头实施。建筑设计由山西亨瑞设计院院长、通化人李尤瑞负责，设计费十万元全部免除，精神可嘉。庙园工程建筑施工，赵敬义、赵中琪、王泽庭曾参与督导，自始至终由王陆庭担任总监工。此庙落成，得到原中国万荣县委书记卫儒牛，副县长谢启宽、张小兵的高度赞扬和充分肯定。庙园建设期间，文化活动蓬勃开展，二〇〇七年正月二十三正殿剪彩，风和日丽，盛况空前，声势浩大，庙园及庙外二里路人流涌涌不退，大约三万余众。运城市蒲剧团演出助兴，还有刘其宽、姚绍刚等数十位侯马、曲沃、洪洞居士前来开光展容。当晚，西张村岳荣泽自费为观众燃放万元烟火，以示庆贺。庙委决定：每年两届庙会，农历三月十八、九月初八。至今已有十二届庙会暨剪彩仪式，每次剪彩皆由村干部和庙委领导，为捐款模范披红戴花，表彰鼓励，社会捐款不断出现高潮。各项活动均由西张礼宾队主持祭奠。每次庙会，都请运城、临汾等地县、市剧团精彩演出五场戏，祭拜和观赏群众人山人海。二〇〇七年至二〇〇八年五月由杨树荣主编，搜集庙园文化、图片资料，先后公开出版《当代时报·追求者》专刊，设计创办庙园展览厅。二〇〇九年六月至二〇一〇年九月庙园成立八十人锣鼓队，服务庙会和周边红白事，扩大后土文化影响力。神前侍奉人员有三十余人，她们怀着虔诚之心，常年□□，不辞辛苦，风雨无阻，为庙园服务，历时七年，后土娘娘庙园工程全部竣工，总建筑面积近二千平方米。总投资五百六十余万元，其中社会捐款四百余万元，王满顺捐款一百万余元，仁人志士和百姓捐款均刻碑留名。建筑艺术堪称瑰宝，庙园神灵儒佛道到位。可谓三教结合，天人合一，教化百姓，理智大觉，奋发进取，乐观向上，□□济世。

重建后土娘娘庙委会组织机构：（柴书毓按：人名略）

时任三村干部：（柴书毓按：人名略）

后土娘娘庙之落成，圆了几代人梦想，为中华民族传统文化之延续，为纪念抗日战争胜利六十周年之成果，为构建新农村和谐社会之平台。每月逢初一、十五庙园香火旺盛，群众有得到好事的，前来还愿；有遭到不幸或有困难的，前来祈祷；由此可见，重建后土娘娘庙，是爱国之举，是文明之举，是发展之举；功在当代，利在千秋。特此立碑，是为志。

后土娘娘庙管委会立

撰稿人：运城市教育局　杨树荣

二〇一三年农历三月十八日

15.重建后土娘娘庙领头人——王满顺

王满顺，男，一九四六年六月出生。东孝原村人。中共党员，历任盐湖区三路里镇党委书记，运城市地震局长，市第一、二届政协委员，山西省劳动模范。现任后土庙名誉会长。二〇〇六年春节期间，他年过花甲，面对日寇入侵时焚烧的古庙遗址，感慨万千。为纪念抗日战争胜利六十周年，弘扬中华民族后土传统文化，他决心重建庙园。首先他在本村召开重建后土庙论证座谈会，展示赵国壁老先生亲手制作的原古庙建筑群模型，散发郝星久老师曾在《龙门风情》发表《孝原娘娘庙会》一文复印件，又召开村扩大会议宣传动员；并在万荣县城召开三村联席会，筹建组织领导机构。会后，他带领庙委成员参观考察。设计规划庙园，他驱车四处奔波，游说运城、河津、万荣等地仁人志士募捐筹资；他关注工地进度质量，资金紧张个人垫资，从不耽误工程进展。第一期工程娘娘正殿、太清宫、孔子殿顺利竣工后，虽资金用尽并负债，但他雄心不减，又始谋划第二期工程。他到处化缘筹款，低下身段求人，率庙委顽强奋战，宁凭一腔热情，密集游说企业家与仁人志士，发动社会捐款，筹资六十万元，筹建庙园大戏台，东厢房十间，顺利竣工。二〇〇八年五月，他从领导岗位退休，可庙园无大门，遇雪雨道路泥泞，他壮志未酬压力沉重。适逢运城市委任命他为万荣、河津两县市督察组长，他利用这个机遇，深层次宣传动员，获得两县市领导和企业家的关注和支持，并筹集到五十余万元。他空闲时间，组织施工，连续作战。第二年，牌楼、山门、展览厅、西侧门相继建成，还硬化了庙园大路两千余米。至此，庙园建设完整成形，浑然一体大功告成。二〇〇九年，他想按照古庙园模型，完善后续工程，但社会捐资十分困难，这时，山西星河房地产聘他为高级顾问，二〇一一年，他用自己打工的十八万元工资和五万元群众捐款，建起关帝观音殿，以及塑像、石供桌、石香炉等设施。二〇一二年他又用工资奖金共四十万元和群众捐款十万元，全部投资庙园，建起吕仙、禹王、药王殿、第二碑厅、三间仿古住宅、石厅、灶房并硬化庙园后半部分，使后土娘娘庙全面竣工，实现了他的夙愿，梦想成真。二〇〇九年六月至二〇一一年十二月，他先后出资八万元，购置乐器服装，聘请名师教练，选拔培训人员，成立八十人的孝原后土庙锣鼓队和鼓乐队，训练有素，声势浩大，不断提高庙园影响力。重建庙园期间，妻子岳良珍和四个儿子及侄子的理解和支持，使他一心扑到庙园建设中。从工程规划征地到设计购料施工，他都把关协调；从工程立木竣工塑绘到庙会剪彩公益活动，他都精心安排；从庙园专刊展览厅到刻写碑文，他都策划投资。庙园绿化工程他亲自操办，自始至终庙园内外一切费用都由他一人出资，共计一百二十余万元。如今他郑重决定，庙园建筑本人一切垫资，均为捐献。他为家乡文化建设立了一块文明丰碑。总之，王满顺是重建后土娘娘庙的倡导者、策划者和组织实施者，是整个庙园建设的总设计师。七年来，他始终不渝，脚踏实地，忍辱负重，募资求援，呕心沥血，苦干实干，使庙园建设全面竣工。这巍然耸立的建筑群，渗透着他的心血和汗水，彰显出他的信念与追求，闪耀着他天下为公、无私奉献之精神。其建庙善举，感天动地，功德昭示；其高尚精神，山高水长，永照汗青。

故送对联：横批：满顺德高

满腔热情，满腹经纶，满承包揽建庙园

顺应时势，顺其地利，顺从民意铸辉煌

后土娘娘庙管委会立

撰稿人:运城市教育局杨树荣　运城毋德春

二〇一三年农历三月十八日

16.碑文

二零一六年农历三月十八日是建庙十周年大庆,庙委筹集十多万元给各位神灵做了暖阁子,给后土圣母请了两位战神,并给庙堂进行了翻修彩画,为了彰显捐款人的无量功德,特此刻碑留名,以示后人,流芳百世。

(柴书毓按:捐款人名单略)

二零一七年三月初八日

全体庙委敬立

17.新建孔子殿碑记

孔子字仲尼,名丘,春秋鲁国人,是古代伟大的思想家和教育家,是儒家学派创始人,在中国二千五百多年的历史长河中,儒教文化成为国教文化,历代学子们用其求取仕途,开创文明之举。

二零零七年三月十二日,娘娘庙正殿落成剪彩典礼后,侯马市刘其宽、姚绍刚二位居士又请来用汉白玉雕刻的孔圣人神像,为了弘扬儒教文化,培养国家栋梁之材,娘娘庙管理委员会研究决定,在庙园东侧新建孔子殿,与西侧太清宫遥遥相望,于同年三月二十日动工,至五月四日竣工剪彩,在此期间,庙委会负责人与三村干部纵横游说,募化殷勤,教育家、企业家在外工作人员及广大村民慷慨解囊,建功立德。现将捐款名录镌刻于碑,留名青史,昭示后世。

(捐款人名单略)

后土娘娘庙管理委员会

撰文　杨树荣书丹　李仰参镌石　卫满红

公元二零零七年五月十日立

18.后土娘娘庙庙规

经庙委会研究决定特立以下庙规:

一、后土娘娘庙系西张、东孝原、西孝原三村共建,归三村所有,由三村庙委会管理。

二、设庙委会,负责庙院管理工作。三村设分会,按 2∶2∶1 由三村按年轮流管理庙院。

三、庙院实行以庙管庙，以庙养庙的管理模式，外部不得无理干预。

四、庙院财务组要统一核算管理，分村记账，确保庙院收入钱财用于庙院支出，坚决不准借故挪作他用。

五、规范功德簿、功德箱管理，功德簿上伍佰元以上者要铭碑彰表，壹万元以上者独立铭碑，彰显功德。

六、每年按庙院总收入的15%筹集修缮准备金，专款专用，确保庙院百年如新。

七、三村庙院服务人员每年都要轮流值班，由分管村出资一切必需的日常费用。大型的修建，经三村庙委会研究决策方案，实施建筑与修缮。

八、管理村每年要对庙院的环境进行美化和绿化，逐步把庙院建成花园式的庙宇。

九、管理村要高度重视防火工作，准备有充足的水源，并备齐防火器械。

十、每年正月十四上庙红火热闹，是村民祈福运求平安的历史习俗，热闹上庙庙院不出资，只发奖品和食品，给予鼓励。

十一、每年三月十八举办后土圣母生日祭典，在经济允许的情况下筹办较大的文艺活动。

十二、庙院的一切活动都必须遵守国家各项政策法规。

十三、每年年终召开三村庙委代表会，汇报一年工作，接受代表审议。

后土娘娘庙管理委员会

二〇二一年春节

盐湖区上郭乡苏村后土庙

（赵京伟）

一、概况

苏村后土庙又称“娘娘庙”，坐北朝南，位于山西省运城市盐湖区上郭乡苏村。2020年11月，苏村后土庙被运城市盐湖区人民政府列为县级文物保护单位，保护范围自建筑外墙起向东南、西北各延伸5米，控制地带从保护范围向东南、西北各延伸10米。

二、历史沿革

据《苏村史志》记载，“苏村后土庙始建于隋代，重建于唐贞观二年(628)四月六日”[①]。现存的苏村后土庙，为清代建筑。

三、庙宇建筑

据《苏村史志》记载，后土庙前有个大池塘，约有六亩之大。过了池塘顺坡而上，就是后土庙的前门。门是三间，飞檐式斗拱结构。朱漆大门，门上正中悬挂着一块烫金匾，上书“后土庙”三个大字。门前左右各放一尊黄石狮子。进门便是广场，广场南边是舞台，坐南朝北，金字塔造型。飞檐式斗拱结构带前廊，廊下有四根青石柱。台前是广场，广场以北是前殿，也叫过厅。殿基高出地面一米，基底中前有砖石铺的坡，顺坡而上就是前殿。前殿为飞檐式斗拱结构，南北通透，左右有耳山墙。中间前后梁与边间梁衔接处，各矗一根盘龙黄石柱，前后共四根盘龙黄石柱。东侧上首放置黄石碑一通，其次是两通青石碑。西侧是青石碑一通，墙壁上是两块青石卧碑(即墙上镶嵌的小石碑)。黄石碑上首中间用篆书刻有“大唐”二字，两旁刻有龙纹图案，下有隶书刻写的“贞观二年四月六日，即公元628年敕建后土娘娘庙”字样。

正殿，即供奉神灵的殿堂，与前殿相距九尺。殿屋上是琉璃瓦包沟，飞檐下是彩绘雕梁画栋、斗拱结构。廊下中间梁与边间梁衔接处，各矗一根盘龙黄石柱，共两根盘龙黄石柱。殿内为回廊式布局，中间是神台，神台离后墙约五尺。神台上是木制雕花彩绘屋，屋前节子门敞开，一眼便可看到端坐微笑的后土娘娘[②]彩塑像。神台前相距九尺，左右各有一尊彩塑站神像。紧靠正殿左右各有一间小庙，左边是火神娘娘庙，右边是送子娘娘庙，里面都有彩塑神像。从前殿往后殿看，会看见左右各三根盘龙黄石柱，共六根盘龙黄石柱，代表主宰人体六腑之神(道教指心、肝、肺、肾、脾、胆之六神)。

1958年，舞台被拆，后在原址修建公社。1963年，殿里的神像被搬掉。“文化大革命”期间，庙内正殿被拆，现仅剩前殿。

四、主要活动与周边影响

盐湖区苏村后土庙古庙会，为农历六月十八。庙会日期的选定，据《苏村史志》记载，还要从秦王李世民说起。唐武德三年(620)，秦王李世民领兵到夏县，

---

① 苏村史志编辑委员会:《苏村史志》，内刊，2017年。

② 《苏村史志》记载，后土娘娘即女娲氏，为风姓，是中华民族开天辟地的始祖，生活在“襟汾带河”的汾阴脽上，在此生育产子(即传说中的女娲补天造人)。

平灭吕崇茂后，顺便来到“堡沟村”(后改名“苏村”)。李世民前来探望雷静[①]，随后来到后土庙，参拜后土娘娘后，顺手从签筒里抽得一签，上写“龙袍旒冕，坐朝堂”。秦王想“果如所言，吾当重新扩建后土庙”。后来他真的做了皇帝，史称“唐太宗”。为了兑现自己的承诺，他于贞观二年颁旨“重新扩建苏村后土庙”。建成后，人们为庆贺这一盛事，须选个黄道吉日，最后定在“农历六月十八”，传说这天是后土娘娘的诞辰。为了庆祝这个神圣的喜日子，村里给娘娘许下愿唱三天戏。[②] 六月十八这一天恰逢集会，十里八乡的男女都赶来庆贺，白天各闾(1949 年新中国成立前每二十五户为一闾，基本上是每个自然巷为一闾，并选一人为闾长)组织锣鼓队、花鼓队、跑旱船、踩高跷、秧歌队竞相表演，到了晚上，还会放焰火、唱大戏，月上中天时更是热闹非凡。这种风俗延续至今，便形成了农历六月十八的苏村古庙会。

临猗县潘西村后土庙

（王仁之）

一、概况

潘西村后土庙[③]俗称“娘娘庙”“送子娘娘庙”，是潘西村唯一的庙宇。潘西村原位于山西省运城市临猗县西部黄河附近的黄土垣上，娘娘庙建于潘西村，西邻黄河。由于人口增长过快，潘西村村民于 20 世纪 80 年代迁至几公里以外的新址，娘娘庙留在潘西村旧址。

二、历史沿革

据村中传说，潘西村后土庙始建于明代。传说潘西村中有老妪夜梦仙女，仙女称自己的祠庙被大水冲毁，请老妪发动村民前往黄河打捞原庙宇建材，并于村中重建庙宇，次日村民前往河边，果有木料漂浮于河面，因此打捞木材，修建了后土庙。

潘西村后土庙曾于 20 世纪 50 年代抗美援朝结束后为安置复员退伍军人被拆除，但此后仍有虔诚村民前往遗址处祭祀参拜。现存庙宇系 1998 年由乡

---

① 据说该村雷静曾多次给李世民传授兵法战略，他告老还乡后，李世民前来探望。

② 参见苏村史志编辑委员会：《苏村史志》，内刊，2017 年。

③ 除特别标注以外，关于临猗县潘西村后土庙内容均引自刘朝晖：《上庙的日子——寻访山西古庙会》，山西人民出版社 2016 年版，第 22～30 页。

民集资重建而成。[①]

三、庙宇建筑

潘西村后土庙朝南而建，临近黄河，地势高，三面环沟，前有一条山路通往山下。娘娘庙建于修整好的平台上，内供奉后土娘娘。后土娘娘端坐于莲花座上，前方供桌陈设花朵、烛台、水果等，上方悬挂成对的灯笼、花灯，两旁墙壁悬挂有“麒麟送子”等锦旗。

四、主要活动

潘西村后土娘娘庙庙会在每年正月初十。庙会吸引了大量民众，也为周围商铺带来了商机。前来的民众中有相当一部分是为了求子。求子的妇女焚香祷告后，通常会从神像前的台座上拔一朵纸花，求男孩者拔黄花，求女孩者拔红花。为了使祷告更加灵验，得花者需要一路保持沉默。如果愿望实现了，妇女们往往会拿一个猪头回来供奉还愿。

2011 年庙会时，后土庙尚因潘西村迁址而略显冷落，后逐渐再度兴盛。2016 年潘西村后土庙会热闹非常，不仅前来祈福参拜者人头攒动，村委会还组织村民在村中大戏台广场进行社火文艺节目展演，所有节目均由村民自编自演，精彩纷呈。

五、周边影响

潘西村后土娘娘不仅为潘西村人所崇敬，也吸引了周边村落乃至河对岸陕西等地的人前来祈福。据碑刻资料记载，位于汾阴脽地的庙前村后土祠明万历年间遭受黄河水患，祠庙被冲毁；潘西村娘娘庙位于庙前村后土祠之下，因其“黄河中拾木材建庙”的独特由来与庙前村后土祠建立了联系，其神圣意味得以强化，影响力也进一步扩大。

---

① 参见荆卫定：《正月初十临猗黄河边潘西村后土地母娘娘庙会实况》，“临猗网”公众号，https://mp.weixin.qq.com/s/XbXNvbfsc2－m3PB_HSoqZA，发表时间：2016 年 2 月 22 日；浏览时间：2022 年 10 月 22 日。

平陆县张店镇张店后土庙

（柴书毓）

一、概况

张店后土庙位于平陆县张店镇张店村北端，始建时间不详，庙内有多块残碑，但因年代久远，缺乏有效保护，字迹斑驳，已不能辨认。现今的张店后土庙为仿古重檐结构，2013 年在原址上重建，建筑面积 200 余平方米，高十几米。殿内供奉后土娘娘，为坐像，左右各一侍童，两侧楹联为“天经日月，赤功炼石补苍穹；地行江河，元德载物承后土”。庙内左右墙壁上绘有神灵，名曰“坐居两厢护殿堂”，左侧墙壁上绘五岳神（从左到右依次为闻聘、崇黑虎、黄飞虎、崔英、蒋雄），右侧墙壁上绘有五虎上将（从左到右依次为黄忠、马超、关羽、张飞、赵云）。殿内“女娲简介”写道：“女娲，又称娲皇、女阴，史记女娲氏，是华夏民族人文先始，是福佑社稷之正神。”相传女娲造人，以黄泥抟土造人，创造人类社会并建立婚姻制度；因世间天塌地陷，于是炼彩石以补苍天，斩鳌足以立四极，留下了女娲补天的神话传说。女娲不仅是补天救世的英雄和抟土造人的女神，还是创造万物的自然之神，神通广大，化生万物，每天至少能创造出七十种物品。她开世造物，因此被称为“大地之母”，是被民间广泛而又长久崇拜的创世神和始母神。[①]

二、庙宇变迁

清嘉庆二十年（1816），连阴雨下了四十余天，农历九月十九子时，大震如雷，从十九日夜到二十日晨，张店塬发生明显地震十二三次，死亡三万余人，大多数村落十人之中伤亡七八。地震也损坏了后土娘娘庙。在休养生息之后，当地人于张店村北重建占地四十余亩、建筑面积约一万平方米的后土庙。丁英才在《张店塬概况》中介绍了重建后的后土庙：

> 原地母女娲后土娘娘庙是张店村七座庙宇中最宏伟的一座，位于张店北端的大坡上，占地面积四十余亩。来人由南往北上一斜坡后首先看到一座雄壮的山门，山门外两边各立一大石狮，山门内东西两边各有一门房，紧挨门房两侧的是南北长 200 米（南从山门内北至庙后寝宫）、东西宽 4 米的

---

① 参见冉森：《东西方女神图像对比研究——以女娲和阿芙洛狄忒为例》，四川师范大学博士学位论文，2019 年。

两排东西厢房，由山门进得庙内是一大广场，广场的两边耸立着两根高高旗杆，日月旗帜（代表阴阳）迎风飘扬。广场的正面是逢会过节的戏台，戏台坐南朝北，戏台对面是一巨大广场，广场可容纳几千人。一方面，观众可坐北朝南面对戏台看戏；另一方面，庙内举行各种聚会时可作为广大群众的表演广场。从广场正中由南往北而行，正面是五间雄壮的献殿（又称午门）。转过献殿继续北行，进得二堂院：院内东西各一鼓楼；二堂东西七大间，中间是过厅，东西两边各三间大厅（正殿）。由过厅继续北行，进得后院最后一排是九大间的寝宫：寝宫门外有两只铁仙鹤，仙鹤与院内地砖机关相连，行人脚踩地砖，铁仙鹤就会发出高亢明亮的鸣叫声，声音悦耳动听，情趣异常。每逢初一、十五、逢年过节、四大古会，庙内钟声响起，方圆二十里以内均可听到。①

据说，1938 年，日军进入张店塬，指挥部驻扎在距离张店后土庙不足 200 米的张店完全小学。1939 年 8 月，日军强征当地民众未成而恼羞成怒，用刺刀刺后土娘娘神像，又一把火将后土庙烧为灰烬。之后，驻扎在张店塬的日军集体高烧、拉肚子，节节战败。连吃败仗的日军多方打探，才晓得后土娘娘神通广大，无奈之下，召集民工，重新施工，后土庙得以恢复。

后土庙一度全部被毁。在旧址上，张店水委会安营扎寨，打深井、建水塔、盖宿舍、办水务，后土庙踪迹全无。

后土庙被毁后，村民侯桂香在自己家中盖起一座小庙，将后土娘娘请进小庙。善男信女由明转暗，继续传承香火。

改革开放后，随着政府对传统文化的重视，呼吁重建张店后土娘娘庙的呼声也日益高涨。2007 年，由马新民、侯桂香牵头，刘代义、成天祥、杜德全、贾变样等为成员的张店后土娘娘庙重建组成立。他们多方交涉，要回了后土娘娘庙旧址的一部分，接着又多方宣传筹集资金，于 2012 年动工。经过一年多施工，后土庙于 2013 年 8 月在原址上落成。庙内立有《重建后土庙捐款名单》碑。

三、主要活动

张店镇兴盛之时每日有集，每年有四大古会，后改为三天一集，每月逢三、六、九为集日，各村村民赶集购买日常用品。每年农历三月十五、四月十二、七月初七、十月十二四个古会，是祈福还愿之盛日。三月和四月的古会尤为热闹。

---

① 本段材料由柴书毓根据张店后土庙看庙人马新民 2022 年 7 月提供的打印材料即丁英才所著的《张店塬概况》整理总结而成。

赛会由张店塬四十八村轮流举办(大村牵头,小村出财出力)。每逢古会之时,人们就提前杀猪宰羊,炸麻花,炸馓子,堆积于东西厢房内,场面十分壮观。三月和四月古会会期各三天,其间有各地民众前来买卖东西、亲朋聚会、相亲见面、逛会看戏、祈福还愿,络绎不绝。

迎神赛会期间,白天晚上两台大戏轮番上演,各路艺人一展绝活。善男信女虔诚祭拜,烟雾缭绕。古会的承办方于每日午时(11点以后)将"行宫"后土娘娘(木雕的后土娘娘神像,在庙内正殿就座的称为"坐宫",被人抬着出行巡游的后土娘娘则被称为"行宫")请坐于神轿内,四位轿夫肩抬神轿,神轿之前是威风锣鼓队,锣鼓队前面是彩旗方队。后土娘娘行宫两边,如古代王公大臣出行一般,有专为行宫神轿准备的金瓜、钺斧、朝天镫、鬼龙伞等仪仗。行宫神轿的后边跟随着承办庙会的各领头人及有威望的族长、乡绅、社会贤达等。他们每人手持一股明香,护送后土娘娘。神轿过去之后,大街上还要跑神马,最前边的是正马,马背上驮神舍(木卯做成的小房子,内有后土娘娘像,房上的四个角上分别插有野鸡翎和红色彩绸飘带等)。马身两边各系一条麻绳至马尾之后,马脖颈被一人执挎,马后两人握住两根麻绳,人马齐心协力,步态雄健、神采飞扬。

队伍从上午开始游行直到下午方才回庙。三天正会,每天如此。庙内外热闹非凡,民众载歌载舞,彰显出张店塬民风古朴、人心向善、礼让文明。[①]

平芮檀道庙[②]

(孙华月　柴书毓)

一、概况

平芮檀道庙位于山西省运城市平陆县洪池乡南王村和芮城县陌南镇檀道村交界处,北枕中条山,南邻黄河。檀道庙为后土娘娘庙,也称"后土庙"或"娘娘庙",创建时间不详。庙内供奉有三尊女神像,主神为后土娘娘。该庙今留有明代大殿、戏台、献殿、廊房、古柏树及碑刻等文物[③],是平陆、芮城两县民众祭祀

① 参见张店后土娘娘庙重建组:《寻根古老张店塬　问祖后土娘娘庙》(内部材料),2015年11月1日。材料由柴书毓于2020年8月25日调研期间所获。

② 本文根据柴书毓的田野调查情况和南茜《山西运城檀道庙后土信仰》(山西师范大学硕士学位论文,2012年)整理编写而成。

③ 参见张亦农、景昆俊主编:《永乐宫志》,山西人民出版社2006年版,第115页。

后土、举行庙会的地方。1961年，芮城县人民委员会认定檀道庙为芮城县重点文物保护单位。平芮檀道庙由附近两县村民共同管理，每年农历三月十五至三月十九为庙会期，三月十八为庙会正日。每逢庙会，两县民众上香祈福祭祀、搭台唱戏表演，锣鼓炮声喧天，非常热闹。除了檀道庙祭祀圈内的十社三村，还有来自陕西潼关、大荔和河南灵宝、陕州以及山西运城、永济等地的民众前来祭拜、游览，当地人称“三省会”。檀道庙庙会在日军侵华时停止，20世纪80年代恢复。[①] 2017年11月21日，檀道庙被列为运城市市级文物保护单位。

二、历史沿革

根据当地民众的说法，檀道庙原名“檀道村后土圣母庙”，因曾经位于檀道岭南边的檀道村而被民众简称“檀道庙”。相传“檀道”之名来自《诗经·魏风·伐檀》“坎坎伐檀兮，置之河之干兮”，取意于采伐檀林的道路。现在檀道庙后就是古檀道，是当时伐檀的必经之路。1994年出版的《芮城县志》中有类似记载：

> 以古城、古庙古寺古道及其方位命名的村，如……檀道为古魏代时运檀之道……[②]

檀道庙附近有“虞芮闲田”旧地，西周“虞芮让畔”的典故就出于此，讲的是古虞国和古芮国为争地发生纠纷，械斗不息。两国君主只好找周文王评理，当他们相随到周地时，看到“行者让路，耕当让畔，斑白不提携”，感到非常愧疚，中途返回，礼让不争，空出一块闲地，称为“闲田”。以后，这个地方便被称为“原”。这段佳话流传至今。[③]

《芮城县志》记载：“檀道庙：在县城东北方三十五公里之岭底乡檀道村东南，原地跨芮城、平陆两县地界，建国后，划归岗城，始建年代无考。现留为明代重修遗构……”[④]由此可见，檀道庙的历史至少可以追溯到近四百年前。

新中国成立前，庙院坐北朝南，南北长二十七丈五尺，东西宽十九丈六尺，合九亩。庙的中轴线上，自北起为后土大殿、献殿、山门、照壁各一座。大殿为悬山顶形，面宽三间，进深三椽，前檐斗口施龙形耍头，平身科五攒，梁架饰龙形彩绘。大殿前有一对高三丈余的铁旗杆，分立左右，杆上带有铁斗、风铃。大殿为明代重修遗构。献殿为硬山顶，亦为明代重修遗构。献殿前台上亦有一对铁

---

① 参见山西省政协《晋商史料全览》编辑委员会、运城市政协《晋商史料全览·运城卷》编辑委员会编：《晋商史料全览·运城卷》，山西人民出版社2006年版，第566～572页。

② 芮城县志编纂委员会编：《芮城县志》卷一，三秦出版社1994年版，第75页。

③ 参见张亦农、景昆俊主编：《永乐宫志》，山西人民出版社2006年版，第115页。

④ 芮城县志编纂委员会编：《芮城县志》卷一，三秦出版社1994年版，第765页。

旗杆。献殿台高八尺，台坡十二层，坡前有一对唐柏，分植左右，高五丈有余，粗一丈二尺。山门高三丈，砖砌而成，山门左右三间戏台相连接，戏台基高八尺。山门前隔千古大道之南有砖砌照壁一座。山门前有石狮一对，分立左右。献殿东西两侧各隔一通道有三间账房，分别为平、芮两县庙社记账所用。东账房背后有井一眼。西账房北为一小院，有房六间，为守庙人居处(1959年移居于今檀道村)。戏场东边有廊房五间，西边有廊房八间。东戏台的东边有茶房三房，为唱戏时演员烧水的地方。庙外西南角有行庭三间，为庙会时九社十村上庙前暂息之所。另外，参加庙会的十村，皆建有专供本县神灵出游本村使用的行宫和戏台。

新中国成立后，发生了一些变化。1958年冬，芮城县东峪等五村在庙中办起了檀道农业中学，生源来自芮城、平陆两地。1960年，东峪高小迁至檀道庙，更名为“檀道高小”，生源除芮城五个大队外，还有平陆少数地区。1968年，檀道高小升格更名为檀道中学。1984年撤中学，并归岭底中学，在庙内另设高小，直至1992年迁出，移至檀道村。1998年，在庙办武术学校。另外一个变化就是拆庙建校。1966年，大殿、西戏台皆倾斜，被拆掉。办校诸村添增木料等物建起三排教室，共12间。1975年，因山门、东戏台及相连的南房旧坏而被拆毁，增添木料等物，盖起东边后排七间教室。

1988年，平、芮两地的闲原九社三村家家户户捐款出资献工，另有河南及运城、平芮二县崇信圣母者倾囊相助，于农历七月十五在旧庙址东南方建起一座坐北向南的新式舞台及三间耳房。1994年，平、芮两地九社三村再次集资捐款献工，历时一年，在原大殿旧址重新建起正殿三间及两边砖墙，同年又在献殿中间安上铁门，开始有常年守庙看门者。1995年，庙内塑造三尊神像并彩绘正殿。1996年，虞方各社耗资13万元修筑了从檀道村口至庙门口、与虞方相接的柏油路(约1500米)。城堡油路的负责人史得承，自己捐资近两万，为庙院内铺油路，并为后土及左右的虞、芮圣母像做了缎袍三身、大型牌匾一块。1998年农历五月，重修了庙门前的照壁及献殿东边的三间账房。[①]

三、庙宇建筑

檀道庙在“文化大革命”期间遭到毁灭，仅存献殿。20世纪80年代末90年代初，当地民众根据记忆在檀道庙原址上重新修建。现今的檀道庙坐北朝南，主要建筑沿中轴线排列，从南至北依次是照壁、山门、献殿、正殿。舞台位于山

---

① 参见李尚师:《虞芮檀道庙》，内部资料，1999年，第23～26页。

门东侧，庙内西侧偏殿两间，东侧偏殿若干。

照壁与山门被一条乡村公路隔开，分立南北两侧。山门高约 8 米，宽约 12 米。山门前有一对石狮子，平日里也总有人祭拜，祈求家人平安或多子多福。若是孩子天生体弱多病或多灾多难，就认石狮子为“父母”，定期祭拜。民众认为这样做可以保佑孩子健康平安。

庙中轴线的两边有两棵古柏，是檀道庙一处独特的景观，也被称为“连理双柏”。据庙委会介绍，商末虞芮二君让畔于斯而成闲原，周武王得天下后遂为二君立庙于此，同时栽下双柏，距今已有 3000 余年。现今双柏枝繁叶茂，顶枝及虬根相交连理，巍然耸立，东柏无籽为雄，西柏有籽为雌。1973 年农历六月十六，东柏头被破坏，多亏虞芮民众及时赶到，双柏得以保住。闲原自古就有年年祭拜、周游神柏的习俗，凡有求者，无不灵验，故香火鼎盛。① 当地民众认为双柏分雌雄，而且与庙宇正殿里的后土娘娘同处一个体系，也具有惩恶扬善的力量。民众都愿意给柏树捐功德，然后一边摸着树干，一边绕着树走，每棵柏树绕三圈，希望借此获得好运。

献殿面宽三间，硬山式屋顶，中间是通向檀道庙正殿的大门，左右两边各有一间房，东侧是管理室，西侧是守庙人住处。献殿楹联为“诵读诗经伐檀道上声声远，追思圣母赐子情中代代亲”。献殿东西南北四面外墙上都镶嵌有明清时期和现代的石刻碑文。南墙东西两侧绘有壁画，画中都是三位娘娘一同出现。东侧壁画为娘娘下凡图，西侧壁画为娘娘送子图。献殿旁有简介：

> 献殿与正殿同时重建于元代，为祭祀三位圣母所放供品之殿。曾于明天启二年、清康熙五年、清嘉庆十三年、清道光三年、清道光二十二年等多次重修。改革开放后于 2003 年再次重修，2011 年又重修了献殿的看台，增铺了石板、石柱，献殿□□东西两边原本各放有一丈长的大供桌，东边为虞，西边为芮，每年农历三月十八日圣会期间，两方轮值之社，在自己方供桌上摆满整猪、整羊、整鸡、整鸭、花馍、麻花、油糕等祭品。两方主持人各在自己供桌前烧香奠酒，行三叩九拜大礼。

穿过献殿便是正殿。碑文记载，明清时期和近代献殿曾多次翻修，现在的正殿是 20 世纪 80 年代在原址上重新修建的。正殿面宽三间，为五脊两坡的悬山式屋顶。正殿内有三尊娘娘神像一字排开，高约 5 米，中间的是大娘娘，东边的是二娘娘，西边的是三娘娘。殿旁有简介说明：

---

① 参见檀道庙文物管理委员会：《千年连理古柏——心驰神往》，内部材料，现存于檀道庙中。

> 斯庙原本建有虞芮二君庙和后土庙，然沧海桑田，金兵入侵中原，虞芮二君庙及后土庙皆毁于兵燹。元代闲原百姓改二庙为一，祀虞芮二圣母于后土圣母两侧。今庙供奉三位圣母：居中者为后土圣母，执掌人间地狱，善恶回报，生死轮回；东者为虞君圣母，乃送子娘娘；西者为芮君圣母，乃司药娘娘。斯庙曾于明天启二年、清康熙五年、清嘉庆十三年、清道光三年、清道光二十二年等多次重修，“文化大革命”期间正殿再次被毁。改革开放后十社三村及信士捐资，于1994年在原址重建起今之正殿。

正殿后为圣母大殿，殿前矗立一块碑，碑刻中间为后土圣母，左右分别为芮君圣母、虞君圣母，系2016年清明所立。殿内供奉后土娘娘及虞芮二君之母，东为虞君圣母，是送子娘娘；西为芮君圣母，为施药娘娘。三者并称“后土三位圣母”。两侧墙壁上绘有“虞芮之争、虞芮问道、周朝见闻、问道还乡、虞芮让畔”系列壁画，后土（女娲）“抟土造人、置笙簧、置婚姻”的壁画，以及“八仙”等神灵。殿内放置信众送的牌匾、锦旗等。正殿东西侧墙镶嵌20世纪90年代的石刻碑文。

“文化大革命”时期，庙里的神像被毁，现在的神像1995年由两县十三村集资重塑。这三尊神像极为相似，只有“大娘娘”的神像比其他两尊神像略高，除此基本无法从面部表情和体态上看出她们有何区别。檀道庙的祭祀主神是后土娘娘。同时，它还拥有两位陪祀神灵。当地民众对三位娘娘的身份持有多种观点。

第一种观点是三姐妹说，认为正殿内供奉的三位娘娘都是后土娘娘，是三姐妹。位于中间的娘娘最大，是后土娘娘，主管世间一切；东侧的娘娘排第二，主管人间事务；西侧的娘娘排第三，主管庙中的事情，如婚丧嫁娶、盖房打桩。民众祭拜时，不会将三位娘娘的职能细分，针对某一位祭拜，而是按照顺序依次祭拜。

第二种观点是虞芮二君之母说，认为位于正殿中间的是大娘娘，是后土娘娘，即檀道庙最大的神灵；东侧的为二娘娘，是古虞国国君的母亲，属于平陆县；西侧的为三娘娘，是古芮国国君的母亲，属于芮城县。

第三种观点是娥皇女英说，流传范围非常小。1992年版《平陆县志》中的《后土娘娘计骗祖师爷》有类似的传说故事。《平陆县志》记载，平陆和芮城两县交界处有座后土庙，庙内敬奉两位正神，是帝尧的女儿、舜帝的妃子——娥皇和女英。后土庙北枕条山，南临大河，地脉雄厚，川塬广衍，庙址方圆十多亩，树森荫翳，庙宇辉煌，为两县接境之胜地。两位娘娘，两县各奉其一，平陆供奉的是娥皇，芮城供奉的是女英。[①]

2012 年，正殿西南侧和东南侧新建了鼓楼和钟楼，又在戏台正北方约 50 米处新修了两个凉亭，庙会时供奉娘娘在此看戏。“文化大革命”前檀道庙除了娘娘主庙，还有许多娘娘行宫，基本每个村子都有。哪个村子主祀，就将娘娘驾楼抬至哪个村子的行宫中祀奉，并请娘娘看戏。如今只有西峪村的娘娘行宫得以保留，为面宽两间歇山顶式建筑，南墙内镶嵌清咸丰四年(1854)《后土行宫创建碑记》。

四、主要活动

檀道庙庙会从农历三月十六开始，历时四天或五天，到三月十九或三月二十结束。随着时代的发展，庙会的形式也发生了变化。

（一）庙会基本环节

1.正会前

按照旧例，平、芮两县的值日社会各自邀请戏班来演出。以前檀道庙祭祀圈内各村都有娘娘行宫，每年农历三月十六，值日社要将本县的圣母驾楼从檀道庙正殿请回本村，置于本村的娘娘行宫内奉祀。值日社所请戏班在行宫外为娘娘唱戏表演，从三月十六开始，每天上、下午各一场戏。三月十七下午场唱完，戏班就带上行头回到檀道庙，准备三月十八的第一场戏——“挂灯戏”，这也是庙会的特色之一。

2.挂灯戏

挂灯戏就是半夜里在舞台上挂着灯唱戏。三月十七夜，东、西戏台上两县的戏班子都会上演自己的拿手好戏。演到晚上十一点，稍作停顿。零时整，随着献台上洪亮的钟声响起，东、西戏台上唢呐同时响起，台下锣鼓齐鸣，两戏台演员便一齐出场，一直演到天亮。旧时演戏没有电灯，台上用的是大铁灯，用三根铁绳挂在台前两边的大梁上。铁灯点燃，照得台上台下一片通亮。[②]

3.对台戏

对台戏是檀道庙庙会的另一特色。“挂灯戏”即是“对台戏”的一种演出形式。檀道庙内山门的两侧各有一个舞台，分属平、芮两县。从两县请来的戏班进入檀道庙开始表演，每一场戏的演出时间均相同，所以每次都是两个舞台一起开唱，被当地人称为“对台戏”。这种演出形式必定会导致观众的流动，两台

---

① 参见平陆县志编纂委员会编：《平陆县志》，中国地图出版社 1992 年版，第 609 页。

② 参见山西省政协《晋商史料全览》编辑委员会、运城市政协《晋商史料全览・运城卷》编辑委员会编：《晋商史料全览・运城卷》，山西人民出版社 2006 年版，第 566～568 页。

戏的竞争随之而起。竞争促使戏班的演员在表演时使出浑身解数吸引观众,台下的观众也在两个舞台之间来回赶场。在人们的记忆中,庙会的表演以蒲剧为主,不排除为了抢夺观众而表演说唱、段子等其他形式。三月十八早上是庙会祭祀仪式,所以没有对台戏。

4.“跑楼子”

所谓“跑楼子”,就是提前给马或骡子披上花鞍,花鞍上扎“楼子”。这里的“楼子”是为庙会专门制作的,是一个用绸子绕的木框架,架子上固定着几面镜子和各种用绸缎扎成的花朵。三月十八早上八九点,“楼子”与娘娘驾楼到达庙前,由两方三眼铳开道,从人海中开出一条道路。另有花棍队紧随其后,手持花棍,维持秩序。

“跑楼子”从山门开始。指挥者一声令下,就会有人牵着“楼子”往庙里跑。民众会用花棍击打“楼子”的屁股,受到外力刺激的它们会一路奔跑到献殿的台坡前,凭着惯性,腾空跃上台坡。“楼子”飞跃前,“跑楼子”的人会架住“楼子”的脖子,随“楼子”一同跃上台坡,穿过献殿,从正前的东西两边的侧门跑出檀道庙,沿着东西两侧山路绕回庙门,等待下一轮表演。这是檀道庙庙会上特有的娱神、娱人活动。

5.娘娘上庙

这是压轴表演。农历三月十八早上天刚亮,两县各社的年轻男子就要从值日社抬着各自的后土娘娘驾楼到檀道庙外的行亭,准备参加送娘娘上庙仪式。两县民众抬着各自的后土娘娘驾楼一同进入山门,经过古柏、献殿,最终进入檀道庙正殿落位。这一过程意味着两位娘娘在民间游走一圈后顺利归位。娘娘上庙仪式有很多队伍参与,走在最前面的是手执各色龙凤锦旗的仪仗队,紧跟其后的是斧钺队伍,后面跟着排成三排的三眼铳队伍,两旁有花棍队伍维持秩序,最后是娘娘驾楼压阵。整个过程中,锣鼓声、炮声和喧闹声交织。后土娘娘驾楼进入山门的时候,两县常常因抬驾的高度或驾楼上庙的先后顺序发生争执。娘娘上庙的过程更像是两县为各自的娘娘争夺权力进行的比赛。经过一番打斗,双方会在适当的时候结束争执,发扬礼让品德,相互退让,握手言和,并以相同方式将驾楼抬入檀道庙内。这种先争执后和解的情况每年都会发生,民众乐此不疲,几乎成了檀道庙祭祀圈内部默认的祭祀行为,不可或缺。

娘娘上庙之后,庙会的重要仪式就结束了,这时民众才安闲下来,各自行动,或祭拜许愿,或看戏游览,或赶集购物。对台戏一直演到三月十九。至此,庙会结束。对当地民众而言,这一天也是农事活动的分界线:在此以前是农闲季节，每天只吃两顿饭；从这一天起，进入农忙季节，每天开始吃三顿饭。因此，当地民众对这个日子很重视。①

（二）时下庙会特色

现代庙会是指20世纪80年代至今的庙会活动。从日本侵华开始，庙会经常被迫中断。新中国成立后，檀道庙偶尔唱戏。20世纪50年代末至70年代初，芮城县岭底乡在檀道庙办学，曾拆毁正殿、舞台、山门等建筑。改革开放后，随着人民生活水平的提高、政府对文物古迹保护政策的落实、市场经济的发展，民风民俗得到尊重，庙会又逐步恢复起来。先是芮城几社在檀道对唱了两年开放戏，接着平陆各社积极参与，在庙中搭起临时性的台子唱起了开放戏。1988年，两地人民合力建起新舞台，庙会真正得到恢复。现在的檀道庙，规模比先前有所扩展，占地24亩。除舞台外，还新建了正殿，重塑了后土及虞、芮圣母神像等。

昔日的游神、娘娘上庙、对台戏等活动不再举办，代之而起的是玩狮子、跑旱船、耍龙灯、放录像、闲原人民书画展等。祭祀仪式正式开始后，各表演队伍按次序进入，绕柏树表演一周，再到舞台前表演。进庙的先后次序两县一年一换。②

庙会前两天会有很多志愿者来到庙里，打扫庙内卫生，整理正殿，为娘娘更衣，为即将到来的庙会做准备。庙会唱戏从戏班唱第一场戏开始，到唱最后一场戏结束，共十场戏。庙会除第一天三月十五日下午开始唱第一场戏，三月十八唱三场戏，多加一场挂灯戏外，其他三天都是每天两场戏，上午、下午各一场。现在的檀道庙只在山门东侧重修了一个戏台，为两县共有。对台戏已经不再唱，但是三月十八凌晨唱挂灯戏的传统仍然保存了下来。

除了看戏，更有许多人于三月十八零点到一点来拜神许愿。檀道庙总首人会在零时给娘娘上第一炷香，专程在这个时候赶来上香的民众很多，更有从外地开车过来的信众。檀道庙在两棵古柏周围围了保护圈，修了停车场。外地或本地的车辆都可以开车绕着古柏转三圈，据说可以得到神的保佑。

庙会期间，正殿内三位娘娘周围有许多用各种颜色的纸扎成的“许愿花”，也称“幸运花”。当地民众认为，三位娘娘非常灵验，是全知全能的神灵，可以保佑一切，其中求子嗣最为灵验。祈求者若要求男孩，就摘一朵白色的幸运花；若

---

① 参见平陆县志编纂委员会编：《平陆县志》，中国地图出版社1992年版，第609页。

② 参见山西省政协《晋商史料全览》编辑委员会、运城市政协《晋商史料全览·运城卷》编辑委员会编：《晋商史料全览·运城卷》，山西人民出版社2006年版，第571页。

要求女孩，就摘一朵粉色的幸运花；若要求平安、升官、考学等，就摘一朵红色的幸运花。祈求者每摘一朵幸运花，都要给娘娘烧香、放炮、许愿，将来还要回来还愿。

五、周边影响

檀道庙地处芮城、平陆、解州三县交界处，是三县人民进行物资交换的重要场所。庙会的举办也对周边地区的商业发展产生了较大影响。[①]

檀道庙是平陆县与邻县芮城县的分界地标，以此庙的中轴线为界，庙东侧属于平陆县，庙西侧属于芮城县。《平陆县志》记载：

> 后土庙……位于洪池乡南王村西，芮城岭底乡坛道村东。原为平芮两县十村九社所共有……庙左属平陆县，曰胡村、曰上洪池、曰下洪池、曰南侯、折而西曰岳村，是为东五社。庙右属芮城县，偏北曰东峪、日西峪、迤南曰马壁，与西峪合社，又曰庄里、曰张家滑，是为西四社。[②]

清道光二十三年(1843)《重修后土庙碑记》中也有同样的表述：

> 平芮居条山之阳，为周虞芮地，其接境处即古田也……后土庙……庙左属平陆县……是为东五社。庙右属芮城县……是为西四社。

檀道庙由两县民众共同管理，以此为中心，其信仰圈涵盖山西运城地区南部以及河南三门峡等地区。

现存最早有关檀道庙祭祀圈的记载是清康熙五年(1666)《重修后土圣母庙碑记》：

> 古檀道，有后土圣母庙，……募化两县十社资材，荫城什输其四，平陆什输其六……

清康熙五年，檀道庙的祭祀圈为“两县十社”，其中平陆五社，芮城五社。道光三年(1823)《后土庙重修正殿献殿改修歌台照壁碑记》中也提到了檀道庙的祭祀圈，但“十社”变成了“九社”：

> 按嘉庆初年，修葺正殿时……平邑五社，捐银十之六。芮邑四社，捐银十之四。

---

① 参见山西省政协《晋商史料全览》编辑委员会、运城市政协《晋商史料全览·运城卷》编辑委员会编：《晋商史料全览·运城卷》，山西人民出版社 2006 年版，第 572 页。

② 平陆县志编纂委员会编：《平陆县志》，中国地图出版社 1992 年版，第 466 页。

檀道庙的祭祀圈发展至今天，已经扩大为“十社三村”，“十社”为东西各五社，平陆县东五社为胡村、上洪池村、下洪池村、南侯村、岳村五村；芮城县西五社为东峪村、西峪村、马壁村、庄里村、张家滑村；“三村”则为平陆县南王村、芮城县檀道村和朱家窑村。

附录

据南茜《山西运城檀道庙后土信仰研究》，檀道庙内保存有较多碑刻。大致整理如下。

1.檀道庙外西侧行亭碑

创建行亭碑记

虞芮交界之间有后土庙在焉，每年三月十八行神赛社不知创自何始，

乃大劫之后人烟萧索，不能照例谒神，惟于十八日恭扶圣驾离宫，以续宾主

敬让之风焉，但日中暴露，或风雨飘扬，于心不安。况前人欲建行亭，有志未逮。忽于去年春，时值旱患，十社祈雨许盖行亭。幸而甘霖普降，不负十社之祈。于是两邑恭举张时坊、张锡田总理，又各社首人督工，即于山岔口前，卜吉兴工，以成厥志焉。十村九社四六出资共费银百七有余又得布施若干。施丹青文采有耀，累砖砌石巩固。可卜起工于二月初十，落成于三月初十。人力丰至于此，冥冥中应有为之主者矣，工成□竣。为俚句勒诸珉斯亭也，敢云可以妥神位，亦聊以夙愿耳。是为序。

生员王诞登撰文

平邑贡生王治化书丹

平邑　张时坊　　　　　　　　席曰德　王引瑞　庠生

大总理　　　　　　　首事人　　乔定乾　荆林茂　庠生

芮城　张锡田　　　李映贵　王振东

李文章　李学美

大清光绪十年三月初十日敬

2.檀道庙献殿东侧墙碑(1)

重修后土庙大门戏台碑记

稽古栖神有庙，庙制营度，先宫殿，次门闳。且祀神有乐，乐宣抑□，近堂陆，远楼台。夫门楣高大，固所以昭威严，亦以壮万姓之观瞻；歌台暖音，故所以格灵爽，亦以快兆民之听闻。而更有深意存焉，盖人之精神不能无

所触而动，一望门而戾止，遂不觉生齐遨之心；人之志气不能无所感而发，一闻乐而爱慕，遂不觉起怿愉之念。若是乎能敬且和，在庙者肃肃雍雍，明禋大典于万斯年，岂不甚善而□，竟何如乎？正殿既修，而大门破坏；堂阶依然，而戏台倾颓。凡我同社能不目击心伤哉？故道人敬请同社商议，募化资，同心协力共为修葺。庶几有泰山土壤之积，不致有蚊虻负山之忧。使大门焕然聿新，戏台昭然整齐。使合社人入门而生敬，听乐而兴和，上下裕而神人悦，既可卜万世无疆之休。合社绅衿士庶，宜努力向善，以成大功。今后人同心向善者，睹遗迹而慨慕不已云尔。

3.檀道庙献殿东侧墙碑(2)

重修坛道后土庙正碑记

（博物馆供稿）

黄河中游是中华民族文化的摇篮，商周之际又有虞芮让田之千古美德。平芮两县边民弘扬祖国传统文化，滋阴后生，在两县交界处创立后土娘娘庙，每年三月十八修禊盛会，东西两台竞技斗艺，锣鼓喧天，炮声震地，彩马奔腾，旌旗蔽日，人山人海，热闹非凡，盛况空前。原殿创建年代无考，明清两代屡次重修，“文化大革命”中极左风起，古殿塑像亦幸免。迨改革开放后，国强民富，众忌萌动，两县十三村民及境外义民惋惜往事，慷慨解囊，集资四万余元，重修正殿，另立塑像三尊，于九四年孟春动工，季春告竣，故立碑垂念。

重修正殿委员会

公元一九九五年农历三月初三立

4.檀道庙献殿西侧墙碑(1)

重修后土圣母庙碑记

从来庙宇有裨于里社，人人而知之，不能人人而祀之，人人而修理之也。于是有籍于为僧为道者，今朝夕焚修，视其缺坏，时为补葺，尽如在之诚焉。古檀道有后土圣母庙，界虞芮两邑。岁有响赛，其庙貌恢宏，颇足惬观。凡一切□体，严君尝董之。自捐馆之后，日久倾类，人人俱思修理，惜无领袖耳。看庙道人刘氏名正登者解梁人也，募化两县十社资材。芮城什输其四，平陆什输其六，而平陆之六则五社均焉。于是庀工鸠材，降大事动陶冶。正殿、山门悉整饬如新，又将神像金彩。虽创建有年，而维新则在今日也。诸施主之德固不可泯，刘正登之功亦堪与施主相后先也，故刻在此

志也。(孙华月、柴书毓按:捐款人名略)

康熙五年岁次丙午二月吉旦之解梁后□毕应辰□□

5.檀道庙献殿西侧墙碑(2)

(孙华月、柴书毓按:碑名不详)

公元一九九八年农历四月份,因天雨连绵将照壁房损坏倒塌。经文物保护组商议,宜应修理,当时选出三人负责照壁与正殿西北房四间。于本年农历五月开始动工,于农历六七月份完工,共用洋捌千零捌拾元。东帐房于农历七月份开始动工,于农历本月底完工,共用洋五千壹佰叁拾柒元。总共用洋壹万三千贰佰壹拾柒元,特此立碑为记。

公元一九九九年农历三月十三日立

6.檀道庙献殿西侧墙碑(3)

(南茜按:碑名不详;柴书毓按:额题“后土圣母”)

芮界中有□□□人

后土神庙内有僧人海珊,于辛酉岁,躬诣二县,募缘诵经。在平陆五社所积经资未敢自质,愿置地于庙内,来作后□□守□修之资,见以□中共议,舍人无不肯诺。遂将经资银四两买地五亩,□粮三斗,况遂事成,理宜勒石,永为不朽云。(孙华月、柴书毓按:捐款人名略)

天启二年岁次壬戌三月吉日立

(柴书毓按:檀道庙献殿西侧墙碑(4)乃康熙五年(1666)的《重修后土庙序》)

7.檀道庙献殿南侧墙碑

檀道后土庙重修新建碑记

公元二零零零年,重修西帐房三间、东平房五间,共支资壹万仟柒仟壹佰元。

公元二零零二年,重修西厢房九间、南院墙和西南水窖,共支资壹万陆仟五百元。

公元二零零三年,重修献台并扣洞瓦、正殿东西围墙,修补行亭,新建东厢房三间、东围墙、北围墙、西北厕所,共支资壹万九仟捌百元。

现将捐资五十元以上者列写如下:

(孙华月、柴书毓按:人名略)

公元二零零三年农历七月二十三立

8.檀道庙献殿北侧墙碑

十村公议规条

自二十四年起，三月十八日猪羊馒俱献，中间两边摆供。神架在外，神马不许进庙。迨入庙时臣献殿阶下分东西而回。神架至三岔口，平芮换抬如有掀架顶架者，罚戏三日。戏到正殿，拈阄排单，按次序演唱，乱者罚戏三日。添置物件香炉三座、纱灯六对、条桌单桌各贰张、圈椅乙拾六把、板凳乙拾六条、长柴凳四条、于每社除钱壹千贰佰文。栽槐树两株、杨树八株、于主持僧人宗仁除钱贰千文。栽柏树四十株，内外新栽树株。如拴牲口者，罚钱乙千文。如损者，照样补赔外，仍罚钱壹千文。

平陆县福建省台湾道仝卜年施银壹两。

道光二十三年九月二十二穀旦

9.檀道庙舞台西侧墙碑

创建舞台碑记

檀道为《诗经魏风》伐檀工运木之故道，有后土庙，俗称檀道庙。碑铭记载历代均有修葺，增建规模宏伟，古柏参天，每逢神赛，名剧露演，商旅云集，展现了虞芮友好传统于闲田。虽经沧海苍天[桑田]，它确是幸存的一组古建群。新中国成立后，被国家列为县级重点保护单位。十年浩劫，部分人目无文物大法，置五千年炎黄文明于不顾，劫掘古柏，抢殿宇，特别联二戏台拆毁，使群众物资交流文化生活断炊二十年之久，令人深痛。党的十一届三中全会后，神州回春，闲田人民无不扬眉吐气，十年建设已见成效，生产力的提高，商品经济的发展，美好的生活带来了进一步建设家乡和更高文化生活的追求，于是创建檀道庙舞台，成了群众不谋而合的呼声。在政府支持下，里人自觉组成檀道庙创建舞台筹委会，号召一出，众擎一举，数月集资人民币达四万元之多，投工献艺，精心设计，显示了古魏人民的聪明智慧。故另刻石以志，于公元一九八八年农历四月初一日，在原戏台旧址东侧数十米破土动工，同年十月二十四日落成，坐南向北，面宽四间，东西长四丈一尺，南北宽三丈五尺，又在舞台西边创建平房一间，瓦房三间，宏伟气魄，落落大方，竣工之际，特邀名团露演数日，古建添彩，商旅又集，众口皆碑，是闲田新文化建设之始，勒石永垂。

创建舞台筹委会

（孙华月、柴书毓按：人名略）

一九八九年农历三月十五日立

10.檀道庙舞台南侧墙碑(一)

□□正□□献殿平芮十社重修碑记

□□条山以南,洪河以北者为平芮。平芮接壤旧有后土庙,自檀道领蜿蜒而来,龙首、灵岩等观院夹辅左右,前有岸横亘数十里,堪舆家以为,罗城□丰□□□□设,钟山川之灵秀,而为平芮曾归之所与?创建失考,自明天启暨我朝康熙乾隆年,其门嗣而葺之,括而大之,踵事增之者,有碣石俱存,赫赫若前日事。闲者,因风雨蚕蚀,以致正殿残献,垣圮瓦解,及今不修,后□难维新。延上人释名悟圣等,约会诸檀那,请所以修葺之,崇奉香火之社凡十,举欣欣然解囊捐资,而邻社诸君子赍金赞襄,其□□所在多有约醵□□百余两。遂公举平邑国水牢乔君讳振法、芮邑予族兄文亭张仕昇二人总理其事。于是鸠工庀材,辇石陶瓦,固其基址,厚其墙垣,盖瓦级轨,无不次第更新。又以偏东道苑圮毁,新筑禅室三面,于西辟以为释者焚修之所,厥功于此称完。□□既而,乔君赴召玉楼、文亭兄商诸各社,敦诸丹青手金妆神像,楹桶施以□事。而功毕□,所谓革去故鼎取新者,其斯之谓与?在坤之彖云:安贞之吉,应地无疆。每季春、既望月二日,十社人序次而来,揖让而登,振古如兹矣。当□□庙,谒神□,余旷然四望,得无意乎?北有条峰,西起雷首,东接太行,其南土地狭□,曰此即《山海经》所称薄山者是也。其东有傅严,商贤傅说所由起也。今其县内名贤□□,南邻闲田,原二君庙在焉。然想见质成之化,礼让之风□俗。在其西文侯师段干木故里,与首阳相望,庶几有隐君子乎?游目骋怀,即景生情,安贞应地之思,其有不油然而兴耶?抑又闻之,北魏以前,河北县在古魏城。隋唐时,河北县即今平陆。元至正三年合平、芮为一县。今则仪家沟为限,疆界分明,截然两县。而同心勠力,情意缠绵,固结而不解,盖古者型仁让义,相沿成俗,至于今不衰。而所云社人胥悦者,亦于兹可见。是役也,经始于嘉庆二年,落成于嘉庆八年。嘉绩告竣,勒诸贞珉,俾后有考,故君子得览镜焉。芳名将于厉山带河,并寿不朽矣。是为叙。(柴书毓按:后有若干捐人姓名)

芮城县国子监张□程董□

平陆县儒学生员张鹤立

乔振□

十社首人

张任□

旹大清嘉庆十三年三月吉日立

11.檀道庙舞台南侧墙碑(二)

鼎修后土庙碑记

平芮居条山之阳，为周虞芮地，其接境处即古闲田也，当时仁让之风人乐道之。直闲田之北可十里许为后土庙，北踞条峰，南临大河，地脉丰厚，川原广衍，诚两邑之胜境也。庙左属平陆县，曰胡村、曰上洪池、曰下洪池、曰南侯，折而西曰岳村，是为东五社。庙右属芮城县，偏北曰东峪、曰西峪、迤南曰马壁，与西峪合社，又南曰庄里、曰张家滑，是为西四社。每遇三月十八日，春风骀宕，景物融和，两社人士各演戏酬神，旌族拥导，鼓乐喧天，余曾目睹焉，真大观也。迩来风雨飘摇，渐有损伤，两社信士协力鼎修，正殿然聿新。内增暖阁三间，焚炉一座，两旁翼以花墙，山门外新造石狮一对，享亭因其旧而整理之。又创建东西两廊，以为骏奔在庙者退息之所。除化银另开外，庙内树卖银八十两，又拨银四百两，东社出十分之六，西社出十分之四，遵旧规也。卜吉于七月初六日，迄九月二十日而大功告竣。余表兄捷三乔君，嘱余作文以记之。余躬诣庙中，读历代石文字，并无创建缘起，仅有重修碑记。询两邑首人，亦无能详述其事者。窃思皇天后土，名山大川，明载祀典，有识者自心知其义正，不必稽汉世汾阴之举，为□祀之滥觞也。抑余更有感焉，凡祀事属于一人者，其心一一，则诚信足以格神明。故《传》曰："涧溪沼沚之毛，可荐于鬼神。"《书》曰："黍稷非馨，明德惟馨。"盖言忠信，积而薄物，足以将敬，神之鉴观亦在是焉。今九社十村，每年东西各轮一社主祀，而余社亦随而展敬焉。人则众矣，或勉强从事，恐非所以齐，不齐以致其齐也。即比而合之，或因社分东西，不克平其气，以灵承祭祀，仍有乖与交神明之道也。惟期两邑君子，每遇会期，各恭乃事，以礼相先，以和为贵，有谦德而无竞心，犹有当年让路让畔之遗风焉。是则神之所肸蠁也夫，是则神之所默佑也夫。

平陆县儒学廪膳生员柴景韩浴手拜撰并书丹

总理　平陆县例授县丞职衔乔连第

芮城县儒学庠生李一元

两邑首事人(柴书毓按:此处人名略)

住持僧人　本才　住宗□

道光二十三年九月二十二穀旦

12.檀道庙舞台南侧墙碑(三)

重修后土庙记

古王者受命而同□让郊□顺其气祀方举以肖其形煌　巨典所以报生物之功者至矣自建武帝时始建祠于汾阴之诩　尊其　号曰后土圣母历代　回之祠遍天下后世宋之　宗唐之狄公故毁天下淫祀千有余所城以□不享非族神不歆非类正未可□诬以祭而妄祈福田也至如至哉坤元万物滋生其为利也甚宏其为功也甚巨非若淫祀之比亦无　祭之奠□大夫所谓有功□民则祀之者其斯者之谓乎虞芮之郊旧有后土神祠其　始之期究□及详每当三月十八日两邑十社分□□庙几操脉故而祝者　祷嗣□其间□祈拯疴于其内于于而来盖□百年于兹矣□来□宇倾圮　神无楼止住□□人□智明心焉悼之□□修葺□是茶会环□十社货卖柏树得银　十余两复奋奔告四方居民募化随心之施又复出私囊破　　　捐贰共成三百余金□修□殿三楹次建真房间八间正殿重整金身□□加以丹获施以彩色基址□云旧式乎□庙貌固已焕然更新矣夫宗德报□□□朝廷之令典也修举广台子之雅意也　神妥其灵而民获其□亦报应不夹之至理也虽然亦必在人者心存天理自有生机所谓吉人天相□也不则种恶端皆是以　其生理于神子何□余□居郇阳斯也斯事求经目　爰　而书志天　□以□后之吉子云

旹大清乾隆十年四月吉日立

13.檀道庙舞台南侧墙碑(四)

后土庙重修正殿献殿改修歌台照壁碑记

按嘉庆初年修葺正殿时,歌台已用木楮撑。延至二十年秋,和尚期会十村九社人等纳资,重新工既作。忽于九月廿日之夜地大震,接及平芮屋宇多有坍塌,伤人无数。而正殿复待修理,盖其墙圮,东北楸下柱纖不胜任,且神之首饰献殿亦有损伤。于斯时也,孰缓孰急,孰先孰后,抑思台之栋宇折毁,来春无以怡神,必将啧有烦言。时有荆君三元者总理其事,予随其后,而陶瓦与砖,予族侄步霞主之。于是运木石,移砖瓦,群材待用,工则庀焉。东西南三面各展数尺,栋梁榱桷革故鼎新,墙则甃以砖,为久远计,并山门盖瓦韦新,越明年三月停工,殿□□□姑俟异日先其急也。嗣是平邑五社捐银十之六,芮邑四社银十之四,和尚董共事。换柱葺墙,整理神像、献殿及照壁,以次更新。当其华楸时,十村俱有其人,唯胡村人最众,其用力尤多。事在二十有五年,次年为道光元年,歌台施以绘事而告成,后其缓也。此役非创也,实出于因,虽因也,无殊于创。不敢谓其光于前,其同心共济，以相与有成也。亦聊可以垂于后，后之览者亦将有感于斯役。和尚名悟圣，姚其姓，其官僧会司，喜儒书，此时年纪从心云。

（孙华月、柴书毓按：捐款人名略）

旹大清道光三年十月初八吉日立

14.重建虞芮檀道庙圣母大殿碑记

杏林居士急就书

嘉祥藏金德刊石

斯庙之形胜，北枕条山之隆脉，监湖涟漪映于后，南面秦岭，大河波涛绕于前，西缠河曲，玉带中华，圣火犹存，东拱吴山耸立，傅说版筑之迹。如故喜逢盛世，传统文化中兴，闲原人民历尽艰辛，再现斯庙之辉煌，适逢圣母大殿重建落成之际，吾遵嘱撰文以记之。

考之《诗经·魏风·伐檀》《晋国地名考》及今檀道村出土之文物，斯庙北之遗址，檀山之汉代摩崖石刻，斯地先为古魏国伐檀之道，后成檀道之邑。再考之《史记·周本纪》及其《正义》《水经注》，三千年前之虞芮者，殷商二诸侯之方国也，二国因斯庙东侧之界地，久争不决，甚至兵戎相见，西伯阴行善，诸侯皆来决平，虞芮二君乃入周，入其界，耕者让畔，行者让路；入其邑，男女异道，斑白不提携；入其朝，让士大夫，大夫让卿。二君相谓曰：我等小人也，不可履君子之庭，乃归之于斯相让所争之地域，以为闲原。闲原者，今之洪池乡与陌南镇东北大部也，又称之曰闲田，斯庙北之古檀道邑，因让畔之故而称让畔城。闲原百姓感二君不争息战且免征赋税徭役之德，乃于檀道邑之南建虞芮二君庙祭祀奉之，遂为虞芮之界畔。千年之后，汾阴献宝鼎，汉武帝勒奉后土，以为时风，海内广建庙宇，建立行宫，闲原人民亦在二君庙之侧建起后土庙，后土者，大地最高之神祇也。又千年后，至北宋末年，金人入侵，二君庙及后土庙皆毁于兵燹，再六十多年后，为笼络闲原人民，金又在马村建立二君祠续之。蒙兵掳掠中原，盖直至朱元璋洪武年间，国强民富，闲原人民合原二庙为一，重建斯庙，后土最尊居中，母以子贵，虞芮二君贤母分祀左右，更名曰檀道庙。考斯庙之碑文，自清末至建国初皆未修葺，文革浩劫毁坏甚重，仅残存献殿和庙外行庭各三间。幸得改革开放，国降福祉，斯庙方得多次重建，原貌初现，然原大殿未果，以胡村席犬奎为首之第四届管委会筹款借贷，贤达名流及四方信徒踊跃捐资，集腋成裘，四百余万租原庙地，重建爰是，鸠工庀财，择日兴修，始于乙未孟春。席犬奎、胡秋梅、孙正波、齐守业等一班人殚精竭虑，科学调度，建设者力克淫雨酷暑之厄，精心施工，丙申三月庙会前告竣，斯大殿为重檐歇山顶仿古制，面宽五间，进深八椽，周匝回廊建筑，面积五百四十三平方米，雄伟壮丽，画栋雕梁。此次重建诚为盛举，弘扬和合，功在当代，利在千秋。捐助者之芳名玉讳另刊。告竣日谨勒石珉以志不朽。

中国先秦史学会会员山西三晋文化研究会常务理事东峪村李尚师沐手

檀道庙管理委员会主任席犬奎　主持胡秋梅　副主任孙正波　齐守业率执行委员荆思效　王长生　杨新会　委员以姓氏笔画为序　乔忠民　刘武强　杨守业　陈公元　张思恩　岳村段小乔　上洪池荆四犬　特邀委员荆民众　荆乱治　全体成员同拜

设计及施工单位　山西省万荣正大建筑工程有限公司　负责人王高孝

公元二〇一六年农历三月吉日敬立①

15.功德碑

公元 2008 年，重建山门到 2018 年，届时 10 年整，未按大门，今年在胡秋梅道长等一群人发动筹集下，共捐资 4 万余元，做成大门三副。

现将捐资名单公布如下：

（孙华月、柴书毓按：捐款人名略）

檀道庙建造大殿各社村集资排名如下。

西峪　伍万元　上洪池　伍万元

东峪　伍万元　湖村　伍万元

张家滑　伍万元　南王　伍万元

朱家天　叁万元　岳村　伍万元

檀道　贰万元　南洪池　叁万元

檀道庙建造大殿管理委员会集资排名

席犬奎　柒万元　孙正波　伍万元

张思恩　伍万元　王长生　伍万元

齐守业　伍万元　杨新会　叁万元

荆民众　拾万叁仟元　胡秋梅　捌万元

张柒平　贰万元　荆乱治　壹万元

① 碑文信息来自檀道庙，由柴书毓、朱慧慧于 2021 年 8 月 19 日调研所获。

刘武强　壹万元　杨守京　壹万元

乔忠民　壹万元　王典财　壹万元

二〇一五年农历三月初一日立

16.檀道后土庙铺油路碑记

在每年三月十八前后，因天气时常下雨，搬戏箱甚感困难，经文物保护组商议，于公元一九九六年农历五月□□铺成油路。平陆从南□桥东铺到庙山门口，款由铺油路供献壹万余元。洪池全乡□□□□□□□□动员□□□□人共支洋陆万余元。芮城从檀道接铺到庙山门口，款由芮城岭底□乡人民支，村以□东西交通□□□□□□至树一圈，油路由铺油路负责人史得成无代价供献。庙内□出□得余。此立碑为记。

（孙华月、柴书毓按：捐款名单略）

旹公元一九九九年农历三月十三日立

除上述碑刻外①，檀道庙院墙内外嵌有多块功德碑，如《檀道庙重建山门捐资碑》《檀道庙 2010 年捐资碑》《檀道庙二〇一五年度功德碑》《檀道庙二〇一六年度功德碑》《檀道庙 2017 年 3 月 1 日—2018 年 3 月 27 日捐款碑》《二〇一八年三月二十七日—二〇一九年三月十四日（捐款碑）》等。

芮城县陌南镇张家滑村后土庙

（柴书毓）

张家滑后土庙于 2016 年 6 月 24 日被列为芮城县文物保护单位。保护范围：东至大殿东山墙向东 30 米，西至大殿西山墙向西 50 米，南至大殿前檐台阶向南 100 米，北至大殿后檐墙向北 50 米。后土庙坐北朝南，无庙院。后土庙、土地庙、全神堂共处一地。后土庙较大，庙前左右各有一柏树。庙内供奉后土娘娘，两边各有一侍女。

庙中有碑刻《合村重修戏台碑记》[明嘉靖十三年（1534）]、《三教□建文公土地庙》[清道光十三年（1833）]、《创建后土行宫碑记》[清同治八年（1869）八月十五日立]、《张家滑重修后土庙土地庙碑记》（2009 年）、《重修全神堂碑记》（2009 年）。

---

① 关于檀道庙的碑刻，本文已整理部分由柴书毓根据田野作业并参考李燕妮主编《三晋石刻大全·运城市芮城县卷》（三晋出版社 2018 年版）完成。

附录

1.创建后土行宫碑记

芮与虞接壤，本邑居东陲，离檀道不数武，有后土娘娘神祠，众社轮流供献，每四载法驾临邑，一时另结彩亭，常患风雨，亦不知几千秋矣。越嘉庆已卯岁，邑庶老于马牛王庙前，则高升数尺，后则接续一椽，神之格思恒，于是乎妥侑，然庙基虽觉宽敞，亦仅足以供秋赛耳，至三月，圣会逢时□不□绸缪结构之烦，邑人苦之，意欲另建庙宇以妥灵，□以壮观瞻。西则□古路，东则靠神堂，即北亦东西往来之□，其奈无□□□何忽。同治初年，族侄三盛慨然施地于其北，广展大余许。佥曰：此处原属古道，异日修庙时将戏房东阁折毁通衢，神人于以得遂勃然动建庙之心焉，不意地基才施，而其人云亡，方位不空，而其志未遂，目击心伤，天运人几周矣。今岁集众商议，敦请堪舆，择吉兴工，于月薹，则弃之；于后檐，则去之；鼎监正殿三间，一时解囊捐资，出纳则输将恐后，鸠工庀材，来□则踊跃争先□□□其基复以砖包其墙，爰命丹青略施绘□□，庙貌遂焕然聿新，萃然美备矣，特以优人偃息益甚，狭隘是又一难事也，争□□□□□庙遗址，其地官私各半，百人等缘初年施地善念，功用一概不举，为其妻史氏尤欲以弹丸黑子之区，沽为梨园子弟之所授□□千文，遂造成室而众心于以稍慰矣。窃思三色出资，并非募化以襄，庆事一心修理，竟不数月而成。其功记曰，有其□之□曰□云其吉终焉，允臧其斯之谓与，约为工费几二百一十余金，而志犹未逮，若夫献殿必再加修饰之功方成，轮□之□而□□浩繁□□下俟异日，华故鼎新彰美传盛焉耳。告竣之后，余忘其固陋，略叙原委以志不朽，是岁同治七年也。

龙飞同治八年八月十五日立

谨将布施花名开列于后

（柴书毓按：人名略）

2.合村重修戏台碑记

本邑于乾隆三十年重修庙宇时，创建戏台三间，以为歌舞怡神之所，至今赖之相沿已从栈缺瓦解，几乎不避风日。记曰：有其兴之，莫或庆也。嗣而葺之，亦固其所，所可虑者，仅足以供秋赛耳，至若后土、药王法驾遥临时，难免绸缪结构之烦，邑人若之今岁七月间，□合长老士庶谋所，以修葺之，未有不乐从者。然而院基狭隘，其东其南俱系古路，西辟又非官地，其奈无可开展何。族弟张鸿飞慨然施地于其西，以为南北往来之路，使之南展数尺而梨园可以廓其有容矣。于是人人感激捐资则论将恐后来攻则踊跃争先。起自初秋下浣，成于孟冬上旬。原醵银四十三两零而用不足，则用数家七因之法，积至七十余两而犹不足，□乘之以五，总许百二十两零，而石工、木工、土工莫不告竣，遂敦请丹青先生略施绘□则已美轮而美奂焉，即今之巍焕其制、壮丽其观者是也。而所谓人以合者，将于此乎在矣。若夫庙宇更加扩充，至足以妥灵，□壮观瞻。则其功用浩繁尤甚，一朝一夕之故，一手一足之烈，不得不俟诸□□□岁嘉庆十二年也。

旹大清嘉庆十三年岁次戊辰正月初十日立

布施芳名银数开后

（柴书毓按：人名略）

3.张家滑重修后土庙土地庙碑记

后土娘娘庙原建于大庆同治七年，气势宏伟，历史悠久，至现在有一百四十一年。因多年失修，无人看管，破败不堪，改革开放后，全体村民、在外退休干部，同心协力，捐资出力，共建庙宇。后土娘娘庙于2007年九月九日动工，历时二十余天。土地庙2007年十月十二日动工，历时十天竣工，耗资数万元，恢复原貌，庙宇一新，兹将捐款任命列后，以期功德千秋，永志不忘。

（柴书毓按：人名略）

筹建领导组　胡秋梅　张瑛　张永军　张转窝　张保军　张军娃

吕浚哲书丹　臧全德镌刻

公元二零零九年农历闰五月十五日立石

芮城县陌南镇东峪村后土庙

（柴书毓）

芮城县陌南镇东峪村后土庙是檀道庙在清咸丰四年(1854)创建的行宫，进深三椽，并有隔子门，为硬山顶式建筑。当时各社戏台皆为三间。因为这些戏台多建在村中的交通要道，为了平时不影响交通，所以多数戏台台基的中间留有空道，唱戏时将上面的台板放下，平时撑起来。这些戏台到20世纪50年代才被拆除。

东峪村后土庙大殿至今尚存，清代建筑，仅一间，殿内放置供桌，无塑像，2010 年 6 月 24 日被公布为芮城县文物保护单位。

后土行宫创建碑记

东峪村，本檀道庙芮城之一社也。其神功之浩荡，庙宇之创修，庙碑志之详矣，兹不复赘。但芮城五村四社，东峪四年一轮，每遇村起神时，率用席布搭棚，偶有风雨，不免飘摇之患。前人累欲建立后土行宫，有志而未逮也。迨道光三十年，村中张有本等鸠众商议，欲建后土行宫，村人踊跃乐从，遂卜地于村北坎地。村人张志正欣然施地一分，张有盛施地二厘，村中又出银三两，赎李姓六门地二分五厘，以为行宫地基。张有本等更议：以为后土者，人之所赖以生也，宜依人口拨银奏功，村人亦无异词。计两次每人一口拨银二钱五分，外有募化及村中愿助心资者共得银约二百余两，奏功悉以人口多寡轮流。由是创立行宫三间，基址皆用石集，周围尽用砖包，丹涂牖户，彩饰垣墙，瞻仰之际，焕然聿新。庶前志可承，而神之驾临斯邑亦爰得其所矣。他日者麟趾呈祥，螽斯衍庆，何莫非此兆其端也乎？功竣，嘱记于余。余深有此举，因序其事之本末，刊诸贞珉，以志不朽云。

布施基地人：李立冬　李凤林地基一分　总计厘作银六两　村中出银三两　赠布布施二两

平陆县堡子村儒学增广生员常焕章薰沐撰并书

首人　张芳业　张孟李　刘建业　张有本　李兴　张峻德　张占熬　李福　张文元　李喜

大清咸丰四年三月十五日立

（柴书毓按：此碑据《三晋石刻大全·运城市芮城县卷》[①]及柴书毓调研拍摄碑刻资料修改）

芮城县陌南镇朱吕村后土庙

（柴书毓）

一、概况

朱吕村后土庙又名“大享殿”，同时也是中共芮城县委、县政府旧址。朱吕

① 李燕妮主编：《三晋石刻大全·运城市芮城县卷》，三晋出版社 2018 年版，第 443 页。

后土庙于1984年10月1日被公布为芮城县重点文物保护单位，2017年11月21日被公布为运城市市级文物保护单位，同时也是运城市爱国主义教育基地（2017年挂牌）、芮城县青少年革命传统教育基地。庙前立“二十死难烈士永垂不朽”碑。

朱吕村后土庙创修于明正德年间，原有戏台、香厅（看台）、献殿、大殿、寝宫及关帝庙、马王庙等附属建筑，俱毁。庙宇现仅存娘娘庙正殿，为悬山顶，面阔五间，进深五间，内槽采用减柱造手法，屋顶施灰板瓦，前后均用大额梁，横跨三间，从形制上看，属元代遗构，保存完整。[①]

庙对面为戏台，名为“朱吕戏台”，两侧楹联为“华夏盛世后土文明传千古，桑梓锦绣人民谐和唱三春”。

二、历史沿革

朱吕村后土庙经历了从庙宇到县委组织所在地再到红色展览馆兼村落文艺节目表演场所的变迁。

解放战争期间和新中国成立后，朱吕村后土庙是芮城县民主政府驻地。1947年6月，中共芮城县委、县人民政府从古魏镇上郭村移驻陌南镇朱吕村后土庙办公。县委、县政府在正殿办公，机构有县委县政府秘书处、武委会、宣传部、农会、妇女联合会、公安局、独立营、财政科、民政科等。1986年因小孩玩火，大殿被焚，损失惨重。2008年修复大殿，恢复原貌。村两委以县委旧址为红色资源向上级部门申请资金，对年久失修的县委旧址后土庙进行了复修，搜集整理材料，在后土庙内办起了红色党史教育纪念馆、红色文物馆。现庙内墙壁上悬挂朱吕村作为红色文化基地的介绍牌，内容包括县委县政府朱吕村旧址概况、在朱吕村期间主要工作、革命烈士以及大事记等。

三、主要活动

农历三月十八庙会期间有百人锣鼓队表演，由每队出一个节目，全部自编自演。同时，举办德孝文化艺术节，开展群众喜闻乐见的文艺表演，将村里的好人好事搬上舞台，弘扬真、善、美，丰富村民精神生活。

附录

1.朱吕村后土庙大享殿复修纪念碑

大享殿系元代建筑，历史悠久，气势宏伟，古朴典雅，解放初期是芮城

---

① 参见芮城县志编纂委员会编，景昆俊、姚仰皋主编：《芮城县志》，三秦出版社1994年版，第764～765页。

县委县政府的所在地，成为当时芮城县政治文化军事活动中心。一九八六年因小孩玩火被焚，大殿损失惨重，岌岌可危，令人心寒。为了保护文物和红色革命圣地旧址，搞好新农村建设，朱吕村党支部村委会决定复修大殿并恢复原貌。

朱吕村民、在外工作人员、退休干部、域外有识之士，慷慨解囊，捐资相助。于二零零八年二月十六日动工，二零零八年三月十八日竣工。

为表彰其高风亮节，特立碑铭志。

朱吕村　党支部　村委会

薛代威　书丹

臧金德　刻石

公元二零零八年农历三月十八日立

2.重建后土庙正殿功德碑

千秋事业恪守诚实诚信　万代根基应行积德积功

仁义为福地一生常乐　善行作良田百代耘耕

朱吕后土庙是元代所建，历史悠久，庙宇辉煌，古朴典雅，时值解放初期，是芮城县委办公要地，历经多年风雨侵蚀，正殿被毁。因朱吕乃历史名村，村风文明，百姓善良，乐善好施，享誉久远，欣逢盛世，为保护历史文物，弘扬根祖文化，进行德行及爱国主义教育，村两委决定重建后土庙正殿，信男善女、在外乡民、退休人员及有识之士，慷慨解囊，踊跃捐资，于二〇一三年农历八月十七日动工，二〇一四年农历十一月七日竣工，正殿所属砖木结构，古式格子门窗，七米多长、六十公分粗松木大梁，仿古式紫红色琉璃瓦，并重塑圣母像三尊，站像两尊，雕梁画栋，恢复了昔日的旧貌，门外东西两边凝铸水泥护栏，门前硬化并筑高台，两棵柏树亭亭玉立，以此新颖的布局，精美的设计，端庄秀丽的塑像，古色古香的造型，体现着善行善举之滴滴奉献。西邻中兴广场，内有十五吨重雄伟巨石，挺拔雪松环绕四周，仿古凉亭两座，精致别雅，步入场内，令人心旷神怡，彰显着朱吕的文明形象，为感念捐资兴建者，择百元以上刻于背面，永作褒扬。

朱吕后土文管所

撰文　薛乱仓　薛代威　书丹　薛代威　刊石　李存庄

二〇一五年农历三月十八日

（柴书毓按：碑阴为捐款人名，略）

3.朱吕村西六级扬水工程纪念碑

千年旱垣沐甘霖，干群合力梦成真。西六级扬水工程于2010年3月5日动土，至2011年5月1日黄龙吐乳，历时仅年余。始建机房一座，动土后13000立方米，设管道千余米，铺干支渠6000余米。村资21万余，适逢后土文化节民集资4万余，马崖电灌站投资185万，总投资210余万元。扩浇受益3000余亩，惠及村西北之旱渴田园。从此结束一方靠天收种之历史。其间，朱吕村党支部、村委会乘上级党政之春风，承顺众心之民意，奔波努力牵头实干，全体村民齐力共奋，各方贤达慷慨善助，方成就其百代水工富民伟业。碑次铭镌款贤达。

朱吕村全体村民

二〇一三年农历六月十六日

4.建后土庙记

大明正德庚辰春三月底

（柴书毓按：碑文已模糊不清）

芮城县学张乡东窑村后土庙

（赵京伟　柴书毓）

东窑村后土庙位于山西省运城市芮城县学张乡，当地人也称“东夭村后土庙”。据说该庙创建于明洪武年间，庙内殿宇宏伟，山门、舞台、厢房、钟鼓楼齐全。后遭破坏，正殿曾充作榨油坊。从2013年开始，全体村民集资修复正殿并塑像，历时约一年半。2014年农历九月，村民启动第二期重修工程并立功德碑。2017年，为完善后土庙建筑结构，村民决定修建东厢房5间、西厢房6间、北房2间，并在地母殿右侧修建关公庙，立关公像。

新修复的后土庙占地2～3亩，包括地母殿、马王庙、关公庙、东西厢房等。庙内有敬告文字：“后土娘娘——大地之母。上有天皇，下有后土。天皇、后土平地平坐。她掌管天下山川江河、阴阳、哺育万物及生育大权，统管人间所有之事。”人们认为后土娘娘是大地之母，因此东窑村后土庙的正殿称“地母殿”。

走近东窑村后土庙，首先映入眼帘的是正门牌匾上的“后土庙”三个大字，走到院子里面，东西两侧为配房，用于日常接待和管理人员居住。院落宽敞整洁,院内地面平整。院内立有碑刻《东窑后土庙重修记》,记述了2013年、2016年、2017年附近乡民捐赠的善款数额,以及用于扩建、重修和日常运营的情况。殿宇均处于台阶之上,地母殿居于院落中央,三间房屋大小。面向庙宇,右边为马王庙,左边为关公庙,二者面积较小,只有一间房屋。庙前均摆有用于祭拜的香炉。

正殿名“地母殿”,供奉后土圣母,左右皆为侍女。神像放置于帘布后面,上面悬有写着“后土圣母”的黄色布条。左右配有对联:“消百灾赐万福人间尊神,掌阴阳育万物大地之母。”地母殿内左右两侧还摆有两张小桌子,分别放有财神像和观音像。屋内四周挂满了信众送来的锦旗,如“喜得贵子,有求必应”“后土载福,娘娘灵验”“生意兴隆,神威灵验”“公考学魁,有求必应”“厚德载物”,等等。地母殿左侧是马王庙,供奉马王,左右为马王侍者。据当地人介绍,马王庙是给后土娘娘服务的,负责后土娘娘的日常出行。庙内文字记载:“马王爷三只眼,马王爷是道教神话中的马赵温关四大元帅之一,又名‘马天君’。华光天王、华光大帝是道教重要的护法神。马是古代主要的交通工具,马王爷是护佑车马行走安全顺畅的尊神。演变至今,车辆是主要交通工具,望有车者前来祈求马王爷的护佑,保佑你高高兴兴出走,平平安安回家。”随着村落经济的发展,村民汽车数量增多,前来马王庙祭拜的信众也逐年增多。

《东窑后土庙重修记》碑刻内容如下:

> 余村巽地古有后土庙一座,不知建于何朝,长者口碑传言:“在明洪武年间(1368—1398)正殿、乐楼、山门、香亭耳房、钟鼓楼、西侧配马王殿,仅存正殿三楹,梁脊记有:时大清宣统二年岁次庚戌三月庚辰二十甲子日丁卯时全村重修。是时,瓦崩墙倾,殿周瓦砾比比,杂草凄凄,村贤以复盛貌,全村长幼闻风而动,智者出智,能者出资,齐心协力,集腋成裘,气势宏大,人集如流。癸巳年九月开启,甲午阳月告竣,耗资20余万元。立坛、垒造月台、筑围墙、建山门。绿化庙场庙围,硬化庙内庙外,一时松青柏翠,灵秀一新,大兴古貌,初现端倪。后土者,土皇地祇也,掌管阴阳,哺育万物,又谓大地之母,俗称后土娘娘。中央戊己属土,其神后土,色黄、主中,其帝黄帝,虔诚复神居,善举俱扬颂,村之信士名,千秋永流芳。故勒珉石以记。”

在碑刻正文之后,附有东窑村后土庙管委会成员名单。

在东窑村村民口中,每年农历十月十八是后土娘娘生日。为庆祝后土娘娘华诞,以及后土庙得以重建,东窑村于2013年农历十月十八成功举办了第一届后土文化节。2014年3～8月,后土庙完成了庙内塑像。到2022年,东窑村后土庙后土文化节已举办九届。后土文化节当日，携带高香、祭品、鞭炮前来祭拜的信众络绎不绝，年长者居多。殿内信众祭拜烧香磕头，殿外鞭炮响彻天际。①

芮城县洪池乡西张后土庙

（柴书毓）

西张村后土庙创修历经三朝，从道光三年（1823）开始，至同治五年（1866）方修成。西张后土庙位于芮城县洪池乡西张村，目前挂有“文物安全责任公示牌”，保护范围为以后土庙四周为界往外扩 5 米，面积 300 平方米。西张后土庙为正殿一间，中间匾额为“厚德载物”，左侧为“锡尔纯嘏”，右侧为“保我后生”。殿内供奉手持笏牌的三位娘娘，中间为后土娘娘，身披黄袍，两侧娘娘身披红袍，两侧悬挂灯笼，上方匾额为“含弘光大”。庙内张贴信众送的用红布写成的“后土娘娘神通广大　有求必应”“佑我后生”“思贯古今”等愿语。庙前有碑刻《后土会创建庙宇碑记》。

后土会创建庙宇碑记

书曰：祀于新邑，咸秩无文，祀典所不载，犹秩而祀之矧兹。

皇帝祇实万物之祖乎，是故圣王继天立极，社用太牢重民命也，降及黎庶，非徒声名，文物之区僻而至于天涯海角，靡不践土而茹毛，则奉祀者，妄敢越其分第、竭其心焉。尔余邑耆宾吕宫韶家藏圣母图一帧，每岁元宵佳节，灯火辉煌，俎豆维虔，第思人非，家无归宿。神非庙不血食，爰于道光三年，集众成会，定规施金，未岁即得青蚨一缗，后众乐善施仰，同会者耆宾吕自强，经营积三十余载计白镪若于咸翕然论说兴工，吕自强语，藏风而聚气，愿施众皆诺，维时先建圣母寝宫一间，塑玉像三座，迄咸丰丁巳秋，纠工饰材，敞构正殿前檐，昌黎所谓大木为杗，细木为桷，欂栌侏儒，椳闑扂楔者，数年来，栉风沐雨，无不躬亲其劳，而亦合会人同心协赞、大规粗就，厥后殿壁墀阶完以固，栋梁榱桷饰以华。迨同治改元，始告落成，行见异日，感圣母之英爽，和风甘雨，无祷不灵，祈嗣问疾，有求辄应，凡保护生灵，长

① 本部分由赵京伟根据优酷视频描述，经柴书毓田野作业补充、核实。《后土娘娘 1018：“东天村后土娘娘庙”》，优酷视频，https://v.youku.com/v_show/id_XNzgwMDc2NjY0.html?playMode=pugv&frommaciku=1，发表时间：2014 年 9 月 12 日；浏览时间：2022 年 2 月 16 日。

育万物，岁时伏腊，入庙奉馨香弗绝。则村中之气脉以培斯，民社之磐安，永奠矣。工讫通费，计银五百两有奇，首事者走余丐言勒石，余不敏特嘉其志，喜其事，遂搦管以书之，至施资芳名，纪之别石，不复及焉。

儒学增生吕邦政谨撰

儒学生员吕书堂敬书

合会人

吕恒仁（施银）五两五钱

吕宫追（施银）五两

耆宾吕自修（施银）九两

耆宾吕自强（施银）十二两

耆宾吕宫韶（施银）十二两

吕鸣岐（施银）八两

吕宫希（施银）五两

吕恒善（施银）五两五钱

旹太清同治五年三月十八日立

（碑）施赀芳名开列于后

（柴书毓按：人名略）

时大清同治五年三月十八日立

后土庙左侧为老年日间照料活动室、西张村老年协会、乡村记忆室。

稷山县化峪镇上胡村后土祠

（赵京伟）

上胡村后土祠俗称“娘娘庙”，相传为女娲娘娘居住的地方。庙宇坐北朝南，南北长约 5 米，东西宽约 4 米，主体建筑为三间房屋，屋前一片空旷场地，无院墙围栏。后土祠内供奉三位娘娘，中间为女娲娘娘，右侧为送子娘娘，左侧为药王娘娘，均为泥像。女娲娘娘端坐中间，两侧为侍者。女娲娘娘头戴凤冠，身披黄色帔衣，面前挂有一半透明布帘，增添了些许神秘感。药王娘娘专门负责百姓的身体健康，神情严肃，身披红色帔衣，右手持药丸。送子娘娘身披红色帔衣，右手抱一孩童坐于腿上，极富温情。三位娘娘神像面前均摆有供桌，用于摆放祭品。

庙门悬挂“后土祠”牌匾，门口还挂有一副对联：“立根树本尊后土，开泰求安谢慈□。”据村内老人介绍，牌匾上的“土”字写法和现在不一样，上方多出一点，故认为是明朝所写。起初，庙宇主体建筑为木结构，后改为泥土结构。为恢复后土信仰，当地于1994年重建庙宇，稷山县博物馆工作人员参与了庙宇重建。后来土砖分离，村民担心庙宇坍塌，于是重新修建。重建之初，村内几位热心的老先生积极组织募捐。

当地人认为，每年农历三月十八为后土娘娘诞辰。这天，当地会举行盛大的庙会庆祝活动。为加强日常管理，村内热心人士成立了后土祠管理委员会。在庙会举行之前，管理委员会提前发布海报，公布庙会举办时间以及活动安排。以下为2021年海报内容：

海报

三月十八日后土娘娘诞辰将举行盛大庙会庆祝活动，三月十七、十八、十九日由稷山蒲剧团演出五场戏，十八日有河津三先锣鼓队、阳城走兽及文艺节目表演。欢迎热爱公益事业的有志之士捐物资及捐款，千元以上的发纪念品，千万以下红榜公布。

三月十八日庙会庆祝活动时间安排如下：早上九点各文艺团体村委舞台集中，九点半开始游行，十点半娘娘庙文艺汇演，中午十二点祭神大典开始，中午一点村委舞台开始唱戏。欢迎全体村民届时观看助兴。

娘娘庙管理委员会

二〇二一年古历三月十四

每年农历三月十八当天，后土祠前热闹非凡，人头攒动。为有序组织庙会庆祝活动，娘娘庙管理委员会提前进行人员分工，包括总策划、祭神司仪、游行指挥、演出场地主持人、烟火负责人、音响、财务、后勤供应人员，等等。红色灯笼高高挂起，两边柱子也贴上祭拜对联：“先天后土佑人寰，三月十八敬神诞；除疫佑人卓灵验，喧乐庆典子民贤。”后土祠前摆有供桌，上有水果、点心以及村民精心准备的高达10层的花馍。花馍上还点缀有金鱼、各式各样的花朵，花馍最上方为雌雄孔雀。

庙会庆祝活动，以锣鼓队在后土祠前开场，随后开始庙会游行活动。游行队伍甚是壮观，包括电子礼炮车队、礼仪队伍、锣鼓队、歌舞队、走兽队。观看的村民紧跟其后。游行队伍到达村内文化中心时，停留时间较长。在文化中心广场，游行队伍会进行文艺汇演，包括歌舞表演、走兽表演等，歌舞曲目也随势而变，吸引大量村民前来观看。表演结束后，游行队伍继续前行，最终回到后土祠前。此时庙会庆祝活动也达到高潮。此时全场安静，主持人宣布三月十八庙会庆祝活动现在开始，随后鸣炮奏乐，紧接着总策划致贺词，并对捐款爱心人士表达谢意。后由财务总管宣读捐款人名单，并现场颁发纪念品以示感谢。对于庙会期间所捐善款及物资，管委会以红榜形式张贴公布。按照捐款数量，红榜分为第一榜、第二榜、第三榜。捐款人员既有上胡村村民，也有来自附近村庄如梁堡村、程杜村的村民，还有住所较远的爱心人士等。对于捐款数量较多者，管委会发放不同种类的纪念品。纪念品有锦旗、牌匾等，上写“热心公益，奉献爱心”“慷慨解囊，无私奉献”等字样，以此激励更多爱心人士参与公益事业。

伴随着表演活动，祭拜活动也开始了。庙会期间，大多数祭拜和烧香活动均在庙前举行。前来祭拜的信众，烧香磕头，燃烧祭品，嘴里念念有词，跪在娘娘庙前许下自己的心愿。夜幕降临，庙会活动继续进行。后土祠前摆满了村民送来的烟花爆竹。此时，村内文化中心的好戏也开场了。稷山县蒲剧团的演员在台上热情演绎，台下的村民更是如醉如痴。

除庙会当天，平时前来祭拜的村民也不在少数。凡遇人生喜事，如结婚生子，村民都会选择到后土祠祭拜。尤其是过年期间，后土祠内的香火更是持续不断。当地村民十分重视 36 岁，他们正值壮年，是承担村内各项事务的中坚力量。① 为庆祝 36 岁，他们会在正月十五当天到后土祠祭拜，有时还会有庆祝活动，当地称为“过时节”。

如今，随着影像技术的发展和保护传统文化意识的增强，娘娘庙管理委员会在庙会期间会邀请摄像人员进行全程录制，既达到了传播后土信仰的目的，也为后世留下了深刻的文化记忆。②

---

① 上胡村的村头牌坊就是在 2020 年由当地 1984 年出生的生肖为鼠的同龄人建设的。

② 本部分由赵京伟根据优酷视频《2021 年 3 月 18 日上胡村后土娘娘诞辰实况 A》(https://v.youku.com/v_show/id_XNTE0OTY4NDA4OA==.html? playMode=pugv&frommaciku=1)和《2021 年3 月 18 日上胡村后土娘娘诞辰实况 B》(https://v.youku.com/v_show/id_XNTE0OTY4NDA1Ng==.html? playMode=pugv&frommaciku=1)描述，视频由老杨影视工作室 2021 年 5 月 6 日发布。浏览时间：2022 年 2 月 16 日。材料已经由当地人核实。访谈对象：上胡村后土祠管理委员会工作人员；访谈人：赵京伟；访谈时间：2022 年 2 月 16 日；访谈形式：线上访谈。

河津市

河津市樊村镇古垛村后土庙[①]

（于晓雨　柴书毓）

一、概况

古垛村后土庙位于山西省运城市河津市樊村镇古垛村村南。庙院坐北朝南，南北长 66 米，东西宽 20 米，总占地面积约 1320 平方米。院内现仅存大殿和戏台两座建筑及残碑一通。

二、历史沿革

据院内残碑记载，古垛村后土庙创建于元元贞二年(1296)。据史料记载，该庙元、明、清三代均有修葺，其中元延祐五年(1318)增设建筑，清乾隆年间对院内戏台进行重修。近代以来，古垛村后土庙经历战争和动乱，曾多次面临被拆毁的危险。后土文化的影响力在庙宇的留存中起到了至关重要的作用。新中国成立后，村民们开始借助政府的力量开展庙宇的保护工作。古垛村后土庙于 1983 年 10 月被列为河津市文物重点保护单位，2004 年 6 月被列为山西省文物重点保护单位，2006 年 5 月被列为全国重点文物保护单位。2009 年，古垛村村委会获得国家文物局资助，对后土庙进行了重新修缮，增建了山门、围墙和管理房。修缮后的庙宇及周边环境焕然一新，不仅重现了古垛村后土庙的往日辉煌，也展现了古垛村厚重的历史文化积淀。

三、庙宇建筑

古垛村后土庙自元朝建庙至今已有 700 多年的历史。随着朝代更替和社会制度的变迁，庙内建筑也发生了巨大改变。目前，庙宇中仅保存正殿与戏台两座建筑，均由石砌台基和主体建筑两部分构成，其中主体建筑结构仍保留元代形制。

正殿台基高约 1.2 米，宽约 15 米，深约 12.7 米。主体建筑面阔三间，进深四椽。屋顶的样式为单檐悬山顶，筒板瓦。屋顶南北二坡各架二椽，共四架椽。

① 本文对古垛村后土庙的描述，参见运城市人民政府网站，https://www.yuncheng.gov.cn/doc/2020/12/10/75023.shtml，发表时间：2020 年 12 月 10 日；浏览时间：2022 年 1 月 12 日。

殿内无柱，只有前后檐柱。前檐柱头斗栱为四铺作单下昂，耍头呈蚂蚱形，目前前檐装修已不存。

大殿正面为戏台，台基类似正方形，高约 1.2 米，宽约 10.9 米，深约9.1 米。其上的主体建筑与正殿类似，屋顶南北二坡各架二椽，共四架椽。殿内无柱，只有前后各四根檐柱。前檐柱承托大额共有斗栱七朵，斗栱为四铺作、单下昂，耍头呈蚂蚱形。清乾隆时期，戏台中间增加隔扇，把戏台分为前后场。

四、主要活动

古垛村把每年的三月十八、九月十八定为古庙会日，举办锣鼓、舞蹈、民间戏曲表演等丰富多彩的文化活动。庙会期间，古垛村和周边城镇的民众纷纷前来上香祭拜、参与活动，场面十分热闹。

河津市台头后土庙

（李一　柴书毓）

一、概况

台头后土庙坐落于山西省运城市河津市新耿南街与龙岗路交叉十字路口东北隅、觉城寺东南侧，以祭东岳帝为主，兼祀道教诸神，俗称“台头庙”，又称“抬头庙”“东岳庙”“西岳庙”。该庙现存建筑面积 20000 余平方米，古建筑面积 1300 余平方米，留有中门、献殿、东西配殿、东西廊坊及碑刻等，东西廊坊扩大了台头庙的容纳功能。[①]

二、历史沿革

台头后土庙具体创建时间不详，元、明、清时期经历过多次重修与新建。庙宇建筑规模宏大，形制古朴、典雅。[②]

台头后土庙名称的由来有几种。其一，或与当地人的习惯有关，其庙院建于高台上，台基高出周边平地丈余，进庙之人需抬头仰观，故称其“抬头庙”。[③]其二，与当地传说有关。据说此台头庙为九头龙的头龙，寓意“龙抬头”，故名

---

① 参见师若凡：《河津传统城市设计经验研究》，西安建筑科技大学硕士学位论文，2019 年。

② 参见《第七批全国重点文物保护单位》，运城市人民政府门户网，https://www.yuncheng.gov.cn/doc/2020/12/10/75024.shtml，发表时间：2020 年 12 月 10 日；浏览时间：2021 年 1 月 15 日。

③ 参见师若凡：《河津传统城市设计经验研究》，西安建筑科技大学硕士学位论文，2019 年。

“台头庙”。[①] 其三，与庙存碑文中的祭祀神祇有关。《重修台头庙碑记》[明成化四年(1468)立]提到主祀神为居中的“泰山”，故称“东岳庙”。其四，与庙院的历史构成有关。据《重修西岳庙兼饬众祠神碑》[明成化九年(1473)立]可知西岳庙为其附属庙宇，故存在将其称为“西岳庙”的说法。

台头后土庙具体创建年代已不可考，《重修台头后土庙碑记》亦载该庙创建年代不详，但应历经多次重修。据庙中建筑结构来看，现存许多殿堂都有明显的元代特征，应该是明代在元代旧庙基础上进行过一次大修[②]，且庙内现存的古建筑中有一半是元代建筑，故可以说庙宇建构为元代遗留，而庙宇形制大多为明代风格。

元朝是中国历史上第一个少数民族统治全境的王朝，建筑风格兼收并蓄、气派豪放。运城地区能够保留如此多的元代建筑，既与客观条件有关，又与内在措施有关，即运城并未受到铁蹄蹂躏，且当时的地方诸王下旨要求保护地方庙宇。另外，元代杂剧兴盛，有相关需要，故台头庙得以被保护、修葺。[③]

元代，台头后土庙朵殿与主殿相贴，改变了宋金时期朵殿与主殿远离的格局。宋金时期主殿与朵殿距离较远，有些庙宇甚至不设置朵殿，这与主殿屋顶形态有关，因当时主殿多为歇山式建筑或庑殿，故而朵殿无法通过正常高度贴于主殿两侧。元代主殿多为悬山顶，故而朵殿可以贴于主殿两侧。明成化年间，台头后土庙经过重新修葺，在保留元代旧庙的基础上，建筑格局与现今基本一致。庙宇占地面积约 10 亩，设台门三间，庙门两旁各立一威武神人，塑二神马于其后，四周以垣墙围之。庙宇坐北朝南，沿中轴线依次分布大门、中门、舞亭、卷亭。跨过卷亭，见行廊。出行廊，正北居中是正殿。于东西两廊设立神祠十余间。[④] 据《山西古籍志》记载，台头庙内原存《重修台头后土庙碑记》、清顺治十年(1653)《创建献座记》，现均已无存，但台头庙内大殿、两侧朵殿应为金末至元代建筑。清代，台头后土庙基本上延续了明代的建筑格局，但在正殿前设一献殿，也反映了演剧献艺成为当时民众祭祀神灵的主要方式。[⑤] 元至明清时期，殿宇平面形态也由方形平面过渡到展长平面，并渐渐向横长方向演变，通进深

---

① 参见孙年法：《运城古中国游记・游记散文篇》，山西人民出版社 2015 年版，第 54 页。

② 参见冯巧英、赵桂溟：《山西佛道摭存》(下)，三晋出版社 2016 年版，第 1062 页。

③ 参见韩振远：《走进运城》，山西经济出版社 2015 年版，第 265～266 页。

④ 参见徐新云：《临汾、运城地区的宋金元寺庙建筑》，北京大学硕士学位论文，2009 年。

⑤ 参见田薇：《山西民间神庙空间格局中献殿位置的变迁》，《建筑与文化》2019 年第 11 期。

与通面阔之比为1.25∶2,反映了庙宇形制的变化。① 台头后土庙原建筑中现仅存两座东西香亭、三间乐楼和东西廊坊各十余间,其余建筑因历时太久,再加之曾被用作粮站、学校使用,现已不存。

2009年以来,随着对城市文化的重视,河津市委、市政府与文化部门对台头后土庙进行了修葺。2013年,当地在旧有遗存基础上拆除四周垣墙,改善庙内环境并兴建台头庙文化广场。以庙周仿古建筑修建东、西两侧平、拱桥,与遗存古建、中心广场,共同形成了"三街二轴一中心"的总体布局。② 2013年5月3日,国务院公布河津台头后土庙为全国重点文物保护单位。

三、庙宇建筑

台头后土庙现存建筑面积20000余平方米,古建面积1300余平方米。现庙址东西宽80米,南北长360米,留有中门、献殿、东西配殿、东西廊坊及碑刻等文物。台头庙坐北朝南,共遗存10座古建筑,其中5座为元代建筑,整体建筑规模宏大,风格古朴。③

庙宇布局沿中轴线依次为大门、中门、献殿和正殿,其中正殿与献殿均面阔三间、进深三间。④ 庙宇中大门与中门是元代遗存建筑,皆面阔五间,进深四椽,为单檐悬山顶,缀以素板筒瓦。前后檐下又施以横跨当心间与两次间的粗木大额枋,两稍间施板枋置于大额枋上。额枋、板枋之上又置四铺作单下昂、蚂蚱形耍头斗栱。献殿面阔三间,进深三椽,为单檐悬山顶。前檐柱头以斗口出麻叶头作装饰,实际上是抱头梁出头样式。每间平身科皆三攒,点缀斗口出龙头或卷叶为饰。东岳殿面阔三间,进深四椽,单檐歇山顶。前檐与献殿几乎直接相接,故无斗栱,仅将四椽栿前后出头制作成出跳华拱。后土祠和西岳殿皆面阔三间,进深四椽,为单檐悬山顶,柱头有覆盆卷刹。东西过殿位于献殿两侧;东西耳殿位于东岳殿两侧。过殿与耳殿是清代遗留建筑,皆面阔三间,进深三椽,为单檐硬山顶。⑤

正中居北为正殿东岳庙(德云殿),祭祀的是东岳大帝。与德云殿一字并列的是东西配殿,东配殿为后土祠(圣母殿),祭祀后土娘娘;西配殿为西岳庙(灏

---

① 参见杨凌凡:《晋陕黄河禹门口大夏禹王庙历史研究》,西安建筑科技大学硕士学位论文,2020年。

② 参见师若凡:《河津传统城市设计经验研究》,西安建筑科技大学硕士学位论文,2019年。

③ 参见师若凡:《河津传统城市设计经验研究》,西安建筑科技大学硕士学位论文,2019年。

④ 参见田薇:《山西民间神庙空间格局中献殿位置的变迁》,《建筑与文化》2019年第11期。

⑤ 参见河津市旅游:《河津台头庙》,博雅旅游分享网,http://www.bytravel.cn/landscape/58/hejintaitoumiao.html,发表时间:暂无记载;浏览时间:2021年4月12日。

灵殿），祭祀西岳大帝。东西两廊祭祀崔府君、龙王、牛王、保珠娘娘、药王和财神；此外，还祭祀地藏王和阎罗王。[①] 正殿与两间配殿间分别建东西耳殿、东西过殿，作管护之用。[②] 台头庙曾经香火缭绕，尤其是正殿，前来祭拜之人更是络绎不绝。旧时台头后土庙的挑角楼（八角楼）和戏台（乐楼）均迁建于现今的九龙庙。[③]

台头后土庙曾有过不少碑刻，祠堂中央立有清道光十年（1830）《重修台头后土庙碑记》，《重修台头后土庙碑记》外立有清顺治十五年（1658）《创建献座记》[④]，但这两块碑刻今已不存。[⑤] 在西岳庙，立有明成化九年《重修西岳兼饬众祠神像碑记》，院内还立着一通古碑。东西廊下还存明成化四年所立《重修台头庙碑记》。[⑥] 此外，庙内还存有 2014 年新立《重修台头庙并兴建广场记》。

《重修台头庙碑记》碑文为楷书，20 行，每行 45 字，共 665 字，记载了台头后土庙的由来、所祀神祇及重修庙宇的事宜。匾额正中为篆书“重修台头庙记”。碑刻为青石质龟碑、长方形，首佚。基座长 110 厘米、高 37 厘米、宽 76 厘米，碑身宽 76 厘米、高 157 厘米、厚 24 厘米，碑首宽 80 厘米、高 73 厘米、厚 28 厘米。碑身周边刻卷曲叶纹。该碑由前乡贡进士河津县儒学教谕金台孙惟谦撰文，太学生龙门周盛书并题额，河津石作师俊、严会镌刻。[⑦]

现引部分碑刻文献如下：

重修台头庙碑记

地形秀美，前人酷爱，立庙而奉祀之。中曰泰山，左曰后土圣母祠，右曰华岳神祇殿，各三间。前出行廊，卷亭居中，又于两廊设神祠十有余间，中庭有台，台上有亭，凡享祀以备奏乐。亭前出路为中门，又其前为大门，列二神人以镇其前，塑二神马以列于后。周围缭以垣墙……

明成化四年立

重修西岳庙兼饬众祠神像碑

其庙地宽方十亩，东西相距三十七步，南北迤逦八十六步，东下三亩

① 参见孙年法：《运城古中国游记　游记散文篇》，山西人民出版社 2015 年版，第 51～53 页。
② 参见师若凡：《河津传统城市设计经验研究》，西安建筑科技大学硕士学位论文，2019 年。
③ 参见孙年法：《运城古中国游记　游记散文篇》，山西人民出版社 2015 年版，第 54 页。
④ 参见[日]水野清一、日比野丈夫：《山西古迹志》，孙安邦译，山西古籍出版社 1993 年版，第 232 页。
⑤ 参见徐新云：《临汾、运城地区的宋金元寺庙建筑》，北京大学硕士学位论文，2009 年。
⑥ 参见国家文物局主编：《中国文物地图集·山西分册》（下），中国地图出版社 2006 年版，第 1054 页。
⑦ 参见冯巧英、赵桂溟：《山西佛道摭存》（下），三晋出版社 2016 年版，第 1063 页。

□□□□。前为台门三间，塑二神以把其前，作人马以俟其后。又建一间，左右置墙垣以蔽内外，至于内□比而南向者则有殿堂之座。而东岳泰山之神居乎中，后土圣母之祠列于左，西岳华山之神住其右，又建两廊，塑有法王太尉崔府判官土地祠，西有子孙关帅龙牛二王，庙中为楼台三间……

明成化九年立

重修台头庙兴建广场记

台头庙者，又谓“抬头”也，庙内碑文有载：“庙以台头名，以其形胜之使然，故曰抬头。”斯庙始建于何代暂无可考，现幸存古建十座，历出元明清三朝，且皆有修葺增建，唯清道光十年通修之后，逾一百八十年间未见兴工。年至二〇〇九年冬月，市文物局对口争资400余万，补葺殿宇，重塑神像，历三载工至诚成，虽未能灿然复故，却可曰焕然一新。

时逢盛世，市委市政府心系民生，勤业不怠，依托先哲文脉，斥资2000余万，着全力修建台头庙之文化广场。时二〇一三初春开工建设，缭以庙周仿古建筑修东、西、北三街，是为文化商业街，庙内以古建南北排列是为主轴，以两侧平拱双桥东西相望又为横轴，二轴相交，地形开阔，供民众文娱健身，是为中心广场，此番巧妙构思，是为“三街二轴一中心”之总布局。布局既定之余，尊以邑内先贤史迹，于东西两侧矗崛石雕各一名曰“西河设教”“相敬如宾”，寄教泽延绵、尚礼崇善之意，以为启迪后昆。广场工启岁首，历一年，干群一心，励精图治于年末修竣。今广场之建设融古今文化，显地域特色，顺城市发展，扬和谐新风，实为津邑又一胜景。

览广场神韵，柳荫垂帘，蜂蹈蝶舞，景趣相映，瞻古庙新姿，楼亭台榭，紫气升腾，福泽绵长。今临风品酩，心驰神荡，观伟绩可谓之壮哉斯域美哉新耿！

河津市人民政府立　公元二〇一四年五月

四、主要活动

台头后土庙的功能随着历史变迁多次改变。承担祈福避祸功能的台头庙，庙会时间为每年农历三月十八，据说与后土娘娘的生日有关。[①] 实际上，农历三月十七晚便有戏班子开始唱戏，三月十八最为热闹。台头庙当年的上香活动集

① 参见孙年法：《运城古中国游记　游记散文篇》，山西人民出版社2015年版，第49～52页。

中于庙会期间。

旧时，台头后土庙的影响与辐射范围极广，为周边的高家湾、卫家湾、米家湾、吴家关、米家关等村所共有。[①]《龙门风情》记载，每年三月十八，演戏四天，每日早、中、晚三开戏。在社村民每年过了清明节即准备台头庙庙会与唱戏之事，乡民们有的做新衣，有的称白面，邻村与五社有关者，也帮忙迎接庙会。庙中主持者和值年社首及勤杂人员要忙碌数天，打扫庙宇，陈列职司銮驾，行神轿，摆献供，张灯结彩，贴对联等。三月十七戏来，鼓乐班吹打，热闹非凡。三月十八为正日，清早挂灯，戏演“龙凤配”“回荆州”。早晨男女士庶端献食同入三霄殿，献娘娘，烧香敬神，燃放鞭炮。之后，鼓乐响起，迎会首、敬神灵，有求子拔花者，有得子还愿者。黎明直至午偏则敬神事毕，献供能收近千斤。庙会期间，如与四社有亲者，会内均安置吃住。远亲者则在庙内住下，戏毕而归。[②]

河津市阳村乡连伯村高禖庙

（柴书毓）

一、概况

连伯村位于汾河入黄河三角地带，有“十里连伯”之称。里为古代行政区划单位，伯为管理地方的长官，“十里连伯”即由十个里的居民组成的连伯村。据《河津县志》记载，后土庙在县西南黄沙岭上，又称为“高庙”。[③] 高庙离河岸很近，黄河多次暴涨，高庙却无损伤。相传庙内有避水珠、避沙珠、禹王井、稷王牛，是为神灵护佑。1949 年新中国成立后，黄河多次暴涨，河逼人退，连伯村外迁了很多村民。如今的村落紧挨高庙，而对黄河的治理也使万亩滩地成为良田，特别是连伯的韭菜，远销全国各地。[④]

高禖庙位于连伯村西北隅，东望姑射，西傍黄河，南临汾水，北枕紫金。庙内建筑格局方正，南北约 34 米，东西约 33 米，占地面积约 1130 平方米，现存山

---

① 参见中国人民政治协商会议山西省河津县委员会文史资料研究委员会：《河津文史资料》第 5 辑，1989 年。

② 参见宁英杰、许世杰编：《龙门风情》，花山文艺出版社 1993 年版，第 123～124 页。

③ 参见（清）茅丕熙、杨汉章修，（清）程象濂、韩秉钧纂：《光绪河津县志》，《中国地方志集成·山西府县志辑》第 62 册，凤凰出版社·上海书店·巴蜀书社 2005 年版，第 47 页。

④ 参见河津市地方志办公室、河津市史志文化研究会编：《河津村名文化》，黑龙江美术出版社 2016 年版，第 378～379 页。

门、香亭、戏台、献殿、正殿及东西配殿、厢房。

二、历史沿革

高禖庙创建时间不详。从仅存的古碑看,“自宋元以来皆言重修,不知肇自何时,盖庙之建于兹土也,故不知历几千百年矣”。最早的重修可追溯到元至元二十九年(1292),后经明洪武、景泰、万历,清康熙、乾隆,直到民国期间均有重修。1976 年 10 月,拆除高禖庙八角乐楼时,在西山墙内通天柱下发现藏存的八角形柏木柱子,为探究高禖庙的创建时间及历史提供了重要依据。

八角形柏木柱子长 1.5 米,粗 0.2 米,被人们称为“乐楼柱子祀”。“乐楼柱子祀”上,记有八款文字:

时夏禹庚辰后土村拜祀

仲康丙寅年诵曰皋庙

商汤丙申大祀祭拜诵曰高禖庙

周名发丁卯仲春祀建乐楼

□心甲辰年重修

魏黄初三年再次修葺晋惠元康再次重修

大清嘉庆廿四年己卯乐楼后移三步

第一款说明早在夏禹之前,就已有此庙,且有后土村人奉祀神庙。

第二款中时间即公元前 2022 年,人们将此庙称为“皋庙”。

第三款记载商汤丙申大祭祀时,将“皋庙”改称“高禖庙”。

第四款记载周武王于公元前 1046 年,大祀祭拜后,为此庙增建乐楼之事。

第五款至第七款,分别记载了三次较大的修复活动。

第八款说明清嘉庆二十四年(1819)重修此庙,将乐楼拆掉向后移位三步,发现乐楼藏有此八角柱,仿前将此次重修时间和移楼之事续记上去,再将柱子置于西山墙通天柱下,以供后人续记。1976 年连伯大队建设供销社和学校时,拆毁乐楼,发现了乐楼柱子,将八角记事木柱毁损。当时连伯村郭用青老人用木工画笔将柱子上的字抄下来,才使得这些记载保存了下来。[①]

高禖庙与后土的关联,要追溯至宋大中祥符四年(1011),自宋真宗赵恒率百官来汾阴大祭后土始,附近县兴起建立后土庙之风。此时河津高禖庙正进行扩建重修。宋徽宗赵佶政和中,高禖之祭以简狄、姜嫄从祀。金章宗时(1190)改祀青帝、伏羲、女娲于坛上,姜嫄、简狄位于坛之第二层,从此,高禖之祭才有

① 参见周敬飞:《河津地域文化通览》,中国文联出版社 2014 年版,第 264～266 页。

了女后从祀之典。这时，高禖庙主祀女娲，配祀姜嫄、简狄，之后又以大禹、后稷、契从祀。因受宋真宗大祭后土祠的影响，高禖庙也一度改称“后土禹稷庙”“后土庙”“后土圣母庙”。①

自明景泰元年（1450）起，高禖庙五次重修，第一次是在明景泰元年，有《重修后土禹稷庙记》；第二次是在明万历十八年（1590），有《连伯里重修后土庙底创》；第三次是在清康熙四十年（1701），有《河津县连伯村重修后土圣母庙记》；第四次是在清嘉庆二十四年（1819），有《重修后土庙碑记》；第五次是在清咸丰七年（1857），由于碑刻被损坏，资料较少。但这五次重修碑记中，碑文皆称“后土庙”，而当地民众一直称其为“高庙”。民国十七年（1928）重修时，时任山西大学教授的乔鹤仙考证认为，高禖与后土为两个不同的概念，不能混为一谈，并撰写《重修高禖庙碑记》，此后，一直称为“高禖庙”。

“文化大革命”期间，高禖庙遭受毁损，除主殿三座神像外，其他神像均被毁，戏台也被拆掉，庙会活动中止。正殿被用作教室。

1993 年，村民马正创接管高禖庙，开始彻底翻新庙宇。

1996 年，恢复农历三月十八庙会，又增设农历九月十八庙会，游神活动恢复。

1983 年，高禖庙被评为县重点文物保护单位。

2004 年，高禖庙被评为省重点文物保护单位。

三、庙宇建筑

现在的高禖庙占地面积约 10000 平方米，整体布局中轴对称、两翼均衡，分前、中、后三进院落。前面山门有一个正门、两个侧门。正门旁站立近四米高的金刚夜叉二将，青面獠牙。从大门进入后，道路直通正殿，两侧为花圃。中院为戏台、香亭和献殿，后院为正殿。如果从中轴线上来看，自南向北依次为山门、戏台、香亭、献殿、正殿。左右两侧对称分布天神殿、阎罗殿、结义殿、三霄殿、五岳殿。

香亭为十字歇山式建筑，檐下斗拱简洁大方，木雕精致。香亭四个石柱上的石雕堪称精品，有人物、动物、花卉等图案，每个柱础四角都有一个小狮子，有的回首凝望，有的抬腿挠痒，有的单爪玩球，有的匍匐吼叫，个个憨态可掬、造型逼真。②

---

① 参见河津高禖庙管委会：《漫谈高禖庙》，山西省地址测绘院印刷，2007 年，第 5 页。

② 参见任倩倩：《村落认同与区域社会认同的神灵祭祀传统——以山西河津高禖庙“走亲戚”活动为个案》，山东大学硕士学位论文，2019 年。

八角戏台坐南朝北，曾为纯木结构，八卦形。庙会时戏班在此唱戏。古戏台于“文化大革命”时被毁，后重修。

献殿为祭祀活动举行之处。献殿各檐翼角起翘，悬有风铃，屋顶有琉璃脊兽，巍然耸立。高禖庙现存壁画集中于献殿东西墙壁，为通景连环画，大都为民间画师画于清末民初，民国丙寅(1926)重募。画作内容集中呈现了先贤教化于民的事迹。东墙五幅壁画为移星于昴降禹王、治水遇泥驾橇、开山焚林、三过其门不入、会诸侯于涂山，所绘为大禹开凿龙门的故事。西墙壁画四幅为圣母(即姜嫄)出祀郊禖见大人迹而履其拇、后稷降生弃之渠中冰上鸟覆翼之、以太牢祠于高禖天子亲往后妃帅九嫔、后稷教民稼穑相地之宜，所绘为高禖之祭盛况和后稷降生、教民稼穑的故事。这些壁画场面宏大，线条流畅，人物个性鲜明，神态刻画严谨细致，淳朴雄厚，凝聚了先民的聪明才智，反映了不同历史时期的社会生活，有一定的历史研究和艺术研究价值。

正殿与献殿紧连，面宽三间，进深五椽，单檐硬山顶。屋顶由黄、绿、蓝三色琉璃瓦、板瓦及琉璃兽脊组成，正门额书“至哉坤元”，廊前板栏上雕刻莲花、虫鱼、鸟兽图案。大殿造型严谨，色彩绚丽，主祀女娲，即高禖，左配祀大禹，右配祀后稷，祭坛下轿子里供奉后稷之母姜嫄。神像姿容清秀，仪态端庄，神形肃穆。

正殿东侧的配殿天神殿，面宽三间，进深二椽，单檐硬山顶，祀昊天大帝赵九郎，即春秋时期晋国赵氏后裔，执掌日月星辰、风雨雷电之事，称为“天神”。

正殿西侧的配殿结义殿，面宽三间，进深二椽，单檐硬山顶，门口站立黄忠、魏延塑像，墙上绘“三英战吕布”壁画，殿内祀刘备、关羽、张飞三结义兄弟。

东厢房为阎罗殿，面宽七间，进深二椽，单檐硬山顶，祀地藏王菩萨和十殿阎罗，多为泥塑群雕，表现了十八层地狱的场景。

西厢房北侧为三霄殿，面宽六间，进深二椽，单檐硬山顶，祀云霄、琼霄、碧霄三位娘娘和张谦。信众从高禖神求子后，来此处拜张谦。张谦是为信众送子的男性神灵。

南侧五岳殿祀东岳黄飞虎、西岳蒋雄、南岳崇黑虎、北岳崔英、中岳闻聘五位大帝。

高禖庙虽几经修复，但其建筑文化艺术依然留存。相传高禖庙有三颗宝珠，即避风珠、避沙珠、避水珠，因而庙宇能够千百年来风沙不入，洪水不淹。实际上这与高禖庙建筑布局有很大关系，正殿与献殿之间的东西通道，呈西宽东窄；献殿和东西配殿之间的南北通道，呈北宽南窄。当地多西北风，这种建筑设计有利于通风，因而有效避免了风沙堆积。

四、主要活动

高禖庙的主要活动包括庙会、迎神走亲戚、祭神求子、拔花求子、上香、占卜、唱戏等。

1996年,高禖庙会恢复。农历三月十八和九月十八为连伯高禖庙庙会日期。善男信女、商贾艺人汇聚于此,拔花求子,祈福求愿。除戏班唱戏,闹社火外,正式的祭祀包括三项。一是迎神,传说姜嫄的娘家、外祖母家、外曾祖母家均在连伯村,所以每年庙会前两天,连伯村人都要组成百人迎神队伍,锣鼓喧天,仪仗工整,将姜嫄从正殿迎出。二是游行,用八抬大轿在村中出游。三是祭祀大礼,1949年以前要将神像置于村南另一大庙内祭拜一天,即在娘家停住一日后,次日又敲锣打鼓,鸣鞭放炮,将姜嫄送回到庙内享受人间烟火,一年走一家,三年轮换一次,称为"迎神走亲戚"。

又有说法为:连伯村过去有近千户人家,姓氏复杂,传说原家是高禖的娘家,马家是外祖母家,四合村是外曾祖母家。每年农历三月十八,各家都要请高禖出庙走亲戚,将神龛抬出庙,放到敬祀的地方,停一天搭台唱戏以示庆贺,一年一家,三家依次轮流。①

正式祭祀外,还有民众自发的求子活动,所求者多为已婚妇女,有抢烧十八日凌晨头炷香和拔第一朵花的习俗,求子灵验者,次年为庙里包戏还愿或捐款捐物。关于烧第一炷香和拔第一朵花,在任倩倩的调研中,2018年高禖庙三月十八拔花与烧香采用竞价的方式,第一朵花3000元,第二朵花1800元,第三朵花800元,第四朵花600元;第一炷香1000元,第二炷香1000元,第三炷香1000元,第四炷香400元,第五炷香400元。

拔花求子是庙会期间的一项重要活动,高禖与婚育关系密切,高禖庙即以求子灵验在当地闻名。通常由家里长辈来到庙里为儿子媳妇求子,于正殿神像前烧三根香并跪拜,嘴里要念叨自家信息,以便告知神灵,然后将供桌上的花拔下一朵。求子的花分白色和红色,白色主生男,红色主生女,一束多为七朵,当地人多拔花束最上面的一朵,据说它与神灵最接近,也最为灵验。拔完花后,将三根香中的一根拿到三霄殿内张谦神像前,磕头并将香插到香炉中,并上布施。回家时,将所拔的花藏在怀里,不能让人看到,也不与人说话,并将点燃的香拿在手里,保证一直燃到回家。回家后将香插在灶王爷处,并将花放在求子夫妻床上。若求子灵验,家中长辈带着产妇和孩子一同到庙里还愿,所带供品中须

---

① 参见董波:《河津县高禖(女娲)庙索记》,河津高禖庙管委会:《漫谈高禖庙》,山西省地址测绘院印刷,2007年版,第84页。

有一束自己做的花束。

2003年后的庙会一般由连伯村主办，市政府辅助，对仪式时间、流程、祭品摆放等都有规定。仪式大致有奏礼乐、主持人致辞、放礼炮、迎神、游神、祭祀、文艺活动等七项内容。高禖庙会现已成为河津文化的一张名片，每年两次庙会，吸引周边省、县、村的民众前来，甚至有台湾同胞到此观光。①

除庙会活动外，每月农历初一、十五也有信众来高禖庙烧香祭拜、求医问药、求签问事。

附录

献厅内有17通碑刻，现整理如下。

1.重修后土禹稷庙记

大明正统十有二年，诏示天下郡邑乡村，或有古迹庙祠倾颓，悉皆修理，我圣朝无非使人尊崇礼义，以厚风俗而已矣。兹者县治西南隅，里曰连百，乡曰梁许、百里，有坤柔圣母禹稷贤君及历代忠臣良将庙宇一区。亘古遗迹，建于龙岗之巅，北倚三级，南对孤峰，左襟汾流，西拒黄河。山川美丽，罗列分张，形势雄伟，巍镇中央，云曳咫尺，千里在目，胜概绝伦，清幽无二。惜乎！原其所自，先人失识，不知兴于何代，无由可稽。延年绵远，岁月湮没，殿堂疏漏，圣颜剥落，乔木耸矗，廊庑倾颓。嗟哉！胜境嵯峨，神祠萧条。每遇春祀秋报，三社拜香，面觑行礼，耆庶之众，空有踊足之叹，而无刻骸之忧，徒有应讷之言，而无舍财之意。公徵私胜面，从心异时，有本社景氏表贵字克荣，素志于斯，每怀莫及，幸蒙皇恩，陡然情兴感激。于是私家会议，昆仲子侄，阖门同心，熙熙皞皞、发一念之丹衷，起千般之计策，至诚恳切，真实无伪，倾施己资，涤虑洗心，斋宿庙中。夏不避暑，冬不惧寒，踵门拜谒，善劝董督，顷刻无怠，是以乡耆薛恩等，亦行愤志，轮次在庙，同寅协和，互相赞助，鼓舞作兴，人皆曰从。有赀者施以钱谷，无财者效以工力，心无畏惮，咸来趋事。不逾数载，重修正殿三楹，香亭一座，献亭五楹、乐楼三楹，外门三楹，廊庑二十余间。陶铄脊兽，补塑神像，金妆彩饰，显耀辉光，无一不具隆古制度，焕然鼎新，功缘有次。三乡士庶，诣于馆下。属文镌石，予辞不已。呜呼！昔之修营，或易一瓦，或更数椽，仍旧补凑。然而易完易朽，随成遂败，非若常人之情，始勤终怠。公之赤心，虑始虑终，如

① 参见任倩倩:《村落认同与区域社会认同的神灵祭祀传统——以山西河津高禖庙“走亲戚”活动为个案》,山东大学硕士学位论文,2019年。

金石之坚，鼎镬之固。后之君子，诚能体公之心，继公之志，述公之事，又从而歌曰：胜境苍苍，河汾汤汤，相续无替，愈久悠长。以是为记。

景泰元年岁在庚午冬十二月下浣良辰

前庚子科乡贡进士赵璘　撰文

前贡士任蓝田知县王禧　书丹

前癸卯科乡贡进士杨峙　篆额

2.连伯里重修后土庙底创

连伯，今古驰名滩也。南临汾水，北镇紫荆，洪河流于庙西，姑射峙于东，盘旋数寨，势如常山之蛇，诚所谓连比属乡，长大诸庄者也。村前有关西古道，乃山陕之通衢、秦晋之要冲也。其村迤北，沙峰萃聚，土阜巍峨，其形胜自龙门拖逻而来。中有后土神宇一所，正殿三楹，中塑坤柔圣母，所以神地道也。左大夏禹王，右周始祖后稷，以平成播种之功，有配地无疆之休，祀之固宜也。殿前香亭一间，献殿五楹，乐亭三楹，山门三间，左右回廊各三间，东西厢房各十余间，东西角门各一座，垣以围墙，环以翠柏，井焉论焉，巍巍乎为一方之镇。然时世久远，莫溯其建立之日。查得神背，皇庆年重修，按《通鉴》，皇庆，元仁宗年号也，我大祖驱逐胡元，嘉额褒崇，收录大明祀典。至景泰间，大为修理，有碑记之详矣。继是而朔漠弥漫，黄沙布濩，兼以嘉靖乙卯地震，殿宇倾损，墙垣脱落，连年累加完葺，功未就绪。乡民马晏明等不堪神之疏陋，遂纠同阖乡众善人等，共发虔诚，贫富各施财效力，任工按度。以正殿则革故鼎新，砖围其四面。其余殿宇连房，或更梁换檩，或易柱补拱，或增社灰基，或从为创建，或添设泊水，或广大墙壁，其经营改作之详。门堂厢厅之制，纷纷不一，齐者举之，坠者修之，这美轮美奂，焕然聿新，殆凛凛乎非昔日之比。功行之日，化被四方，远迩各施厥财、效厥力、给水助缘，虽耕夫织女、黄童皓发，有子来趋，父之速归，市争先之效。是役也，起功于万历十二年二月，落成于万历十六年三月。工既竣，乡民佥曰：建祀所以宁神，宁神所以阜民。今殿已完矣，宇已崇矣，使神有弗备，则此庙为灵设，非为民造福之意。乃于正殿东侧、盖以晋赵氏子孙九郎，以为祈祷雨泽之应。西侧盖以汉寿亭侯关将军，以为护国安民之助。东廊有丰都教主地藏十王三曹诸莫府，使吾人死有所归也。西廊有子孙、痘疹、乳哺三圣母，使吾人生有所自也。又有岱、华、恒、衡、嵩之五岳，江、淮、河、汉之四渎，所以翊赞贡生之德，羽契持载之功者也。三门内塑神马二匹，拴系之以仆将。三门外坐神将二尊，起进香者入门之寅畏耳。如是则祠完祀备，神妥而人悦矣。由是而雨旸时若品汇流行，而万民有不各得其所者乎？岂曰淫祀哉！三门前东南数十余步，旧有龙岗古刹，今亦为之整理成修。众议本村龙泉寺僧人会登会友，焚修香火，起义督工，即前乡民马晏明，同寅协恭，工成圣事者。

邑人雨峰卫守纪撰

庠生冀野马遇乐书

万历十八年叁月二十五日

3.龙门连伯重修后土庙记

连伯村西北，古有后土圣母庙，未详建立何代。按碑，万历年间，村主寿官马晏明一概重修，兼创立东西两廊诸尊神，碑创记之详矣。其二村主灵丘王仪宾马应宿，亦叠为补葺。迨天启五年，彦孙村主马千乘，每诣庙谒神，见正殿三楹，系祖原旧砖包，依然不朽，其余东西廊房二十余间并三门三楹，俱系土壁，被风沙倾损。五岳神殿折梁坏柱，一切神像，贼徒又窃金伤毁，因而感叹曰：神之所以妥安而永庇一方者，以其堂宇坚久，圣体森严。兹疏陋凋敝，若是，何以栖神而振俗。诚日夜忧思，不遑暇食，遂将累年收领布施银两，兢兢奉持，丝毫无敝。至此，谋诸善人富者，供给匠役，饭食贫者，担砖运水，各发虔诚。砖围四面，坚崔亘乎古今；补塑圣躬，威灵昭回云汉。及东南数十步，有龙岗寺，亦增址灰基，期垂诸万世而无弊。是役也，非为祈福要誉耳，然不过同结良缘，共成圣事云耳。

崇祯三年岁次庚午四月初五日

庠生即岗马驰　撰书

4.河津县连伯村重修后土圣母庙记

闻之莫为之前，虽美弗彰；莫为之后，虽盛不传。县治西南隅、离城十里，黄沙之巅，翠柏之岭，有坤柔圣母祠焉，气象巍峨。诸神毕备，盖古者神道设教之意，于今为烈也。奈代远年延，兼之先民朴略，创建失志，即重修亦并失志矣。迨至明景泰元年，修坠举废，碑载甚详。于景氏讳贵者，盖始基之也。及万历十二年，废坠益甚，修理倍难。吾乡村主寿官马晏明，特发虔诚，合门施财，引进一方，于是大兴土木之工，为革故鼎新之举。正殿献庭，赫赫乎如昨，桑门乐楼，焕然而重新。两厢廊庑，以及神像栋楹，靡不采饰而壮丽。独以土脉坚劲，墙垣未用砖包。明子灵丘王仪宾承务郎马应宿，仝男陕西三元县典史兼署醴泉县事马一骅，因乃祖乃父之基，立百世不朽之业，纠集合村，采买砖灰，先包正殿三间，其余各神殿宇，与夫厢房回廊，至天启五年，明孙马千乘一概用砖包完。父作子述，祖创孙成，一门向善，稀世罕观。延及国朝，淫雨既多，风沙又大，百余年来，损瓦折椽，倒柱颓梁，见之者不堪目睹，闻之者不胜心伤。至康熙三十九年，合村衿民，佥议修葺，要在本村再起布施，苦于村穷力微，意欲变卖柏树修理，又恐减损庙中威气，众议沸腾，靡定适从。有骍子马公讳文蔚字龙章者，实应宿子孙，晏明之曾孙也，念祖宗缔造之艰，慨然为矫世革俗之计。一旦兴怀，率从堂孙马则烈，实千乘之曾孙，应聘之五世孙也，又商于亲友武生高文著之子高显，儒士赵焯之子赵堪，而言曰：尝闻高庙周围村庄，尽被沙压，而此庙独存者，幸有此柏树数株也。卖树修庙，甚非我意，在村中起钱，予心亦不乐为。愚意欲假神之威灵，成神之功果，但恐独重难肩，愿诸君共襄圣事。三人平素好善，亦遂慨然许诺。因而会集中村一十七人，东社七人，外社一人，共二十五人，异姓同心，延村乞化，夏不避暑，冬不惧寒，露宿风餐，始终不倦。人心既诚，神驾至止，布施无不如意而来登，邦铃所到，银粟随即应念而立至。所以数月之间，乞化银粟约至百两有余，于四十年先修正殿一所，余剩银两，再加营运，至四十六年，再修成献庭五楹。只留幽冥教主十王三曹殿六间，恐官钱不能尽修，在本村中东两社略起布施，至五十一年，再修成幽冥十王三曹殿东廊房共六间。一并修完，功成告竣，众心未已，不惟不忍卖树，犹欲更植柏树，当下存银一两，交付僧人，以为栽植十株柏树之资。求余为文镌石，余樗栎匪材，何文之有，不过就诸公之实事，彰诸公之实绩，伏冀后之视今，亦犹今之视昔也云耳，岂赘语哉，岂赘语哉。

大清国康熙伍拾壹年岁次壬辰五月吉日立

邑庠生二如马先驰　撰文

邑人馨天刘太芳书丹

5.温俊杰报恩还愿碑记

杰年四十尚无子，奉父命祈嗣于高禖神庙。越岁而育长子牧雄，今一纪矣，理宜报赛。爰捐金七十，鸠工图土，绕以围墙。周匝二十余丈，俾辟尘沙，以托神宇。又铸铁麒麟二，重千六百斤，列踞香案，用以祗承勒命，广送宁香也。因缀数言，聊作石引，昭有求之，即应玉燕投怀，示无祷之不灵，金铃入梦，更乞继继承承，本支百世，瓜绵椒衍，惠我无疆耳。为四方善男信女，弗无子者之一证云。

大清嘉庆四年三月十八日

邑人监生温俊杰率子牧雍、侄牧青、牧豫、孙宝逊、宝勤、宝淳谨记

6.重修后土庙碑记

后土庙也,俗何以称高庙,谓高禖庙也?高禖何遽称后土?古者天子祀天于南郊,以高禖配之,则克配天之尊者,非后土其谁与夫?惟高禖与享南郊之祀也,故又称郊谋焉。盖天者万物之父,后土者万物之母,母生万物者也。《礼·月令》:"仲春之月,元鸟至。至之日,以太牢祠于高禖。天子亲往,后妃帅九嫔御。乃礼天子所御,带以弓韣,授以弓矢,于高禖之前。"此《生民》之诗所由作也。连伯村北沙岭数十里,直抵龙门山,旧有村庄十数,为暴风压覆。沙积如山,庐舍井灶荡焉、泯焉,无复遗迹,而惟后土庙巍然而独存。庙外内柏树十数株,皆数围,郁郁苍苍,望之蔚然而深秀。考庙中古碑记传,自宋元以来皆言重修,不知肇自何时。盖庙之建于兹土也,故不知历几千百年矣。维神灵异异,常弗无子者有祷即应。每岁三月十八日圣会之期,邑中士庶谒庙者纷至沓来,人摩肩,车击毂,庙内几不能容。东西两社乡老议欲扩大其局,询谋佥同两社士庶,急公好义,布施银两,皆倾囊而出;募源于外,一切官吏商民,靡不踊跃争先,共得银一千余两。是固群谋允谐,克襄其事、抑亦神之恩德远敷,实有以鼓舞乎遐迩之人心,而使之发于不自知也。然则后土神灵亦孔昭哉。今将旧香亭北移三尺许,旧乐楼南移三步许、一切材料从新于山门两旁置左右二塾,以便出入。又穿井于乐楼西,并建屋于井上,以防拥塞。庙东南旧有龙岗寺,亦为重修,自嘉庆己巳岁四月始,至癸酉岁三月竣。

邑贡生郭步云撰文

马祥麟书丹

大清嘉庆二十四年岁次己卯孟秋穀旦

7.重修高禖庙碑记

河津县西南十里许,有村曰连伯。村之北峁蔚高起者庙为黄沙岭,实由梁山发脉,袤长二十里。岭南脽尻处有庙曰后土,村之人颜曰高禖庙。邑乘所谓沙积平墙,风辄荡去,不侵殿宇者是也。庙之创建不知昉自何代。明景泰元年,连伯里、梁许里、百里村三社集赀重修,乡耆景贵实董其事。万历中,马晏明偕子灵邱王府仪宾应宿等再事修葺。自明崇祯庚午至清咸丰乙卯,凡五次兴工,迄于今又七十五年矣。往岁乙丑,中东两社乡老商

议，重修自正殿、献亭、舞台、山门以至东殿、西殿、帐房、厨房、井房、戏房无虑，六七十间皆丹楹刻桷，焕然一新。又以庙院狭隘，向南开拓数十步，村人原文威有巧思，用车轮移金刚像八丈许，神貌辉煌，毫无损毁，人称异焉。计前后共费银币三千六百元有奇，合庙款及两社布施，仅当全数十分之三强，余皆募自四方。工既竣，郭雨亭直刺驰书，征文于余。余考高禖即郊禖，《诗》“生民”“玄鸟”两篇，毛传皆作郊禖，郑笺从之。《月令》“仲春之月，玄鸟至。至之日，以太牢祠于高禖。”郑注又以高辛氏为高禖。蔡伯喈辨之详矣，焦乔又申言之，故皆与后土无关也。西汉武帝元朔元年生太子据，喜立高禖祠，东方朔、枚皋为作禖祝。后汉魏晋以迄隋唐，皆有高禖之祀。宋以春分之日祀青帝，配以太皞、高辛，以禖神从祀，镌石为主。徽宗政和中，又以简狄、姜嫄从祀。金章宗时，改祀青帝、伏羲氏、女娲氏于坛上，姜嫄、简狄位于坛之第二层。斯祭高禖者，始有女后从祀之典，顾亦与后土无关也。兹庙掍高禖、后土为一者，果何本哉？窃尝思之，吾津密迩汾阴，自汉元鼎中，立后土祠于汾阴脽上，帝亲望拜，宣、元、成、哀莫敢或废。唐玄宗从张说议，两幸脽上。宋大中祥符中，真宗兴举数百年旷典致祭，汾阴人民扶老携幼，观者溢途，由是，河中附近十余县化之，遍立太宁祠，此盖后土庙之所由盛欤。夫后土地祇也，地道为母，故汉魏帝王每以母后配地祇。汾阴后土祠旧有妇人塑像，唐武则天时，移梁山神塑像就祠中配焉。开元十一年，有司迁梁山神像于祠外别室，于以知后土祠之有女像由来久矣。魏禖坛有石，晋元康中，禖坛石破，或云既已毁破，可无改造。束皙以为石在坛上，盖主道也，宜依礼埋瘗，置新观。斯则高禖以石为主，无所谓像也，更何分乎男女？自后世以后土为万物之母，而塑以女像祀高禖者，又增加姜嫄、简狄二妃，相沿已久，无识者遂掍而一之，浸渐而附会地祇之说，五岳四渎可以从祀矣。浸渐而附会姜嫄、简狄之事，神禹、后稷可以配享矣。庙中自刘先主、关长生、张益德忠义英灵，有功于世，无可置议外，至若九郎也，三曹也，三霄也，道家之续余也，地藏也，十殿阎君也，金刚也，释氏之喻言也，本以修礼，反以黩礼，本以敬神，反以亵神。张南轩曰：川流山峙，其形也，而人之也何居？甚至垂旒端冕，华冠锦帔，以眩俗骇众。奔波男女，焚香顶礼，演剧奏乐，导淫败俗，失业耗财，良堪惋惜，甚矣，其惑也。虽然值今庙道德堕落，法律废弛，乡里耆老有能以神道设教，感化愚民，其于世道人心，未尝无小补也。吾因备论后土、高禖之事，以矫正其失，又私喜诸君子与人为善，扶翊风化，故特嘉美其功。至倡首兴役之社老，辅助资财之檀越，其姓字或毕具碑阴，或特载专碣，斯有常例，兹不复赘云。

清授文林郎师范科举人山西大学校教授邑人笙侣乔埙　撰文

清授奉政大夫护理陕西邠州直隶州知州村人雨亭郭庆云　书丹

清授文林郎陕西省法政学堂毕业栒邑县警佐郭尚智　校正

师范毕业检定教员现充本村初级小学校校长许惟贤篆额

民国拾柒年岁次戊辰暑月中旬穀旦

计开庙内坐落地亩开列于后

庙后至北六拾七步　庙东壹拾六步　庙西陆拾壹步　南北长贰百柒拾步

东西阔玖十玖步　南至垒台长陆拾贰步　阔四十步

又村东桃园地拾三亩五分　又村东堡子西地壹拾亩

8.高禖庙重修碑记

高禖庙原位于古皮氏城西郊五里许的连伯村西北隅沙丘上，后因黄河暴涨，居民北迁，庙址现已踞村之正西方，北倚吕梁，南对孤峰，东襟汾水，西带黄河，叠翠环蔽，绿荫掩覆，其景清幽，其势雄巍，形胜典雅，名遐耿乡。高禖古祀女娲，是以后世有国方祀为高禖之神，故年逢季春十八，盛有庙会。庙建于何代远不可考，从所存碑碣记载，自宋元以来皆言重修，继大明景泰、万历、崇祯、清朝康熙、嘉庆，乃至民国时期均有重修和改建。庙原建格局均衡方正宽敞合理，持有古代四合院式的庙建特色，庙坐北向南，自山门进经戏楼穿香亭而献殿而正殿，中祭高禖，左祀后稷，右典大禹，东西分建配殿，东塑九郎神，西奉三义神，院东西配建厢房十余间，分祀三曹、三霄圣母、地藏闫君诸神，献殿东西山墙有本邑吕耀辉画师于民国岁次丙寅三月下浣绘制圣母之神高禖神宫补壁，后稷教民稼穑，会诸侯神于涂山等壁画八幅。世代还相传曰庙有风水沙三宝珠之神说，玄乎奇哉妙也。嗟乎！历经沧桑，风浸雨蚀，加之兵燹战乱，年久失修，幸残存的仅有正殿、献殿、东西配殿，数尊神像和碑碣七通，以记山墙画，余则毁损塌漏甚重，令人触目惋叹。值改革开放后，应弘扬民族文化之契机，顺村众自发募修之夙愿，辟旅游观光之胜境，有河津政府之关怀，连伯村委会具体倡导，全村人等热情义捐，遂确定设计督工，责成财务管理，物色能工巧匠，本着修造坚实，务求量力而行乎。一九九三年壬申七月兴木动工，先献殿而正殿，后东西配殿，彻底揭瓦更料翻新，铺栈板，垫油毡，屋面用筒瓦包沟，脊座琉璃吻兽，补制正殿阁扇十八折，雕阑额花板十余九，彩绘油漆，又复修东西厢房共七间，顿时庙貌焕然聿新，此番抢修高禖庙一为保护文物古迹，为祖国历史增添异彩，一为旅游事业开发，为两个文明创造财富，蒙全村父老乡友、名人志士、海内外同胞慷慨解囊，共襄盛举，大功告竣，谨志巅末，勒石以示后世。

公元一九九三年癸酉闰季春十八日　立石

9.修饬东西配殿诸神像并彩塑碑记

乡邑善众尊崇礼仪，集资义捐重修文物古建高禖庙，弘扬传统文化。先后三年之久，维新了献殿、正殿并彩塑高禖、大禹、后稷诸神像，惟东配殿天神、西配殿刘关张计大小神像二十尊，因色褪彩落，残缺不全，有村民信士张盛福视其状，惋然慨叹，饬神彩绘之念肃然顿生，遂主动向高禖庙维修首事者表态言情，慷慨解囊出资，输诚愿承负东西配殿诸神，整饬绘塑之付金。村委首事人等对张士独一宏愿壮举无不钦敬赞佩，喜纳膺受，遂而于一九九四年农历荷月兴工动彩，先东西配殿之天神四侍卫并神阁，而西配殿之刘关张及众侍卫一十有五并神阁，其缺损之处一一补塑整饬完好，共耗资叁钱伍佰元整，此举不仅对东西配殿洗旧布新，光彩斐然，而且对高禖、大禹、后稷正殿诸神之雄伟浩气更谓相得益彰，实属盛绩。为公福泽裕后之善事，为固来者之君诚能体张士之心，继张士之志，摹张士之行，特树碑勒石为记。

连伯村党支部村委会

彩塑匠工　张广建　张正义

建工　马长喜　仁建臣

撰文　董波

书丹　柴建民

镌石　宁孝忠

一九九四年岁次戍桂月中浣良辰　光立

10.崇神捐资饬像碑记

高禖庙创建久远，无文可考。古之大殿高禖神像塑居中位，左右祀大禹后稷二神，据鉴略妥注载高禖神乃人之先妣，主管男女婚配，赐福人间。大禹、后稷分管大地沧桑，主风调雨顺，五谷丰登也。信男信女之虔诚，原出于诸神之广灵，故世世代代备受崇敬，西汉武帝元朔元年坐太子据喜立高禖祠，隋唐皆盛供高禖之神，至宋徽宗忧以春分之日，隆祭某神以还愿，随而大禹、后稷同时配享受祀高禖庙之名由,是弘扬于甘陕三晋。年逢仲春三月村社皆奏乐演戏,信众四方沓来,纷纷垂旒端冕,华冠锦帔,前来焚香焦表,顶礼膜拜,对高禖之神虔诚非一般乎。因时久年深,加之战乱摧毁,人为破坏,不惟践踏珍贵的庙宇建筑,而且伤损艺术的诸神彩塑,幸经济改革开放,弘扬民族文化之际,高禖庙的主要建筑,献殿、正殿、东西配殿得以重修,唯殿内构建廊壁依旧,高禖、大禹、后稷诸神像仍呈残缺,信众目不忍睹,遂欣然自愿捐资,□以村民张建伟主动独负正殿高禖神塑像全部工费,并有首事人马长喜、陈蛋子、孙有振、许寅长、郭安印等乐善好施,扶翊风化,保护文物,热诚倡理,共收集捐款捌仟余元,于一九九三年癸酉仲秋月兴工,翌年甲戌季春告竣,历时一百八十天,对庙之正殿全部装饰壁画依旧彩新特异,对高禖、大禹、后稷等神像九尊一一行工补塑彩绘如初,首事人无不大义公正,高风亮节,将叁仟伍佰元之余额如数归缴高禖庙理事会,有目共睹,众口皆碑,故特勒石颂功嘉赞,并将所有信男信女自愿捐款输资者姓名金额铭刻于碑阴以记。

总理事　连伯村　党支部　村委会

理事人　马长喜　陈蛋子　孙有振　许寅长　郭安印

塑绘匠师　张广建　张正义　张正杰

撰文　博物馆董波

书丹　稷山县曹仁智

镌刻　稷山县宁孝忠

公元一九九四年甲戌季春十八日　立石

11.敞开高禖门　迎接华夏人

一年一度的庙会又来临了,数千上万的观光旅游者和虔诚之士聚集一处,体现了我华夏炎黄子孙对高禖圣土人类根源始祖香火绵延盛情,庙周围黄沙俯视,绿树成荫,白花银浪,微风拂面,阳光挥洒,吟诗赞美,写生如画,引人注目,难以胜举,庙内熙熙攘攘,求子觅孙,占卜吉凶,中草药男科妇科各有灵验治病之方,香火缭绕,鞭炮鸣放,钟声磬声叮叮当当,歌古演今,百花齐放,奸臣害忠良,相公招姑娘,柏树挺拔整洁美观,摊点商贩热情待客,人群海洋,车队长蛇,热闹非凡,难以忘怀。

捐资人名(略)

高禖庙首事人　陈文正　赵印良

村委会　陈文正　马治鹏　孙喜民　张殿伟　阮合锁　张小马　原效中　丁宇劳

书丹　李飞泉　刻石　陕西富平蒋稳民

公元一九九六年丙子三月十八日

12.高禖庙重修碑记

建设临时戏台　高禖庙八角戏台始建于元皇庆元年，同河津县老县城还早一年，经受沧桑岁月流逝，年久失修，毁于一旦，为了适应党的改革开放政策的伟大创举，弘扬祖国文化，开辟旅游胜地，抢救文物古迹，修建高禖庙势在必行，义不容辞。数年来逢庙会搭台演唱，耗费很多劳力财力，若遇风雨更不安全，村民呼声迭起，修建戏楼是广大村民强烈愿望，因此由老前辈陈文正等召唤倡议村民每人集资两元钱，义务投工共用二十天时间，临时戏楼落成，农历三月十八日庙会开台演出。

修复东西神殿　东西神殿井厦在大清咸丰五年重修，迄今近二百年之久，历经沧桑战火摧残，小人之辈肆意破坏，日晒雨淋破败，不堪入目，群众怨声载道，愤情激烈，祈求修复，为此在炎夏六月破土动工，大动干戈，将后背土墙清除改砌砖墙，连同神台一起砌成，更换梁檩椽木，布瓦筒瓦龙脊，共用七十六天时间竣工，东神殿七间，西神殿六间(三霄殿三间，五岳殿三间)，井厦两间，共计壹拾五间。

增设庙会　因地处黄河汾水交汇三角洲偏僻之处，为了顺应改革开放，弘扬传统的高禖庙圣土，中华民族根源始祖宏德，发展旅游事业，吸引四面八方中外游客观光旅游，调节文化生活，活跃繁荣经济，我们由每年一个庙会定为两个庙会，即是每年农历三月十八日、九月十八日。再加上我村腊月十八日古会，便成了三个十八日会，有了这三个“八”，顺着时行吉祥口号，便是八八八发发发。

功德重义千秋彪炳　奉献深情万古流芳

(柴书毓按：布施名单略)

公元二零零一年辛巳九月十八日　立石

13.高禖庙打深井碑记

时公元二〇〇三年癸未二月由河津市水资源管理委员会主任刘新书记、杨世忠副主任、黄庆昌、姚晋堂、樊秀林及全体同志为解决连伯高禖旅游胜地缺水困境、燃眉之急，奉献爱心布施，打深井一眼，深度六十一点五米，水质甘甜清澈，动力机械及水塔全方位配套安装，共投资人民币叁万余元，工程顺利竣工，出水量每小时可达四十立方，为高禖圣母庙开业扩建进行绿化一期建设项目奠定水源基础，得到全体村民赞颂，饮水应思源，吃水不忘本，特此勒碑，功德千古流芳。

阳村乡书记　原廷建　乡长　姚世强

连伯村书记　杨毅刚　村长　孙喜民

高禖庙首事人　赵印良　马正创

撰文　赵印良　书丹　李飞泉

旹公元二〇〇三年癸未三月十三日　立石

14.重雕轿中娘娘碑记

时公元二〇〇〇年庚辰七月初五日夜，阴雨连绵，夜深人静，轿中娘娘神像被强贼盗窃，至二〇〇二年壬午三月十六日重雕落成，登基圣殿。

（柴书毓按：捐款名单略）

公元二〇〇三年癸未三月十六日　立

15.高禖庙史料新发现

一九七六年十月连伯大队决定建设供销社和学校，在拆除高禖庙八角乐楼时，发现西山墙通天柱下段藏存约一点五米长、二十公分粗的八角形柏木柱子，上面写有条条毛笔字。当时在场的人有郭用青、张小马、王本立、许宝发、许焕禄和木工师傅等，郭用青先生给大家作了解说，可惜没有把这一木柱保存下来。一九九四年郭用青老先生逝世，时隔十二年，到二〇〇六年春节前，郭用青先生的孙子搬家时，在废书本中发现一本旧本子，本皮上用木工画笔写有“乐楼柱子祀郭用青手抄”，当下，就请大爸郭伸功和父亲郭建功看过，并立即交给高禖庙管委会马正创。马正创一直珍藏至今。

经辨认，上述“乐楼柱子祀”确系郭用青老先生于一九七六年手抄，八款除最后一款有碑文可证外，其余七款均系新发现。“乐楼柱子祀”最后一款关于“大清嘉庆廿四年己卯乐楼后移三步”的记述与目前保存的大清嘉庆二十四年己卯《重修后土庙碑记》内容相符合，乐楼柱子祀于石刻碑文可能出自一人之手，只是一文镌石立于庙廊，一文书于木柱藏于乐楼夹墙之内，二者有异曲同工之妙。清嘉庆二十四年（公元一八一九年）《重修后土庙碑记》系郭用青的先祖郭步云撰文，该碑文称："考庙中古碑记传自宋元以来皆言重修不知肇自何时盖庙之建于兹土也故不知历几千百年矣。"该碑文未涉及"乐楼柱子祀"其余七款，但作者发出高禖庙"不知历几千百年"之慨叹印证了高禖庙的历史悠久，根据"乐楼柱子祀"记述"仲康丙寅年诵曰皋庙"，以此推算连伯高禖庙的创建时间当在夏启之子仲康执政时的丙寅（公元前二〇二二）年前，距今四千余年。新发现的"乐楼柱子祀"是研究高禖庙历史和高禖文化的珍贵史料，为追本溯源，特将原文刻碑以志，并略作注释以供方家信士及社会名流研究参考。

主事　河津市连伯高禖庙管委会　河津市高禖文化研究会

公元二〇〇八年农历三月　立石

16.碑文

为弘扬根祖文化，发展旅游事业，让高禖庙这座文物古迹更加璀璨绚烂，使高禖神灵香火更旺，现有八十八名信士群起而慷慨解囊，为高禖各神殿做凤冠华冠七十七顶，大龙袍三件，铸大香炉三个，捐发电机一台，共计款额两万余元，先将诸信士姓名刻碑勒石，永世流芳。

连伯村　党支部书记　张志清　村委主任　杨毅刚

庙管会负责人　孙中安

执事人　陈蛋子　马茂义　马三中　赵仙娥　卫东红

撰文　孙耀宝　校正　黄汝其

石刻　河津东庄飞云石材　杨云

公元二零一七年农历三月十八日　立

17.后土文化节碑志

高禖庙位于古耿龙门皮氏城南郊连伯村，原村北峁蔚高起曰卫沙峁，由吕梁山发脉，袤长二十里处有村曰后土村，有庙曰后土庙，始建何朝何代无证考究，自西汉武帝继位后，晚年膝下无子，阳春三月带群臣九嫔到太牢祠设坛祭祀圣母，得太子位后，在元朔元年将太牢祠立改为高禖庙，流传至今，驰名华夏，到魏晋迄隋唐宋元明清民国至解放后，每年阳春三月踏青春游成风，特定农历三月十八日为祭祀圣母日、庙会观光日、后土文化活动日。

党在改革开放后为了进一步弘扬后土文化，开拓旅游业发展，将农历三月十八日定为后土文化节，后土文化内涵远古，是炎黄子孙始祖之根，北京天坛祭祀之源，联络全球华人的纽带，团结各民族的桥梁，因此社会各界知名人士、虔诚之士、有志之士慷慨解囊，布施捐款资助，后土文化发扬光大，万古生辉，特此赠石将奉献者美德千古流芳。

公元二零零三年农历癸未九月十八日

江苏省

扬州市

文昌中路360号琼花观

（王翘楚　佘康乐）

一、概况

扬州琼花观为道教建筑，位于江苏省扬州市广陵区文昌中路（原琼花路）360号。此观前身是西汉元延二年（前11）所建的后土祠，祠后土富媪。因相传观内有琼花一株，天下无双，故名“琼花观”，又称“蕃釐观”。在清顺治、康熙年间，两代张天师羽化于观内，因而被道家正一派视作圣地。①

二、历史沿革

（一）名称由来

扬州琼花观为西汉成帝元延二年修建的后土祠。② 因为后土祠附近是羊巷，故又称“羊里观”“羊离观”。唐僖宗中和二年（882），淮南节度副使高骈极江南工材之选，扩建其观，并更名为“唐昌观”。③

北宋至道二年（996），扬州太守王禹偁以“谁移琪树下仙乡，二月轻冰八月霜”称颂观内琼花枝繁叶茂，花朵洁白可爱，使此琼花闻名。欧阳修任郡守时，赞扬观内琼花“世无伦”，遂修筑“无双亭”于琼花树旁，为饮酒赏花之所，并题诗云：“琼花芍药世无伦，偶不题诗便怨人。曾向无双亭下醉，自知不负广陵春。”④世人正因观中有琼花而名之“琼花观”。北宋政和年间，唐昌观改名为“蕃釐观”，取《汉书·郊祀歌辞》“唯泰元尊，媪神蕃釐”⑤之意，宋徽宗钦赐“蕃釐观”匾额。⑥

（二）历代重修

明洪武至万历年间曾对蕃釐观屡加修葺。万历二十年（1592），知府吴秀在

① 参见王克胜主编：《扬州地名掌故》，南京师范大学出版社2014年版，第307页。

② 参见王克胜主编：《扬州地名掌故》，南京师范大学出版社2014年版，第306页。

③ 参见朱正海主编：《扬州大观》（修订本），黄山书社2000年版，第83～84页。

④ 参见王克胜主编：《扬州地名掌故》，南京师范大学出版社2014年版，第306页。

⑤ 媪神为地神；蕃釐意为洪福。

⑥ 参见王克胜主编：《扬州地名掌故》，南京师范大学出版社2014年版，第306页。

原后土祠遗址建弥罗宝阁(一说玉皇阁),阁高三层,高雄壮丽,为城中大型建筑,登阁可俯视全城。[①] 至清乾隆二年(1737),又增建文昌祠[②];乾隆四年(1739)毁于火,乾隆十年(1745)修复,光绪间又复毁于火,未复建。琼花观盛时主要建筑有门前石碑坊、三清殿、弥罗宝阁、文昌祠、深仁祠、竹轩花亭、芍药厅等。[③] 1908～1911年,扬州府所属的八个州县筹集经费在琼花观所在地修建了扬州第一所新式中学——扬州府中学堂。

民国时期,观内建筑物毁于大火,[④]仅存三清殿、门楼牌坊、粮食仓库及住观道士的居室。"破四旧"时,石牌坊被毁。门楼在1949年已被拆除,"蕃釐观"石额被市一中砌在琼花台上。三清殿为观内主殿,中有真武帝君铜质坐像一尊,左右各有两尊站立的神像,殿前檐上方悬"清世界"匾额,1949年后被拆除,改建为大礼堂,原有其他建筑被改作市一中教工宿舍。玉钩井、琼花台为市一中重修,四棵古银杏仍是繁茂,"蕃釐观"额仍存。1962年,琼花观被定为市级文物保护单位。琼花观旧貌已逐步恢复,一期工程基本完成并投入使用。[⑤]

1993年,在观内原存古琼台、"蕃釐观"石额、"玉钩洞天"井以及观西部分寺庙建筑的基础上,扬州市政府出资重新修建琼花观,修复石牌坊、观门和两廊,将遗存的明代兴教寺大殿移建于此,改为三清殿[⑥],并于2000年对游客开放。

三、庙宇建筑

重修后的蕃釐观前置有明代所建石牌坊,牌坊呈糙米色,一左一右各有石柱,分别雕刻赤乌与玉兔,象征日月。柱身上圆下方,柱端似华表。有门楼三间,嵌有方石额,上有清代刘大观所题的"蕃釐观"三字。其后有单檐山门殿三间,主殿为五楹重檐大殿,即"三清殿"。三清殿建于高基平台之上,平台四周围以白玉栏杆,两侧植有龙爪槐与两株琼花。殿前有两棵银杏树。观门至大殿的正中甬道两侧建有仿古廊房,甬道内植有老榆树一株,两侧又各植四株琼花。至于造型别致的琼花台与无双亭,则在大殿后围墙外的后花园内。[⑦]

---

① 参见朱正海主编:《扬州大观》(修订本),黄山书社2000年版,第83～84页。

② 参见华德荣、仲玉龙主编:《风流宛在:扬州文物保护单位图录》,苏州大学出版社2017年版,第92页。

③ 参见朱正海主编:《扬州大观》(修订本),黄山书社2000年版,第83～84页。

④ 参见王克胜主编:《扬州地名掌故》,南京师范大学出版社2014年版,第306页。

⑤ 参见朱正海主编:《扬州大观》(修订本),黄山书社2000年版,第83～84页。

⑥ 参见华德荣、仲玉龙主编:《风流宛在:扬州文物保护单位图录》,苏州大学出版社2017年版,第92页。

⑦ 参见王克胜主编:《扬州地名掌故》,南京师范大学出版社2014年版,第306页。

四、文学创作与相关传说

历代文人歌咏后土祠琼花者不计其数,琼花观一名也因文人墨客的创作名扬海内外。关于后土祠琼花的诗作,比较有名的有宋代韩琦的《后土祠琼花》:

惟扬一株花,四海无同类。年年后土祠,独此琼瑶贵。
中含霰冰芳,外团蝴蝶戏。荼蘼不见香,芍药惭多媚。
扶疏翠盖圆,散乱珍珠缀。不从众格繁,自守幽姿粹。
尝闻好事家,欲移金谷地。既违孤洁情,终误栽培意。
洛阳红牡丹,适时名转异。后荣托旧枝,万状呈天丽。
天工借颜色,深淡随人意。三春受赏时,车马喧如市。
草木禀赋殊,得天岂轻议。我来首见花,对月聊自醉。[①]

古代,不仅琼花为世人歌咏,琼花观也常被艺术化为神仙与高人隐居的神圣之地。一些清代笔记中不乏江湖隐士或世外高人隐居于琼花观的记载,《儒林外史》的作者吴敬梓晚年落魄,也时常于琼花观驻足流连。[②] 明清小说中更是有不少关于观中琼花的传说,隋炀帝下扬州赏琼花的故事总是被大肆渲染。

五、影响

琼花观不仅是扬州观赏琼花的胜地,也是中外游客欣赏千古胜迹之所。

---

① 李时人编著:《中华山名水胜旅游文学大观·诗词卷》(上),三秦出版社 1998 年版,第 310 页。

② 参见王克胜主编:《扬州地名掌故》,南京师范大学出版社 2014 年版,第 307 页。

浙江省

丽水市

浙江省丽水市缙云县壶镇镇项宅村地母禅寺

（胡保华　程浩芯）

一、概况

浙江省缙云县好溪流域古时分布着大大小小供奉地母的庙宇，如地母庵、地母庙、地母殿等。它们构成一片独具传统的地母信仰区域。由于自然倒塌、村庄改造、道路建设、大坝蓄水等各种原因，这些庙宇大多被毁，现在只有一小部分得以留存。壶镇镇项宅村地母禅寺，就是其中规模最大、活动最兴盛的一座。虽以“禅寺”命名，但当地人大多按传统习惯称其为“地母殿”。

项宅地母殿位于项宅村东南的青水龙头山，始建无考。现存建筑于2012年重建，建筑面积5000多平方米，为浙江省甲类民间信仰场所。2023年1月，缙云地母庙会被列入浙江省非物质文化遗产代表性项目名录，项宅地母殿的影响力进一步扩大。

二、历史沿革

关于缙云地母信仰，可考的文献极少。民间文献方面，现存碑记有明崇祯元年(1628)百姓捐田租供奉乌岩殿香火的记载。据民国初《地母会簿》(已佚)记载，壶镇一带民间有组织地母庙会的习俗，可见历史上地母信仰之兴盛。

项宅地母殿所在区域在缙云陇东“上山文化”考古范围之内。缙云仙是传说中的中华民族人文始祖轩辕黄帝炼丹升天之地，民间传说多将地母与黄帝相关联，追溯地母信仰的悠久渊源。

项宅地母殿始建于何时无考。原庙很小，毁于20世纪60年代。项宅村吕玉蕊老人一度在自己家中开设佛堂，供奉地母，组织信仰活动，传播地母文化。在她的极力推动下，2011年8月，当地项爱丹、丁泽林夫妇主动承担起地母殿重建和筹资工作，并带头捐款600万元，最终共筹得1200多万元。经过一年多的建设，2012年12月1日，项宅地母殿建成开光，成为缙云地母庙会活动的中心。2018年，众人又筹集600多万元建造了地母殿山门及副殿观音殿。项宅地母殿完整的庙宇格局得以形成。

三、庙宇建筑

项宅地母殿坐东南向西北，前有观音殿和山门，左右有厢房合围，整个殿宇符合传统建筑“天门开、地户闭、中有聚气”的格局。

山门为牌坊式形制，庄严肃穆，巍巍壮观，上书“地母禅寺”，充分体现了传统建筑风格与现代技术相融合的建造工艺。

主体建筑地母殿采用清代建筑风格，重檐歇山顶设计，琉璃瓦顶。主殿为三进五开间，飞檐翘角。屋脊中央、两端为龙卷尾，曲檐处垂兽端坐，翘角上有瑞兽坐镇，分别为仙人指路、狮子跟尾、天狗、凤、天马。下有风铃迎风叮当。下檐为合角龙，稻桶顶，船篷轩，斗拱托梁。檐头宝珠点缀，檐行云头彩画，四面万字窗花，雕梁画栋，气势磅礴。整体建筑以橘红色为主，配以传统双龙吉祥图饰，精工造作，华丽大气，完美展现了浙中一带民间传统殿宇建筑的精华。

地母殿大柱上悬挂着文史学者及民间贤达撰写、全国各地知名书法家书写的楹联，端庄大气，增添了不少艺术色彩。围廊处的花岗岩雕制栏杆与建筑浑然一体。

大殿正门上方悬挂着鎏金的阳刻“地母殿”字样的匾额。地母雕像坐踞大殿正中，面容慈祥，雍容华贵，左手持仙帚，右手托八卦，座下为莲花宝座。神像选用上等樟木雕刻，贴金工艺，由民间老艺人精工细雕而成，形态栩栩如生。地母像上方藻井高深，绘有牡丹及双龙双凤等吉祥纹饰。

大殿内几案刻有历史典故图案，龙纹阳刻，镂空雕琢，鎏金工艺，华丽大气。几案上六盏明灯长年不灭，两侧二十诸天耸立，各显风采。

大殿两侧厢房与主殿风格一致，相映互衬，与院角古樟呼应，构成一个完整的院落。

四、主要活动

农历十月十八是传说中的地母诞辰。每逢地母诞辰，项宅地母殿都要举办盛大的庙会活动。整个活动从农历十五下元节开始，至二十一日结束，内容有诵念《地母经》、祭祀地母、万人素餐、演平安戏等，其中尤以十月十八举行的祭典最为隆重。仪式共分为击鼓鸣锣、敬上高香、敬献茶帛、敬献花篮、敬献供品、恭读祭文、敬献祭品、礼拜祈福、恭献祭舞、献祭望燎十大仪程。缙云地母庙会于2023年列入省级非物质文化遗产名录，现已成为缙云民间继清明节民众祭轩辕黄帝、张山寨七七庙会之后的又一大民俗活动。

五、周边影响

浙江中南部缙云山区人民长期以来靠农耕生活，土地是人们赖以生存的根本，因此地母深受百姓尊崇。旧时地母信仰在缙云农村十分普遍，当代以项宅地母殿影响尤大，辐射范围远超本地村镇，每逢庙会等盛大节日，甚至有丽水、金华、台州等地的信众前来。

福建省

福州市

连江县南竿乡福沃村福澳境地母庙[①]

（叶育伦）

福澳境地母庙位于福建省连江县南竿乡福沃村福澳境华光大帝庙左后方，为小型传统闽东式风火山墙单门单开间建筑。庙内除供奉主神地母娘娘之外，另供奉王将军与中坛元帅两尊陪祀神。受该庙地母娘娘影响，1998年的福澳境华光大帝庙与1999年的南竿乡珠螺境玄天上帝庙皆于重修时在庙内增设偏殿供奉地母娘娘。该庙的主要祭祀活动为农历正月十七的摆暝祭典。根据《南竿乡志》记载，1961年前后，海上漂流一具即将临盆的妇女的尸体，渔民发现后将其捞至岸边，召唤村民抬至山上埋葬，抬到现福山照壁附近时，任数位大汉怎么使劲也抬不动，于是有人掷筊问是否欲葬于此地，乃得应杯，众人以为得地灵而葬之，不久有位郑姓村民爱赌求之常赢，将其香火迎回家供奉。1986年，华光大帝庙落成，林宜其建议入庙祭祀，并将其神格升为地母。

① 参见台北"中央研究院"文化资源地理资讯系统，http://crgis.rchss.sinica.edu.tw/temples/LienchiangCounty/nangan/900701003-DMM，填表日期：2010年10月29日；浏览时间：2021年10月1日。

山东省

济南市

市中区党家镇土屋村地母庙

（于晓雨）

一、概况

山东省济南市市中区党家镇土屋村西北角玉符河西岸现存一座地母庙。[①] 据当地村民介绍，这座庙宇始建于清康熙年间，又据现存碑文记载，1939 年和 2015 年当地村民曾两次重修地母庙。现存的庙宇为石木结构的独门院落，占地约 400 平方米。庙宇坐北朝南，庙内有一小院，院内主殿三间，东西配殿各三间。其中主殿供奉地母娘娘，东配殿曾是原主持刘师太的住所，现已闲置，西配殿为碧霞祠，供奉碧霞元君、眼光奶奶、送子娘娘。院落西南角设有一焚化炉。

二、历史沿革

据当地村民介绍，流经土屋村的玉符河曾发过大水。洪水退去后，村民在玉符河岸发现一尊地母石像。周边村民认为这尊石像是上天派来震慑洪水、保佑地方平安的神祇，于是在发现地母石像处建造了一座庙，从此以后按时供奉，祈求平安幸福。

地母庙修建之初只有很简陋的一间小屋，屋内供奉地母佛龛。后来人们觉得地母很灵验，清光绪年间便于地母庙原址修建了现在的地母庙。后来受战争和社会动乱影响，地母庙香火逐渐衰落。“文化大革命”时期，庙宇遭到过破坏，后因年久失修，庙宇的主殿房梁坍塌。2015 年当地村委会经多方筹措对地母庙进行了全面修缮。现在我们看到的庙宇是 2015 年修复后的后土庙。

三、庙宇建筑

土屋村地母庙庙门是传统的民居式门楼，门楼正面镶嵌着一块雕刻着“地母庙”的石制匾，匾额左右两侧各有一块方形石柱，其上分别刻有“乾”“坤”二字。门楼内侧嵌“修真道院”石匾，匾额左右两侧同样各有一块方形石柱，其上分别刻有“日”“月”二字。

---

① 2022 年 5 月 15 日，刁统菊、刘晨、李梦、于晓雨一行四人对土屋村后土庙进行了为期一天的田野作业。

庙宇主殿为石木结构，建在高台之上，进深一间、面阔三间，殿房为单檐硬山顶，正脊、垂脊俱有，正脊设计独特，为龙形陶瓦，陶瓦下方悬空，有数十根立柱支撑以便透风，房檐及正殿门窗上方的墙体上均绘有精美的壁画。山墙左右对称，墙体由方正的青石砌成，靠近屋顶的部分由灰砖砌成。墙壁上各镶嵌一通民国二十八年(1939)的石碑，其中东侧的石碑为修建此庙的碑记，内容如下：

盖闻神道设教者乃是于人祈福也。或立善场以化人，或修经卷以传世，所以神道设教层层不一，问其理者，皆是功德而已。山东济南府历城县西南乡边家土屋庄有善士弟子等，在民国念五念六念七念八之年，天荒地乱，内贼外寇焚烧抢掠，是全国中无乐土也，所以公同祷神求佑。盖神在天下者惟地母功莫大焉，令人春耕夏种秋收冬藏，凡所载之山水人物等等，不一笔难述也。如此功德之大者，世所罕有耳。所以本村善男信女诚信于地母神尊，同意建修殿阁。扶乩择地乩云此吉，是以鸠工辟材宏功告成，尽当时之诚心，留后世之善风。后有诗曰：“地母慈神甚有灵，诚心祷之无不应。土屋善士皆得福，免灾去患喜层层。”

领袖人　窦振声　崔秀章　赵春发
　　　　张继唐　闫长惠　王文珠
　　　　佘化云　金　兰　徐延庆
　　　　刘凤池　吴振甲　窦生云
　　　　张　庆　王献纶　李传心

乩生许仁贵

中华民国二十八年岁次乙卯杏月上浣　穀旦

西侧是一通题诗碑，碑文保存完好，内容如下：

土屋独信地母神，善男信女无二心。
年赐丰岁得神佑，春夏秋冬雨露深。
因此诚心建设庙，墙垣高大殿阁新。
何须远奔高山顶，心诚此地即雷音。
纯阳吕仙师撰文
承办人　吕素珍　邱妙真
穆长清　贾介淑
穆学修　刘吕氏
郭积义
葛劝真

张宿亭书丹

吴振南铁笔

中华民国二十八年岁次己卯杏月上浣　榖旦

主殿前西侧还立有一通无字石碑。据当地村民介绍，这通石碑是民国二十八年重建地母庙时为雕刻文字而立，后来因故没有完成，就被放置于一边，“文化大革命”时期被列为“四旧”埋于地下，近两年才挖出来重新立起。正对主殿的南墙上有10多块青石板，高约60厘米。石板上密密麻麻刻满民国二十八年重修地母庙时参与捐资的人员名单。因年代久远，碑文上的文字漫漶不清。

主殿正中供一神龛，神龛内为真人大小的地母神像。地母慈祥和善，两旁立有童男、童女塑像一对。当地人认为地母掌管地上所有神明和事物，与天公同尊。据村民介绍，这尊地母像是近年新塑的。原先的地母像是泥胎塑像，在破“四旧”时被毁弃。

主殿东西各有三间配殿，其中东配殿原为庙宇看守的住所，现已无人居住；西配殿在2015年设为碧霞祠，现在殿内供奉着自泰山碧霞祠请来的三尊女神像，分别为碧霞元君、眼光奶奶和送子娘娘；主殿东侧后院内立有功德碑一通，上面记录着2015年重修地母庙设立碧霞祠时捐款人的姓名及捐款数额。

四、信仰活动及周边影响

据当地村民介绍，到2015年，土屋村庙会活动比较活跃。后来受到政策和疫情的影响，近些年只在每年农历十月十八有庙会活动，其余时间庙宇均处于关闭状态。

民国二十八年重修后土庙时的功德碑虽已漫漶不清，但根据尚可辨识的部分碑文可以看出，参与重修庙宇的信众除土屋村村民外，还有来自孙家崖、西仙庄、瓦峪沟、泰安辛庄等地的信众。土屋村地母庙在当时的影响力可见一斑。

马山后土殿

（于晓雨）

马山位于长清城区以南21公里处的马山镇境内，主峰海拔512米，是仅次于灵岩、五峰山的道教名山。清末，长120米、宽300米的山顶自北向南尚有灵官庙、丰施侯庙、天王殿、钟楼、后土殿、碧霞元君殿等，不知始建于何年，保存至今的建筑遗迹多为明代重修。马山古为道教圣地，也是风景优美的旅游胜地，有“马山之胜在山顶”之说。现在山上建筑颓垣断壁，旧迹已不可寻，但风景依然优美多姿。马山建筑群分三组，中组便是后土殿，现已成废墟，但布局尚清晰。[①] 民国二十四年(1935)《长清县志》中录有该后土殿的相关信息：

董题匾

汉卢区马山顶丰施后行宫有石匾一方，题“后土宫”三字，系明代书画家董其昌题。[②]

虽然文献中记录的是“后土宫”，但是通过上下文信息可以看出文中的“后土宫”即马山后土殿，同时可推知马山后土殿修建的时间应在明朝或更早的朝代。

石麟山后土宫

（于晓雨）

石麟山位于城南水鸣庄东，海拔 84 米，曾名“石虎山”，明代知县于璞改名“石麟山”。清代山上曾有玉帝、后土、广生等殿。[③] 石麟山西北悬崖处有道者模样的线刻影像，造型古朴，线条粗犷，下端有崇宁癸未岁(1103)六月十六刻像题记。另有原后土殿龟趺三块、柱础五个，宣统年间重修后土殿碑二通，以及游人题诗多处，现保存完整。[④]

《长清县志》记载：

后土观，县治东南隅石麟山之阴旧志□互见石麟山

石麟山，旧名石虎山，县治东南半里，许昔人晨兴见虎游岩畔，猎人随之，乃石也，遂名邑令于公璞改为“石麟山”。山阴悬崖数仞，古木龙蟠。下

① 长清区史志办：《〈长清县志〉文物、民俗》，参见济南市长清区人民政府官网，http://www.jncq.gov.cn/art/2023/10/8/art_26315_2450669.html，发表时间：2023 年 10 月 8 日；浏览时间：2023 年 12 月 6 日。

② 《长清县志》卷十六，民国二十四年铅印本，第 14a 页。

③ 本文关于石麟山相关信息参考长清区史志办《长清县志》和文昌街道办事处《石麟山上观风云》(下)，参见济南市长清区人民政府官网，http://www.jncq.gov.cn/art/2021/4/8/art_21919_4769770.html，发表时间：2021 年 4 月 8 日；浏览时间：2023 年 11 月 23 日。

④ 长清区史志办：《〈长清县志〉文物、民俗》，参见济南市长清区人民政府官网，http://www.jncq.gov.cn/art/2023/10/8/art_26315_2450669.html，发表时间：2023 年 10 月 8 日；浏览时间：2023 年 12 月 6 日。

隐二石洞，幽深曲折。左侧有玉帝、后土、广生诸殿。[旧志]□文笔峰在石麟山高处[旧][志续刊]

暮春登石虎山　邑进士　杜泰

石虎山坳后土宫，老槐盘郁石巃嵸，游人携酒集春暮，野老扶筇乞岁丰。仙客洞深闻犬吠，苍崖自古有苔封。登临聊放乾坤眼，鲁甸齐疆指顾中。①

石麟山西北断崖连绵数十步，为山之最幽处，应是古代采石建长清城时遗留，人工开采的遗迹十分明显。据估计，其开采始于宋至道年间的长清城初建，后在明代长清土城瓮为石城时又大面积开采。后依山就崖建了一片古庙宇，有玉皇庙、后土殿、广生殿、文昌阁等，规模宏大。后土殿原址位于石鳞山的山坳处。据清宣统年间的《重修石麟山后土殿》记可知，宣统年间曾重修后土殿，庙宇重修后“桂殿辉煌，檀像庄严，文昌阁（建于光绪十一年）画栋飞云，演剧场珠帘卷雨”。每年四月初八（康熙《长清县志》云在二月二十八）为石麟山玉皇庙庙会，庙会期间香客如织，商贾云集。至民国时，庙中尚有道士二人。该庙后在解放战争炮火中破败，50 年代砖木被移去修建剧院，至“文化大革命”时已无存。现在只留存硕大精美的莲花柱础和龟趺，当年的兴盛可见一斑。②

胡山天宫地母祠

（于晓雨）

一、概况

胡山位于山东省济南市章丘区南部，被当地民众视为镇山，素有“小岱岳”之称。据现存文献资料记载，胡山山顶先后建有婆翁庙、天公地母祠等庙宇。

二、历史沿革

现存有关胡山的文献资料详细记述了天公地母祠的来历：

---

① 《长清县志》卷一，清道光十五年刊本，第 12a～12b 页。

② 参见文昌街道办事处：《石麟山上观风云》（下），参见济南市长清区人民政府官网，参见济南市长清区人民政府官网：http://www.jncq.gov.cn/art/2021/4/8/art_21919_4769770.html，发表时间：2021 年 4 月 8 日；浏览时间：2023 年 11 月 23 日。

胡山，在县南五十里，明芬乡相传古有仙翁仙婆修道此山皆得寿。考旧有公婆庙，遇旱祷雨即应。宋衡钧有记：今建天公地母祠于上，左列八仙位，列风雨雷电诸神祇。康熙二十九年夏，天旱甚，知县钟运泰斋心步祷，直至山巅，叩谒神祠，甫下山取水，即密云四起，疏雨廉纤，及归甘霖大沛，录此以益，证其不爽。云其山高深又可避兵俗，目为□山腰有洞人迹，不到有双鹰巢于上，形高二尺许，每年抱二雏大者飞去小者仍在。山有三麓，南麓、北麓、中麓。中麓，即李太常开先读书处。山下有泉清冽可鉴须眉。[①]

胡山，在县治南五十里，脉自黄巢顶来，至此山五十余里，陡起一峰极高大，东南一望连峰沓嶂，与长白之摩诃，峰南北对峙，为章丘之巨镇。相传古有翁媪修道此山皆得老寿，旧有翁婆庙遇旱祷雨辄应，宋衡钧有记今建天公地母祠于上。山腰有洞人迹，不到有双鹰巢于上，身高二尺许，每年抱二雏，大者飞去小者仍在。山有三麓，南麓、北麓、中麓，即李太常开先读书处。山下有泉，清冽可鉴须眉。山顶西南有石窿然挺立高可数丈。[②]

胡山在章丘县南五十里，《通志》作湖山，旧志云：齐乘曰相传古有仙翁仙婆修道此山皆得寿，考今有翁婆庙，遇旱祷雨即应。其山高深可避兵俗，目为寨山，山腰有洞人迹不到，有双鹰巢于上形高二尺许，每年抱二雏，大者飞去，小者仍在。山有三麓，南麓、北麓、中麓。中麓即李太常开先读书处，《通志》云：南为长城岭。《县志》云：山下有泉清冽可鉴须眉，山顶西南有石窿然挺立高可数丈，俗呼为“落鹰石”，士人每望山之云气以验晴雨。[③]

根据方志资料的记载，胡山天公地母祠是宋代于公婆庙旧址建立的新庙。据当地百姓介绍，民国时期当地在天公地母祠的旧址上又建造了老君祠。目前老君祠尚存，但原庙的形制已不复存在。

三、庙宇功能

据文献记载，早在宋代，胡山就建有天宫地母祠，且兴盛一时。天公地母祠，也称天地行宫，原址为一四合院。正殿内塑天公地母像，大门上方悬有一石匾，上刻“天地行宫”四字（现存马家峪村委会），内塑天公地母像。宋代衡钧作《胡山记》记录了天公地母祠的来历及其主要神职：

胡山于章丘为最高，其神亦为最灵，相传祷必有应。治平二年三年夏，

---

① 《章邱县志》卷一，清康熙三十年刻本，第10b页。

② 《章邱县志》卷三，清道光十三年刻本，第7b页。

③ 《济南府志》卷五，清道光二十年刻本，第16a页。

境内连渴雨，始平冯公仰山钦神，克意勤请命其门人衡钧辞以为祝，而遣其佐寮奉之，率众民以登祭。始以尉王君和之行，既彻即雨，次以簿陈君表臣行，约三日，如期雨。仍岁并济，阖境荐丰，感休图报，即山作庙，以木易石，以宇易龛，神就宴嬉，人起严肃。使夫神有常福，人有常告，于事得宜，兹用为记。①

据《胡山记》描述，宋治平二年(1065)、三年(1066)夏章丘遭遇大旱，民不聊生。章丘县令冯安之、县尉王君和、主簿陈表臣率民众前往天公地母祠祈雨，果降甘霖，于是重修天公地母祠，以谢天地。据此可知，宋代求雨是胡山天公地母祠的主要功能之一。

四、周边影响

胡山为章丘之镇山，古时人们将天地之祭典设在胡山绝顶，取胡山高耸，天地递接之意。旧时胡山天地祠规模甚大，其影响以胡山为中心，东至青州，西至济南，北至滨州，南至泰山，辐射方圆几百余里。②

莱芜区地母庙③

(于晓雨)

山东省济南市莱芜区曾建有一座地母庙。该庙基于后土信仰，由莱芜区牛泉镇鹁鸽楼村、圣井庄、李条庄、南宫庄及周围其他村庄百姓捐钱建成。目前这座地母庙已经被毁，幸而当地云台禅寺现存两通石碑清楚地记载了地母庙的创修及圣母临坛请乩活动。其中一块石碑为地母庙建庙时所立，碑文记载了对圣母的称赞经文。

千百年来，民众为了生存，为了丰衣足食、安居乐业，常会建庙塑像祭祀地母，以求赐福灭灾，吉祥康泰。据《创修地母庙记》石碑记载，莱芜地母庙创建于民国十七年(1928)，因多年风调雨顺，五谷丰登，村民为报答地母娘娘厚爱恩

① 《济南府志》卷六十六，清道光二十年刻本，第66b页。

② 参见翟伯成：《岱岳癸脉，胡山最灵——章丘胡山历史古迹寻踪》，“济南古城历史街区”公众号，发表时间：2016年11月13日；浏览时间：2023年11月23日。

③ 对莱芜地母庙的介绍主要参考小帅历史讲解：《莱芜首次发现罕见“地母庙”创修碑》，https://www.163.com/dy/article/DQUPOCNK05430D4T.html，发表时间：2018年9月5日；浏览时间：2023年11月28日。

德，遂在原无旧庙的情况下发起修建完成地母庙。石碑由邑孝廉方正秦玉璋撰文，吴乃恩书丹，石工为张心敬。

灵岩寺所见后土圣母

（刁统菊）

文献记载，山东泰山千佛殿东北东侧有一后土殿，乃宋时重建，明嘉靖时期由一位叫洪霓的和尚重修。① 2023年叶涛在田野考察时，于灵岩寺发现明嘉靖二十八年（1549）所立的施财碑。该碑记载了施财者对多座庙宇、神灵进行修缮的事迹，或为泰山圣母修寝宫，或为各庙神灵"见新"，其中提到"灵岩后土圣母"。这两则材料和济南其他后土遗迹一起，说明至迟于宋代鲁中山区就存在后土圣母庙，且民国时期犹存。

青岛市

即墨区南泉镇庆余屯地母庙

（李一）

一、概况

庆余屯地母庙坐落在山东省青岛市即墨区西部南泉镇西隅，历史悠久，规模宏大，曾是全国两座较大的地母庙之一。庆余屯地母庙始建于清咸丰二年（1852），后经数次修葺，民国七年（1918）在旧址重建，1967年遭毁，1998年重新开建，于次年竣工。经扩建与重修后，庆余屯地母庙占地面积达12000平方米。

新修复的地母庙坐北面南，采用中轴对称格局，主要由庙门、正殿、两配殿及东西厢配殿构成。2006～2015年，加拿大籍华人王合成及村中信客陆续捐资，于地母庙北面建成后主殿及东西配殿，庙宇规模进一步扩大。重修后的地母庙为殿堂式庙门，内立有守门将军尉迟敬德与秦琼的塑像。进庙门后，便可见宽大影壁肃立前方，影壁正面书"道法自然"，背面载有《庆余屯地母庙记》。

---

① 《岱览》卷二十五，清嘉庆果克山房刻本，记载"御书阁东为后土殿，宋时重建，明嘉靖时释洪霓重修"。

正殿地母宫内供奉地母娘娘等八尊女神，共有八位仙童。地母宫东殿为天府宫，地母宫西殿为狐仙居。此外，地母庙正主殿东厢为老君殿，西厢为仙师殿。地母庙后有玉皇大殿、文昌殿、三官殿、龙王殿、药王殿和太极殿。地母庙每年于农历正月初九、正月二十一、四月十五、六月十九、十月十八举办庙会，以地母娘娘诞辰日农历十月十八最为盛大。每逢这日的庙会，锣鼓喧天、鞭炮齐鸣，热闹非凡。

二、历史沿革

（一）名称由来

据同治《即墨县志》记载，此村原为庆余午山泊石桥屯。[①] 相传“庆余”之名来自《易传·文言传·坤文言》“积善之家，必有余庆”[②]，寓意先世积善的遗泽。“屯”，《正韵》释曰：“徒孙切……聚也，勒兵而守曰屯。”[③]意为驻兵守备之处。民众为了求福禳灾，祈求过上丰衣足食、安居乐业的生活，便建庙塑像以祭祀地母，庙则依地名取名“庆余屯地母庙”。

（二）修建历史

即墨庆余屯地母庙创建于清，兴盛于民国，延续至今，庙址也历经变更。地母庙始建于清咸丰二年(1852)，本村周氏家族周世荣在自己的土地上修建地母庙。庙宇面阔三间，门前立有两根大柱，青瓦灰墙，庙前立有八卦香炉与鼎式香炉。[④] 庙宇内仅供奉地母至尊，每年农历正月二十一、十月十八为地母庙的庙会吉日。太平天国起义时，该村周氏周忠和与族众出资并主持在村四周挖壕沟、修建围墙，设立东、南、西三大门，以便保护村民。地母庙此时便存于村内。

民国七年(1918)，庆余屯周氏合族决定重建地母庙。新庙在族人周中峤、周世晨等人的募捐与主持下修建完成。新庙址改至村外，建在西门外江氏家族江玉海的土地上，日常事务先后由江玉海及其子主持。庙宇三间，内供奉地母至尊、送生娘娘与眼光娘娘。庙会时间仍为每年农历正月二十一、十月十八。

新中国成立后，庙宇改为庆余屯小学，庙内神像纷纷拆除，改作学校的教室。1967 年，因历史原因，地母庙原建筑全部拆除，原场地改建为体育场供师生

---

① 参见《即墨县志》卷五《赋役志》，清同治十一年刊本。

② (明)袁了凡：《了凡四训·译解》，暨南大学出版社 2010 年版，第 32 页。

③ 王引之订正，汉语大词典编纂处整理：《康熙字典(标点整理本)》，汉语大词典出版社 2005 年版，第 244 页。

④ 参见青岛即墨庆余屯地母庙管理委员会编纂：《山东青岛即墨庆余屯地母庙史略》，2016 年，第 108 页。

使用。1985～1997年，村中信客张桂兰等人积极组织募捐化缘，最终在原地母庙西侧重建正殿地母宫，但在1997年，因诸多因素影响，重建工程暂时停工。

1999年，因国内逐渐重视对地方旅游资源的保护与开发，庆余屯党支部书记王成刚对地母庙的重建工作给予了大力支持，经即墨市文物保护管理委员会的审批同意，地母庙得以再次翻修、扩大规模。新建的地母庙以地母宫为基础，坐落于即墨区西部南泉镇西隅，坐北朝南，采用中轴对称结构，主要建筑为庙门、正殿及东西配殿。庙门为殿堂式结构，内塑有守门将军秦琼与尉迟敬德像，庄严肃穆。正殿除祀地母娘娘外，兼祀玉皇大帝、王母娘娘和观音老母。东配殿尊奉灵山老母、天公老母。西配殿祭祀文殊菩萨、普贤菩萨及千手佛。整个庙宇布局错落有致，建筑精美宏大，四周环绕高大围墙。此外，还于地母庙东侧辟建庙会广场，每年在此举办四次庙会，庙会时间定为每年农历正月二十一、四月十五、六月十九、十月十八。

2006年，加拿大籍华人王合成感念乡土之情，慷慨出资，捐资扩建地母庙，在地母庙原有的基础上扩建东厢配殿老君殿、西厢配殿仙师殿和围墙，并增设影壁，此外还对庙宇、庙院进行了美化、绿化。此时，地母庙已经初具规模。此后，2010～2015年，王合成多次捐资扩建、翻修庙宇。在诸人合力下，最终在地母庙北面建成主殿玉皇大殿、东配殿文昌殿与西配殿三官殿，并扩建完工龙王殿、药王殿与太极殿。[①]

三、庙宇建筑

（一）整体布局

经扩建与重修后，地母庙建筑面积1450平方米，建筑规模较为宏大，形制严谨。地母庙采用中轴对称格局，坐北朝南，由南至北依次是大门楼、钟鼓楼、影壁、炼丹炉、地母宫、玉皇大殿。庙宇共三进院落，第一进院落由大门楼、钟楼和鼓楼构成；第二进院落为地母庙核心区域，由主殿地母宫、东配殿天府宫、西配殿狐仙居、东厢老君殿和西厢仙师殿构成；第三进院落由主殿玉皇大殿、东配殿文昌殿、西配殿三官殿、东厢龙王殿、藏经阁和西厢药王殿、太极殿构成。庙内各殿布局严谨，错落有致，层层排列，建筑精美，四周有高大围墙环绕。

庙前水泥广场宽阔平坦。广场左侧立有火池及土地庙，供香客焚香烧纸。水泥广场内有古松二株，五米多高，枝叶掩映，青葱翠绿。两株古松前是两座翻

---

① 参见青岛即墨庆余屯地母庙管理委员会编纂：《山东青岛即墨庆余屯地母庙史略》，2016年，第5～6页。

砂铸造的金色八卦香炉，圆形塔肚，上端砌筑细长相轮，塔顶安放金饰宝盖，悬挂16只铜铃铛，底部为八角白色须弥座，镌纹秀巧，十分精美。

庙门门楼为殿堂式结构，灰瓦朱门，上书“地母庙”三个大字的鎏金匾额，有正大门和东西两边门。门楼下方立有一对石狮，雄壮威武。正门题有对联“祈世界和平，祷国泰民安”，东西门各书有对联“翠竹黄花皆佛性，清池皓月照禅心”和“杨柳枝头甘露香，芙蓉花面春风暖”。门楼内，东西两侧塑有守门将军秦琼与尉迟敬德像，高约两米，色彩鲜明，形象逼真，威武刚健。门楼内东西两侧对称分列着钟楼和鼓楼两个六角形重檐亭阁。内设大钟一座、大鼓一面。每逢庙会吉日便会有人撞钟祈福。

进庙门后便可见宽大的影壁，正面书“道法自然”四个大字，背面载有《庆余屯地母庙记》。

庆余屯地母庙记

天播雨露，地生万物。人赖大地而生存，大地即为万物之母。由此，大地被视为了“地母”，她是原始社会农耕初期母系氏族社会信奉的最大神灵。神话传说地母与“天父神”结成了配偶，天父播撒雨露，地母孕生万物。地母庙在全国不多，此座[庙]愈发显示出其地位。是庙建于民国初年，一九六六年遭毁。一九九六年筹备重建，但遇有阻力。其时余管博物馆事，应善男周、王，信女孙诸供养人的请托，从中做了一些协调，于1998年重又开建，次年告竣。新修复之地母庙位于即墨市南泉镇庆余屯村西，坐北面南，分庙门、正殿及两配殿。正殿祀地母娘娘、玉皇大帝、王母娘娘、观音老母。东配殿祀灵山老母、天宫老母、文殊、普贤及千手佛等。西配殿祀诸位仙师。庙东侧辟一广场，每年举行四次庙会，其中，以农历十月十八日的庙会最为隆重，传说这天是地母的诞辰日。念乡土之情，王先生成合于丙戌秋慷慨出资，增建起东厢配殿“老君殿”和西厢配殿“仙师殿”并影壁；为殿式的庙门内塑起守门将军秦琼和尉迟敬德立像，对原殿堂彩绘壁画，粉饰内外，使地母庙建设规模扩大，面貌焕然一新，香客为之振奋。王先生成合，为加拿大籍华人，庆余屯为其故乡。先生家从祖父离村迄今逾九十余春秋。然其桑梓之情，乡邻之谊，犹不少减。久闻其为孝亲敬友、树义重德之人，受人敬重，想其为地母庙增建之善举，必为乡亲们铭记心怀。昔时的庆余屯，以地灵而喜庆有余，今日的庆余屯，又以天时、人和的交融而充满新的生机；未来的庆余屯，瑞气氤氲，大地生金，村美人美，和谐吉祥，定是一座幸福无边的大康庄。余因王先生为地母庙增建之事有感，写下这些文字。权为记。

公元二〇〇年岁在丙戌九月十八日

江志礼撰文

影壁背面立有青铜色鼎式香炉，香炉下方书有鎏金小字“国泰民安”。香炉右后方是青灰色炼丹炉，圆形塔肚，香炉右侧立有一小鼎，鼎下部书“地母庙”三个小字。钟楼和鼓楼的东西两侧则立有碑刻数座。此外，庙内还辟有办公室、招待室等办公场所。

第二进院落的正殿是地母宫，既是第二进院落的核心区域，又是整个庙宇的核心建筑。正殿大柱下卧石狮一对，正门上方悬“地母庙”鎏金匾额，面阔三间，灰筒瓦，歇山顶，檐下装饰有斗拱，门窗均采用壶门式样。大门书“金銮宝殿地母宫，琼楼玉宇天仙府”对联。殿内共供奉 8 位娘娘和 8 名仙童，姿态各异，栩栩如生。

殿内正中供奉地母娘娘，其身侧立二仙童。地母娘娘神态祥和，面颊丰润，慈眉善目，头戴凤冠，手持拂尘，神情坦然，屈左膝盘左腿端坐于金莲花上。她宽肩垂坐，身披薄纱，胸前悬挂璎珞，给人以和蔼祥瑞、超凡脱俗之感。身旁两位仙童神情肃穆，凝视远方。

殿内右侧，从左至右，依次肃立王母娘娘、送生娘娘和无生老母，及四名仙童。三位娘娘服饰华丽，面容丰润慈祥，神情庄重，姿态各异，其中王母娘娘与无生老母端坐于金莲花之上。王母娘娘头戴凤冠，手若莲花；送生娘娘怀中抱一男童，右膝靠一女童，身披霞帔，上绣莲花，双膝自然垂立；无生老母头戴凤冠，身着莲花袍，身侧肃立两仙童，神情各异。据说原来殿内没有无生老母像，是因为无生老母下天堂后嘱咐当地人快盖庙、快盖殿，“一年不盖一年旱，二年不盖二年不下雨，大旱三年不下雨”。庙未建起来时，当地的庄稼都旱死了，但是自从庙盖起来后，庆余屯年年风调雨顺。①

殿内左侧从左至右依次肃立麦姑、撒豆娘娘、眼光娘娘和观音老母，及两位仙童，娘娘们发饰各异，身披霞帔，神情平和，典雅庄重。麦姑头戴鸽子冠，双膝自然垂立；撒豆娘娘及眼光娘娘手势各异，其中眼光娘娘身侧立有一仙童；观音老母面颊丰润，手捧玉净瓶，端坐于莲花之上，身旁左侧紧靠一仙童。

地母宫的东殿是天宫府，大门上书“祥光生处慈善地，仙气来自极乐园”对联，殿内供奉 6 尊神像及 4 名仙童。殿内正中供奉灵山老母，端坐于莲花座上，

---

① 访谈对象：周蓝；访谈人：李一；访谈时间：2022 年 5 月 29 日；访谈地点：山东省青岛市即墨区庆余屯地母庙。

神态祥和，目视前方，身旁立有两位仙童，神情柔和。殿内左侧从左至右依次是文殊菩萨、天宫老母，其中天宫老母身着红衣，身上的披风绣有莲花图样，身旁立有两位女仙童，各自端坐于莲花座。殿内右侧从左至右依次是泰山老母、倒坐菩萨、普贤菩萨。泰山老母双手交握，自然垂于膝间，神色自若；倒坐菩萨手捧玉净瓶，神情肃穆，目视前方，盘腿坐于龙上，有腾云之势，身后一小童正目不转睛、崇拜地看向观音；普贤菩萨身骑白象，身后绘有其骑白象的壁画，栩栩如生。

地母宫西殿是胡仙居，大门上书“慈光普照遍宇宙，恩德广大漫中华”对联，殿内供奉七尊神像、五位仙童。殿内正中供奉胡老妈，身着霞帔，神情肃穆，右手垂放右膝，身左侧立一女仙童，右侧立一男仙童，身后壁画绘有古松仙鹤，寓意福寿延绵。殿内右侧从左至右依次供奉胡大奶、胡三奶和胡大姑，姿态各异，皆身着霞帔，神情庄重。其中胡三奶双手各牵一童，左手牵的仙童掩面扑向胡大奶，右手牵的仙童迈出右腿，呈跃跃欲试之姿；胡三奶正面还立有一女仙童，眉心一点红痣，头戴金花，屈膝爬向供桌上的果盘，生动活泼。殿内左侧从左至右依次供奉胡三姑、胡二姑及胡二奶，胡三姑右手提一灯笼；胡二姑双手握一蒲扇；胡二奶则手捧仙盘，目视远方。

地母庙东厢是老君殿，大门上书“德高志远常怀天地山川，道润胸宽尽忘喜忧荣辱”对联，殿内供奉七尊神像。殿内正中从左至右依次供奉吕祖、太上老君和丘祖，三人均身着道袍，其中吕祖与丘祖一手持剑，目视远方，太上老君仪态威严，居正中。殿内右侧从左至右依次供奉寿星、武财神，寿星左手捧金葫芦，右手持鸠杖，身披赤色莲花袍，神情祥和；武财神左手捧金元宝，右手持金塔，脚踏战靴，神情威严，目视前方。殿内左侧从左至右依次供奉文财神和种德三爷，文财神左手握金元宝，身着红袍，神情祥和，其身后绘有文财神画像，手拿“恭喜发财”对联；种德三爷左手捧白玉书板，身着披风，其上绣有金龙图案，十分威武。

地母庙西厢是仙师殿，大门上书“万壑泉声广长传妙谛，千峰云影空有现真如”，殿内供奉五尊神像、两个牌位。殿内正中从左至右依次供奉东京老奶奶、东京老师爷、胡兰英，东京老奶奶右手捧墨绿色如意，如意上点缀镶嵌红色珠宝，胡兰英左手捧莲花，三人皆着霞帔，霞帔上绣有莲花图样。殿内左侧依次供奉黄大仙与胡三太爷，黄大仙神位摆放在一小桌上，桌上铺有红布，摆放有供果、香炉与两尊小神像；胡三太爷左手捧葫芦，右手摸胡须，神态亲切自然。殿内右侧从左至右依次供奉马山老师傅与拾保全神位，其中马山老师傅左手捧如意，右手自然放于膝上。

地母庙后有玉皇大殿五间，歇山绿琉璃瓦黄剪边，前出廊，檐下饰有斗拱，单翘重檐七彩斗拱。明间悬挂“玉皇大殿”鎏金匾额。门前立有红色大柱，上悬对联“万道祥光归紫府，千条瑞气贯黄道”，庙内正门上书“敲玉鼓万神来朝，击金钟群仙聚会”对联。殿内供奉玉皇大帝、托塔天王、太白金星、东岳大帝、南岳大帝、西岳大帝、北岳大帝、中岳大帝和老子及两名仙童，其中玉皇大帝身着绣有金龙的明黄色披风，慈眉善目，神态安详，端坐在宝座上，泥塑彩绘漆金，置于黄色的帷帐中，帷帐上绣有腾飞的金龙和振翅欲飞的白鹤，庄严肃穆；玉皇大帝像前设有朱漆雕花木供桌一张。

玉皇大帝东殿为文昌殿，面阔三间，歇山大脊，前出廊，檐下装饰有斗拱，匾额上书“文昌殿”。大门上书“千古文风光史笔，万年气运盛才献”对联，殿内供奉文昌帝君、真武大帝、紫微大帝、关圣帝君、孔圣人、王灵官、马灵官、魁星和温元帅。

玉皇大帝西殿为三官殿，面阔三间，歇山大脊，前出廊，檐下装饰有斗拱，匾额上书“三官殿”。大门上书“三元庇佑恩光大，万善同归福长泽”对联，殿内供奉天官、地官、水官、禄星、福星、月下老人、保生大帝、喜神和车神。

东厢龙王殿面阔三间，歇山大脊，前出廊，檐下装饰有斗拱，匾额上书“龙王殿”。大门上书“云归大海龙千丈，雨满中空鹤一群”对联，殿内供奉婆楼那龙王、摩那苏婆帝龙王、善住龙王、难陀与婆难陀龙王、阿耨达龙王、雨师、风伯、雷公、电母。东厢还设有藏经阁，大门上书“天上文章称六府，人间福曜并三台”对联，里面藏有与地母娘娘有关的经书。

西厢药王殿面阔三间，歇山大脊，前出廊，檐下装饰有斗拱，匾额上书“药王殿”。大门上书“妙药扫除千里雾，金针点破一云天”对联，殿内供奉扁鹊、华佗、张仲景、孙思邈、李时珍。

西厢太极殿面阔三间，歇山大脊，前出廊，檐下装饰有斗拱，匾额上书“太极殿”。大门上书“太极还从无极始，三元总自一元分”对联，殿内供奉太极救苦天尊、文判官、武判官。

地母庙内神像背后都绘有壁画，用笔大胆细腻，画卷自然流畅。画中人物既有男女老幼，又有神佛鬼怪，且姿态各异，神情不一。画中有说法的，有膜拜的，有徐徐行进的，也有冉冉飞舞的。所绘神怪、禽兽、人物乃至草木，无不色彩明亮，神态自然真实，表情或庄严或祥和或惊恐，组成或清新明净或庄严肃穆或警戒众人的图卷。所绘男神及男人气宇轩昂，神态威严，女神及妇女则仪容端庄、大方脱俗。

壁画的内容多数与所供奉神像息息相关，旨在使人们了解所供奉神像的来历，或劝诫众人向善，或凝聚祝福之意。壁画中人物服饰和装束华丽多彩，千姿百态。通过画工细致入微的绘画技巧，人们可以较为方便地区分出他们的性别、年龄；身份、地位等也可以通过服饰、发式和行动举止及构图关系等得以呈现。最令人印象深刻的莫过于太极殿内的《六道轮回图》，图中央绘有赤色圆形巨轮，即“六趣轮”，从右向左分别是畜生道、修罗道、人道、天道、地狱道、饿鬼道。六趣轮下，两个罗刹手端使人忘掉记忆的汤药，神色威武地凝视着面前即将要投胎转世的人，最右侧的人正在饮汤药，而走在前面的人还在回头望，似乎表达了对尘世的留恋。而这群人的前方，还有一群赤身裸体的人，正在走向即将前往的各道。画面栩栩如生，令人震撼。

全庙建筑布局可分为三大部分，主要建筑全都建在南北中轴线上。整座庙宇布局严谨，古柏苍翠，曲径通幽。

四、主要活动

历经重修后，庆余屯地母庙东侧开辟出庙会广场，每年在此举办四次庙会，时间为每年农历正月二十一、四月十五、六月十九、十月十八。正月二十一拜麦姑，四月十五拜灵山老母，六月十九拜观音菩萨，十月十八拜地母娘娘。① 其中，十月十八的庙会最为隆重、盛大，因为这天是地母娘娘的诞辰。

每逢庙会，庙外的街道都挤满了售卖香火、小吃的商贩和熙熙攘攘的信客。而庙内便会提前在鼎式香炉前扎好属于该神的纸扎神像，意在“守香火”。早先，纸扎神像坐于轿中，在村中转一圈后才会被抬回庙中，同行的还有踩高跷的和跑旱船的。因那时经济困难，能直接捐款的村民较少，村民看见纸扎神像便会主动捐豆子、捐粮食。②

除了摆纸扎之外，每逢庙会庙内还要摆好供桌，供前来拜祭的香客摆放供品。供品也有特殊的要求，拜见地母娘娘与灵山老母只需素供品；而拜见狐仙、玉皇大帝等神仙则需要携带三牲类供品。2020 年以前，每逢灵山老母与地母娘娘诞辰，庙内便会扎台子唱戏，唱即墨柳腔，从庙会前一天便开始唱，庙会当天

---

① 访谈对象：周蓝；访谈人：李一；访谈时间：2022 年 5 月 29 日；访谈地点：山东省青岛市即墨区庆余屯地母庙。

② 访谈对象：周蓝；访谈人：李一；访谈时间：2022 年 5 月 29 日；访谈地点：山东省青岛市即墨区庆余屯地母庙。

三场，连唱两天，一共五场戏。[①] 是日，锣鼓喧天，鞭炮齐鸣，热闹喜庆，文艺演出与商贸交流交相辉映。

五、周边影响

村中人受地母庙及地母文化的影响，人人向善，尊老爱幼，孝敬父母，珍惜土地。村中现今也流传着许多有关地母的传说，如地母娘娘总在村民们最危急的时候帮助其脱险、保佑其平安。至今，如果村内及周边的村民生病了，还是会来庙里拜见地母娘娘和无生老母，如果事后病痛消除，身体康复，便会携带馒头、素三牲（苹果等水果）来还愿。在当地，还有部分村民会提前扎好自己的“替客”，提来拜见娘娘后烧掉，他们认为这样做自身的病便转移到所扎的“替客”上，从而疾病痊愈，重获健康。[②] 村中地母娘娘的信众很多，也有许多外村和青岛其他地方的信众慕名前来。

临沂市

蒙阴县桃墟镇石家水营后土庙

（王庆安）

一、概况

石家水营后土庙位于山东省临沂市蒙阴县桃墟镇石家水营村南，南望蒙山，北临金水河，东侧为 231 省道（当地民众称为“沂蒙公路”），北侧为桃（桃墟镇）联（联城镇）县道，左右两边是年蓄水量约 104 万立方米的石家水营水库。庙殿坐北朝南，创修于宋熙宁年间，现存建筑正殿重修于 2009 年。主殿三间，面阔 9.96 米，进深 5.31 米，主祭神像为后土奶奶。双层门楼重修于 2011 年，飞檐翘角，斗拱彩绘，下设三门，类似牌楼。虽然斗拱梁柱均为水泥制品，但是覆以彩绘后几可乱真。正门上方用金黄色书“后土奶奶庙”。庙会日为农历三月初三和九月初九，此时主办方聘请戏班进行戏曲歌舞演出，前来进香拜谒者络绎不绝。当地以二月十五为泰山奶奶生日，三月十八为后土奶奶生日，此时

---

① 访谈对象：周蓝；访谈人：李一；访谈时间：2022 年 5 月 29 日；访谈地点：山东省青岛市即墨区庆余屯地母庙。

② 访谈对象：周蓝；访谈人：李一；访谈时间：2022 年 5 月 29 日；访谈地点：山东省青岛市即墨区庆余屯地母庙。

前来进香朝拜者很多。

二、历史沿革

经考证，该庙创修于宋熙宁年间，历经元、明、清、民国，几经损坏，几经重修。乾隆三十年(1765)、道光二十八年(1848)、光绪三十年(1904)、宣统三年(1911)、民国二十八年(1939)各重修一次。该庙“文化大革命”期间被彻底毁坏，殿宇被推倒，碑刻等文物被砸坏丢弃。20世纪80年代，民众自愿捐助修复后土殿三间，2009年新建大殿，2011年重修门楼，形成现在的格局。

三、庙宇建筑

据考证，原后土庙坐北朝南，从南至北依次为三门殿、后土奶奶殿，左右两侧分别为东西厢房，主祭神像为“后土圣母”。据古碑记载，庙宇占地面积30余亩，其古建筑为重梁挂柱，雕梁画栋，屋面为鱼鳞瓦正反相扣。经测，其主殿三间，面阔9.96米，进深5.31米，为石木结构。

现在的后土庙，院子南北长25米，东西长14米，庙门楼为双层，共计八条垂脊，每条垂脊上均雕刻着三个蹲兽，飞檐翘角，斗拱彩绘，下设三门，中门上方仿制匾额处，用金黄色书“后土奶奶庙”。镶嵌在庙门东侧墙上的宣统三年重修碑，标题为“重修三门”。2011年庙宇重修，依然采用三门样式，拱形正门两侧，各有一拱形小门，只不过小门已经用墙堵死，只留正中大门，门框上贴红纸黑字对联“烧香客百事顺心，施善缘普济乡邻”。门心处也有对联“土能生万物，地可发千祥”，横批“福德正神”。

庙门内有一影壁，影壁上有蒙阴一中美术老师彩绘的麒麟。

院内除三间正殿外，已经没有东西厢房。正殿南北长10米(包括廊厦)，东西长10米，为仿古建筑，五脊六兽，飞檐斗拱，正脊中间雕刻双龙戏珠，两端有龙吻。四条垂脊分别排列着五个蹲兽。正面斗拱及下面三重横墙均彩绘，下面为四柱廊厦。门两侧立柱上张贴着红纸黑字对联“庙小神通大，天高日月长”。正殿门上方悬挂蓝底金字匾额，上书“祇母宫”。门框上贴红纸黑字对联“社对青山千古秀，庙朝绿水万年长”，横批“物阜民康”。

正殿内主祭神为后土奶奶，神像前两位使者相对而立。其左侧陪祭神为王母娘娘，右侧陪祭神为泰山奶奶。东墙神台依次供奉眼光奶奶、筋骨奶奶、痘疹奶奶；西墙神台依次供奉送生娘娘、疹疹奶奶、锁疹奶奶。后土奶奶神像和东西墙神台前各摆一供桌，供桌上均摆放三个金色供盘和香炉、酒盅、茶杯，后土奶奶神像前供桌上还摆放着一把白瓷茶壶。每个供桌前分别摆放着三个圆形跪垫。

正殿门走廊台阶前摆着两个大小相同的大理石香炉。香炉正面錾刻龙凤呈祥图案，背面分别刻"万古流芳""源远流长"梅花篆字，东西两侧分别刻荷花、梅花、菊花图案。"万古流芳"香炉系重修后土庙时购买，"源远流长"香炉系香炉制造者捐献。

大理石香炉前靠近影壁墙处，有东西长 2 米、南北宽 1.5 米，供香客焚化纸钱的火墀，乡民称之为"金库"。

院内现存古碑五通，靠东院墙自北而南依次为：重修后土庙碑，清乾隆三十年立；重修后土庵碑，清道光二十八年立；万古流芳碑，光绪三十年立；重修后土庙碑，民国二十八年立。另有"重修三门"碑，镶嵌在南面院墙门楼东侧，清宣统三年立。前面四通古碑，长 1.33～1.66 米，宽 0.58～0.75 米，镶嵌在院墙上的古碑，长宽各 0.50 米。这些古碑记载了庙宇的创修年代、规模和捐资人名。

在民国二十八年重修后土庙碑南面，2012 年立了功德碑。2011 年农历九月初九，民众请戏班在庙门外搭台唱戏，请一场戏 800 元。后土庙重建委员会为表彰请戏人士善举，2012 年树功德碑，将请戏人士姓名刻于碑上。此功德碑原和古碑并列，后不知因何，已被推倒。

靠西院墙有碑八通，均为 2009 年重修后土庙大殿时所立，另有 2011 年"重修三门"碑镶嵌在南面院墙门楼西侧。

据说该庙原先有一通八棱小碑，碑长 0.4 米，直径 0.25 米，重约 25 公斤，形状像一碌碡，平日就放在庙院里，孩子们经常推着玩耍。小碑上刻有文字，有"大宋熙宁五年"字样。可惜此碑今已不知其踪，仅在清光绪三十年的"万古流芳"碑里留下了关于该碑的文字。现在有人依据八棱小碑中的文字记载，推断该庙创建于宋熙宁年间。也有人说：八棱小碑里面记载的大宋熙宁年间其实也是重修。因为小碑已经失踪，无法证实。但无论是宋熙宁年间创建还是宋熙宁年间重修，此处应该都是蒙阴县现存最古老的后土文化遗迹。

该庙现存最早的碑刻，为乾隆三十年（1765）立的重修后土庙碑，立于祇母宫门东侧靠近东墙处最北端，碑文如下：

重修后土庙记

尝闻之，上有天神，下有地祇。地祇者，即后土也。播九土以生百谷，奠八方而养万民。大哉后土，无地不灵，无时不有。以故□□秋成，有事□春□。前人建庙于斯者，良有益也。斯庙也，不知建于何代。曾考石碑，重修于宋朝，历元明，几为修理，无所考也。□我皇清，庙宇倾圮，予祖□□□公□居此，□□焉伤之，随（遂）纠合乡邻王大生、□□□、梁□□□等，□化重修庙宇。告成，予祖□□前□左右施地二十余亩，呈明公□去钱面，王大生□施东漫子蚕场□地□□□，共三十余亩。及乾隆三十年，□□□而杨□、王□、郭□等，纠合□子，募化四方君子□施资财，以勤善事，俾神有栖所也，□□□□□诸石，不□承前启后云尔。

（王庆安按：施财姓名略，立碑日期处已残缺，依稀可见"乾隆"字样，根据碑文推断，应为乾隆三十年立。）

在乾隆三十年重修后土庙碑南面，另有道光二十八年重修后土庵碑，由于所用石质易于风化，加之立碑时刻碑痕迹浅细，除"重修后土庵记"和"大清道光二十八年岁次戊□□□榖旦立"外，其余仅二三十字依稀可辨，已经无法整理成文。

光绪三十年立碑没有题目，仅在碑头处刻有"万古流芳"四字，立于道光二十八年重修后土庵碑南面，碑文如下：

万古流芳

闻育万物载万物者莫如地，地之神推后土最尊。□显□者必兼及后土，是后土之神尊无二上，他神莫得比焉。水营庄旧有后土庙一座，重修数次，碑文皆未叙明□□情，且八棱小碣文虽模糊，年号可考，原自大宋熙宁五年始，夫熙宁，神宗年号也。其时安石为相，尝□天下祠庙□为□□□不□□时□敢创□庙宇，其不具□□然，第陪坐者，东王母，西泰山，□乎不经，未危□□□壮□□之□然，王母之神，自古为尊，泰山为五岳之首，以之陪坐，虽乡人之见，按之理□□可考，宜□□□圮，□□重修，□□□善□倡议捐资，□□□□□□□时而焕然聿新，不负乡人之崇奉，是以光前裕后之□□也。□为之记，以示不忘云尔。

邑居士□□马宗岱书丹

（王庆安按：捐资者名单略）

大清光绪叁拾年仲春中浣　榖旦　立

民国二十八年重修后土庙碑立于光绪三十年万古流芳碑南面，碑文如下：

爰稽开天立极，天圆而地方，天道无□□□而高远，地道无□□□□生，万物之□至尊为黄地祇，取□□运动□□岳，护河海，德泽便(遍)于生民，庙□之□□□□至今□□□□□□□□久被风雨所□□□摧，民□不□□□□□□□，善人君子仗义输(疏)财，以续修理，财政不等次□□□□以□石□云。

东蒙□□□撰文并书

（王庆安按：捐款人姓名及捐款数目略）

中华民国二十八年□和月　同立

宣统三年（1911）四月十六日立重修三门碑，碑文字迹已模糊不可辨，仅有字体较大的“施财姓名”和“持守道人公智靖”等字迹比较清楚。

2009年重修后土庙碑立于祇母宫门西侧靠近西墙处最北端，碑文如下：

重修后土庙碑记

后土庙位于蒙山北麓金水河之源的桃墟镇石家水营村。此处山清水秀，人杰地灵，环境幽雅，气候宜人，是旅游观光、避暑度假休养身心之胜地。

后土乃人们赖以生存的大地母亲之神，是保佑一方平安之福神也。每年三月三日、九月九日为庙会，届时文人墨客、善男信女络绎不绝，云集庙内进香朝拜，祈求人口平安、家庭幸福、风调雨顺、五谷丰登。

据文物部门考证，该庙初建于宋熙宁年间，历经元明清民国诸朝，香火不断，传承至今，已逾九百四十余年，期间几经战乱，饱经风霜。从现存古碑看，曾经多次重修。有记载的就有六次：乾隆年间、大清道光二十八年、光绪三十年、宣统三年、中华民国二十八年各重修一次。“文革”期间却被彻底毁坏，致使碑刻文物被砸，殿宇推倒，神无所依。民众痛心万分。八十年代民众自愿捐助修复后土殿三间。时隔近三十年，风剥雨蚀，又将倾圮。再次重修愿望久矣。今逢盛世，临（邻）村善士自发组成重修理事会，对其实施重修工程。四方民众无不欢欣鼓舞，纷纷慷慨解囊相助，成（其）善举。工程于二零零九年三月十日开工，八月二十日竣工。新建殿宇雄伟壮观，气势恢宏，庄重古朴，面貌焕然聿新。殿内神像重新塑造，神采焕发。装饰金碧辉煌，再现昔日古庙之风姿。告竣之日，执笔作记，以示后之不忘云尔。

魏城石运全撰书　东关韩纪学建造　开光大师阚圣吉

西儒来石义学塑画　王吉学　马清红雕刻

重建委员会

组长

石运彬　□□□　类延坤　李其田　杨传明

委员

石绍信　□□□　石绍田　类维顺　石运学　石运海　吕文斋　马清荣　吕宜学

吕文田　吕佃彬　吕文庆　邱春平　姚玉全　姜胜义　郭增刚　李守福　崔加安

类淑欣　葛艾忠　□□□　刘兆柱　刘兆利　类淑东　类延珂　石增兴　石增文

肖胜存　孙龙义　石运全　李运福　李开存　李运贵　王在娥　魏友成　李兴文

郭友德　吴正祥　郭增德　裴道山　徐贞良　李友君　葛艾来　张绪前　王义会

李大孝　李宗德　冯金玉　魏统顺　罗汉君　王东学　姚允法　姚允厚　刘本祥

类维春　类延忠　杨学顺　石运彬　张青夫　公财东　李瑞森　方增可　王光顺

石增厚

公元二零零九年岁次己丑八月上浣谷旦

2011年重修三门碑镶嵌于庙门西侧院墙，大小同宣统三年重修三门碑，碑文如下：

重修三门

闻上有皇天，下有后土，后土乃祇母也。其神有求必应，非常灵验，保佑造福乡邻。三月十八日是后土奶奶生日，三月三、九月九日为庙会，香火旺盛。此庙不知何年何人建。据碑文考(证)，大宋熙宁五年修，历代多次修理，其塑像、壁画、古树毁于“文革”，三门坍塌近百年未修建。这次大殿完工后，继(即)重建三门。今规模宏大，仿古建。李其田建造，乐善好施乡邻捐资相助，于九月三日竣工。为不负乡邻之崇奉，以刻石以示不忘，万古流芳。

马清红撰书　王吉学雕刻

王吉学360　李其田160　马清红100

临沂市李海勇100　刘建军100　吴允衡100

组长　石运彬

□□□

会计　类延坤　吕文斋　李其田

二〇一一年三月三日

四、主要活动

水营村后土庙庙会时间原本是农历三月初三。2011 年正殿和门楼全部建成后于农历九月初九举行开光典礼，于是增加九月初九为庙会日。每逢庙会，主办方都会请戏班演出，亦有村民请戏。前来进香拜谒者络绎不绝，食品摊贩沿途摆摊售卖，热闹非凡。

每逢大年初一、八月十五，前来进香上供者甚多。每月初一、十五，也有香客前来祈愿进香。当地以二月十五为泰山奶奶生日，三月十八为后土奶奶生日，此时前来进香者也很多。

因为庙内供奉着王母娘娘、泰山奶奶、眼光奶奶、筋骨奶奶、痘瘢奶奶、送生娘娘、疹瘢奶奶，民众因为身体不舒服、求子等原因也会前来祈愿、还愿。

五、周边影响

水营村后土庙的影响主要是在水营和周边乡村。由于各种原因，一些到异乡工作居住的人也会专程赶来祈愿、还愿，还有外地人听说这边神灵灵验赶来祈愿、还愿的。在当地人印象中，曾经有来自临沂市区的香客。

蒙阴县桃墟镇大庙村后土行宫遗存“创建后土行宫碑”

（王庆安）

大庙村位于山东省临沂市蒙阴县桃墟镇政府驻地西邻，依山傍水，北依国母山（传说不知何朝何代一位国母死后葬在了上面的一个山洞里），南邻云蒙湖金水河入湖口，紧邻京沪高速公路和 205 国道，距离蒙阴县城仅十余公里。

大庙村已经没有后土庙，仅存一创建后土行宫碑，现立于大庙村东南角玉皇庙内。该碑高 2.7 米，四面均宽 0.5 米，四面皆有文字。正面文字内容为“创建后土行宫碑记”，背面最上方镌刻着“善舍资财”四个大字，其余两个侧面最上方分别镌刻着“本县姓氏”和“施主姓名”。这些大字下面均刻有密密麻麻的名字和捐资数量。

大庙之所以被称为“大庙”，是因为历史上这里确实有一座规模宏大的庙宇。现存玉皇庙在 2009～2010 年于原址重修，建成之后大庙村建庙理事会于 2011 年4 月在庙门外西侧竖起一通石碑，简略叙述其来龙去脉，碑文如下：

建庙碑记

玉皇庙和天齐庙始建于公元70年，东汉明帝刘庄13年间，距今1941年历史。《蒙阴县志》清朝康熙24年版：1686年古迹汉柏在桃墟刘十八郎庙。汉柏逸记：鲁宣公读书台东为刘十八郎庙，像在西殿，面正殿，祀东岳；柏树十亩余，300余棵。庙宇共分两院，南院为天齐庙，东西长30米，南北30米，面积1.35亩。院内堂屋三间，为天齐庙；西屋三间，为刘十八郎庙；道房三间；东屋廊坊五间；大门口一间。院内有大铁钟一口，历代功碑八面，其中公元70年东汉建庙时二面，分别高2.7米，宽1.4米，厚0.3米，双面字。隋朝公元590年大修建庙时功碑二面，唐朝公元905年二面，元朝公元1280年二面。至公元1621年，庙倒塌后迁至北桃墟重建。

北院玉皇庙，东西38米，南北38米，面积2.2亩，院内堂屋三间，为玉皇庙，西屋三间道房，东边四间庙，南屋三间观音庙，位于庙门以西。庙门楼阁呈拱形，东西长7米，南北宽5米，高3.2米。门口走道宽2.4米，高2.6米，用青砖混合石灰沙拱砌而成。拱形楼阁之上栽植柏树一棵。院内悬挂一口大铁钟，陈列历代功碑八面。其中公元70年东汉建庙时四面碑一面，唐朝公元690年大修建庙时二面，南宋公元1150年二面，明朝万历44年，公元1616年四面碑一面，清朝公元1899年二面。

二千年岁月洗礼、沧桑巨变，到1945年只剩下直径一米有余、高近20米的柏树32棵。同年2月，时任区长张正任执行上级指示杀伐30棵，卖交军费，只留下包括拱形楼阁之上的最小两棵柏树。1966年农历八月份，“文化大革命”“破四旧”，将楼阁之上直径0.83米的一棵杀掉，同时楼阁被拆除。现仅存东汉明帝刘庄13年间栽植的柏树中最小的一棵，及万历44年所刻四面碑一面。

国家繁荣昌盛，社会和谐发展，人民衣食渐丰，感天之德赐厚福于世间，历史原因造成的遗憾已无法弥补，人们感德之心却从未淡化。自2009年农历三月至2011年三月份，共有乡邻660余户，自发助资46万余元，重修玉皇庙工程得以顺利开展，感恩之情有了寄托之所。

公元2009年农历4月29日，重修玉皇庙工程在原址开始动工，历时10个月，于2010年2月底竣工。

新建庙院东西长27米，南北38米，占地1.54亩，院内建有庙堂九间，长21.7米，宽7.9米，中间三间为玉皇庙。庙堂所用基石为东汉时期所留，条石六面均用钎子凿平，有条纹状凿痕。西北角一块角石长达2.71米重 2400 斤，前墙中间门坎下一块条石，长 3.5 米，重 3800 斤。

院内有功碑 36 面，为表无量功德，户献 4000 元以上者，均单独立碑一面；4000 元以下 200 元以上者，均铭刻于四面碑之上。四面碑高 2.7 米，四面均宽 0.5 米，与明朝万历年间所留四面碑分坐于院内东西两侧，相映成辉。

青松翠柏守宝地　祈福增寿如心意

沧桑岁月二千载　追古溯今石为记

撰文　王光行

大庙村建庙理事会

2011 年 4 月

其中提到的“明朝万历年间所留四面碑”即创建后土行宫碑，正面碑文如下：

创建后土行宫碑记

盈天地皆神也，此独以后土名也，厥□维三厥物何宜者？地道也。云于焉出，雨于焉施。天有生气，受而□之者，又妇道也。谁气谁□？谁形谁□？□□□□□□何注者，又母道也。对天名地，颛（专）地名土也，为妇为母，故像形不取阳，而肖质必以阴也。神谁命之？形又谁摹之？视而不见，听而不闻，泥涂焉是，而金碧又□也。得指非是月，而离指又若无月也。与愚说幻益其愚，皆幻说真忘其幻也。做祠者谁？即重葺东岳行宫之道人也。蒙有力者筑舍道旁不成者，且三年，此有以□修复□□也。三军可夺帅也，匹夫不可夺志也。富者施金，贫者施筋，道人施以志也。厥志维何用锥锥肤而舍其身也，轻舍父母之身以为万姓□□父母也，创自何始？始于万历之三十四年也。岁稍和，民稍丰，故不论年而后土之宫□然成也。祠成而岁日以□，稼日以萎，民日以流离而鬻男卖女，且人相食也，天之运焉，地不能达也。然土之于民也，亲而不尊，犹母之于民也。故岁不必尽和，民不必尽丰，捐躯以图此举也，有其举之莫敢废也。祠虽成而磨碑以纪，岁□必□万历之四十四年者，凶荒困踣，劳民伤财也。□其□之莫敢举也，应举而不从时，应缓举而不先时者，明地道又顺天时也。忘孝子所难忘动仁人以□□者，成己志以成人愿也。道人者谁焉？全喜也。

大明万历四十四年十月之吉岁贡生王肇业熏沐谨撰男庠生王许书

蒙阴县知县尚三策　县丞翁济国　典史姚国傅

万历四十四年(1616)，天齐庙倒塌，该后土宫迁至北桃墟重建，而北桃墟的天齐庙现在已经淹没于云蒙湖水库。“文化大革命”期间，玉皇庙内除创建后土行宫碑因为被用作支撑生产大队木工组敞篷的柱子侥幸保留外，包括龟趺碑在内的众多碑刻均被砸碎，有的垒进了附近的扬水站，有的被随便丢弃，现在也无法见到。其中是否有关于该后土宫的记载，已经无法知道。

询问村中七八十岁的老人，皆言自己从小就没有见过该后土宫，甚至也没有从老辈人那里听说过该后土宫。真实情况究竟如何，因为没有确切资料，不敢妄加揣测。

蒙阴县坦埠镇戴家庄后土庙

（王庆安）

一、概况

戴家庄后土庙位于山东省临沂市蒙阴县坦埠镇戴家庄村北类锦山上。根据现有史料判断，该庙创建于宋元祐年间，初为三清玉皇庙，至迟至元延祐五年(1318)改称后土庙。2007 年农历七月二十七，戴家庄后土庙古建筑遗址被蒙阴县人民政府公布为县级重点文物保护单位，院墙以内为重点保护区，院墙以外200 米为建设控制地带。

后土庙坐北朝南，庙院南北长 42 米，东西长 30 米，整体呈倒“凹”字形，庙门位于“凹”字最深处，从南至北依次为庙门、祇母宫、关圣帝君殿，构成庙宇的主体建筑。祇母宫左侧为后土奶奶行宫、圣殿义学和钟鼓楼，右侧分布着人祖殿、龙王殿、药王殿，整个建筑依山势而建。庙宇主祭神为后土奶奶，其次为关圣帝君、人祖老爷、龙王老爷、药王老爷等。后土奶奶的陪祭神有眼光奶奶、筋骨奶奶、送生娘娘、锁官娘娘。龙王老爷的陪祭神有雷公老爷、闪电娘娘、风娘娘、雨娘娘。庙门殿里还供有门神。

二、历史沿革

当地民众传说，该庙创建于唐贞观年间，并言之凿凿地称曾经有一通唐代石碑记载此事，但是唐碑现已不存。

现存的宋元祐七年(1092)《三清玉皇庙香炉记》碑文记载：“三清玉皇，感动四方，德化天下，求恩得恩，求雨得雨，遂以创建殿宇于汨金峪圣水泉庙前。”其中提到的“汨金峪”即类锦峪，亦即现在的类锦山，而类锦山既有泉水又有庙宇的地方只此一处，所以文中的“汨金峪圣水泉庙”只能是此庙。据此可以判断，宋元祐七年，这里还是三清玉皇庙，供奉的是三清、玉皇。

祇母殿前现存最古老的一通碑，应该是元朝所立，由于种种原因，碑文已无法辨识，但是碑文标题依稀可见"修后土殿记"，文中隐约可见"元延祐五年"字样，说明此时此庙已经改为后土庙了。宋元祐七年是1092年，元延祐五年是1318年，其间长达226年，不可能只修一次。也许在某次维修的时候，供奉的神灵由三清玉皇变成了后土奶奶，三清玉皇庙变成了后土殿，所以元延祐五年碑上说的是"修后土殿"而不是"建后土殿"。

明嘉靖二十五年(1546)重修后土庙碑，碑文题目即为"重修后土庙记"，文中说该庙"以女神主之，名曰'土'，创始于宋元祐七年秋八月，增修于元延祐五年冬十月。乡人之居是者，一遇水旱疠疫之灾，相与备牲酒擎跪祷拜，寻亦辄应……"此文中的"创始于宋元祐七年秋八月，增修于元延祐五年冬十月"，很清楚地交代了后土庙和三清玉皇庙的关系。

清代仅有碑刻记载的，就有四次重修：乾隆二十三年(1758)重修山门；光绪六年(1880)重修关圣帝庙；光绪三十三年(1907)重修诸殿；还有一通碑，立碑时间处隐约可见"大清□□□十年岁次"字样，无法判断具体年份，碑文题目为"重修庙记"。

民国年间两次重修，民国十年(1921)重修诸殿，民国二十八年(1939)重修后土庙。

"文化大革命"时期，后土庙遭到严重破坏。

20世纪80年代，复原了后土圣母殿、龙宫殿以及神像。

2004年，装修殿容，重塑神像金身。

2006年，重修关圣殿。

2007年，被蒙阴县人民政府公布为县级重点文物保护单位后，陆续进行了全面修复，基本恢复了古代风貌。

2009年，重修诸殿。

2018年，重修行宫及钟鼓楼。

三、庙宇建筑

戴家庄后土庙位于戴家庄村西北五六百米处的类锦山上。类锦山山下是梓河支流，庙院内西北角有常年流水的山泉。当初之所以选择此处建庙，主要是因为该处有一山泉，泉水甘洌，四时不竭。建庙于此，显然是为了用水方便，这也是该庙内供奉龙王的主要原因。

庙址占地千余平方米，本来是一斜坡，西北高，东南低，最低处填土深达五六米，还是不能使整个院落完全平整，而且庙址与山下平地依然有百余米的落差。所以，从山下远远看去，后土庙显得古朴典雅，气势非凡。

由于距离山下平地实在太远，人们在半山腰修筑了一条简易道路，既方便香客进香祭拜通行，也满足了村民生产所需。本来是在山坡上开辟出的土路，后来进行了硬化。从此路到达庙宇，坡度依然很大，原先有羊肠小道，蜿蜒曲折通往庙门。从2010年起，后土庙周边数十个村庄的村民陆续募集资金十余万元，捐资者远及上海以及山东济南、临沂、费县、莒南、茌平、平邑、沂水、蒙阴等地，附近村庄村民亦踊跃捐资出力，历时三年，修建了通往庙门的台阶，并且在路边建造一座牌坊（是从山东嘉祥定制的）。台阶共分三部分，牌坊下面台阶24级，宽5.4米，两侧各0.3米路沿石；牌坊至庙门下缓坡台阶144级，宽1.9米，两侧各0.3米路沿石；庙门下台阶19级，宽0.6米。规划设计者戴存平自撰一副对联，镌刻在牌坊上，正面是“水秀山青迎贵客，后土皇天照福人”。他觉得庙里的泉水非常重要，所以把含有“水”的一联放在了前面。牌坊背面的对联“步登仙境祈福归，神恩授意奔前程”，是戴存平和现年已80岁的张献德老人共同撰写的。牌坊正面和背面正中匾额处，均镌刻“类锦山”三个大字。大字和对联均以金黄色涂饰。

竣工之日，修建者于路边竖立“修路捐资流芳碑”，以示纪念。捐资者姓名和捐款数目前面没有惯常的文字叙述，而是张献德撰写的一首诗：

> 后土庙前路千春，风云变幻日月新。
> 昔日登庙崎岖道，今修通衢似舷梯。
> 路径风貌楼榭亭，山门石坊台阶形。
> 典范清雅如游龙，有史以来是巅峰。
> 周边善民齐投缘，以工代赈力无穷。
> 总计造价十余万，历时三年方竣工。
> 各市区县共献元，祈福降祥百世荣。

台阶依山势曲折，时而平缓，时而陡峭。平缓处铺设的是就地取材的片石，陡峭处有的是錾凿打磨的条石，有的直接用水泥浇筑成台阶。行至大半，路边有一“类锦亭”，是临沂一位善人捐建的。

至庙门前，要踏行十九级台阶（据说原先有九十九级）方能进入山门殿。山门殿东西长5.4米，南北长3.8米，是二层门楼，门楼上层是“四出水”的五脊四坡式屋顶，正脊中间雕塑双龙戏珠，四条垂脊状似昂首向上的飞龙，龙脊上分别雕塑着四个蹲兽。门楼下层四角各有一条短垂脊，亦呈昂首向上飞龙状，龙脊上亦分别雕塑四个蹲兽。二层门楼均仿鱼鳞瓦覆顶，斗拱彩绘。门殿正面为一门两窗样式，均为拱形，拱门上方黑底匾额上书“后土庙”三个金色大字，系蒙阴县政协原主席、书法家薛庆德的手笔。殿门内两侧神台上分别供奉着门神秦叔宝、尉迟恭的塑像。

正对山门的是祇母宫。祇母宫东西长 9.6 米，南北长 7.4 米（含廊厦），为歇山顶样式，正脊两端有龙吻，中间雕一朵莲花，莲花两边各雕一条飞龙；四条垂脊下端雕龙头，中间雕一个蹲兽；四条戗脊各雕五个蹲兽。仿鱼鳞瓦覆顶，飞檐翘角，斗拱彩绘。门上方黑底匾额上书“祇母宫”三个金色大字。

祇母宫正面供奉的是后土奶奶神像，神像呈坐姿，龙冠金面，高及屋檐。两边使女高及其肩。与使女等高的是陪祭神，左边是眼光奶奶，右边是送生娘娘。东墙神台正中供奉着筋骨奶奶。西墙神台正中供奉着锁官奶奶。除后土奶奶为金面外，其余塑像均为粉面。后土奶奶神像前摆放一条几，条几正中摆放一金色香炉，条几前摆放一供桌，供桌上摆放五个白瓷茶碗，供桌两边各摆放一把座椅。供桌前摆放着三个供跪拜用的跪垫。其余神像前无条几供桌，仅有一个功德箱。东西墙筋骨奶奶、锁官奶奶塑像前各摆放着一个跪垫。

神像背后的墙上均有飞天模样的仙女壁画。后土奶奶后面的墙上挂着多面锦旗，最上面的两面锦旗上分别写着“后土赐福，学业有成”“有求必应，金榜题名”字样。送生娘娘后面的墙上也有几面锦旗，上面写着“送子观音，有求必应”“仙师灵验，喜得千金”等字样。其余神像后面未见锦旗。

祇母宫东面，与之紧挨着的是后土奶奶行宫。行宫房间东西长 7.4 米，南北长 4 米，里面安放着后土奶奶木雕塑像，供求雨时抬到外面敬奉之用。

祇母宫正后方，靠近北院墙处是关圣殿。关圣殿规模明显小于祇母宫，东西长 7.4 米，南北长 6.8 米，不含廊厦 5.6 米。该殿为硬山顶，屋顶仅前后两面坡，屋脊正中只有一个葫芦形雕塑，四条垂脊上分别有五个蹲兽。殿内供奉的关帝神像高大，呈坐姿，前面两侧关平、周仓相对而立。北、东、西三面墙上均为彩绘壁画，北面墙上绘祥云山水，东面墙上绘桃园三结义，西面墙上绘三英战吕布。关帝神像前摆放供桌，供桌上摆放金色香炉，供桌前摆放功德箱和跪垫。

庙院门口及祇母宫门前分别有对称的石鼓。祇母宫门前有一大理石香炉，香炉正面錾刻着龙凤呈祥图案，背面刻“万古流芳”梅花篆字，东西两侧分别刻荷花、梅花图案。

大理石香炉前面东侧是用以焚化纸钱的“金库”。

祇母宫西面，隔一条进入后院关圣殿的小路，是人祖殿。人祖殿前偏西靠近西院墙处，是面东背西、面对水池的龙王殿。龙王殿南偏东，与人祖殿相对，靠近院墙处，是药王殿。人祖殿、龙王殿、药王殿大小、形制完全一致，长5.2米，宽4.8米，硬山顶，两面坡，屋脊正中葫芦形雕塑，四条垂脊上分别有五个蹲兽。

庙院东南角，后土奶奶行宫前面，是圣殿义学。义学背东面西，南北长7米，东西长4.8米。行宫和义学之间是长2.4米、宽2米的钟鼓楼。义学南面有一棵郁郁葱葱的古柏，古柏根部立一石碑，上书“千年古柏”，真伪难辨。

圣水泉西侧有一株树龄500年的丁香。

人祖殿供奉的人祖老爷是伏羲，药王殿供奉的药王老爷具体是谁，当地人却说不清楚。人祖老爷和药王老爷两边分别有男女童仆，龙王殿除供奉龙王外，还有雷公老爷、闪电娘娘、风娘娘、雨娘娘。药王殿南侧是一个比药王殿略小的厨房，厨房边有一扇门通往院外。

庙院西北角最高处就是著名的山泉所在。山泉本来暴露在外，蜿蜒经过龙王庙前，最后流出院外。后来不知在哪一次重修庙宇的时候，人们在龙王庙前建起一个方形水池，泉水汇入水池，达到一定高度后溢出池外水道。2007年以后修复的时候，戴存平坚持在通往关圣殿路边转弯处修建一圆形水池，并在山泉处埋入暗管，将泉水引入圆形水池，又在进水口雕塑龙头，有神龙喷水之势。圆形水池水位达到一定高度后，溢出的水沿着暗道流入前院的方形水池。方形水池边立一石碑，上面镌刻着当地书法家王守秘书写的“圣水泉”三个大字。药王殿后面的院墙外，建有一大型水池，“圣水泉”的水溢出后，通过暗道流入其中。该大型水池既供善男信女放生水生动物，也供村民浇灌庙宇周边农田。

后土庙院内碑刻众多。

祇母宫前十一通，依次为元碑，明嘉靖二十五年(1546)重修后土庙碑，民国十年(1921)重修诸殿碑，民国二十八年(1939)重修后土殿碑，2004年装修殿容、重塑神像金身碑，回眸20世纪八九十年代做贡献的流芳百世碑，2018年财神殿、行宫殿捐资姓名碑，2018年重修行宫殿及钟鼓楼碑，以及捐资姓名流芳碑(三通)。

关圣殿院内十通，依次为光绪六年重修关圣帝庙碑，光绪三十三年(1907)重修诸殿碑，2006年重修关圣帝殿碑(三通)，2006年闫传祥捐资、巩国顺、巩用强父子捐香炉、供桌碑，2009年谢贞秀捐资碑，2018年改建关圣帝君殿碑，2018年薛令军、邓丽萍夫妇捐资碑，2018年王静捐资碑。

人祖殿东墙边四通，依次为清代(年号不清)重修庙碑、2009年功德碑(三通)。

药王殿东墙边两通，分别是2009年宋成城捐资碑和2010年包培生捐资碑。

庙门两侧七通，依次为乾隆二十三年（1758）重修山门碑、同治三年（1864）重修后土庙碑、2007年（丁亥）甘霖应时碑、2007年“灵”字碑、2009年重修诸殿碑、2009年捐资姓名流芳碑（两通）。

方形水池边有圣水泉碑。

东南角古柏下有千年古柏碑。

半山路边有修路捐资流芳碑。

此外，还有已经丢失的八棱碑。

总计三十八通碑，其中民国（含）以前的有十通碑（包括已经丢失的八棱碑）。

传说庙内曾经有一通唐代石碑，碑文记载该庙创建于唐贞观年间。所谓唐碑已经多年不见，前人对唐碑的描述语焉不详。重要的是现存所有古碑里均未提到此碑，也未提到此庙创建于唐贞观年间的事情；翻阅当地志书，也查不到相关资料。所以此说很值得怀疑。

庙内曾经有一块八棱碑，高46厘米，直径约25厘米。原先就放在院内，后来被人放到了后土奶奶行宫，再后来不知其踪。幸运的是有人拍下了照片，还有人将碑文做了拓片。

根据拓片整理的碑文如下：

三清玉皇庙香炉记

维大宋国沂州新太县平乐乡东保下东门村□见。三清玉皇，感动四方，德化天下，求恩得恩，求雨得雨，遂以创建殿宇于泪金峪圣水泉庙前。香炉纠首人龚用男，祐义，□□□□弟孝养于父母，谨信于神道，□意得年丰岁稔，家户康宁，耕牢昌□（盛），今以众村□亦赖□圣贤之祐护，□神之扶持，谨于元祐柒年壬申□□□壬□朔□廿日，建香炉一座。伏愿：

皇帝万岁，星月千秋，风调雨顺，国泰民安。

县尉杨□，主簿周□，县令□

施主

（王庆安按：其下名字众多，因风雨侵蚀，字迹无法辨认）

有人据此判断该庙创建于宋元祐七年（1092），但是很明显，那时候的庙是三清玉皇庙，还不是后土庙。而且仔细推敲碑文，元祐七年建造的应该是“香炉一座”，而不是殿宇，殿宇的创建理应更早。碑文题目为“三清玉皇庙香炉记”，已经把事情交代得很清楚。所以，该庙创建于宋元祐七年的说法其实是不准确的。说该庙创建于宋元祐年间，似乎更为恰当。

祇母宫前，紧挨门左侧石鼓立着的一通石碑，样子最为古老。有关专家根据其形制，判断为元代所立。该碑碑文已经无法辨识，但是碑文标题依稀可见“修后土殿记”字样，立碑时间处字迹已经完全不能辨认。碑文仅十数字依稀可辨，能看出“上清”“元延祐五年”“不辞劳辛”字样，其余可以辨认的均为独字，无法连缀成句。背面隐约可见姓氏字痕，当为施主姓名。由此似乎可以印证此处原为三清玉皇庙的事实，也可以断定至迟于元延祐五年此处已经“修后土殿”。要么是三清玉皇庙已经改为后土庙，要么是在原三清玉皇庙的基础上又增修了后土庙。综合各种资料分析，更可能是三清玉皇庙改成后土庙。

祇母宫门前右侧石鼓边，是明嘉靖二十五年(1546)重修后土庙碑，碑文如下：

重修后土庙记

赐进士出身中宪大夫湖广按察司副使邑人中山公跻奎瑞文撰

新泰县嶅山学易散人崔克仁尧夫篆并书

蒙阴县治东二舍许顺德里西，据山带水，屹然有祠，以女神主之，名曰“后土”，创始于宋元祐七年秋八月，增修于元延祐五年冬十月。乡人之居是者，一遇水旱疠疫之灾，相与备牲酒挚跪祷拜，寻亦辄应，厥祠岁久圮坏。嘉靖乙巳春，有僧悟明者，俗姓李，济阳人，粗通经忏，戒律精严，始谋为修葺之计。与其徒法会，披蓁芜，履荆棘，支倾补颓。人亦争慕之，而参谒者甚众。富者施财，贫者施力，不逾年而祠宇焕新。斋廊门垣以次渐治，倏然改观矣。适余领湖光臬司命，自潞安取道于乡间一造焉。悬崖峻壁，缘藤萝而上，及至其巅，旷然平夷，林壑岩洞之萦绿，野芳佳木之秀丽，却而望之，则重峦叠翠环诸其左右，其地高而且胜，亦神之乐栖之所也。悟明僧亦有见欤？或曰：祭祀之礼，圣人之所慎重者也，而后土则至哉。坤元万物资生，是故天子有事于方泽，诸侯有事于社稷，随分竭诚，所以誉载物之功也，乡人故立祠于此，祈之报之，是不谓渎祀耶？神之格于(与)不格，未可知也。虽然，幽明相通者理也，感格无间者诚也。孟子曰：虽有恶人，斋戒沐浴，则可以祀上帝。乡人祈报之心，亦惟诚而已矣。神之居歆以免灾患，理或然欤？兹亦不必深辩。但其祠之荒也久矣，得人以主之，则敝者治，颓者起，事之兴废，谓不在人耶？天下之事废而不举者亦多矣，彼独何修有若易易然者乎？予诚喜焉，姑述其事如此云。

时　李得

大明嘉靖二十五年岁次丙午夏四月八日立石

石匠　李得　李山　吴伯聪　同刊

该碑文由公跻奎撰稿。公跻奎是蒙阴当地人，原名志厚，明嘉靖十四年进士，初授工部郎中，出守山西潞安，后升任湖广按察副使，后调广西，讨平反叛，累立战功，有《中岩诗草》行世。

乾隆二十三年(1758)重修山门碑立于庙门西墙外，碑文如下：

重修山门记

尝思庙貌巍峨，有墙垣而形其容，殿宇辉煌，籍山门以壮厥观。堆金峪后土夫人□，旧有山门一座，历年久远，风雨损坏。兹者募金聚财，鸠工成事。呜呼！思一木之难支，幸众力之有成。捐资芳名无容泯没，勒诸贞珉，永垂不朽云。

(王庆安按：署名字迹无法辨认，另有捐资者102人，石匠3人，名字略)

住持僧人光智暨徒(王庆安按：下面字迹模糊不清)

大清乾隆贰拾叁年八月十五日穀旦立

其中的"堆金峪"与"三清玉皇庙香炉记"中"洎金峪"，其实都是现在的类锦山。实际上，峪指整个山谷，是一片广大的区域，类锦山也是一片广大的区域，后土庙只是这一片广大区域中的一个点。

同治三年(1864)重修后土庙碑立于庙门东墙外，碑文如下：

重修后土庙序

此庙之重修者屡矣。明嘉靖间，家副使叙其创始暨增修之时日甚悉。且遇水旱疠疫之灾，有求辄应，灵感之著，不自今日，始辛酉癸亥之间，皖逆土匪袭扰遍齐鲁，而蹂躏所□至者，此峪而外，指不多□。虽曰地利，抑神明之默覆护有方，欲显□示者耶？受福永斯食报长，此庙之不朽也，宜哉！

上元甲子□阳　邑举人公道东叙

邑庠生宋治文书

首事(王庆安按：20人，名字略)

石匠及其他匠人(王庆安按：6人，名字略)

住持僧人光智暨徒(王庆安按：2人，名字不清)

大清同治叁年十月□□　穀旦　立

文中提到的"家副使"即公跻奎，因为公跻奎是该文作者公道东的祖先，故有此说。

关圣殿前有一古碑，碑文题目“重修关圣帝庙”，字迹模糊不清，立碑时间为光绪六年(1880)十月二十六。

光绪三十三年(1907)重修诸殿碑立于关圣殿门西侧紧靠台阶处，碑文如下：

重修诸殿碑记

蒙境皆山也，由泰岱左支东走平阳，迤南□东。而入云云、黄鹄不数里，山势岐出，左为辽阳，右为海龙，其间龙岭起伏，有醴泉出乎其上者，类锦山也。山之阳，旧有后土庙，其中有关圣帝君殿、人祖殿、龙王殿、药王殿，巨工也。近年风雨浸蚀，庙□不□。庚子秋，捐资百余缗，□为补葺。越六年，丙午，邻村又捐输四百余缗，大兴土木，匝数月而百废具(俱)兴，洵盛事也。工既竣，首事□□□□之子□先王之，致力于神也，凡有功烈于民者祀之，若厚德载物，实任生长收藏之责，则神之为功也固大，而人之莫报也。□□□是神恩当报，古制不同，或祭地，或祭社，或望山川，或设坛壝，或瘗泰折，或王中霤，义各有当，斯亦无余憾矣。岂在庙之有无耶？然□□□□虔，庙非不可立也，第恐成败兴废相属无穷，创设之初金碧相辉，珠璧交映，未几而庙貌倾圮，竟委颓于凄风苦雨荒径蔓□之间，揆诸报本反始之义，抱愧良多矣。兹村不惜巨费，再三重修，德何盛欤？虽然兴废继绝，仁人所为，吾恐其止于是耳。倘能推□□□□反厥颓危者持之，□者扶之，败者匡之，亡者存之，则天下几无废事矣。不知其能焉否耶？噫！予于此不□厚望矣。

邑候选训导张虞廷顿首拜撰

庠生王兴奎沐手敬书

领袖

戴廷忠　张建周　张可功　王魁然　巩生仁　张慎东　高　山　冯常济

张家礼　王经云　阚成祯　王兴时　冯茂居　公毓成　王家维　吴凤苓

张志廷　阚成志

泥水匠

王录　惠　礼

绘塑匠

王清江

石　匠

伊殿臣

主持僧

朗　恩

大清光绪叁拾叁年岁次丁未荷月上浣　吉日立

人祖殿东南角有一古碑，碑文标题为“重修庙记”，碑上半部风化严重，字迹模糊，无法辨认，立碑时间隐约可见“大清□□□十年岁次”字样，无法判断具体年份。

民国十年(1921)重修诸殿碑立于祇母宫门前东侧靠近香炉处，碑文如下：

重修诸殿碑记

盖闻后土祠创始于宋，历元、明、清，然后诸殿嗣立。数百年间，则丹崖峻岭未尝不□受风雨，而瓦殿茅屋曾经屡次补葺。一有修理即勒诸贞珉，此所谓莫为之前，虽美弗彰；□为之后，虽盛弗传也。迨民国初立，气淑年和，辛酉岁暮春之初，睹庙貌之颓折，恐□像之被侵，则类锦峪之好善者，又议重修，提倡捐资，四方助缘兴土木，而各村踊跃。新□垩而宇庙辉煌，山水增胜，舆图改观，仰一时之壮丽，夸万古之威灵，非惟神有庇依，亦民有瞻仰也。每年清明佳节，大开香火，熙来攘往者曷胜赞襄，岂非众神之名山、祀神之盛地也哉？特劈石鳌碑，永垂万古不朽云尔。

邑居士阚昭晋谨撰并书

山□□□□□□新制瓦部马头□□，又添立影壁一座，火墀一敦，后土大殿前后刷□，西梁北铁朽折，支以石墙以修坠。固关帝殿□□□□二，□□□三，□□□□□，院墙新修，龙王殿高起一尺，以及人祖殿、药王殿一切换芭翻苫，大殿以西新修后门，总计工费□□□千□□□，勒石以志之。

领袖

赵久持　冀升三　公肇会　宋殿华　蹇申等　公方起　张元纪　王兴元

徐　礼　张慎东　巩生仁　张以苳　阚成祥

董事

王兴璠　张建州　张书启　张以藻　张慎择　戴京然　薛茂兴　王兴佐

王家振　单凤鸣　阚成仁　吴敬元　宋殿运　冯茂震　冯修安　宋

殿安

泥水匠　公懋扬　公懋凤

累[垒]匠　王兴助

石　匠　公文东　单福荣

木　匠　沈士富

住持僧人　照　洞

大中华民国拾年孟夏吉日　立

民国二十八年(1939)重修后土殿碑立于祇母宫门前西侧靠近台阶处，碑文如下：

重修后土殿记

寺庙建设由于神道，□□□□□□□□□□□□建时代，维系民德之权术，而世世重修者，□□事增□□，其废坠□足□□□□□□见□□□□□□□□□□之民族精神，安可遽以□信目之？吾邑类锦山坳之后土庙，创自宋□□□□圣殿，右有人祖殿、龙王殿、药王殿，左有义学，岿然庥秀，临于醴泉之上，水木□□，四□风景颇佳，历宋元明清，继修不替，遇水旱灾祲，祈祷灵应，□后土资生之德，关圣□□□□□大□行宫，有以感召人心，此邦人士之志切，向善古风淳朴，岂非偶然哉？奈年久失修，惟后土、关圣两殿□漏，义学久圮，诸村善士共议重修，适当国难日烈，强敌深入之际，乃共输资三百九十六元，鸠工庀材，漏者补之，圮者筑之，改建义学三间，东南□□□一事修饰焉，润色焉，革其故，鼎其新，况在□飞翔之下，炮声隆隆之中，不畏艰难，不避危险，不辞劳瘁，悉力经营，不两月而工竣，规模仍旧，庙貌一新而宏壮随之，其急公好义之精神，趋事赴功之毅力，雅有古人之遗风焉，余□不揣浅陋而乐为之记。

邑人公方钧沐手敬撰

张礼范沐手敬书

领袖

董事

张超范　张家珊　张振杰　公嵚东　张以荩　张以藻　巩生仁　冯茂典□□□

王家振　张以璠　阚成仁　□□□　王　岘　冯修高　王家信　宋殿增宋汉□

吴永田　徐慎祥

□匠　王连英

石匠　公文东　王家儒

木匠　陈兆文

垒匠　王家贡

住持僧人　照建

中华民国贰拾捌年仲秋上浣吉日　立

2004年装修殿容、重塑神像金身碑立于祇母宫门前西侧靠近庙院门处，碑文如下：

有碑文记载，后土庙始建于宋元祐七年，经历朝历代整修扩建庙容，各殿齐全秀丽，相传每逢旱涝疫荒，求福求安者无不应验，也有无数名人志士来此旅游观光，历经沧桑，风雨侵袭，时代变迁，毁于一旦，又于二十世纪八十年代，有善主率众投钱投工，复原了后土圣母殿、龙宫殿以及神像。

今有临沂善主张宗兰，来此旅游观光，感应深厚，心有感触，自愿装修殿容，重塑神像金身，为保国泰民安风调雨顺五谷丰登，永保平安。

领袖　张宗兰

庙主　李美盈

特别贡献　王捍行　于奉玲　唐铭英　商崇美　李学娟

施财姓名　闫勋义　陆佰元　崔连臻　伍佰元　刘丙杰　伍佰元

史建群　叁佰元　艾秀娟　伍佰元

以下为贰佰元

邢茗芬　李凤英　朱建芹　唐功平　唐洪彬　唐　玉

以下为壹佰元

崔靖悦　崔洪晏　杜建民　禚从银　何秀花　王　惠　李　艳　孙君薛　李金兰孙　梅　杜　霞　常万福　苏军谊　刘　芳　英昌水　周世荣　李保林　周成芝

李保红　刘明军　刘明丽　李叔艳

刻石　公丕庭

雕塑　王炳南

公元贰零零肆年　岁次甲申　肆月捌日　立

2006年重修关圣帝殿碑立于关圣帝殿前东侧靠近香炉处，碑文如下：

重修关圣殿记

有碑文记后土庙坐落于蒙山境内，山川秀丽，松柏常青，始建于宋朝元祐年间，庙貌辉煌，其中修建有关圣殿、人祖殿、龙王殿、药王殿，经历朝历代数次重修，四乡众民信仰崇拜，香火旺盛，每逢荒旱病灾，有求必应，历经时代变迁，于二十世纪六十年代毁于一旦，上世纪八十年代，有善人修建了回母宫、龙王殿，二十一世纪初，有善主闫传祥善心发显，倡导众善者捐资出力，重建关帝圣殿于二零零六年四月始工，五月竣工，并请名人重塑金身，四乡民众无不响应，捐资者方圆几百里之外，祈求神灵保佑风调雨顺平安，学财并进，五谷丰登，国泰民安。

名誉会（王庆安按：会长 1 人，会员 3 人，名单略）

领袖（王庆安按：6 人，名单略）

理事会成员（王庆安按：25 人，名单略）

捐资村庄及捐资数（王庆安按：略），总钱数五万五千七百五十六元

公元二零零六年岁次丙戌　桂月　上浣　立

2009 年重修诸殿碑立于庙院门西墙外，碑文如下：

重修诸殿碑记

有碑记泰岱东支入蒙境，逶迤数百里，左为暸阳，右海龙，其间龙巅起伏，有醴泉出乎其上者，类锦山也。山之阳，旧有后土庙，育万物载万物莫如地，地之神惟后土最尊，后土之神尊无二上，他神莫得比。相传天子祈太平，民人祈年丰，有祈必应。丁亥年大修祇母宫，重塑金身，丙戌年关圣帝君殿像换新颜，国财民财天下财，财源滚滚。戊子年大兴土木，承势修四座殿宇，塑全神金身，人祖殿、龙王殿、药王殿、山门殿。人祖神管福管寿管人间；龙王神风调雨顺育天下万物五谷丰登，民赖以生存；药王神仙丹妙方祛患康民；门神卫国平稳。己丑年修复天醴泉，义学三间同年修成。仅四年庙修全。殿宇宏大，金碧辉煌，巍然屹立，焕然一新。各省县周边有缘村民，人心所向，踊跃捐资四十余万元，同心构建和谐人间。

张献德沐手敬撰

公元二零零九年岁次己丑　仲冬　上浣　吉日　立

2018 年重修行宫殿及钟鼓楼碑立于祇母宫门前西侧，碑文如下：

重修行宫殿及钟鼓楼碑记

行宫殿位居主殿后土殿东侧与主殿东山墙连为一体，为后土奶奶之行宫，其创建年代尚无考证。行宫殿及钟楼为历史古迹，亦毁于战乱时期，为保护好该庙宇文物古迹，自二零零六年本村就成立了文物保护组织，自此按照修旧如旧的文物保护原则，对古代原有的古建筑逐一进行修复。对遗存至今的古碑刻、古树等实施重点保护。二零零七年该处古庙宇遗址，被蒙阴县人民政府公布为县级重点文物保护单位。为全面恢复庙宇的古建筑，后土庙文物保护小组在完成主体仿古建的基础上，在广大民众的支持下对行宫殿、钟鼓楼实施了仿古建筑(修复)，恢复了历史原貌。工程始于二〇一五年三月，成于同年十一月，总投资五万余元人民币。落成之日，广大村民欢欣鼓舞，拍手叫好，至此该庙宇的古建得到了全面恢复和保护，民众多年来的夙愿得以实现，其功德无量，万古流芳。

文物保护管委会　孙昌盛　闫传祥　阚世满

主持　张三洪

文物保护筹建组　戴存食　张现德　张传德　闫传文　张献童　张谦忠　戴衍国

张大海　张大兴　阚世增　单红英　任光翠　宋增科　公懋国

理事会

赵圣昌　宋西国　韩继柱　徐志奎　王端顺　宋树关　宋炳成

赵圣余　张学厚　宋增坤　蹇令倜　赵西祥　赵西军　刘　军

张孝现　冯俊升　巩国堂　巩国田　徐芹玲　公懋进　闫传余

闫传海　阚积旺　戴衍兵　王端满　吴汉兴　王端春　宋炳来

阚洪波　孙迪满　魏全明

撰文　孙昌盛

塑像　密学峰

木工　戴存良

镌刻　公丕廷

施工　张云成

捐资姓名(王庆安按：略)

公元二〇一八年　岁次戊戌　三月　上浣　吉日立

四、主要活动

戴家庄后土庙庙会，早年在每年的清明节举办，附近三个山峪的善男信女纷纷携带香烛纸钱，有的还带着供品，进庙烧香朝拜。后土庙管理者事先联系好戏班，请他们来唱戏。一般每天唱三场，上午、下午、晚上各一场。2009 年唱一场戏 600 元，2010 年、2011 年为 700 元，2021 年涨到了 800 元。

20 世纪 90 年代，外地香客纷纷于农历三月十八后土奶奶生日时赶来朝拜，或祈愿，或还愿，管理者遂将唱戏等活动也安排在三月十八。渐渐地三月十八的热闹超过了清明节，人们习惯了以三月十八为庙会。其实清明之日，附近民众进庙烧香祭拜者依然很多。

由于庙在山上，很难找到大块的平坦地方，戏台干脆就搭在山下河边的闲地上。戏实际上是请给神看的，所以要把庙里后土奶奶塑像前的牌位请到山下。香客和看戏的观众络绎不绝，附近商贩趁机在路边摆摊，售卖水果饮料以及儿童玩具，更增添了节日气氛。

每年大年初一，附近民众纷纷到后土庙烧香祈福，敬奉的香火钱多达万余元。平日里也有香客为各种事情困扰，前来进香朝拜，敬献功德。后土庙理事会的会计将平日收到的香火钱集中管理，用于庙宇维修或者购买敬神用的物品。2022 年，存在会计处的资金还有五万余元。

新中国成立以前，每逢大旱都会有人组织祈雨。此时人们将后土奶奶的黄杨木雕神像从行宫抬出，一个地方一个地方地举行祈雨仪式。仪式隆重盛大，有和尚、道士念经。有一次把后土奶奶像抬到哪里，雨就下到哪里，一直抬到了很远很远的南方。南方的人就地建了后土奶奶庙，把后土奶奶的木雕神像供在里面，再也没有抬回来。实在没有办法，戴家庄后土庙只好又请人用柳木重新雕刻了后土奶奶神像。这个神像至今还供奉在后土奶奶行宫里。

五、周边影响

2010～2012 年修建庙门口台阶的时候，捐资者远及山东济南、临沂、费县、莒南、茌平、平邑、沂水、蒙阴等地甚至上海，可见该庙宇影响深远。远在外地的香客，有的是原本生活在离戴家庄不远的地方，由于升学、务工等原因到远离家乡的外地生活；也有的是受他们影响，听说该庙神灵灵验，专程赶来祈愿，一旦愿望达成，又专程赶来还愿。

就目前来看，戴家庄后土庙是蒙阴县影响最大的后土文化遗存。

费县薛庄镇黄埠山玉皇庙之后土殿

（王全宝　王庆安　马荣宪）

一、概况

山东省临沂市费县薛庄镇黄埠山曾有一座玉皇庙，今已夷为平地。黄埠山位于费县县城东北 20 公里处，是一座海拔不高、面积不大的小山，山上的泥土为黄色。民间传说当年杨二郎用苘秆儿担着山经过，将鞋里的泥土磕了磕，留下了一堆泥土，就形成了黄埠山。黄埠山紧邻省道文（山东省临沂市莒南县文疃镇）泗（山东省济宁市泗水县）公路和日（山东省日照市）兰（河南省兰考县）高速公路，距离费县通往蒙阴县的大青山路仅 3 公里，交通非常便利。

黄埠山顶原有一座古庙，光绪年间《费县志》称为“黄埠山古刹”，并且“未详所自始”。[①] 在同一本《费县志》里，收录了两篇与该庙有关的碑文[②]，一为乾隆十七年（1752）《黄埠山募庙田碑记》，一为同治十年（1871）《重修黄埠山古刹》。两篇碑文中均未提到该庙名字，但是《重修黄埠山古刹》中提到望海楼、云台崮、黄埠山“上皆有观”，所以该庙具体名字已无法确认。附近八九十岁的老人说是玉皇庙。

实地探访[③]发现，黄埠山顶部平坦，南北长 60 余米，东西长 20 余米。据老人介绍，玉皇庙即位于此处，庙院内自南而北有三座庙宇，最南面一排是玉皇庙，供奉的是玉皇大帝；中间一排是人祖殿，供奉的是人祖；最北面一排是后土殿，供奉的是后土奶奶，后土殿右侧另有一大间屋，供奉泰山奶奶。每年三月十五为庙会日，此时剧团在庙门外的戏楼上唱戏，前来进香、看戏的人很多。

二、历史沿革

该庙创建于何时已不可考，但同治年间即称之为“古刹”，而且据说“管辖着 72 个庙头”。现存文献中，清光绪《费县志》里有乾隆十七年《黄埠山募庙田碑

---

① 参见费县地方史志编纂委员会办公室编：《费县旧志资料汇编》，1993 年，第 356 页。

② 参见费县地方史志编纂委员会办公室编：《费县旧志资料汇编》，1993 年，第 132～133 页。

③ 王全宝、王庆安、马荣宪三人通过薛庄镇党委宣传委员李兰兰和文化站长武丽云帮助协调，于 2022 年 5 月 14 日进行了实地探查和访谈。访谈对象：杨凤山，男，94 岁，山东省临沂市费县薛庄镇黄埠西村村民；刘德义，85 岁，山东省临沂市费县薛庄镇黄埠西村村民，曾于 1959～1986 年担任村党支部书记；张召续，89 岁，山东省临沂市费县薛庄镇于家庄村村民，系黄埠山玉皇庙最后一位道士；刘敬明，56 岁，山东省临沂市费县薛庄镇黄埠西村现任党支部书记。访谈人：王全宝、王庆安、马荣宪；访谈时间：2022 年 5 月 14 日；访谈地点：费县薛庄镇黄埠山旧址、黄埠西村刘德义家中。

记》,有道人赵来玉[1]"乾隆二十七年坐化于黄埠山"的记载。日军占领薛庄后,原本生活在庙里的道人不敢在庙里居住,人走庙空。1941年农历七月,不知什么人用玉米秸秆将庙里的神像焚毁。之后日军用拆除庙宇的材料在院子正中建起一座二层炮楼,安排伪军天天在炮楼值班。1945年八路军将炮楼炸毁,活捉了炮楼里的汉奸。该庙从此未再修复,空余一地残砖碎瓦。庙院外东北处曾有道人赵来玉坐化墓,该墓独特之处是两口陶土缸对扣在一起,据说是赵来玉坐在下面的缸里去世后,其弟子又在上面扣了一口缸,然后用泥浆、石灰和沙土将缸口处缝隙封死。该墓在20世纪70年代遭到破坏。

庙宇废弃后,附近的村民将尚可利用的砖瓦、石材、门窗等弄到了自己家中再次利用,山顶逐渐长满洋槐树和杂草。1985年实行联产承包责任制的时候,当地把庙宇遗址处的土地零零碎碎地承包给了村民。村民为了种地,铲除树木杂草,对山顶的残砖碎瓦进行了清理,平整了土地。在进行第二轮土地承包的时候,村集体将该处土地收回,集中承包,此地现在已经成了庄稼地。

三、庙宇建筑

由于该庙已毁坏多年,地面建筑物样貌只能通过访谈得知。该庙位于黄埠山顶,坐北朝南,庙院南北长约60米,东西宽约20米,庙门位于南墙正中,为长方形门,上方建一简单的门楼,下方有13级台阶。

庙门台阶下偏左位置有一间小屋,屋内供奉着赤面髯须、三目怒视、金甲红袍、踏风火轮、左手执金印、右手举金鞭的王灵官。

庙门台阶下有一广场,广场南侧正对庙门处有一戏楼。之所以称为"戏楼",是因为建在高约两米、青砖垒边内填黄土的台基上。戏楼后场是演员化妆候场的房屋,前场由四根立柱支撑着屋顶,是演员演出的场所。整个屋顶以鱼鳞瓦正反相扣覆盖,飞檐翘角,正脊两端和四条垂脊下端有总计七块琉璃瓦,垂脊上雕有蹲兽(当地人称为"蛤蟆狗子"),四角上挂着铃铛,随风叮当作响。四根立柱与屋檐之间,装饰着木头挡板,挡板上无雕刻绘画作品,只在下端雕刻着锯齿形的花牙。最前面的两根立柱上雕刻着文字,估计是一副对联。

玉皇庙、人祖殿、后土殿南北平行,大小一致,均为三间,青砖砌墙,庑殿顶样式,五脊六兽,鱼鳞瓦正反相扣覆顶,无斗拱彩绘。

玉皇庙正面迎门处为玉皇大帝坐像,两侧及东西墙神位上为十八罗汉站

---

① 关于赵来玉,光绪《费县志》中有记载,照录如下:"赵来玉,号碧瑶,兰邑半城镇人,髫年出家于蒙山云台崮,披发赤足,寒暑不易。乾隆二十七年坐化于黄埠山。"参见费县地方史志编纂委员会办公室编:《费县旧志资料汇编》,1993年,第247页。

像，墙面上有彩绘壁画。人祖殿供奉的是伏羲坐像，下面有一群形态可爱的娃娃扛着伏羲腿，墙面还有彩绘壁画。后土殿供奉着后土奶奶坐像，墙面同样有彩绘壁画。后土殿右侧有一大间用石头垒成的房屋，发券顶，供奉着泰山奶奶。后土殿左侧竖着两根高约 5 米的大石条，两根石条上端横一根木棒，中间悬挂着一口直径近 1.7 米的大钟。后来不知什么缘故，大钟被挪到了灵官庙里。据说后来又被弄到了距此 3 公里外的城阳村。

原先庙院内有很多古柏，新中国成立后，仅剩一株原立于玉皇庙前的，有合抱粗、高十数米，远在十余里外即可望见。后来兖州那边修建铁路时，该古柏被伐倒运去做了枕木。

庙门两边有两三排石碑，石碑材质为当地青石，长方形，有大有小，大者高约 1.7 米，宽约 0.6 米，小者高约 1.2 米，宽约 0.4 米。这些石碑部分毁于战火，有三通大碑在 1953 年或 1954 年被砸碎焚烧成石灰售卖，现在已经踪迹全无。所幸清光绪《费县志》里完整保留了其中两通碑的碑文，照录如下：

黄埠山募庙田碑记

姚灼[1]

天下事，利与善之间而已，事出于善，志之传之，事出于利，斯不足置喙也。然亦有迹涉乎利而不失其为善之心者，君子尚有取焉。

黄埠山住持赵道人，跣足响铎，从善士杨玉环、周元住等，叩化左近众善士，积银十余两，买田十余亩，镌石以志其事，嘱余作碑记。余笑应之曰“子敛农、贾之膏脂，买田制[置]产为衣食久远之私，直狡于居奇者也，乌足以勒贞珉乎哉？”道人曰：“老檀樾之言固然，独念此山地处幽僻，原庙地不数亩，凡茶烟楮纸所以事神，优伶杂戏所以乐神之费，何以给诸？况我栖托于此，勤苦经营，稍可支持，倘骨化形销之后，四方道人知此地不足了生活，皆裹足不前，孰肯卓锡于此？则破瓦坏垣之惨，荒烟蔓草之悲，不旋踵立睹耳。余之买田，宁为一身计耶？”余闻其言，颇为近理，乃为之记。

乾隆十七年仲春之吉

---

① “姚灼，字石仙，康熙丁丑拔贡，任平阴县教谕，升兖州府教授。”参见《费县志》卷十一，清光绪二十二年刻本，第 8b 页。

重修黄埠山古刹

朱鹤立[①]

东蒙为颛臾名祀，峰七十有二，洞三十有六。昔萧颖士有《过东蒙》诗，李太白、杜子美尝于此访张氏隐居，多所歌咏，载诸志书。

峰之最高者为望海楼，最奇者为白云岩，洞壑清幽，松楸掩映。相传古仙人周义山，访羡门子高授丹诀，或往往于此云。迤东为云台崮、黄埠山，与主峰东西相连，上皆有观。近年来皖匪倡乱，兼本境土匪四起，兵燹之余，倾圮日甚，盖几荡作寒烟矣！

有道士孙永钦立志重修，既人输尺璧，家馈兼金，踵成其事，俾后之登临者，芒蹊竹杖，扫叶煮茗，相与寻诗人故迹，访羽客仙踪，或供款笑于翠羽、丹霞间也，爰刻石以识之。

同治十年仲春吉日

据 94 岁的杨凤山老人回忆，新中国成立以前，该庙尚有 160 亩庙地。1933 年出生的张召续老人，是该庙最后一位道士。他当年的主要职责就是耕种庙地。

四、主要活动

每年农历三月十五是黄埠山庙会日，此时庙方延请费县南部溜山梆子剧团前来唱戏，周边居民及从此路过的客商都来敬神赶会看戏，非常热闹。1937 年出生的刘德义老人至今记得自己幼年时庙会日去看戏，演的是《长坂坡》，因为演员演得精彩，黄埠前村的一位杨姓财主单赏了戏班一块现大洋。

五、周边影响

该庙规模宏大，历史悠久，其紧邻的文泗公路，历史上是一条盐道，东通渔盐海港东口（今山东省日照市涛雒等地）、青口（今江苏省赣榆区青口镇），西通兖州、菏泽，过黄河到达河南、山西、内蒙古一带，终日商旅不绝，远近闻名。传说该庙一方面由泰山寺庙直接管理，另一方面又管辖着附近 72 个庙头，管辖范围北到蒙山，南到大河（指浚河）南，西到曲阜，东到今临沂市区一带，包括今位于临沂市区的朱保娘娘庙。

现在庙宇虽已毁坏 70 余年，每年农历三月十五庙会日，周边民众依然虔诚地带着供品，前往庙宇旧址烧纸焚香，燃放鞭炮，礼敬众神。2022 年的三月十五

① “朱鹤立，字子超，（费县薛庄阳田人）恩贡生，任冠县教谕。”参见《费县志》卷十一，清光绪二十二年刻本，第 52a 页。

庙会日，从凌晨一点起，鞭炮声不断。附近村民说，鞭炮比除夕夜里迎接新年的时候放得都多。

平邑县沂蒙山世界地质公园之承天宫后土殿

（王庆安　王照波）

清光绪二十二年（1896）杨佑廷[①]编著的《费邑古迹考》第四卷《祠庙部》记载：

> 承天宫，庙在蒙山龟蒙顶之阳，即后土神。有石殿二，梁柱、窗棂、上覆制作瓦形，皆石为之。庙前有石坊、石桥，（石桥）号曰“仙桥”，系明季鲁王所修，工未竟而寇变起。有《碑记》。今石坊已颓，仙桥犹存。两石殿前各有老松数株，大合两三抱，高数丈，龙鳞虬髯，苍翠望若云片，犹数百年前物也。[②]

经调查，该庙宇位于临沂市平邑县蒙山龟蒙旅游风景区沂蒙山世界地质公园驻地柏林镇柘沟村东北600米处，现存废弃屋框三间，东西长约10米，南北宽约6米，墙体为就地取材的石头垒砌，四角由青砖垒砌，屋顶样貌已无从得知。屋框前有比较完整的石碑一通，已经残缺的石碑一通。较完整的一通为康熙二十七年（1688）二月立，隐约可见碑文题目为“重修□（承）天宫后土殿记”。另一通残碑上，隐约可见碑文标题“修后土殿记”，风化较康熙二十七年碑更为严重，除碑文题目外，其他文字几乎无可辨认。

根据以上两通碑文标题推断，此处曾经有供奉后土神位的庙宇无疑。

殿前院内老松树已经不在，尚有一棵巨大的杏树。西窗外有一个磨盘。殿内长满杂草，供奉神像之具体情况已不可知。

殿前的“仙桥”已经塌毁，三孔尚存两孔。

通过现场痕迹分析，该庙宇已经很久无人前来祭拜或举行活动。

---

① 杨佑廷（1839～1906），字翊宸，又字一臣，号一岑，清代费县庄上社东固村（今属平邑县地方镇）人。自幼好学，博闻强记。13岁应县试，名列前茅，费县知县王庚对他极为赏识，题扇相赠。光绪元年举人，曾任山东恩县教谕，光绪十二年进士，取知县，后辞职归里。淡泊仕途，乐育英才，主讲于费邑崇文书院。参与修纂光绪《费县志》，辑有《费邑艺文存》三卷，著有《费邑古迹考》六卷、《黄花集》六卷。其《费邑古迹考》写成后被全文收入光绪《费县志》。

② 参见费县地方史志编纂委员会办公室编：《费县旧志资料汇编》，1993年，第355页。

兰山区枣园镇俄庄村天地庙之后土殿

（马荣宪）

一、概况

山东省临沂市兰山区枣园镇俄庄村西南有一座天地庙，庙内原有一座后土殿。所有庙宇已于2019年拆除。

天地庙位于俄庄村西南、南坊新城西北隅，左邻祊河路，北靠长春路祊河大桥，右侧就是祊河。庙内有大殿三间，配殿八间，大殿供奉着玉皇大帝，配殿分别为后土殿、城隍殿、土地庙、泰山奶奶庙、河神庙、牛魔王庙、忠义堂等，主殿和配殿皆为砖石结构，以聚酯瓦、铁皮瓦覆顶。庙会日为每年农历三月初三，当地人称为“俄庄庙会”。庙会日有大型法事活动，附近村庄的秧歌队前来助演，村民前来进香。

二、历史沿革

早在新中国成立之前，临沂市兰山区枣园镇的庞家村、俄庄、集西等村庄就分布着几座庙宇。庞家村有一座筋骨娘娘庙，一座牛王庙，筋骨娘娘庙位于村中央，庙前有一个大水塘，常年有水；牛王庙位于村南，庙内一棵百年银杏，至今犹在。俄庄有一座三义堂，就是现在的村委办公室，供奉的是关公、刘备、张飞。三义堂内还有一座马神殿，位于三义堂庙门口，供奉的是两匹白马。集西村有一座老祖庙，本是刘氏祠堂，供奉的是清代的刘墉，庙里有一通透龙碑，传说是刘墉手书，至今保存完好。另外，各村都有土地庙。

这些庙宇在“文化大革命”期间均遭毁坏。庙里的神像被扔到了村头的大水塘里，有信众眼见自己尊奉的神像遭此侮辱，于心不忍，偷偷抱回家去供奉。后来这些人年龄越来越大、身体欠佳，加之赶上村庄搬迁，没有条件供奉，就把神像放到了祊河边银杏林里一棵五树同根的银杏树前。附近村民于玉皇大帝诞辰日和每月初一、十五，从四面八方赶来叩拜，以求风调雨顺，五谷丰登、全家幸福、儿女平安。

当地村民及王静女士目睹此情此景，感慨万千，决定合力修建天地庙，供奉诸神。村民纷纷捐资捐物，共募集善款200余万元，于2013年建成。因不符合当地城市规划，该天地庙已于2019年全部拆除。

三、庙宇建筑

天地庙坐北朝南，为长方形院落，南北长约36米，东西宽约30米，院内有一棵百年银杏，五树同根，很是壮观。庙内有玉皇殿、后土殿、城隍殿、土地庙、泰山奶奶庙、河神庙、牛魔王庙、忠义堂等。主殿三间，为玉皇殿，面阔14米，进深9米，主祭神像为彩色泥塑的玉皇大帝。

后土殿位于玉皇殿前东侧，坐东朝西，主殿一间，进深6米，面阔4米，主祭神像为后土娘娘，泥塑彩像，端庄肃穆，周围挂有黄色幔帐，四周墙上挂着有善男信女送来的锦旗。后土殿门外墙面上贴有一张红纸，上面的文字内容原文照录如下：

后土娘娘三月十八圣诞

后土娘娘，即女娲（也称女娲氏、女娲娘娘），也称地姥娘娘、地母娘娘、地母元君、虚空地母至尊、后土夫人，天地动静，阴阳互根，天浴化物，阴阳交合，上取天精，下取地精，阴阳孕化，气运成尘，陈有玄道，精有聚合，渐始初生，生生之类，人立其中，后土神的产生源于古人自然崇拜中的土地与女性的崇拜，是最早的地上之王。孕天效法后土皇地祇是道教尊神“四御”中第四位天神，简称“后土”，俗称后土娘娘，与主持天界的玉皇大帝相配合，为主宰大地山川的女性神，道观称后土殿，民间建有后土娘娘祠，每年三月十八相传是后土娘娘的圣诞日，隆重祭祀之，她是盘古之后第三位诞生的大神，被称为大地之母，是最早的地之王。

四、主要活动

临沂俄庄天地庙的活动，主要集中在三月初三庙会日。每逢庙会日，庙内都有请来的河北邢台道观住持做法事，同时还邀请附近村的秧歌队前来助兴。除了庙会日，后土娘娘圣诞日和每月初一、十五，附近村庄的民众也会前来烧香敬拜。每逢正月初九或遇大旱不雨，十里八乡的民众就会敲锣打鼓前来焚纸烧香，祈求玉皇大帝和后土娘娘保佑平安吉祥、五谷丰登。

河南省

南阳市

镇平县柳泉铺镇坤元宫(地母庙)

(朱鹏)

一、概况

镇平县坤元宫,又称"地母庙",位于柳泉铺镇东 6 公里大榆树村东南的松山上,南距 312 国道 1 公里,属全真教龙门派道场。

二、历史沿革

据金大正年间重修坤元宫碑碣记载,坤元宫始建于周宣王姬静元年(前827),汉、唐间屡有增建。此说当不可信,但从碑碣看,坤元宫至迟建于金大正年间。清同治元年(1862)七月,坤元宫因战乱被毁。清同治七年(1868),坤元宫再次重修。民国年间,坤元宫因军阀混战再次被毁,仅余一间 10 平方米左右的小庙。1953 年,当地百姓建成三间庙院。1993 年,坤元宫重建,落成地母殿、盘古殿、玉皇殿、菩萨殿、祖师殿、武祖殿等殿宇 10 余座,房舍近百间。1994 年,坤元宫经当地政府、宗教局批准开放。2000 年,庙院内又增建了一座大雄宝殿,形成了佛、道合一的格局,并正式称为"坤元宫"。在主持王明修道长的率领下,坤元宫还修建了一座 15 间的坤道院。如今的坤元宫环境幽静闲适、建筑巍峨气派,是当地最具影响力的道教圣地。①

三、庙宇建筑

镇平坤元宫前山口处有署"坤元宫"三字的高大牌坊,牌坊的东西两根柱子上撰有对联"天覆五州,法自古今成道义;地生万物,恩施遐迩佑黎民"。牌坊旁有一座亭子。院内有地母殿、盘古殿、玉皇殿、祖师殿、武祖殿、菩萨殿、奶奶殿和凌霄宝殿等。玉皇、祖师、菩萨、三清等殿宇肃然威仪,雕塑精美。真武大帝殿柱上有楹联:"功德感玄苍,万善同源,香焚兰蕙朝金阙;威灵降紫气,众生共济,经唱云华上绿章。"

坤元宫占地面积 60 余亩,虽不见汉唐时鼎盛旧貌,但观内外苍松连阴,林

---

① 参见超然:《苍松翠柏坤元宫　碑碣磬音道气存——河南省镇平县坤元宫纪略》,《农村·农业·农民》2005 年第 2 期;路人:《路人日记》,中国文联出版社 2005 年版,第 170 页。

木葱郁，溪水相绕，仍不失其清幽典雅。

四、主要活动

坤元宫每年农历正月十八开展祭星活动，另外还有四大会期：农历正月二十五迎春会，三月初三祖师圣诞会，三月十八城隍圣诞会，十月十八地母圣诞会。在各个活动期间，游览观光的游客、进庙敬香的信众以及商人、文人雅士等络绎不绝。

五、周边影响

镇平县坤元宫是镇平县乃至南阳地区规模最大的道观之一。坤元宫每年的各项庙会活动，都会吸引当地乃至周边地区的信众纷纷前来，也常有当地道教组织于此开展宗教活动。①

三门峡市

陕州区西张村镇前关村后土祠

（吴宁宁　李富强　朱鹏）

一、概况

前关村后土祠由戏台、看台、前殿、后殿组成，始建年代不详，曾经两次维修。现存前关村后土祠于2015年农历三月十二修复建成。每年正月初一、十五及三月十二的庙会，都会吸引很多香客前来。

二、历史沿革

关上村后土娘娘庙始建年代不详。根据现立后土娘娘庙重修记碑刻记载，“清乾隆三十年二月廿五日换墙体立柱两根，民国十二年翻修庙顶”，“二十世纪六十年代又翻修庙顶”，“二十世纪五十年代庙宇被学校占用，1987年学校迁走，戏台拆除，看台倒塌，前殿后殿闲置”，后又于2014年重修，至今沿用。

三、庙宇建筑

关上村后土娘娘庙重修记碑刻记载：“后土娘娘庙是一组气势宏伟、雕梁画

---

① 参见超然：《苍松翠柏坤元宫　碑碣磬音道气存——河南省镇平县坤元宫纪略》，《农村·农业·农民》2005年第2期。

栋、古朴大方的古建筑，坐北向南，由后殿、前殿、看台、戏台依次排列。”

目前有庙屋两间，分为前后殿。庙屋前的院里设有五通纪念碑石，即后土娘娘庙的简介、两通功德碑、后土娘娘庙重修记碑和后土祠碑记。

碑记内容照录如下：

简介

后土娘娘庙是一组古老的建筑，坐落在陕县西张村镇前关村，由戏台、看台、前殿、后殿组成，始建年代不详。据本次重修所见木料上的文字显示，乾隆三十年、民国十二年曾两次维修。二十世纪七十年代戏台拆除，看台倒塌，前殿后殿损毁严重。为了弘扬传承民族文化，保护历史古迹，经村两委同意，居士曹粉兴倡议捐款重修前后殿。二〇一四年农历七月二十开始动工，二〇一五年农历三月十二竣工。

保护范围东至大雷公路边，西至墙外八米崖边，南至村间路边，北至北围墙。

陕县文物管理局

功德碑

奉献爱心　功德无量　芳名流传万世。

（吴宁宁、李富强、朱鹏按：后附捐款人的名字，捐款数额按类别分为500元、480元、200元、100元，时间为公元二〇一四年十月廿六日）

功德碑

二〇一四年重修《后土娘娘庙》，庄严庙宇。广大群众踊跃捐款，功德无量，得福得乐，芳名传百世。

（吴宁宁、李富强、朱鹏按：后附捐款人的名字，高至10000元，低至100元，捐款数额不等。）

后土娘娘庙重修记

关上村《后土娘娘庙》是一组气势宏伟雕梁画栋古朴大方的古建筑，坐北向南。由后殿、前殿、看台、戏台依次排列，自古逢年过节初一、十五及每年农历三月十二庙会，十里八乡求子的、还愿的各类香客络绎不绝，加之连台好戏，众人云集，热闹非凡。公元二十世纪五十年代庙宇被学校占用，1987年学校迁走，戏台拆除，看台倒塌，前殿后殿闲置。

2002年，曹居士粉兴，李俊娥、玲超等重塑金身，恢复香火，再启三月十二庙会。

《后土娘娘庙》始建年代不详，据本次重修拆下木料上文字显示，清乾隆三十年二月廿五日换墙体立柱两根，民国十二年翻修庙顶，二十世纪六十年代又翻修庙顶。

《后土娘娘庙》是传统文化活动之地，由于年久失修，群众早有重修愿望。今逢和谐社会，为弘扬民族传统文化，顺应群众意愿，为广大群众提供理想活动场所，经过村两委同意于二〇一四年三月十二庙会，曹居士粉兴倡议捐款重修庙宇，七月十二日开工。前殿换明柱四根，加明柱两根，前后墙重砌，殿顶小瓦换成筒瓦，脊加装饰。后殿换明柱两根，四面墙重砌，殿顶旧瓦换成新筒瓦，脊顶抬高90公分，加装饰。前后殿门窗全部更新，庙宇增建围墙、山门。工程历时九十八天，投资30余万元，技工1088个，义工198个，使庙宇重放异彩。

落成的《后土娘娘庙》雄伟壮丽，佛光普照，人神共喜！

公元二〇一四年(甲午)年十月廿六日

庙宇前殿门口处两侧有一面鼓和一座钟，钟上面刻字。正中间刻有“后土娘娘庙”，两侧为“法轮常转，正法久往”。“法轮常转”侧刻有简介：

后土娘娘庙是一组古老的建筑，坐落在陕县西张村镇前关村，由戏台、看台、前殿、后殿组成，始建年代不详。据本次重修所见木料上的文字显示，乾隆三十年、民国十二年曾两次维修。二十世纪七十年代戏台拆除，看台倒塌，前殿、后殿损毁严重。为了弘扬传承民族文化，保护历史古迹。经村两委同意，居士曹粉兴倡议捐款重修前后殿。二〇一四年农历七月二十开始动工，二〇一五年农历三月十二竣工。

保护范围东至大雷公路边，西至墙外八米崖边，南至村间路边，北至北围墙。

陕县文物管理局

后土祠碑记

陕州关联秦晋，土人久有祭黄天祀后人之习俗，为当地神祇文化之一。后土乃大地之母，又称后土娘娘，司丰收主生育。民以食为天，土能生万物，华夏先民祀之，以示对土地之崇敬，以振繁衍养育之恩泽。《淮南子·天文》，中央土也，其帝皇帝，其位后土，执绳而治四方。汉建后土祠于汾水，三年一大祭，其后历代帝王相沿祭祀，香火日隆。豫西古村落多有后土祠，然建国后多被损毁。前关村后土娘娘祠历经劫难，主体尚存，实属万幸。村民侯桃业居士、曹粉兴等筹资修葺，重启香火，善莫大焉。吾舅家前关村侯家，外祖父侯文春，祖母任氏，勤俭持家、崇敬和灵，遂得家宅康宁。舅父侯建有，吾母侯引绸，皆继承家风，敬神明，与人为善，和睦邻里。吾幼时顽劣，长居舅家，常与表兄弟玩耍于残破之后土祠，捡得祠上古瓦，其纹古拙，其色莹莹，遂生好古之心也。及至成年，嗜古成瘾，醉心金石与古砚、砖瓦鉴藏，精研古物，承继祖业澄泥制砚，乃得小财。常思后土娘娘片瓦点化之恩，每驱车路过，见庙祠败落，心多不忍。后偶于友人家，见其藏有后土祠古碑首一座，螭龙纹饰，古朴苍劲，有宋明之风。表弟胡跃松，前关村胡家坡人也，与吾协商，愿共同出资，请回庙里，刻碑记事，共修功德。朋友也原俭相让。碑首购到之日，祖母恶疾痊愈，足见后土娘娘之灵验也。今立此碑，教化乡民敬神明孝父母，勿以善小而不为，勿以恶小而为之，头上三尺有神明矣。

乙未年癸未月癸卯日陶弘居士王跃泽记之。

进入庙内可以看见墙壁正中间有许多各地送来的锦旗，内容多为“有求必应、神通广大”；左侧墙壁为八仙过海壁画，下面供奉着神像；右侧是三位菩萨，中间的是观世音菩萨，另外两侧分别为文殊菩萨、地藏菩萨，壁画下面有香火供奉。后殿供奉后土娘娘神像。据当地村民介绍，后土娘娘为三姐妹，此庙是二娘娘的供奉地，正中间的是二娘娘，左边的是大娘娘，右边为三娘娘，三位娘娘的庙宇自北向南位于一条线上。墙壁两侧分别有一幅壁画。庙内也有很多锦旗，其中一面是三门峡一市民因孩子考上上海交通大学送来的，以此感谢后土娘娘。

四、主要活动

据碑刻记载，前关村后土娘娘庙自古以来就在农历正月初一、十五及三月十二举办庙会，十里八乡求子的、还愿的香客络绎不绝。据当地村民介绍，1981 年学校迁走之后，此庙分给前关村，庙后还有一部分分给了后关村。学校搬走后，庙里也请来神像，村民开始来庙里上香磕头，当时还没有什么表演，最近几年开始有扭秧歌表演。每年正月十五元宵节也会有庙会活动，晚上更是热闹非凡。

五、周边影响

前关村后土庙庙会在当地及周边地区具有一定的影响力，从一开始的磕头跪拜逐步发展为活动日益丰富的庙会,吸引了许多民众。

陕州区庙底沟后土庙

(吴宁宁　李富强　朱鹏)

一、概况

庙底沟后土庙位于河南省三门峡市陕州区庙底沟文化遗址公园,庙里供奉的是后土夫人。原先的庙早已毁掉,现在的庙系2019年新建,青砖灰瓦,雕梁画栋,风格古朴。此庙在当地也很具影响力,吸引着附近众多市民和游客前来。

二、历史沿革

庙底沟遗址是一处仰韶文化和早期龙山文化遗址。因文献资料不足,原有后土庙建于何时,尚不明确。但此后土庙经过多次重修,主持重修工作的是当地比较有名望的徐氏家族,有碑文对此有详细记载。新建的后土庙属于庙底沟考古遗址公园二期工程,竣工于2020年9月,10月初与公园其他设施一同对外开放。①

碑文如下:

据1956年黄河考古工作队发掘出来的"朱书买地券"资料,距今在明弘治十六年(公元1503年),徐家族就已经在庙地沟起居生活了。即徐家史距今已有五百年历史了。据考证,本家族可追溯到九代。祖先徐长泰先生卒于光绪十三年。其三子:徐清江、徐清海、徐清河。第三代8人,第四代23人,第五代41人,第六代80人,第七代91人,第八代37人,第九代3人,共计287人。徐长泰先生在搬迁后土庙及首建庙底沟村庄首功誉今。第三代传人徐克让先生身为清代秀才,第四代传人徐有庆先生重修后土庙任总管。九六年三月二十七日,徐金国、徐石狮、徐英奎、徐丰林、徐西周为第六次复兴后土庙领导成员。在第五代传人徐西周、徐丰林、徐石狮、徐丰臣先生及第六代传人徐英奎五位先生倡导下,徐丰臣先生与第六代传人徐英奎、徐占康及第七代传人徐选民四位先生为家谱作了前期工作。他们一直推举第六代传人、原三门峡市林业局局长、高级工程师徐金元先生主持

① 参见葛洋:《庙底沟考古遗址公园　一期工程5月初建成》,《三门峡日报》2020年4月28日。

修家谱工作，徐金元先生成功组织并撰书徐家家谱及其碑文。①

据常来后土庙活动的村民们介绍，此庙很早就有，并且经过多次搬迁。以前在此庙的旁边有一个村子名叫“庙底村”，由于要建庙底沟文化遗址公园，土地被征收，村子搬了出去。庙底沟后土庙以前是在附近黄河滩上的一块高地上，由于水位上涨，又搬到了一棵大槐树附近。2003年前后，当地村民又集资将其搬到了此庙现址的东南方百余米处。当时此庙并排盖了十间房，分为两个殿，每殿五间，一殿为后土殿，一殿为老佛爷殿。后土殿里有广生、火德两位护法，老佛爷殿里有观音菩萨神像。2019年，由于建设庙底沟文化公园，后土庙又搬到了现址。

据热心参与后土庙建设的市民王希贤介绍，此庙共经历了五次搬迁重修。王希贤推测，最早的庙在河边，可能在明朝，由于河水冲击，庙要坍塌，因此把庙迁到了平地。清末陇海铁路开始建设。民国时期，陇海铁路延伸至陕县(今三门峡市陕州区)，后土庙被迫再次搬迁。当时，河边有一处葫芦形小岛，离沿河路不远，被当地人称作“金线吊葫芦”(“金线”指路)。四头骡子拉着胶轮马车搬运庙内娘娘像至此，有一段上坡，马车走不动了，便将娘娘像卸下，在此地筑庙。当时条件简陋，庙为土坯房，因风侵雨蚀，再次倾圮。1990年，当地村民再次商议对庙进行了迁修。当时村民高凤奎(音)办有砖厂，来找王希贤借钱，王希贤与高凤奎商议，一人出钱，一人出砖，一起重修了后土庙。后来当地很多村民参与了进来，大家又从山西请了一位美术师重塑了后土娘娘像，因此后土庙得以重建。2003年前后，因当地要修高速公路，后土庙再次搬迁，迁至现庙东南百余米处。此次迁建先后两次建房，第一次建房五间，后又建房五间。后来，因庙底沟文化公园建设，后土庙再次搬迁，成为如今的后土庙。②

三、庙宇建筑

现今的庙底沟后土庙从外观上来看是一座古朴而又精致的庙宇，占地不大，庙内有院落，正中间是正殿。庙门正中间黑底黄字写着“后土庙”，庙右侧写着“庙底沟民俗文化纪念馆”，进入庙内可见正殿中间供奉的是后土娘娘，标牌为“皇天后土”，后土娘娘两边是两位侍神，下面是供奉的香火，旁边还摆放着一些符，比如事业符、官运亨通符、求子符等，殿内很是庄严。出正殿门是庙的后

① 参考网名为“15839818119cm”的网络文章：《走访庙底沟遗址公园——20201101》，8264网，https://www.8264.com/wenzhang/5626015.html，发表时间：2020年11月20日；浏览时间：2022年3月28日。

② 访谈对象：王希贤，1933年生人，曾任三门峡地方干部；访谈人：朱鹏；访谈时间：2023年8月28日；访谈地点：三门峡庙底沟遗址公园后土庙。

院，正对着的是搭建的一间铁屋，里面摆放的是一些不同的神像，多为附近村民放置的。铁屋一侧有两个已经破损的石狮子，据当地村民介绍，此石狮子是唐朝的。庙后院闲置着四块残碑，破损较多，有的已很难分辨。现将较清晰部分照录如下：

碑记一

……丰功伟绩使几十年的仰韶文化得以流……决为恢复原韩庄村庙底沟庙会农历正……传于世三千余年，碑记记载后土神游陕……州□胜古迹及宝贵的文化遗产，韩庄庙……捐款七千余元邀大戏一台公演三天……其景象十分壮观，可喜也可贺也可曰……柱香　徐金屯　徐石师　戚秋仙……戚香　□火祥　徐英魅　孙创后　赵创英　高煦功　王□立　徐西周王公书

……月……七日立

复兴后土庙会纪实

为了弘扬古老的民族文化，歌颂改革开放，……传，发扬光大，吾村父老乡亲于一九九六年自发……月廿会此会。据民间传说和碑迹考察，几经沧桑……现在民间传为佳话。庙西南侧有一古槐被誉为陕……底，邻村各界友人及社会有识之士慷慨解囊集资……为大会助兴。大会期间风和日丽鼓乐升平，热闹非凡……谓天时地利人和之结晶，□特勒碑铭记以。后人……

（吴宁宁、李富强、朱鹏按：其中省略号为碑刻残缺内容）

四、主要活动

据当地村民介绍，农历十月十八是后土娘娘的生日，每月初一、十五会有附近村民前来烧香，每年正月二十会举行庙会，庙会持续三天，其间会有戏班前来唱戏，热闹非凡。后土庙搬到大槐树处后也有唱戏的传统，每两年唱一次，来庙里的人多为求子、求姻缘的。现存残碑显示，1996 年也曾举办庙会。2002 年前后后土庙搬迁至现址东南处后，当地逐渐恢复了庙会演剧的传统。

五、周边影响

庙底沟后土庙经过多次搬迁才得以保留下来，这离不开当地村民的贡献，由此可见庙底沟后土庙对当地村民的重要性。从王希贤保存的历史照片来看，庙底沟后土庙在周边居民中有着较大的影响力，庙会期间有很多人前来烧香祈福。

湖滨区高庙乡唐洼村后土庙

（吴宁宁　朱鹏）

一、概况

唐洼村后土庙，现又称“香山寺”，位于三门峡市湖滨区高庙乡唐洼村。在这个村子的东岭上有两个相邻的小山丘，后土娘娘庙就位于西边的山丘上。东边山丘上有一棵千年古柏，古庙和古柏遥相呼应，人们在很远的地方就可以看到，常有游客慕名而来。

二、历史沿革

据记载，后人为纪念大禹治水利民，在香山建庙供奉娘娘，故香山寺又称“娘娘庙”。院内残存明嘉靖四年（1525）重修后土庙的碑刻。经过明清两代多次重修扩大，后又经高庙乡政府的修缮，该庙沿存至今，香火不断。

三、庙宇建筑

唐洼村后土庙相邻的山丘上有一棵古柏，现在仍枝繁叶茂。据此处宣传文字介绍，这棵古柏已有1800年的历史。古柏上挂着“名木古树重点保护”的标牌。树上还有许多的红线和红布条，为前来祈福的香客所系。山丘下有古柏供奉处，供奉处两侧有对联“古柏树上祈福寿，娘娘伞下保平安”，横批“招财进宝”。

古柏供奉处对面是一个公园，公园内有花草山石。正对古柏山丘的是一面墙，墙的一侧有关于古柏的介绍，内容如下：

千年古柏

三门峡市湖滨区高庙乡唐洼村的东岭上有两个相邻的突兀高耸的小山丘，遥相呼应，西道□丘上有一座娘娘庙。古柏长在东□□山丘，山丘周围沟壑纵横，唯独一棵古柏拔地而起，树高14.3米，冠幅18.6米。经分析推算，种植年代约在北魏年间，距今已有一千八百余年的历史。古柏的树干犹如粗壮的麻花，需要几个人合围。整棵柏树古老而沧桑，昂首矗立。当地人叫它将军柏，被当地老百姓奉为神树、风水树。

据说唐洼村原来叫唐王村，村子南面和东面的两座起伏的山梁就像两条龙，将村子□在中间，形成一个小盆地。传说上古时期，这里土地肥沃，人杰地灵，一位老者发现这里有只龙盘踞之势，预示将来要出一个与皇帝争天下的王侯,便使用道法将村子南面山脊劈开一个口,把一条龙的腰给斩断了。后来村民又请来一位高人看风水,这位高人表示,村里的一条龙被斩断,以后会灾难不断,因此要在劈开山口的西南方五百米的山上栽种一棵柏树,□□□□□断的龙腰,方使村民少□□□□□□□乐业,还将唐王村改名为□□□。

相传大禹治水时,禹王娘娘来到香山,为夫送饭。禹王三斧劈开三座门——人门、鬼门、神门,使河水分流,黄河水得以导通。三门峡由此得名。后人为纪念大禹夫妇治水利民,在香山建庙供奉娘娘。故香山寺又称为娘娘庙,院内残存着一大明嘉靖四年重修庙碑刻。娘娘庙明清两代多次重修扩大,后又经高庙乡政府的修缮基本恢复原貌。由古至今,香火不断。

千百年来,这棵古柏已经长成参天大树,土丘方圆五百米内的黄土塬上又生长出数百棵小柏树。这些小柏树的树干也都是盘旋生长,与古柏交相呼应,在古柏的庇护下,□示出了强盛的生命力。

唐洼村后土庙门前是一段斜石梯,庙门楼由三个并列的门组成,主体为红色,顶为灰色。

庙内建筑分为三排,第一排是一间房,房门两侧贴着对联“一粒米中藏世界,半边锅里煮乾坤”。第二排为一间房。第三排是并列的两间房,分别为娘娘殿和玉皇殿。娘娘殿正中的是后土圣母,两侧站着两位侍神。后土圣母左侧是九天玄女,是扶助英雄铲恶除暴的应命女仙;右侧是使令圣母,主管人世间的吉凶祸福、富贵贫贱,还掌管人的生辰八字。九天玄女和使令圣母身边都各有两位侍神。

娘娘殿两侧墙壁上绘有两位不同神仙的彩色壁画。墙壁前分别供奉着两位不同的娘娘,其中一位娘娘未知,另一位是催生娘娘。催生娘娘旁放着一块“坤元资生”的旧木匾。后土圣母两侧挂着两面锦旗,分别为:

敬赠:香山寺娘娘庙　神灵广大　有求必应　赠送人:侯振波　二零一九年五月二十二日

敬赠:香山寺　有求必应　大显神恩　会兴街道　苏先生　二〇一九年七月

后土圣母神像前摆放着香火炉,供香客烧香跪拜。

玉皇殿中间供奉的是玉皇大帝,玉皇大帝身旁站着两位侍神。玉皇大帝左侧是太上老君的神像,右侧是太白金星的神像。

殿内有面锦旗,内容如下:

赠:玉皇爷　奶奶爷　心想事成有求必应　高庙乡宁女士及全家　二零一九年六月初一

庙院内有一块碑刻,两面皆有碑文,历经风吹日晒而难以识读。

四、主要活动

资料显示,每年农历正月十三至正月十五为庙会。正月十三上午有社火表演,下午为斗鼓表演。正月十四白天有篮球比赛、青年联谊活动,晚上有篝火晚会、猜灯谜等活动。正月十五有篮球决赛、消费扶贫活动,附近的居民可以向前来的游客售卖特产。晚上会燃放烟花,热闹非凡。游客们在庙会期间可以前往娘娘庙烧香祈福,观千年古柏,挂福袋,祈福愿。①

五、周边影响

后土庙历史悠久,在周边地区有一定的影响力。附近村民和游客常来烧香祈福,庙会期间更会有大量周边村民和外地游客前来。

新乡市

获嘉县城西南郊后庄村后土圣母庙

(朱宇璞)

一、概况

后庄村后土圣母庙以后土行宫建庙,是共工故里一带迄今发现的规模最大、最古老的祭祀后土神的祠庙。民国末年,周边村民又称后土圣母庙为“九双陵庙”。“九”是九个村庄的意思。后土圣母庙在当地颇有名气,因此位于后土圣母庙后方的村子后来改名为“后庄村”。庙内碑文介绍说,后土是共工的子女,后因治水有功,被尊为“灶神”,被祭祀至今。

二、历史沿革

庙内建筑据传始建于汉代,现存历代碑刻数通。原建筑群规模宏大,占地数十亩。《左传》记载:“共工氏以诸侯霸有九州者,在神农前,太昊后。”据说,共

---

① 参见走进湖滨:《【关注】逛庙会,游古村,猜灯谜,品美食,看烟火……位家沟邀请您来这里过大年!》,搜狐网,https://www.sohu.com/a/293219797_185715,发表时间:2019 年 2 月 3 日;浏览时间:2023 年 10 月 10 日。

工是中华民族的人文始祖之一，获嘉县是共工的重要领地。2021年，获嘉县后庄村张荣鹏前去“共工故里”辉县市共工氏文化研究中心了解“后土之父”共工的相关资料。该年10月，获嘉县后庄村后土庙被先秦史学会发现。

庙前“后土行宫简介”碑介绍道：

庙内有历代碑刻与史料记载。后土行宫始建于汉朝，汉武帝（刘彻）元狩年即公元前一百二十二年，距今两千一百三十九年。唐朝扩建二次，宋朝大修二次，明朝大修三次，清朝大修三次。经各朝代不断扩建维修，后土行宫庙宇轩昂，气势恢弘，苍松翠柏，香烟缭绕。

民国战乱至“文化大革命”期间，所有建筑荡然无存，现有建筑规模全部是二十世纪八十年代以来在过去的地基上重建的。

庙内明代碑刻记载：明成祖（朱棣）为祭天祭地方便，在北京修天坛、地坛。动工前，特派主管国家祭祀大臣前来后土行宫取土九升，用黄绫包裹，用作修天坛地坛奠基用土。

三、庙宇建筑

后土行宫原占地数十亩，后来遭到破坏，总面积缩减为三亩。现存建筑全部是20世纪80年代以来在原有遗址地基上重建。原有照壁、山门、戏楼、钟鼓楼、拜亭、前殿、大殿、厢房等建筑一应俱全，气势恢宏。后土行宫为中国传统进深院落式结构，即以构架之三楹、五楹为单位，构成单座庙殿建筑。山门、前殿、中殿、大殿同列于中轴线上，两旁钟鼓二楼晨钟暮鼓，声传四方。

现有建筑虽不及明清时期壮观，但布局严谨完整，仍为中原地区最具规模的后土祠庙。山门上的“后土行宫”门额于清咸丰四年（1854）题写，极具历史文物价值。正门左边为鼓楼，右边为钟楼，但目前还未配置鼓和钟。庙门左右两侧各有一位护法神。进入山门后，东西两侧楼梯可以分别通往钟楼、鼓楼，楼梯下分别有一个厢房，可以住人。西侧的屋子里住着一位道长，俗姓姬，今年23岁。他于2022年3月来到后庄村后土庙，目前全权掌管后土行宫的财务等。东侧的厢房为后土庙的主持李道长所住。东侧厢房靠北方向有一个焚化炉，供香客焚烧元宝、香烛等物。

后庄村后土行宫从南向北深入，分别是前殿、大殿和佛殿。前殿左右两侧有20世纪90年代香客求的签文。女性香客的签文位于左侧，男性香客的签文位于右侧。殿内正前方供奉着昊天金阙玉皇大帝，玉皇大帝的左侧是一个捧玺的童子和太白金星。殿内东西方向为四大天王。玉皇大帝背面还有一位女性神，据庙内道士推测，当为王母娘娘。

大殿为后土庙主殿，中间供奉后土娘娘。西侧三尊神灵为送子奶奶，在道教中也被称为“临水三夫人”。每位奶奶脚下都有一堆娃娃。东侧为道教的天蓬真君，三头六臂，手持八种武器。天蓬真君左侧为眼光奶奶，右侧为碧霞元君。大殿内，九龙圣母坐东朝西。

大殿东侧的一个凳子上放着道士行法时穿的法衣，法衣背面绣有宝塔、金乌、玉兔、龙、凤和八仙。法衣正面为双龙，在道教里称为“双龙法衣”。在天庭里，有职位的仙官才能穿法衣。大殿西侧有一张小桌子，上面的灯用于供灯等仪式。

后排有三间屋，为后土庙的佛殿。西侧屋子为祖师殿，供奉的是北极真武荡魔大帝。屋内西侧举鞭子的为道教第一护法王灵官。坐西朝东的为盘古和元始天尊；东侧为黄龙祖师，坐东朝西的为太上老君和王禅老祖。

东侧有一小殿，供奉的是关圣帝君，左侧拿刀的为周仓，右侧为关平。南边摆的为文财神范蠡像。

清代，由于经济情况不乐观，后土庙曾被佛教组织接管了一段时间。当时后土庙中间的大殿供奉释迦牟尼佛和阿弥陀佛。佛殿左侧的壁画上是释迦牟尼，左右分别为阿南菩萨和迦叶菩萨。左侧墙壁有以小说《西游记》为主题的壁画。中间的大殿对面供奉着观音。东侧为三霄殿，供奉着三霄娘娘。

庙东南方有一块明朝万历年间的碑，上面的字已被风化，字迹非常模糊，但仍能看出“修墙垣记”“明国河南”等字样和“邓景富”“邓伯登”“邓科”“邓伯能”等人的名字。东南方向还有一块明成化十九年(1483)的碑，有“重修后土庙记”的字样。中殿西侧有数十块碑，最早可追溯至汉朝。大多数碑上记录着后土庙修缮的历史和捐款的善家。

四、主要活动

后土为土地最尊之神，是各地民间广泛信仰的神祇。后土娘娘统领人间众神，保佑善男信女平安健康、万事如意。后庄村后土圣母庙是中原大地上较大的祭祀后土的祠庙。农历三月三、六月六两次庙会期间，各地善男信女前来焚香祈福，观赏民俗表演。五月举办皈依法会，皈依“道经师”三宝。据村中老人讲述，过去每逢干旱较严重的年份，村民都会在此设坛举行祈雨仪式，时常感验。近几年没有祈雨活动，因为道教中只有位在三品之上的道士才能举办祈雨活动。目前庙内的道士只是位居九品。从2022年开始，农历四月初一，全国龚姓后代都会前来祭祖。后土圣母庙也会承接一些其他事务：法务，如查事、起名、择日、驱邪、看风水等；做法事，如求子、求学、招贵人、斩小人、超度婴灵、亡魂等;请符,如镇宅、平安护身等。

2022年3月13日,龙、龚、洪三姓后人在后土圣母庙举行了隆重的重开仪式,负责人邀请戏剧团在庙前、前殿前、大殿前和佛殿前敲锣打鼓进行庆祝,接着分别由族长、中华龚氏文史研究会豫北分会执行会长龚子广,中国先秦史学会共工氏文化研究中心任军安,龙氏会长三人,龙献宝、王道长和后庄村代表张荣鹏先后讲话。在中殿前,族长先烧三根香和元宝,后集体三鞠躬。每个人领取三根香插入香坛,然后进入殿内磕头、拜礼。当天庙内管饭,龙、龚、洪三姓后人围在一起吃大锅饭,其乐融融。

2022年农历六月六,后土庙会如期举办。庙会会期为一天,香客集中在上午前来求神拜佛。大多数香客是附近年龄较大的女性,有100～200人。庙会当天,后土行宫喜气洋洋,挂满了道教的小旗,殿前也都挂上了红色的对联。翠柏的绿映衬着建筑的红,庙会在这生机活力的氛围下顺利举办。香客携带供品前来上香;戏剧团大展歌喉,热闹非凡;从北京中医医院邀请的道医耐心问诊;庙内道士专注于法事请圣、荡秽、祈求平安、拜斗消灾。

在后土行宫门外,有推着三轮车卖香和烧纸的老奶奶;前殿前,道士作法的场地已被布置好;大殿前,戏剧团接线放音响。香客或在焚化炉前烧元宝,或带着供品前来烧香敬神,祈求家庭美满、消病除灾、子孙学业有成。上完香的香客前往大殿前欣赏戏剧表演,或到前殿前观看道士做法事。东侧前殿通往大殿的路上摆着一张小桌。当地老人被请来记录捐钱香客的姓名,并向香客发放、赠送镇宅符和发财符。

此次参加庙会的其他道长是后土庙主持李道长邀请的河南省附近的道友。后土行宫是一个独立开放的道观,歌剧团也是从周边村庄邀请的,只向庙里要了维修音响的费用(160元)。

五、周边影响

后庄村后土圣母庙是中原大地上较大的祭祀后土的祠庙,有一定的社会影响力。多年以来,中原各地的乡民都会前来祭祀后土,现在后土圣母庙已经成为当地一张亮丽的文化名片。

重庆市

大足区

重庆大足后土石刻

（王翘楚　刘应莎）

一、概况

大足石刻是重庆市大足区内所有摩崖石刻的总称，初凿于唐代永徽年间，历经唐、五代，盛于两宋，明清时期有所增刻，最终形成了规模庞大的儒、释、道三教合一的石窟群。大足石刻有造像五万余尊，铭文十万余字。1999 年，以宝顶山、北山、南山、石篆山、石门山五处造像为代表的大足石刻，被列入世界文化遗产名录。其中南山石刻位于重庆市大足区南 2 公里处的南山，是较为完备精美的道教造像群窟。三圣母龛石刻位于南山石刻第 4 号窟，该窟主像为三位并坐的女神，正中圣母像后有题刻为"注生后土圣母"。左右二圣母像题名漶灭[①]，但有学者认为其当为卫房圣母、保产圣母。[②] 同时，南山石刻第 5 号窟三清古洞中的两位女神造像，据研究可能是后土和西王母或后土与元天大圣后。[③]

二、历史沿革

据推测，大足南山石刻第 4 号窟应在南宋绍兴二十四年（1154）之前凿造完成，[④]其中圣母龛中的后土圣母像是国内现存的年代较早的后土像。大足南山石刻第 5 号窟建造时间在南宋绍兴六年至十一年（1136～1141）。[⑤]

三、建筑格局

（一）南山石刻第 4 号窟圣母龛

三圣母神龛所在的南山石刻第 4 号窟高 3.15 米，宽 2.75 米，深 1.63 米。

---

① 参见重庆大足石刻艺术博物馆、重庆市社会科学院大足石刻艺术研究所编：《大足石刻铭文录》，重庆出版社 1999 年版，第 290 页。

② 参见郭相颖：《大足石刻研究》，重庆出版社 2000 年版，第 126 页。

③ 参见胡文和：《大足南山三清古洞和石门山三皇洞再识》，《四川文物》1990 年第 4 期；李淞：《大足宋代道教雕刻述略》，《大足学刊》第 2 辑，重庆出版社 2018 年版，第 319 页；周洁：《图像抑或文本：大足南山三清古洞主尊身份辨析》，《中国美术研究》第 20 辑，东南大学出版社 2017 年版，第 39～49 页。

④ 参见胡文和：《中国道教石刻艺术史》（下），高等教育出版社 2004 年版，第 271 页。

⑤ 参见李小强：《大足南山三清古洞的开凿年代——兼及何格非生平事迹略考》，《大足学刊》第 2 辑，重庆出版社 2018 年版，第 329～337 页。

4号窟正壁雕刻三座圣母神像，皆面向西南而坐，双脚垂地，面容安详。位于中间的圣母像为注生后土圣母，后土圣母像坐高1.09米，宝座靠背有四龙头装饰。圣母头戴凤冠，一袭宫装，足蹬朝靴，膝有金圈，两手拱于胸前作捧物状。现其胸前捧物已残，不能分辨。圣母头顶悬有宝盖，宝盖正面有匾额，匾额略有残缺，上刻有“注生后土圣母”六个字。①

注生后土圣母像左右各有两尊圣母像，其中左边为卫房圣母，右边为保产圣母。左右两尊圣母像坐高1.05米，端坐宝座，靠背有二龙头装饰，皆头戴翟冠，一袭宫装，膝有吊花带，两手拱于胸前作捧物状。胸前捧物今已残缺。左右圣母头顶悬有八角形宝盖，宝盖亦有残缺。②

卫房圣母左侧与保产圣母右侧各立一手执拂尘的女仙。龛左、右壁各刻一立姿神像。龛左壁下刻一男像，神像左侧石壁上有“九天监生大神”字样。神像身高一米，周身披甲胄，手执兵器。兵器今已毁损。“九天监生大神”的两位供养人(即出资镌造者)何正言、何浩父子立于神像旁，其中右像为何正言，为双手合十的居士形象，石壁刻字“父何正言”；左像为何浩，头戴直脚幞头，身着官服，刻字“男乡贡进士何浩”。龛右壁刻一女像，神像右侧石壁有“九天送生夫人”字样。神像身高1.06米，头戴金钗，身着襦裙，周身披帛，肩有霞帔。两位女供养人像立于九天送生夫人身侧。③

(二) 南山石刻第5号窟三清古洞

南山石刻第5号石窟三清古洞的主像为三清尊神，两旁有四男二女的“六御”造像。④ 三清尊神为道教最高神祇，他们盘膝端坐于莲台。其中中间的神像为玉清元始天尊，手扶三足凭几；左侧为上清灵宝天尊，手捧如意；右侧为太清道德天尊，右手执扇。三清神像皆三捋胡须，头戴五瓣莲花束发冠，身着红色道袍。⑤

三清古洞中“六御”神像的身份，学界一直争论不休。有说法认为，四尊男神为玉皇大帝、紫薇大帝、长生大帝、青华大帝，两尊女神为后土皇地祇与王母

---

① 参见胡文和:《中国道教石刻艺术史》(下)，高等教育出版社2004年版，第271页。

② 参见胡文和:《中国道教石刻艺术史》(下)，高等教育出版社2004年版，第271页。

③ 参见胡文和:《中国道教石刻艺术史》(下)，高等教育出版社2004年版，第271页。

④ 参见李小强:《大足道教石刻中的女神造像》，《中国道教》2006年第2期。

⑤ 参见李淞:《大足宋代道教雕刻述略》，《大足学刊》第2辑，重庆出版社2018年版，第318页。亦有学者比对图像和文本后认为三清古洞是道教祈雨仪式的摩崖造像，故应与《道门科范大全》祈求雨雪道场中三清六御神系更接近，三清当中为虚无自然元始天尊，其左为太上道君灵宝天尊，其右为太上老君道德天尊。具体参见周洁:《图像抑或文本:大足南山三清古洞主尊身份辨析》，《中国美术研究》第20辑，东南大学出版社2017年版，第39～49页。

娘娘。又有说法认为,“六御”在宋代只有一种组合,即玉皇大帝、天皇大帝、北极大帝、圣祖及后土皇地祇、圣祖母。[①] 但无论何种观点,学者们皆认为其中的女神像中包含后土神像的可能性较大。三清古洞“六御”中的四尊男神头戴冕旒,手捧持玉圭,端坐于龙头椅,身后有侍者手举宝扇[②];两尊女神像皆梳高髻,戴凤冠,周身披帛,双手捧笏,同样端坐龙头椅上。[③]

三清古洞左侧石壁上部雕刻“玉帝巡游图”,左侧石壁下部雕刻“春龙起蛰图”;右侧石壁上部刻有清朝大足知县王德嘉的诗作。石窟甬道三壁分六层,刻有三百六十位“应感天尊像”,今有部分毁损;甬道左右侧面石壁外侧雕刻“黄道十二宫”图像,为浮雕圆龛式对称分布,左右各六幅。[④]

---

① 参见萧易:《知·道:石窟里的中国道教》,广西师范大学出版社 2018 年版,第 170 页。

② 参见李淞:《大足宋代道教雕刻述略》,《大足学刊》第 2 辑,重庆出版社 2018 年版,第318 页。

③ 参见周洁:《图像抑或文本:大足南山三清古洞主尊身份辨析》,《中国美术研究》第 20 辑,东南大学出版社 2017 年版,第 40 页。

④ 参见周洁:《图像抑或文本:大足南山三清古洞主尊身份辨析》,《中国美术研究》第 20 辑,东南大学出版社 2017 年版,第 39～49 页。

陕西省

宝鸡市

凤翔区范家寨镇湫池庙村湫池庙

（陈科锦）

一、概况

湫池庙位于陕西省宝鸡市凤翔区城北约 8 公里外的范家寨镇湫池庙村，地处汧山余脉北山脚下，坐北向南，占地 5 亩。湫池庙得名于院内一潭清冽甘甜的泉水——湫池。湫池四季外溢，古时逢旱，人们常在池中取水祈雨。[①] 湫池庙两座神殿分别供奉皇天后土和姜嫄圣母的塑像，殿前是对称的两座鼓楼。“皇天”在古代指天，即天神、天帝；“后土”指地，为地神或土神。皇天后土即是对天地或天地神灵的总称。不过，当地人也认为皇天后土是一种女神崇拜，把她视为与姜嫄同类的神明。姜嫄，即传说中帝喾的元妃、周人始祖后稷之母。人们认为她在湫池这个地方踩了巨人的脚印，感应而怀孕生下周朝始祖后稷，因而被视为中华人文始祖。湫池庙的神明格局，反映了关陇地区流行供奉土地神灵、崇拜女神的民间信仰传统。湫池庙管理委员会负责湫池庙的日常事务和庙会活动，覆盖了湫池庙、徐家底下、太相寺、临阵坡和步沟五个村社，其成员都是在村落社会中具有一定威望和感召力的能人，他们精明能干，热心湫池庙的相关工作。[②]

二、历史沿革

据凤翔区文化馆鲁旭考证，湫池庙就是历史典籍中记载的郊禖庙。[③] 1991 年出版的《凤翔县志》在介绍湫池时也提到庙宇的情况，湫池“在城北 8 公里的姜嫄庙内。今庙废泉存，水常盈。传为姜嫄祈嗣得后稷，即此地故名郊媒庙，今为湫池庙”[④]。两版县志记录湫池庙的角度不同，但都认为这座庙宇就是

---

① 参见杨毓婧：《凤翔历史城市风景秩序及其传承研究》，西安建筑科技大学硕士学位论文，2017 年。

② 参见赵德利：《人文信仰与生活方式的当代融合——陕西凤翔县湫池庙会调查报告》，《咸阳师范学院学报》2017 年第 1 期。

③ 参见赵德利：《人文信仰与生活方式的当代融合——陕西凤翔县湫池庙会调查报告》，《咸阳师范学院学报》2017 年第 1 期。

④ 陕西省凤翔县地方志编纂委员会编：《凤翔县志》，陕西人民出版社 1991 年版，第 80 页。

3000多年前姜嫄祈嗣的郊禖庙。距湫池庙东北一公里多的后庄,古时也有一座庙,人称"皇娘庙",修建年代无法考证,但庙中的主神与郊禖庙有关,人们由此推断皇娘庙是周代后世为姜嫄所建的祠庙。后来,皇娘庙迁入湫池庙内,两庙的神祇也被合并。①

湫池庙历经千年演化,一直为凤翔北山脚下的民众所钟爱,虽然屡经战乱,庙宇多次翻修,但祭祀香火从未断绝。20世纪末以来,湫池庙曾和湫池庙村办小学共用一个场院,彼时的湫池庙主体建筑是一座三间的平房,场地狭小拥堵。2007年村办小学迁往新校舍之后,湫池庙管理委员会决定自筹资金修复和建设庙院内原有的湫池泉水井、姜嫄神殿、鼓楼等设施,还增建了临街门面房并对外出租,以给湫池庙提供稳定收入,保障运转。经过几年的建设,崭新的湫池庙于2015年正式落成,并于当年农历七月十五举行了盛大的庆典。②

三、主要活动

湫池庙庙会是凤翔区区级非物质文化遗产,每年举办四次,以农历七月十五姜嫄圣母会影响最大。前来进香者多为本村和邻村的乡民。庙会期间,主办方还会邀请专业剧团搭台唱戏,几十家商贩在湫池庙门前摆摊设点、兜售吃食。庙会时节,人们带着礼品看望亲朋好友,主家也会准备好烟酒饭食,热情款待客人。过去囿于生活贫困,人们串门行礼多带自家用麦子磨面所做的蒸馍,偶尔有提一捆炸麻花的。现今生活条件改善,乡镇和村落的商品比过去丰富了许多,带蒸馍串亲戚的情形已经很少见了,包装精致的糕点和水果成了更为常见的礼品。除了庙会以外,每逢初一和十五,附近村落的人们也会到湫池庙祭祀祈愿,互相交流信息、诉说家常。③

---

① 参见赵德利:《人文信仰与生活方式的当代融合——陕西凤翔县湫池庙会调查报告》,《咸阳师范学院学报》2017年第1期。

② 参见赵德利、孙新峰:《关中西府庙会的调查与文化思考》,《民间文化论坛》2005年第6期;赵德利、赵凡:《论庙会的组织与管理——以关陇地区庙会为例》,《青海社会科学》2015年第4期;赵德利:《人文信仰与生活方式的当代融合——陕西凤翔县湫池庙会调查报告》,《咸阳师范学院学报》2017年第1期。

③ 参见赵德利、孙新峰:《关中西府庙会的调查与文化思考》,《民间文化论坛》2005年第6期;赵德利、赵凡:《论庙会的组织与管理——以关陇地区庙会为例》,《青海社会科学》2015年第4期;赵德利:《人文信仰与生活方式的当代融合——陕西凤翔县湫池庙会调查报告》,《咸阳师范学院学报》2017年第1期。

西安市

阎良区振兴街道办事处坡底村荆山后土庙

(朱鹏)

一、概况

荆山后土庙位于陕西省西安市阎良区坡底村东北荆山半塬上,当地又称“娘娘庙”,为2004年6月在原后土庙旧址处重建。重建时仅有两间平房,2005年于庙西续建三间平房以及灶房和库房,并圈建了围墙,竖立了原后土庙古碑。荆山后土庙于每年农历三月十八举行庙会。

二、历史沿革[①]

原荆山后土庙始建年代不详,明成化十五年(1479)《华清宫建雷神殿碑记》记载:“正统十三年,岁旱,巡抚陕西都台大臣王公命西安府同知黄公祈雨于名山太岳,俱无。复诣临潼棘店镇后土灵湫数祈。得雨,不逾时雷声震起甘露大降。具奏,皇上敕修庙宇,乃命黄公经营修理。事既定矣,严选道士李定岩,焚修香火。”[②]可见,明英宗正统十三年(1448)曾敕修荆山后土庙。碑记中所说的“临潼棘店镇”在今阎良振兴街道办事处坡底村,1987年8月以前属于临潼县。[③]

该后土庙今存明万历四十八年(1620)《重修后土庙记》碑。据《重修后土庙记》记载,当时的后土庙“故址只三间,无献殿、西岳殿,其颓险已久矣”。当地居士们拓宽了殿宇,修建了“正庙五间,献殿五间,子孙西岳殿各三间”,庙内除圣母坤元外,还有慈航白帝。据康熙元年(1662)《重修后土献殿碑记》记载,明崇祯癸酉年(1633),后土庙又重修了正殿,翻新了戏楼。清顺治辛丑年(1661)冬日,“乌龙现于池中,倏旬而伏,四方之□礼拜,观者如云”,当地信众认为有神灵

---

① 本篇“历史沿革”“庙宇建筑”“主要活动”等部分主要由朱鹏根据网友“霸主哥哥”上传的《阎良区荆山后土庙(娘娘庙)》和其他材料整理编写而成。《阎良区荆山后土庙(娘娘庙)》,秦之韵陕西文史公益网,http://ai163.cn/xa/news/yl/20140902/1039.html,发表时间:2014年9月2日;浏览时间:2022年2月6日。

② 杨希哲主编:《临潼碑石　临潼文史资料》第15辑,三秦出版社2006年版,第169页。

③ 参见黄天顺:《三十六记:用脚步丈量历史文化(一)》,陕西人民出版社2016年版,第5页。

昭示，献殿破旧，于是又重修了献殿。

据当地人记述，荆山后土庙在康熙元年(1662)至同治元年(1862)的200年间曾有当地信士重修，但因庙内另两通碑石佚失，无法详考。同治元年，后土庙毁于兵燹。光绪年间，荆山塬下谭家堡村民于旧址重建三间正殿，于其南又建一戏楼。正殿中央为后土坐像，左右侍立两尊童子，东侧供奉子孙娘娘，西侧供奉送药娘娘。抗日战争期间，后土庙的一口铁钟被征用铸造枪炮。1949年前后，后土庙两次作为棘店小学校址。1957年，正殿被拆，只余后土神像被信众遮盖后继续祭祀。1967年，后土神像被毁，祭祀中断。2004年6月，荆山塬下砖场场主张大壮出资于正殿旧址重建，重建时出土了明清础石、青砖、瓦当及砖雕残件。2005年，张大壮及当地信众又于庙西续建三间平房以及灶房、库房，并圈建了围墙，将寻来的古碑重立于庙内。

三、庙宇建筑

荆山后土庙现有两座平房式正殿，正殿门额写有“娘娘庙”三字，正殿西侧为三间平房以及灶房和库房，正殿前为砖砌长方形香炉。庙院内现存一通明万历年间重修后土庙的纪念碑石，高3米，正面刻有《重修后土庙记》，碑阴为清康熙元年的《重修后土献殿碑记》。

两篇碑记内容如下：

重修后土庙记

境内有后土棘店庙，其来旧矣，共呼为圣母云。在县治北稍东七十里许，居浮山之阳。其庙左有灵湫，遇旱祈祷，辄远近滂沱漉焉。其故址只三间，无献殿、西岳殿，其颓险已久矣。兹者神明地灵，吾居士蒲守福、王士尧、刘大迪、孙鸣凤、张知恩、朱邦顺、蒲守兴、孙一春、仝山人、黄太忠、李相元、亢一方纠工输财。坐坐木石之务，虽云人力，实适天成。用能宽拓殿宇，正庙五间，献殿五间，子孙西岳殿各三间，焕然聿新，伟矣大观。众议勒石写诚，用表格虔云，固推愚书记。余□□才，勉曰：天地大父母也，不言天者言地，而天自在也。故易言，地天交而成泰。盖谓地以成天，博厚高明，必然之征也。所以坤元配乾元以至大，资生效资，始而濡灵，法后土以立坛墠。先民诚不谬，已然而远神，可默会焉。考之，圣母正庙在汾阴。圣生于三月十有八日。宋真宗朝，大中祥符三年，诏封后土皇地祇，其殿前，琼花香色异常。迩时帝驾临禅祭，何甚盛耶。我棘店庙则汾阴之行祠也，当荆原横带，东西逶迤九十里，右缘嵯峨，左附太华，派印洪河，襟眺泾渭，脉自天来，基从地起，据浮山上游，凭吊汉唐二陵，坐坎向离，于地为艮土，于象取既济诚，生生之府，毓秀之源也。矧子孙西岳两殿，强胪列雄峙，一则启长养玄钥，一则鸿化育灵扃。以故雨旸时□富庶饱满，有发荣滋长之，无夭昏札寓之苦。蟊贼蚺蜮，一切屏祛，以惠我□□□塍者；蠢斯水莲，万分哉培，以广我家室胤育者；振痼起废，神运圣巧，以苏我吟呻沉痛者；释憾解结，妙运环应，以达我忠良节孝鬱抑含积无所控援者。故方内士女，举鑣填咽，欸然来，欢欣去，各克如意，盛德如在，岂欺也哉！矧圣母坤元，坐镇式临，福寿我生灵，奠定我里闬，而慈航白帝，调和元气，斟酌行生，以佑我文明，孰非悠久不息之功耶。愚又有说焉，客岁丙辰，山东大饥，无何飞蝗蔽空，百川沸腾，彗孛示警，辽左之羽书星驰，黎元之田赋日增。我圣天子与贤宰相方眷虑时事，吾侪可宴然已乎。正恐民意未敦，愿与众善祝销除国衅，祈享太平，务尽忠善，无作神羞，倘以杞念之，可收政。吾皇天后土，福国祇民之宸衷也。是为记。

明万历四十八年岁在庚申夏四月吉日立石

赐进士出身南京太常寺卿、前北京吏部文选司主事邑人武之望篆额

邑禀后学赵应春书撰

重修后土献殿碑记

盖闻乾称父，坤称母，自两仪初分……哉。坤元万物资生是始肇……后土地祇……庙之创由来久矣，大抵自明万历庚申年基址渐广，左有子孙圣母，右有西岳白帝，和有生□，和以参资。……地祇之化育，……为一邑一方之福，佑万世。每维季春望后三日为会期，□□者处足昭……江汉之相矣。方其时，音乐遍奏，炉泪射斗，猗欤休哉，盛乎其盛。……斯人，而人之重有□于斯庙斯神也哉。又于崇祯癸酉岁，诸会长倡十方善士捐资输财□□重修正殿，……举乐楼观，峨已焕然为之改观。逮清之顺治次辛丑冬日，乌龙现于池中，俟旬而伏，四方之□礼拜，观者如云。斯集众寺爰大悟于献殿之未新，斯神灵之昭示如□。况献殿在正殿之前，尤所应昭明信而妥，神灵且□□伟观也。倘□倾颓不振，殆犹然全美之未备也！于是乃捐资议工，会效经营，木之棓棁者，易以栋梁；壁之□敝者，涂以丹雘，不月日而告竣成焉。勉余聊记岁月及事之始末。余瞻仰斯庙久矣，故不敢以不文辞而僭，为之勒石以垂永久云。

康熙元年岁次壬寅三月吉日立

赐进士出身中宪大夫原任四川按察司副使邑人武献哲撰文

富邑庠后学　褚永清同篆

三邑庠后学　师百世

临邑庠后学　赵庭书丹

（朱鹏按：后附当时捐款、捐物及木石工匠姓名从省）

四、主要活动

荆山后土庙的活动主要有求子、演剧、灵湫祈雨等。

求子是中国最普遍的一种信仰习俗。明万历四十八年《重修后土庙记》记载，当时后土庙“宽拓殿宇”，重修了“正庙五间，献殿五间，子孙西岳殿各三间”。清康熙元年《重修后土献殿碑记》记载：“庙之创由来久矣，大抵自明万历庚申年基址渐广，左有子孙圣母，右有西岳白帝，和有生□，和以参资。”由此可见，明晚期及清初期荆山后土庙都供奉有“子孙圣母”之类的神灵，也应有相应的求子活动。据当地人记述，光绪年间荆山塬下谭家堡村民重修的正殿里，也供奉有子孙娘娘神像。

酬神演剧是演剧的一种重要形式，常见于中国民间庙会。中国很多的庙宇都建有戏楼、戏台或乐楼等。据康熙元年《重修后土献殿碑记》记载，明崇祯六年(1633)后土庙重修正殿时也翻新了戏楼。光绪年间在重修正殿时，在正殿南面也建有戏楼。显然，当时的后土庙也有相应的酬神演剧活动。

关于荆山后土庙灵湫的记载非常早，《华清宫创建雷神殿碑记》记载：“正统十三年，岁旱，巡抚陕西都台大臣王公命西安府同知黄公祈雨于名山太岳，俱无。复诣临潼棘店镇后土灵湫数祈，得雨，不逾时雷声震起甘露大降。具奏，皇上敕修庙宇，乃命黄公经营修理。”[①]西安府同知黄公受命到名山大岳祈雨，未能如愿，又到后土灵湫祈雨，最终甘霖大降，当时的后土灵湫已经远近闻名。明万历四十八年《重修后土庙记》亦记载：“其庙左有灵湫，遇旱祈祷，辄远近滂沱漉焉。”可见后土庙灵湫祈雨活动历久不衰。

当地还流传有“灵湫移位”的传说和灵湫祈雨的相关风俗与歌谣。明万历四十八年《重修后土庙记》记载，灵湫的位置在“庙左”。但在当地人的叙述中，灵湫原本是在后土庙前的塬底下。庙前的坡底村原是一个较大的村庄，一日清晨，村里的人们都在议论一件奇事，原来是大家都做了一个同样的怪梦。梦里，一位老妇人向他们借牛马，说要把灵湫移到后土庙前。大家早晨起来后，看到家里圈中的牛、马、驴、骡等牲口都浑身湿漉漉、不停地往下滴汗水，显得疲惫不

① 黄天顺：《三十六计：用脚步丈量历史文化(一)》，陕西人民出版社2016年版，第5页。

堪。村民们惊讶不已，相约到了庙上，惊讶地发现庙后的灵湫被移到了殿前，垒湫的砖石也参差不齐。至于为什么后土圣母要将灵湫移位，坡底村村民孙和平讲述，是因为后土庙香客众多，熙熙攘攘，污染了灵湫，亵渎了神灵。将灵湫移到庙前，众目睽睽之下，可以永葆其圣洁。

当地还有独特的祈雨风俗，每年春季祈雨时都要到庙前的灵湫用柳条蘸水刷洗小石狮。当地民间流传一首祈雨歌："狮娃哥，狮娃哥，天不下雨咋了哟！天干咧，地黄咧，娃娃大人饿忙咧，男女老少一串串，后土庙前求神哩。我给狮娃洗头哩，下的塬上水流哩；我给狮娃洗脸哩，蒲家涝池水满哩；我给狮娃洗腿哩，东西太平下美哩；我给狮娃洗脚哩，塬上糜谷打多哩。哟！风来了，雨来了，狮娃噙的水来了。"如今，虽然灵湫移位的传说和祈雨歌谣流传下来，但灵湫已不复存在。

和众多后土庙会一样，阎良坡底村荆山后土庙会期也是在后土娘娘圣诞日。明万历四十八年《重修后土庙记》记载："圣生于三月十有八日。"康熙元年《重修后土献殿碑记》记载："每维季春望后三日为会期，□□者处足昭……江汉之相矣。方其时，音乐遍奏，炉泪射斗，猗欤休哉，盛乎其盛……斯人，而人之重有□于斯庙斯神也哉。""季春望后三日"即三月十六、十七、十八，三月十八的后土娘娘诞即是庙会正日。由此来看，万历年间荆山后土庙的庙会非常盛大。

据当地人记述，坡底村村民孙忠财民国时期担任过甲长，主办过庙会。1949年前后，庙会期间后土庙是方圆数十里民众烧香祈愿、交流物资和举办文化活动的重要场所。三月十八是庙会正日，会期一般持续七天。三月十八之前，附近村民聚集庙会商议庙会事宜，并公推一人主持事务，其余人协助。庙会开支来自公田地租，若有结余则归主持人所有，若不够则由主持人补足。当地人将三原县荆山神泉谷后土庙、阎良坡底村荆山后土庙和阎良老街道娘娘庙的三位主神并称为"三圣母"。过庙会时也是从三原县荆山神泉谷后土庙开始，然后是阎良坡底村荆山后土庙，最后是阎良老街道娘娘庙。庙会期间，除了有善男信女到庙里祈福还愿，还有演戏、社火、杂耍等文艺表演，以及摊贩经营和牲畜、农具买卖等物资交易活动。

荆山后土庙正殿于1957年被拆除后，当地信众将残垣下的后土神像简单遮盖，并继续进行祭祀活动，直到1967年后土神像被砸碎，祭祀活动才中断。后土庙于2004年在故址重建后，当地信众开始于每年农历三月十八和重阳节举办两次祭祀活动。坡底村村委会在2008年4月颁布了《关于保护阎良后土庙遗址暨后土文化的有关规定》，并举办了隆重的庙会，会期一天，参与者达上千人。陕西省文化厅、阎良区政协、阎良区人大等政府部门代表、社会名流及当地群众共同祭拜了后土圣母。庙会上，既有当地秦腔自乐班、歌舞团的表演，也有坡底村的后土文化锣鼓和秧歌表演。

五、周边影响

坡底村荆山后土庙庙会在历史上是当地及周边地区有很大影响力的庙会。虽然一度中断，但在当地村民及各界人士的努力下，坡底村荆山后土庙及庙会得以重建与恢复，并成为当地传承后土文化的空间。

高陵区后土宫

（朱鹏　刁统菊）

后土宫位于高陵县城距河门（东门）外偏北处。据乾隆四十四年（1779）《西安府志》记载，高陵后土宫建于明成化十一年（1475），明正德年间重修，[①]清康熙四十二年（1703）知县胡昌期重修，同治元年（1862）被毁。[②] 明代学者、高陵籍进士吕柟记载，高陵后土宫位于高陵县城距河门（东门）外东北六七十步处，当地人称为“娘娘庙”。该庙殿后有砖砌的湫池，来求雨禳疾的人都会在此取水。明成化初期，提学副使题匾“后土宫”。明弘治中期，高陵东街社人建造献殿时，知县朱璜在献殿梁上记曰“坤柔宫”。东街社人在农历三月十八后土娘娘诞辰日举行祭祀活动，祈求谷物丰熟，在得雨时则表达“秋报”之意。此外，当地还在遇到旱情时举行求雨仪式，遇到灾祸时祈求消除灾殃，遇到疾病时祈祷消除疾病，无子嗣时祈求子嗣。在三月十八祈求谷物丰熟的祭礼之后，社人按长幼秩序举办宴饮活动。后土宫东有一座道院，为后土宫主管香火者的住处。后土宫正殿西北有三间房屋，由古集场坊改建而来，很多社中士人在这里读书。吕柟曾在这里讲课授徒，改称“云槐精舍”。[③]

明代，在立春日之前，高陵人会在后土宫塑春牛像和句芒神像。立春前一日，人们在后土宫前设立祭坛，县令率领下属官员身穿朝服、头戴花冠，队伍前以鼓乐开道，将春牛像与句芒神迎至公共场所。句芒神面向西方。在立春日，大家在祭坛置备酒果、香烛等。众官员着朝服，乐班奏乐，众人四拜。县令近前

---

① 参见（清）舒其绅修，严长明纂：《西安府志》（下），三秦出版社 2011 年版，第1339 页。

② 参见（清）程维雍修：《高陵县续志》卷二《祠庙志》，清光绪十年刻本。

③ 参见（明）吕柟撰：《高陵县志》卷一《建置志第二》，明嘉靖二十年刊本。

跪拜，奠酒三次，致祝词。众官员四拜，然后执彩仗按顺序站立在春牛像一旁。县令击鼓三声，乐工擂鼓，赞鞭春。众官员绕春牛击打三下，直到春牛被击打破碎。祝词曰："惟神职司春令，德应苍龙，生意诞敷，品汇萌达。某等忝牧是邑，具礼迎新，戴仰和煦，育我黎庶。"此风俗在清末以后逐渐废止。[①]

1942 年，高陵县农业推广所成立，地址便在县城东门外后土宫遗址。1957 年，后土宫遗址上又建成高陵县畜牧兽医工作站。[②]

明嘉靖年间吕楠有撰记，内容如下。

后土宫记

高陵距河门东北有祠，土人因其象曰娘娘庙。成化初，提学副使伍公福扁其殿曰"后土宫"。弘治中，知县朱璜时社人建献殿，记其梁曰"坤柔宫"。楠自先世以来，生长神之境内，求其名不得其义。盖知土人之称，意虽亲，近于亵。如大夫学士之称，意虽尊，近于谮。亵则不恭，谮则难格，社人何以事神？考古经，据今典，其方社之神乎！夫社能出百谷，养庶民。社，阴也，有母道。故土人因是而称也。社，土也，实地类，故大夫、学士因是而称也。昔者鲁大夫季孙意如旅泰山，孔子讥其非分。庶人而祭地祇，于制何居？如土人之称谓，若栉发坐水、鞭龙腾仙者说，则又惑众诬民，背经远矣！故谓祠为方社之神，故曰"高陵后土宫"。我太祖高皇帝初制天下，乡饮酒礼、府、州、县行之学宫；社饮酒礼，里人百家行之社祭之后。故今东街社人，春祭神以三月十八日，即古祈谷之意，其遇雨而贺，即古秋报之意；其他遇旱而雩，遇灾而禳，遇疾病而祷，遇无子孙而乞，皆于神所然。惟祈谷之礼既毕，社人序齿燕饮，犹存初制，而神为方社审矣！夫神既主一方生民之命，是默赞天地之泰，阴畅山川之郁，秀毓品汇之生，保兹蒸民，申眷穷独，使君子获福，足劝为善；小人获祸，足惩为恶。则一方大众，戴神真如慈母，畏神真如鸣雷矣。

东有道院，司香火者居之。殿西以北，有屋三间，盖古集场坊所改建者也。社中士人多读书其中。楠举人时亦尝居以授徒。因名曰"云槐精舍"。夫楠既论记如右，以俟正于后之君子，乃继以诗，使有事祈报者歌颂焉：

---

① 参见(明)吕柟撰：《高陵县志》卷三《礼仪抄略第六 · 风俗附》，明嘉靖二十年刊本；丁世良、赵放主编：《中国地方志民俗资料汇编 · 西北卷》，北京图书馆出版社 1989 年版，第 20 页；高陵县地方志编纂委员会编：《高陵县志》，西安出版社 2000 年版，第 662 页。

② 《高陵区志 · 第二十编　科技　第一章　机构与队伍　第一节　科技机构》，西安市高陵区人民政府官网，http://www.gaoling.gov.cn/dmgl/glqz/q%EF%BC%88x%EF%BC%89z/5ee34d2b65cbd81e51632002.html，发表时间：2017 年 3 月 20 日；浏览时间：2022 年 8 月 24 日。

峃峃土神，庙此县东。璇题凝月，金楹抱龙。浊泾孔肥，烝雨亶时。霢霂优渥，来牟未旗。有羔有羓，蠲蠲者酏。偕我老父，荐此春祈。袄绵未脱，鸡鸣荷犁。匆匆卤莽，无本不枝。其馌绵绵，有菽及藜。我田孔度，来不疸霖，糜不秕雾。糜芑秬秠，五六月雨。馌我妣祖，以馔父母。夙春夜织，先公室赋。惟土有神，慈我无疆。数口之家，食神之英。渴则汝泉，饥则汝饘。疾则汝呼，寒则汝绵。保兹孙子，既有丰年。尝我妣祖，岂不来言。螟螣蟊贼，匪火不生。湖海之鲤，岑蔚之禽；杀时羔豚，有酒在罂，如渭水清。工人奏鼓，奏鼓吹笙。岁调如麻，匪神胡生。①

汉中市

城固县董家营乡南沙河风景区城固地母庙

（王翘楚）

一、概况

城固地母庙位于陕西省汉中市城固县董家营乡南沙河风景区内的五郎关，实为五郎关景区内寺观五郎观中的地母殿，距城固县城约20公里，位于南沙河库区东北角。

二、历史沿革

据当地说法，城固地母庙兴建于东汉献帝初平二年(191)。② 据说，东汉年间道教流派五斗米道第三代创始人张鲁雄踞汉中，并在汉中地区推行“五斗米道”。城固民众出于对地母的敬仰，在南沙河下游山峦垭口东南边修建了地母庙，并兴起地母庙会。③ 另一种说法认为，城固地母庙本在城固县原公镇天公庙附近而非南沙河附近，后来出于商业、旅游等因素的考虑而设在南沙河。④

---

① 《高陵区志·附录一 资料 碑文》，西安市高陵区人民政府官网，http://www.gaoling.gov.cn/dmgl/glqz/q%EF%BC%88x%EF%BC%89z/5ee34d6f65cbd81e516329a8.html，发表时间：2017年4月17日；浏览时间：2022年8月24日。

② 参见闫向莉、宋喜斌：《论地母文化的多元性》，《职大学报》2016年第3期。

③ 参见陕西省文明办编：《过好我们的节日：陕西传统节日习俗》，三秦出版社2016年版，第151页。

④ 参见郭鹏：《鸿爪集》，三秦出版社2007年版，第159页。

资料显示，位于南沙河附近的五郎庙中的地母殿毁于“文化大革命”。20世纪80年代，人们在地母殿遗址上重新挂上“地母殿”的木牌，在遗址后的侧房中，供奉地母娘娘画像和一尊金像。

近几十年间，城固南沙河景区的地母庙得到重修。其中，台湾同胞多次出资修建。① 台湾地区有“光绪九年正月初九陕西汉中府城固地母庙飞鸾传经”②的说法，因此不少台湾同胞认为陕西城固是台湾地区地母教的发源地。③

三、庙宇建筑

如今的城固地母庙由地母殿、五郎殿、娘娘庙、雷主殿、大雄宝殿、接引殿等庙宇组成。五郎关上有两处寺观，南为五郎观，北为回龙寺，地母殿位于五郎观内。④ 与一般四四方方、正殿侧殿结构规整的寺庙结构不同，城固地母庙总体呈现出南北对峙，错落有致，逐渐递进，背依巴山，面临南沙河，青山拥翠，碧水环流的特色。⑤

五郎观内的地母殿是重檐琉璃瓦，房檐前两根桶口粗的立柱上雕刻着龙和花叶，上漆黄、绿、红、蓝、白等色。殿门窗下同样镶有与柱子颜色相同的五彩漆木刻。殿堂门两侧有木刻对联“万佛堂中风扫地，高山顶上云揩天”。

殿中供奉三座神像，皆肤色黝黑。地母神像位于中间，为四十岁左右女性的形象，香炉上刻有“地母至尊”字样；地母神像左侧为无极老母，塑像为白发，手捧道家阴阳鱼；地母神像右侧为天恩公。其中，无极老母与地母端坐于莲花之上，天恩公则坐板凳。⑥

四、主要活动

（一）庙会

城固地母庙庙会从农历十月十七开始，到十月二十一结束，会期五天。庙会期间，地母庙的主持和僧尼早晚诵经做佛事，烧香叩拜的善男信女络绎不绝。

---

① 参见国家统计局、国务院发展研究中心编：《中国县域经济(西南、西北卷)》，中国统计出版社1996年版，第267页。

② 参见陕西省文明办编：《过好我们的节日：陕西传统节日习俗》，三秦出版社2016年版，第151页。

③ 参见黄懿陆：《云南两万年》，云南人民出版社2012年版，第334页。

④ 参见中华人民共和国国家旅游局编：《中国旅游景区景点大辞典》，中国旅游出版社2007年版，1961页。

⑤ 参见陕西省文明办编：《过好我们的节日：陕西传统节日习俗》，三秦出版社2016年版，第151页。

⑥ 参见李延风：《远山古道》，商务印书馆2020年版，第58～59页。

庙会时鼓乐佛经，鸣炮焚香，以祈求地母的庇佑。近年来台湾地区的宗教人士和旅游团体，也因为台湾地区有“光绪九年正月初九陕西汉中府城固地母庙飞鸾传经”[①]的说法，频繁前来城固旅游观光，寻根问祖，拜谒地母圣神。

城固庙会期间娱乐活动多姿多彩，既有专业的戏剧团体、自乐班演出传统秦腔剧目，又有歌舞、电影等娱乐活动和木偶、耍狮子、采莲船、杂耍、曲艺、社火等民间艺术活动。庙会上也不乏当地的特色小吃，如面皮、菜豆腐和各类面食。同时，看相占卦，画像，买卖图书、小百货、小五金等也是城固庙会的重要组成部分。[②]

（二）台胞寻根

因为陕西城固是台湾地区地母教发源地，众多台胞不仅多次出资修建城固地母庙，更是数次踏上寻根问祖之旅，在地母殿对地母虔敬朝拜。朝拜开始时，台胞将从台湾请来的几尊尺许高的地母金身圣像供奉于庙中的塑像旁，之后行上香礼，再各自向地母献辞。临行时，台胞将从台湾请来的地母像放于香炉上方“过火”，之后再带回台湾家中供奉。[③]

韩城市

东关县大池埝镇西原村玉皇后土庙

（孙华月）

一、概况

玉皇后土庙位于陕西省韩城市大池埝镇西原村村中心，庙殿坐北朝南，始建年代不详，其中部分建筑带有显著的元代建筑特征。[④] 玉皇后土庙是主要祭祀玉皇大帝和后土圣母的祠庙，共有建筑 9 座 46 间，占地 2894 平方米，建筑面

---

① 参见陕西省文明办编：《过好我们的节日：陕西传统节日习俗》，三秦出版社 2016 年版，第 151 页。

② 参见陕西省文明办编：《过好我们的节日：陕西传统节日习俗》，三秦出版社 2016 年版，第 151 页。

③ 参见严彤：《寸草春晖》，陕西旅游出版社 2000 年版，第 129 页。

④ 目前没有明确文献表明玉皇后土庙的创建年代，但根据庙中的部分建筑特征可判断，玉皇后土庙的建成年代应当不晚于元代。参见仝梦菲、林源：《陕西韩城西原村玉皇后土庙献殿研究》，《建筑史》2018 年第 2 期。

积591平方米，现存主要建筑有献殿、正殿、戏台以及两殿之东西的玄帝庙献殿、正殿及其耳房等。前檐梁均加彩绘。建筑结构紧凑，气势宏大，保存基本完好。[①] 1992年4月20日，玉皇后土庙被陕西省人民政府公布为第三批省级文物保护单位；2006年5月25日，玉皇后土庙被国务院列为第六批全国重点文物保护单位。

二、历史沿革

玉皇后土庙自明清以来经历了数次修补改建。明景泰四年(1453)，在玉皇后土庙之右建三义庙；天顺七年(1463)，重修玉皇后土庙；成化元年(1465)，在其左创建玄帝庙，明末重修；清乾隆十八年(1753)，因雨毁补葺大庙、玄帝庙，整修山门、戏楼；嘉庆二十三年(1818)，重修玉皇后土庙献殿；道光元年(1821)，重修玄帝庙；1993年，重修戏楼。[②] 庙内原供玉皇大帝，现神像无存。

庙内献殿梁下现存的清乾隆二十三年(1758)《补修玉皇后土庙并建玄帝庙及葺理山门、戏台碑记》记载："玉皇后土之庙，由来久矣。其创建之时无缘考据……天顺七年间重为之修焉。右有三义庙，系景泰四年起建；左有玄帝庙，成化元年创立。"此外，献殿梁下和玄帝庙献殿中还保有清嘉庆二十三年重修题记和道光元年重修题记。[③]

三、庙宇建筑

玉皇后土庙东西宽34.9米，南北长56.3米。中轴线上的主建筑自南向北依次是戏台、献殿和正殿。献殿和正殿两侧均有朵殿。献殿前东西厢现存建筑均为新建，东侧为文物管理所用房；西侧是碑廊，收藏陈列了多块民国时期玉皇后土庙的捐修碑。[④] 献殿和正殿的建筑形体高大而特殊，都是布甬瓦单檐悬山顶，抬梁式，四椽栿。屋顶布筒瓦，施琉璃脊兽。

玉皇后土庙两座主体建筑前后檐各布柱四根，五架梁七根，通面阔18.3米，面阔明三暗六，各间大致相等。进深四椽，斗拱为四铺作出单昂。前檐柱头上为一根通长约19米的柱额。柱间施罩幕枋。献殿前檐当心间饰以龙头雀替。正殿前檐每间两侧为砖刻楹联，中开四扇屏风门。两殿山墙之间以有圆洞的砖墙连接，洞额有题字，东为"隐必见"，西为"阳亦显"。

献殿前为戏楼，单檐悬山顶，抬梁分心式，前檐柱额上斗拱五攒并饰垂花，

---

① 参见王鹤鸣、王澄、梁红编：《中国寺庙通论》，上海古籍出版社2016年版，第53页。
② 参见王鹤鸣、王澄、梁红编：《中国寺庙通论》，上海古籍出版社2016年版，第53页。
③ 参见王长寿：《陕西历史文化资源研究》，太白文艺出版社2011年版，第213页。
④ 参见仝梦菲、林源：《陕西韩城西原村玉皇后土庙献殿研究》，《建筑史》2018年第2期。

雕刻精致。前台上有六十格藻井，台面中木刻“来仪楼”，左右两侧出入门额分别木刻“声始”“琴韵”。玄帝庙献殿、正殿均为单檐硬山顶，面阔各三间。①

玉皇后土庙正殿位于轴线最北端，是玉皇、后土之居所。北墙通长的高台是放置神像的地方，现神像已不存。正殿两侧建有朵殿，东朵殿原供奉玄帝颛顼，西朵殿原供奉桃园三义士，现均空置。东、西朵殿后代维修痕迹明显，已不是原物。

献殿位于正殿南侧，是举行祭祀仪式时陈列供品、献演乐舞的地方，平日则供信众参拜。祭祀者要面对神明拜祭，同时方便神明来享，故献殿与正殿前后紧邻，且献殿前后两面均开敞，仅有山墙。祭祀仪式完毕，戏台上演“正音”时，献殿还可暂时作为观众席。

献殿两侧亦有朵殿，应是正殿两侧朵殿的献殿，故院落中实际形成了三条纵向轴线。献殿两侧朵殿亦南北通透，仅砌山墙；屋顶用卷棚硬山顶。正殿两侧献殿屋顶为硬山顶，且有前廊，这说明献殿两侧朵殿等级低于正殿两侧朵殿。中轴上的献殿和正殿面阔相等，山墙对位，两山墙间砌墙连接，仅开小门供通行，将正献殿与两侧朵殿分为相互连通又相对独立的两部分。从整个院落组群来看，中轴线由前到后依次为献殿和玉皇后土庙正殿，东轴线为献殿及玄帝庙正殿，西轴线为献殿及三义庙正殿。

献殿前东西厢位置应为廊庑，现东有厢房三间，西有碑廊十间，为近代新建。戏台位于中轴线最南端，每逢重要节日便在此上演“正音”，是村中重要的集会和娱乐场所。②

四、主要活动

县城东关每年农历七月初七都要举办盛大的娘娘庙会。庙会依例由知县主事，称“赛头”(旧时人们把庙会亦称“赛会”，故有此名)。是日，附近各村社敲锣打鼓轮流进庙祭祀，然后唱对台戏三天三夜。与别处不同的是，娘娘庙会从初八晚开始“乱戏”，各台演员反串角色，生唱旦，旦演生，大净饰皇姑，皇姑唱包公，直至会演结束。

古时，每逢春、秋两季，人们都要祭祀土神，称“春社”“秋社”。按照古之礼仪，应该由地方长官主持其事。韩城祭祀娘娘庙有时也被看作古时“秋社”的延续和衍变。

按照古人规定，秋社应在立秋后的第五个戊日，而韩城的秋社之所以定在

① 参见王鹤鸣、王澄、梁红编：《中国寺庙通论》，上海古籍出版社2016年版，第53页。

② 参见仝梦菲、林源：《陕西韩城西原村玉皇后土庙献殿研究》，《建筑史》2018年第2期。

七月七，根据邑人状元王杰撰写的《重修后土庙碑记》[1]，是为了纪念清乾隆二十四年(1759)圣母庇佑天降甘霖：

> 邑城东，旧有元君圣母庙，创建年月，世远迹湮，无可稽考。至康熙十七年七月，邑侯王公讳廷选，捐俸重修。历今几经百岁，风雨剥蚀，壁画剥落，栋宇倾颓，神像尘封，观者咸悼叹焉！
>
> 己卯夏六月杪，韩大旱，秋禾未得播种，境内惶惶。县尉章公率绅士祷雨于庙，默祝雨落重修。至七月七夕，甘霖大霈，四野沾足，神之灵昭昭也。于是，章公与绅士倡议兴修。而土木瓦匠之费，非千金不可。越季冬，邑侯娄公莅任尉，具以其事告，公慨然捐俸五十两，倡率二十八里并十社乡正，募化得银若干……工始于乾隆二十五年四月，落成于二十九年九月……

为了纪念元君圣母显灵，县府每年农历七月七都要来庙里祭祀并为神请戏，这样便形成了七月七东关娘娘庙会。这与稍后的秋社在时间上十分接近，祭祀对象也是元君圣母，于是当地政府便将秋社日期移至七月七一并举行，以后相沿成俗。[2]

韩城市巍山后土庙

（朱鹏　刁统菊）

巍山后土庙位于韩城市西南芝川镇、芝阳镇、板桥镇交界处的巍山顶。当地人称巍山为“禹山”，称后土庙为“圣母庙”。庙遗址坐北向南，平面呈长方形，东西 60 米，南北 150 米，原庙面积约 9000 平方米，地势由北往南呈缓坡状下降。据悉，原来的庙宇依次为戏台、牌坊、石台阶、山门、娘娘庙、后土庙。庙始建于明代，后又重修。[3] 据现存明万历二十四年(1596)碑刻《巍山后土庙重修记》记载，巍山后土庙又称“娘娘庙”，曾于 1578 年重修。明万历《韩城县志》载，

---

① 参见《溥彼韩城之民俗风情：七月七，香火炽盛的娘娘庙会》，韩城市人民政府网，http://www.hancheng.gov.cn/zlk/hcwh/93112.htm，发表时间：2019 年 1 月 10 日；浏览时间：2023 年11 月23 日。

② 参见《原生态的韩城“七月七”》，https://www.wnhs.cn/n/news/id/247，发表时间：2019 年11 月27 日；浏览时间：2021 年 12 月 6 日。

③ 参见郭珺：《禹山圣母庙》，韩城作协网，http://hczx.org/News_Show.asp? id＝939，发表时间：2016 年11 月 28 日；浏览时间：2024 年 4 月 11 日。

巍山后土庙庙会在当地非常兴盛。[①] 清乾隆《韩城县志》称，宋真宗曾来此祈求子嗣。[②]

据该庙常年看护清扫者回忆，庙宇北边是三间正殿，东西分别有三间、两间厢房，很是壮观。北边正殿上全是铁瓦，一片就有八斤重；东西厢房的房脊也是铁的。巍山后土庙敬奉着娘娘、后土等多尊大神，管辖着东至黄河、西至梁山、南到华山、北至龙门的大片区域，香火很是旺盛。每月初一、十五，这里百物会集，车水马龙，香客众多。农历九月初一至初九是韩城西南地区最盛大的社祀，活动（庙会）期间有烧香磕头求风调雨顺的、拜求子嗣还愿的、请求护佑家小平安的，还有四村八乡拉车挑担出售针头线脑、摆摊卖饭、售卖日常生活用品的，单纯跑来看热闹的，显得这里更加热闹。[③]

渭南市

合阳县城关街道办事处南伍中社区后土行宫

（朱鹏）

南伍中社区后土行宫今已不存，只留《创建古迹汾阴后土行宫碑记》青石碑一通。该碑首、座均佚，高 1.05 米，宽 0.6 米，厚 0.23 米，碑文为楷书，共16 行，满行 33 字，记载了本地创建汾阳后土行宫的缘由、经过。[④] 据《创建古迹汾阴后土行宫碑记》[⑤]记载，该后土行宫创建于明永乐四年（1406），位于合阳县西北数里的南伍塬。建庙时，当地人掘得一尊古醮炉。炉内文字记述道，唐元和八年（813），汾阴神马到这里，所以创建了行宫。唐中和年间黄巢之乱时，行宫被废弃。宋宝元二年（1039），当地人赵景等修建了“五架七室”的后土庙，开始供奉神像。庙内有“东廊西序”和“献殿三门”，来拜神求子嗣的男女老少非常多。元至正二十四年（1364），顺帝与皇太子争权，太子所派大将扩廓帖木儿与顺帝所

① 参见（明）苏进修、张士佩纂：《韩城县志》卷六《坛庙》，明万历三十五年刊本。

② 参见（清）毕沅修、傅应奎纂：《韩城县志》卷二《释地第二·祠祀》，清乾隆四十九年刻本。

③ 参见郭珺：《禹山圣母庙》，韩城作协网，http://hczx.org/News_Show.asp? id＝939，发表时间：2016 年11 月 28 日；浏览时间：2024 年 4 月 11 日。

④ 参见国家文物局主编：《中国文物地图集·陕西分册（下）》，西安地图出版社 1998 年版，第 566 页。

⑤ 该碑文由陕西省合阳县王俊涛先生于 2022 年 10 月 18 日提供。

派丞相孛罗帖木儿各领兵将在此地相互攻伐，当地居民十存一二，后土庙也因战乱荡然无存。明洪武初年，人民相继恢复生产。明永乐四年(1406)，当地人又创建此后土行宫，有《创建古迹汾阳后土行宫记》以记之。

创建古迹汾阴后土行宫记

窃以盖天下之坤泽之上，惟赖于神，神明虽彰，后土为尊。其大也，显圣储灵，素托神功之佑护。支倾补坏，亦需人力扶持。夫古有郡，名曰“郃阳”，县西北数里，云“南伍塚”，有此行宫也。于本庙掘得古蘸炉，内刊记实，乃唐元和八年癸巳，汾阴神马至斯，因立行宫焉。后中和之际，黄巢乱唐，废矣哉。及至宋宝元二年己卯，有祖考赵景等，共建五架七室，始立神像，东廊西序，献殿三门，老柏松槐森森，大盛四方。老幼男妇，求神祈嗣者，如归市不绝矣。相继于元朝至正甲辰，有大将扩廓帖木儿，调兵守御户难寨备丞相孛罗帖木儿选部将脱列白，雠敌攻略城邑，此庙一荡尽矣。所在居民，什存一二，逃匿山泽之间。后于洪武初，咸续复业，颇赖米稔二旬余载。企睹蒿蓬敝野，兔走狐藏，呜呼！鹊成巢，何况于斯乎？孔子云，人不堪其忧，亦此。谒本境耆士刘居忠等集议，众咸曰诺。企为力不敷，又行求访，四方君子，施助木柏等件，成矣哉。今耻此朝不逮，以俟后之俊秀，添修葺补，以广其传，幸矣。

所有施之讳云尔：

助像耆士刘居忠，男刘铎、刘昆、刘囧、刘一；

张贵、张五、张政、管六、管七、呼一、呼四、呼冲；

兄侄赵平、赵春、赵冲、赵伋、赵仕勤、赵良、赵巽，孙男赵遵；

弟赵文礼、赵文考、赵文丙、赵文义，侄男赵卤、赵成、赵佑、赵伣、赵艮、赵坤。

时永乐四年岁次丙戌六月朔日，功德立石人：赵企并撰。

同党氏，男赵常纲，孙男赵复道记。

本县西关孙恭书丹并题额。

古韩张狄塑，石匠张政刊。

合阳县城关街道办事处临皋村后土娘娘庙

（朱鹏）

一、概况

临皋村位于合阳县城东北方7.5公里处，中间是一条南北长达一公里的长巷，两侧呈“非”字形排列着18条东西向小巷。后土娘娘庙在村庄最北头徐水沟畔，称为“大宁宫”，坐北朝南，村庄最南头则建有后土行宫。[①]

二、历史沿革

后土娘娘庙始建年代不详，据村中现存明万历五年（1577）所续《李氏族谱》记载，可知其始建至迟在明万历年间。大宁宫坐北朝南，前有山门，山门前有铁狮子和铁旗杆，又有东西戏楼、八卦亭、东西两庑、献殿、寝殿、财神殿等，占地约15亩。抗日战争时期，山门前的铁狮子与铁旗杆被收缴用于铸造枪炮。之后，东戏楼与东西庑又被拆除，其木料用作修建黄河河防工事。1949年后，庙内八卦亭被拆，用于修建烈士陵园的风云亭。1964年，庙宇被全部拆除，用于修建学校。庙宇被拆毁后，村民李金泉的母亲与几位妇女一起将庙内娘娘神楼藏于村内一处土窑中。1993年农历三月十八，李金泉的母亲公开了神楼的放置地点，并请人刻写了“大宁宫”匾额，下署“癸酉年桐月”，即1993年农历三月。1998年正月，村民集资在原娘娘庙位置建庙一间，并将娘娘神楼移入。

三、庙宇建筑

后土娘娘庙现有庙屋一间，庙内有后土娘娘神楼一座、“大宁宫”匾额一块。

四、主要活动

（一）例行活动

合阳人将以神灵名义举办的庙会称为“过赛”或“神赛”，将不以神灵名义举办的集会称为“古会”。临皋村于每年的农历三月十八前后数日举办庙会，由北、中、南三社轮流主持，负责订戏、选羊等事宜。三月十五开庙门，筹备人员入庙向后土娘娘敬香。三月十六（或十七）有“娘娘出行”仪式，俗称“回娘家”。出行队伍前有铜锣开道，还有旗手举着清道旗；中有龙凤彩旗数十面；后有乐队；

---

① 对临皋村后土娘娘庙的描述，参见《合阳临皋村后土娘娘庙会》，渭南宣传网，http://www.wnxc.gov.cn/impression/show_1176.html，发表时间：2017年7月20日，浏览时间：2022年1月11日；李心石：《临皋村头后土祠》，《渭南日报》2017年4月28日。

乐队后有供桌和“倩倩娃拉马”;最后是娘娘神楼。“倩倩娃”一般是在后土娘娘庙求得的婴儿,参与仪式时两岁左右。管事人将数根红线一头系于马嚼子,一头系于“倩倩娃”手上。“倩倩娃”由大人抱着,拉马前行,作为求子后向后土娘娘还愿的一种形式。

三月十八为后土娘娘诞辰,也是庙会正日,称“正赛”。后土娘娘庙会于20世纪60年代中断,80年代中期恢复,1996年后陆陆续续恢复了“倩倩娃拉马”“领羊”等传统仪式,并增加了广场舞、打花棍、扭秧歌等群众文艺表演。后土娘娘庙会还曾是远近闻名的药材会,陕西、山西、宁夏等地的药商都会来此买卖药材。药材会在20世纪50年代初期十分兴旺。

(二)平时活动

每月初一、十五会有人来临皋村后土娘娘庙上香,守庙人负责接待香客、打扫庙院。

五、周边影响

临皋村后土娘娘庙会除吸引周边民众参与外,还吸引大量外地药商来此进行药材贸易,影响远至山西、宁夏、甘肃、河南等地。

咸阳市

三原县荆山神泉谷后土庙

(朱鹏)

神泉谷后土庙始建年代不详,清乾隆《西安府志》称其“在三原县东北四十里唐村庙神泉谷中,本名太宁宫,唐时敕建”[①]。据清《金石萃编》收录的金泰和五年(1205)碑文《三原县后土庙记》记载,该庙曾于宋庆历四年(1044)由梁栋重修,又于宋绍兴十年(1140)由梁再兴再次重修,后于金大定二十五年(1185)、明昌元年(1190)、承安五年(1200)、泰和元年(1201)由梁氏昆仲四次添改修建。由于该庙由梁家独力修成,因此有时也被称为“梁家庙”[②]。泰和五年(1205)时,该庙规模宏大,正殿曰坤柔殿,有乐台、献殿、五岳殿、两廊、灵官堂、子孙司、客

① (清)舒其绅修,严长明纂:《西安府志》卷六十一《古迹志下》,清乾隆四十四年刻本,第20a页。

② 参见王新英辑校:《全金石刻文辑校》,吉林文史出版社2012年版,第455~456页。

厅等，共计25间70架。庙东北隅有亭，“亭下有湫，周围与亭颇等，水色澄湛，深不可测。余水出于正南，凡遇岁旱，至诚祈祷，即日雨作，生民蒙润多矣”①。可见，当时该庙不仅有后土信仰，还有五岳信仰，并由此引申出求子、求雨等活动。

后土庙曾经每年举办盛大庙会并演剧酬神。《三原县后土庙记》记载：“每当季春中休前二日，张乐祀神，远近之人，不期而会。居街坊者，倾市而来；处田里者，舍农而至。肩摩踵接，塞于庙下。不知是报神休而专奉香火，是纵己欲而徒为佚游，何致民如是之繁伙哉！”②在杂剧风行的12世纪至13世纪初，后土庙中的舞楼、乐台当是适应多种演出的需要。而这段记载也反映了宋金时代民众一边娱神、一边自娱的盛况。③

据明嘉靖十四年（1535）《重修三原志》记载，由于兵乱，后土庙逐渐倾圮。至明洪武元年（1368）道士毛致静入主，庙内殿庑才得以再次修葺。④ 明洪武年间，四海初定，三原县仅后土庙就有六座被重修。除神泉谷后土庙外，还有县治东北小王村的后土庙于明洪武二十五年（1392）由里人周岩重修；县治东北大王村的后土庙于明洪武二十五年由里人王十五重修；县治东北张家村的后土庙于明洪武二十二年（1389）由里人孙思名重修；县治东南小其村后土庙于洪武二十三年（1390）由里人张重德重修；县治东南青东村后土庙于洪武二十一年（1388）由里人郑三重修。六座后土庙中，只有青东村的后土庙在每年农历三月十八后土娘娘圣诞日有盛大庙会。⑤ 毛致静主持庙务后，其门人张善礼、张善礼之徒巨道和相继接任。明永乐元年（1403），巨道和又对庙宇进行了修葺。据清光绪六年（1880）《三原县新志》记载，神泉谷后土庙于“国朝乾隆中重修。明以来每岁三月享。赛为关中胜会，回乱被毁”⑥。

附录

泰和五年有《三原县后土庙记》。

耀州三原县荆山神泉谷后土庙记

怀成乡贡进士王希哲撰。

美田乡贡进士刘光书并篆额。

---

① 参见王新英辑校：《全金石刻文辑校》，吉林文史出版社2012年版，第456页。

② 参见王新英辑校：《全金石刻文辑校》，吉林文史出版社2012年版，第456页。

③ 参见江巨荣：《古代戏曲思想艺术论》，学林出版社1995年版，第219页。

④ 参见（明）朱昱修：《重修三原志》卷三《祠庙》，明嘉靖十四年刻本。

⑤ 参见（明）朱昱修：《重修三原志》卷三《祠庙》，明嘉靖十四年刻本。

⑥ （清）焦云龙修，贺瑞麟纂：《三原县新志》卷四《祠祀志第四》，清光绪六年刻本，第89页。

窃原混沌既判，阴阳遂分。穹窿而在上者谓之天，磅礴而居下者谓之地。天气资始而不能资生，能资生者莫大于地。地势坤，坤至柔，以和顺奉天，卒能生成于物。《易》曰："至哉坤元，万物资生，乃顺承天。坤厚载物，德合无疆。"此赞美坤之为用也。伊六合之外，渺无端倪，难以形诘，置而勿论。姑以禹治九州之限论之，取人易信。内有嵩、泰、衡、华、恒五岳互列，江、河、淮、济四渎旁流，上、中、下三壤有序，山林、川泽、丘陵、坟衍、原隰五土各殊。此上所产之物，并有所宜，皆坤舆所载而隶主之，可见祖万物，子百灵，长养无极，含宏有余者矣。略陈人所赖者：稼穑人之食，桑麻人之衣，栋宇取材于山林，器用运土于埏埴，珍藏有金玉珠玑，异货有羽毛齿革。以至疾病有请祷之法，出入有所向之方。静而思之，人生一世，未有须臾不资于地者。故《物理论》称其德曰"母"，神曰"祇"，亦曰"媪"，大而名之曰"黄地祇"，小而名之曰"神州"，亦曰"后土"。"黄地祇"举八极之外地，"神州"举王畿千里之内，地所在皆得言之。凡立祠庙，尤所宜矣。若夫三原，乃汉池阳之旧境也。县之东有后土庙，在神泉乡，今名"龙泉乡"。出郭门直行十余里，至大王村，右转北向，入浮山，或云释典所载，取象西方佛国毗浮罗，原与此无异，可不伟欤？又名"荆山"，《禹贡》所载"导岍及岐，至于荆山"，疏云"在冯翊怀德县南"是也。其实一山而两呼之。谷行不远，已达于庙。清流远径，溉数顷以常收；古木凌空，历四时而俱好。三门三间十二架，过乐台，正殿曰"坤柔"，五间三十架。献殿并扑水，八间二十架。仰瞻神像，以妇道配天，绘塑冠服，一如帝后之状。侧有五岳殿，三间十五架。两廊、灵官堂、禁神位、子孙司、客厅，通计二十五间七十架。次东北隅，翼然有亭，三间十二架。以上屋宇，皆山节藻棁，曲尽其妙。亭下有湫，周围与亭颇等，水色澄湛，深不可测。余水出于正南，凡遇岁旱，至诚祈祷，即日雨作，生民蒙润多矣。三辅间，闻往往取水于兹。登高四望，东连唐高祖宪陵，西接武宗端陵，二陵相照，屹然而起。为庙之肘腋也。南封长川，瞰渭阳之春树；北依大阜，背漆水之惊波，为庙之襟带也。谷中地势，或掩或抱，或高或低，奇诡不一，难于具陈。据此形胜，实耀下之为最也。每当季春中休前二日，张乐祀神，远近之人，不期而会。居街坊者，倾市而来；处田里者，舍农而至。肩摩踵接，塞于庙下。不知是报神休而专奉香火，是纵己欲而徒为佚游，何致民如是之繁伙哉！粤有里人梁再兴、梁胜、梁玘昆仲等，尝忆远祖创始之日，诚心所感，致有祥云瑞霭垂覆于地。地系己业，即于其地南北取五十步，东西二十五步，不受乡人助缘，独力修成，人称为"梁家庙”,至今古老犹话其事。祖父梁栋于宋庆历四年重修,父梁再成于绍兴十年翻修。钦遇圣朝,太平日久,梁氏昆仲于大定二十五年、明昌元年、承安五年、泰和元年,四次添改修建,至于完备,一无所缺。克遵先训,止办家财,亦不假乡社一毫之助。难乎其人矣!故世世相承,居处庙之右,出入庙之下,永为庙主。噫!创庙成功,非是一朝之夕。勒碑颂德,庶传千载之名。戒尔子孙,敬哉无替!先蒙求记,仆谓池阳多才俊,善属文,老夫惛愦,不能为也。其请益坚,漫索枯肠而书其大概云耳。时泰和五年乙丑岁季春上休日谨记。

六年丙寅三月壬午朔十八日己亥主庙梁再兴、梁玘、侄梁进等同立石。

怀城杨瑞刊。[①]

明《重修三原志》中有张敏所撰《重修后土庙记》。

重修后土庙记

张敏

耀之属县曰三原,古池阳也。其北延冈绝阜,自嵯峨绵亘而东。禹贡导岍及岐,至于荆山。孔氏疏,在冯翊怀德县南,今当平南掘陵原是也。谓此三原故治在荆之阳,距遗城东十余里。山有谷,谷有泉,世号曰神泉焉。溶漾泓澄,冬春如一,古昔引注溉田,善利沃壤,民殷富。于邻社,时或旱干水溢,灾沴,祷禬辄应。考金石刻志,前宋庆历间里人梁栋,绍兴间梁再成传云,先世尝见祥云下覆其区,乃建后土庙。貌于所意,以水源于地,当祀其本,不可忘也。栋与再成犹纪重修,则是创始之日其来久矣。粤缔构之胜概,礼殿起中,翼以两庑而辟三门,五岳、高禖、灵官、箓师诸祠列于左右。其立于泉上者止亭而已。历世积久岁弊,皆梁氏主之,迄于荆原罗金季乱,梁遂绝。里之耆艾好事者招延县之大□□羽士毛致静来居,黄冠主之。自兹始,门人张善礼师弟皆继其功。无漏无倾弗惰弗圮。巨道和者。又善礼之徒,嗣续先业,尤勤勚于前人,岁癸未,复谓泉于今古既神于神敷润德以及众,宜安神栖,不可忽也。于是新作远门于庙途,肇营崇栖于泉池,彩绘贲饰,像设俨然,葺理回廊肆拾余楹,轮奂改观然后森严幽邃,始可以揭虔而妥灵矣。呜呼后土地祇也,五岳名山也,自前代以来,上下通祀,故民得为之。然扰先王重典,未合于宜。马夫违宜而祀,是渎于神。而望格歆享锡祉福,谅未之前闻也。况我皇明圣制谆复开吾天下用古道以正民俗,定

① 王新英辑校:《全金石刻文辑校》,吉林文史出版社2012年版,第455~456页。

民志，天经地义之威昭然有秩，而为防可不慎与？然而书曰惟天地万物父母，以万物资始而资生也。记云山川出云又所以行造化，而成能也。吾人之生方趾圆颅囿乎？两间孰能外于洪钧哉？在礼固弗敢祀，独不于颙瞻俯仰之顷有儆于中而起恭且敬乎？知万物之父母也，则思吾有父之尊，有母之亲，仁孝之心不亦油然而生乎？知雨旸之长养风霆之迅烈，则思向淑而去慝行义以革伪，醇美之风不亦蔼然而兴乎？若泉之于神（朱鹏注：原缺第三页）[①]

渭城区渭城街道办事处坡刘村地母庙

（朱鹏）

原坡刘村地母庙不知始建于何时，供奉后土娘娘，于每年农历十月十八后土娘娘圣诞日举办庙会。地母庙不知毁于何时，据当地老人回忆，民国期间尚存。20 世纪 50 年代，地母庙尚有獬豸石雕一尊，人称“石羊”。[②] 石羊面向东南两条驿道的交会点，风化严重。旧时，路过此地的车辆都要停驻，车夫虔诚地给石羊嘴上抹油，所以石羊的嘴与脖子处有黑乎乎的黏油。大约在 20 世纪 50 年代后期，石羊被当地文物部门拉走，不知去向。2010 年后，坡刘村信众捐资在旧址重建了地母庙。[③]

咸阳市仪凤街路北口安国寺娘娘庙

（朱鹏）

一、概况

咸阳安国寺位于咸阳市仪凤街路北口，原存明代建筑三座，分别是安国寺、

① （明）朱昱修：《重修三原志》卷十三《词翰五·记》，明嘉靖十四年刻本，第 1a～2b 页。

② 石羊、石马等应该是陵墓所用之物，与庙宇无关。坡刘村及其附近地区有很多古墓，如坡刘村汉墓、北周拓跋虎墓。参见咸阳市文物事业管理局编：《咸阳市文物志》，三秦出版社 2008 年版，第 78、111 页。

③ 参见古陵憨子：《坡刘村史　地理　坡刘村古代建筑》，http://www.360doc.com/content/21/0111/11/1992537_956290175.shtml，发表时间：2021 年 1 月 11 日；浏览时间：2021 年 12 月 7 日。

圣母行宫和关帝庙。安国寺原是一独立的寺院，东邻圣母行宫，西邻关帝庙，彼此间有围墙相隔。现在的安国寺为2005年重修，有娘娘庙、关帝庙、菩萨庙和城隍庙四座大殿以及一方圣水池、一处行政公署旧址等。

二、历史沿革

咸阳当地有民谣云："先有安国寺，后有咸阳县。"[①]咸阳安国寺不知始建于何时，在当地一些宣传和文字记载中，多称建于唐朝，重修于明朝。据咸阳博物馆张延峰考证，咸阳安国寺并非创建于唐朝，而是在明万历年间重修时袭名为安国寺。而之所以袭名为安国寺，是因为庙内有《寂照和尚碑铭并序》碑，碑文中有"安国寺"之名。寂照碑是唐代名碑，由著名文学家段成式撰文，著名诗僧无可书丹。碑文记述了寂照的身世、悟性、皈依经过和佛学修养、在关中和西京佛教界的声望与地位等。[②] 但此碑并非原就在咸阳安国寺，而是由明人王献由咸阳马跑泉移来。明赵崡《石墨镌华》"寂照和尚碑"条云："此碑在咸阳马跑泉地中，武功康子秀先生过而识之，以语土人竖于道傍。其后王献移至咸阳城中。寺以碑有安国寺字，遂改名其寺为安国寺。"[③]王献移碑的时间在嘉靖八年至十年(1531～1533)。[④] 张延峰认为，咸阳县城始置于明洪武四年(1371)。明之前，这里因有渡口、水运、驿站，商业贸易繁盛，因此不排除在此之前已有庙宇建筑的可能性，但再早也早不过金元或宋代。[⑤] 因缺乏文献记载，咸阳安国寺最初何名已不得而知。

清朝，咸阳安国寺是当地佛教管理机构驻地。至民国时，僧会司与道会司均已荒废。民国《重修咸阳县志》载："僧会司　在安国寺道会司，在城隍庙，均久废。"[⑥]此后，安国寺又先后作为老幼残废教养院、县立第一民众图书馆、东北小学、咸阳县卫生院等单位的办公场所。民国《重修咸阳县志》载："老幼残废教养院　民国十六年(1927)立，初在安国寺，寻移北街药王庙，日给两餐，皆饱食无限制，十九年(1930)以款绌废。"[⑦]又载："公共图书馆、阅报社　民国十六年

① 一说"先有新兴(油)店，后有咸阳县"。参见张延峰：《咸阳"安国寺"探赜》，《咸阳师范学院学报》2009年第1期。

② 参见张延峰：《咸阳"安国寺"探赜》，《咸阳师范学院学报》2009年第1期。

③ (明)赵崡：《石墨镌华》，上海古书流通处1921年版，第253～254页。

④ 参见蔡文琳：《咸阳"安国寺"的由来》，《咸阳日报》2021年7月7日。

⑤ 参见张延峰：《咸阳"安国寺"探赜》，《咸阳师范学院学报》2009年第1期。

⑥ 吴廷锡、冯光裕纂，《咸阳经典旧志稽注》编纂委员会编：《咸阳经典旧志稽注》，三秦出版社2010年版，第104页。

⑦ 吴廷锡、冯光裕纂，《咸阳经典旧志稽注》编纂委员会编：《咸阳经典旧志稽注》，三秦出版社2010年版，第110页。

(1927)立在高小校大门内。今迁安国寺,改名县立第一民众图书馆,内分讲演、图书、陈列、体育四部。"[①]据张延峰考证,1926 年咸阳护城队和兴平守军为防围城的镇嵩军暗中扒城墙,拆除安国寺等庙宇,将其木料燃烧照明。九一八事变后,东北军留守分处处长夫人马家骥在此创办东北小学、东北中学。1941 年 8 月,王藩城拆除睡佛大殿木料,用于在周陵中学戏楼北建造五间礼堂(孙总理纪念堂),同年在安国寺设咸阳县公立卫生院。新中国成立初期又设法院。1953 年,在安国寺设陕西省第三疗养院(1953 年改为陕西省第三康复医院,1956 年改为咸阳市第二人民医院)。医院改建中又拆除了安国寺部分殿宇。新院建成后,安国寺由二院家属使用,其原建筑被陆续拆除或改建。[②]

据陕西中西药大学王中文、袁红政考证,咸阳卫生院于 1943 年 5 月搬至安国寺,当时寺内房屋已破旧不堪,且北端及东侧房屋被东北小学占用,仅有两间房屋可用。1943 年 10 月、1944 年冬、1945 年 9 月,咸阳卫生院曾对安国寺进行大规模修葺,增建了夏房。1945 年 11 月,咸阳卫生院得知东北小学将于次年春搬走,遂申请将全部房舍划归卫生院使用。1949 年 5 月 18 日,咸阳县解放。5 月 21 日,咸阳县卫生院更名为"咸阳县人民卫生院"。1952 年 10 月12 日,咸阳县人民卫生院将病房由安国寺搬迁至西关外新址。1955 年6 月 28 日,搬迁工作全部完成。[③]

1990 年,咸阳安国寺被渭城区公布为第二批重点文物保护单位。1992 年 2 月20 日,咸阳市人民政府在安国寺竖立了"历史文化名城保护标志碑·安国寺·圣母宫"石碑,碑阴刻有"明万历重修,原有寂照和尚碑,极为有名"。同年 6 月,渭城区人民政府竖立了"安国寺——明代"标志碑。[④] 2003 年,当地文物部门正式接管安国寺与圣母宫。2005 年,安国寺重修,增其旧制,寺院青砖布瓦、朱门玄关,院内殿庑雕梁画栋,恢复了部分原貌,重现了昔日的庄严肃穆与神圣。[⑤]

三、庙宇建筑

安国寺原有明代建筑三座,依次为安国寺、圣母行宫、关帝庙,另有一座行

---

① 吴廷锡、冯光裕纂,《咸阳经典旧志稽注》编纂委员会编:《咸阳经典旧志稽注》,三秦出版社 2010 年版,第 107 页。

② 参见张延峰:《咸阳"安国寺"探赜》,《咸阳师范学院学报》2009 年第 1 期。

③ 参见王中文、袁红政:《陕西中医药大学附属医院名称和院址变更考》,《陕西中医药大学学报》2018 年第 5 期。

④ 参见张延峰:《咸阳"安国寺"探赜》,《咸阳师范学院学报》2009 年第 1 期。

⑤ 参见《咸阳安国寺》,渭城区人民政府,http://www.weic.gov.cn/mlwc/wcls/202102/t20210219_1315982.html,发表时间:2021 年 2 月 19 日;浏览时间:2023 年 11 月 23 日。

政公署、一通寂照和尚碑、一尊石佛、三尊铜像、一块“深沉节制”石匾等。安国寺整体呈四合院布局，东西长约百米，南北宽50米，原有建筑现存正门处一座，为硬山式屋顶的两层建筑，面阔三间，进深两间，通面阔10.86米，通进深10.48米，建筑面积227平方米。建筑结构为五架梁带中柱，屋面覆盖有灰陶筒瓦、板瓦，檐下有斗拱，屋顶四角微翘，木刻窗棂，内踩木楼板，北面东侧有木梯。

现安国寺内有大殿五座，分别为安国寺、圣母行宫、关帝殿、城隍殿和菩萨殿。其中沿中轴线有三座，南北向排列，一、二殿各有配殿一座。第三殿内塑有一尊大睡佛，头西足东，仰身平躺，锦衣彩绘，相传是陈抟。殿前有楹联“佛教幽玄，犹如云挂山头，行到山头云更远；禅宗奥妙，恰似月浮水面，拨开水面月还深”①。

娘娘庙供奉的是后土，即关中地区俗称的地母。关帝殿供奉的是关公及关平、周仓。城隍殿内有城隍爷、城隍婆、判官、小鬼和黑白无常。菩萨殿供奉观世音、文殊、地藏、普贤、大势五位菩萨，其中观世音菩萨在大殿正中。②

安国寺门额上有“安国寺”三字，传说为一位伙夫用锅刷随意所写，颇为人们所赞赏。有民谣云：“咸阳的字，安国寺。”但原来的“安国寺”三字早已不存。安国寺内现存咸阳市最早的行政公署，最早为砖、土、木结构，清代改为砖、木结构，上下两层，下层为三间房。中国共产党曾将这里作为秘密基地，将很多情报发送至延安，并传达党中央信息，还将粮食和弹药输送给军队，又在此转送伤员，作为后方医院。1949年5月18日咸阳分区成立后，这里成为咸阳行政公署。

安国寺内行政公署旁现存有一块石匾，该匾长340厘米，宽89厘米，厚22厘米，为康熙皇帝于康熙三十六年(1697)在宁夏赐给咸阳籍名将殷化行之物。石匾上书“深沉节制”四个大字，印文曰“康熙御制之宝”。③ 印文周围雕刻着“二龙戏珠”图案。此匾原镶嵌在咸阳中山街东段石牌坊上，1917年牌坊被拆除时丢失，后安国寺维修时在院内发现，保存至今。④

① 参见张延峰：《咸阳“安国寺”探赜》，《咸阳师范学院学报》2009年第1期。

② 参见《仪凤街——安国寺》，渭城区人民政府，http://www.weic.gov.cn/wcly/wcjd/lsyj/200805/t20080505_1342084.html，发表时间：2008年5月5日；浏览时间：2023年11月23日。

③ 参见《咸阳安国寺》，渭城区人民政府，http://www.weic.gov.cn/mlwc/wcls/202102/t20210219_1315982.html，发表时间：2021年2月19日；浏览时间：2023年11月23日。

④ 参见申威隆 i 关中拍客：《咸阳安国寺：与唐代皇家寺院同名》，https://baijiahao.baidu.com/s?id=1620606237843594610&wfr=spider&for=pc，发表时间：2018年12月23日；浏览时间：2022年3月26日。

四、主要活动

作为咸阳地区明清以来的重要宗教场所，安国寺内自然长期存在相关的信仰活动。从乾隆《咸阳县志》的记载看，安国寺作为僧会司所在，也应有相应的行政管理活动。如今的安国寺作为佛、道与民间信仰合一的宗教场所，是咸阳内外信众祈福纳祥的重要场所。另外，拥有悠久历史和文化底蕴的安国寺还作为一处远近闻名的景区，吸引着咸阳内外的游客前来观光游览。

五、周边影响

无论从历史还是现状来看，安国寺作为咸阳地区一处重要的文化地标，在咸阳内外都有着较高的知名度与较大的影响力。当下修缮一新的安国寺也会吸引越来越多人的目光。

辽宁省

朝阳市

凌源市宋杖子镇段杖子村地母寺

（赵京伟）

一、概况

地母寺地处辽宁省凌源市宋杖子镇段杖子村王兰沟庄北端，毗邻范杖子村，距离城区15公里左右。地母寺所在地自然环境宜人，物种丰富，被称为“天然氧吧”。地母寺周边交通发达，分布有京沈高铁、沈承铁路、京沈高速公路等。段杖子村地母寺享有“辽西第一母祖寺”盛誉，寺内也悬挂有“天下第一母祖寺”的牌匾。据2017年勘察，段杖子村地母寺占地面积57539平方米，建筑面积28111.55平方米，拥有殿堂、楼阁293楹。[①]

二、历史沿革

段杖子村地母寺的原有建筑始建于清初，但已荡然无存，现存地母寺为近代仿制建筑，规模宏大，由数代僧众兴建而成。曹玉柱在《地母寺志》中描述说：

> 清代初年，凌源市宋杖子镇段杖子村王兰沟庄王兰善士平时素食秉善，精于法事。夜偶得一梦，显一华服老妪飘然而至，且告之曰：吾乃观音菩萨化现地母神示迹，汝须于龟丘建造道场，利益众生。王兰感悟其梦中奇缘，故于龟丘之上兴建殿堂塑像供养，此为地母寺肇创之始。

现今段杖子村地母寺建筑最早的雏形还要从1875年说起，以彭永发为代表的善士为恢复地母信仰，在原有的地母庙遗址之上恢复了一座佛殿，为土木结构平顶式建筑。佛殿内供奉有泥塑彩画的地母造像，吸引了众多信众来地母神像前祈福。紧接着，当地善士们积极引导，主张恢复地母圣诞日，由此每年农历十月十八地母殿前会有来自附近的信众祭拜祈福。佛殿虽然规模较小，却为信众提供了信仰祭拜之地。

之后，随着地母庙所得善款日渐增加，地母庙扩建的房屋也在持续增加。1921年，新建第二进佛殿，佛殿包括三间房屋，均为硬山式建筑，殿内供奉泥塑

---

① 本篇对凌源地母寺的介绍主要依据曹玉柱主编《地母寺志》（沈阳出版社2018年版）整理编写而成。

彩绘的云霄、碧霄、琼霄三位娘娘。翌年,新建第三进佛殿,用于供奉关公造像。后又通过热心善士的募资善款,在庙宇东侧新建十几间房屋,规模甚大,包括配殿、客堂、齐堂、僧舍等,以及配殿内供奉十八罗汉造像。至此地母庙拥有了三进殿堂,即娘娘殿、地母殿、伽蓝殿及两厢配殿等20多间房屋,信众随之增加。

随着国家政策环境的变化,地母殿内的僧人开始还俗,佛殿也被改作他用。段杖子村小西山庄善士张淑贤、姜福夫妇见到此状,甚为着急。为传播佛法,他们在自己家中设立了佛龛,供奉地母的牌位,进行祭拜。后地母庙佛殿被当地供销合作社占用。供销合作社迁出后,佛殿被西店小学占用。“文化大革命”期间,佛殿建筑遭受到了毁灭性打击,庙址也被凌源市联合中学占用,后学校迁出。1977年的秋天,地母庙建筑物被拆毁,剩余的部分也被零落分割。

改革开放后,政府提倡宗教信仰自由,自20世纪80年代开始,每逢农历十月十八地母圣诞日地母庙周边村民便会来到地母庙遗址朝拜祈求,重建地母庙的呼声也随之高涨。张淑贤作为重建地母庙的领头人,主动将自己家中修建房屋的建筑材料捐给地母庙。张淑贤夫妇的善举吸引更多人加入重建地母庙的队伍。在热心人士的捐助下,一座4平方米大小的地母佛殿得以重建,供奉地母牌位。后又扩建至十余平方米,可容纳地母造像。

进入20世纪90年代后,以张淑贤为代表的热心信众积极奔走,联系凌源市政府相关部门,向其阐述地母庙的历史沿革,表明当地民众期望重建地母庙的虔诚之心,此举得到了政府部门的大力支持。后为筹集更多善款,张淑贤带领信众辗转辽宁、河北、内蒙古三地,其行为感化众人,也募集到了重建地母庙的善款。后建造了三间房屋,面积达50平方米,供奉泥塑彩绘的地母、王母、无生老母及侍者。

从21世纪开始,释常青法师在地母庙担任主持。法师将庙内的善款均用于庙宇扩建,重建了三间佛殿,中间供奉弥勒佛及韦陀菩萨造像,西侧供奉三霄娘娘造像,东侧供奉伽蓝菩萨造像,还建造了念佛堂,寺庙环境焕然一新,庙内的活动也日渐增多。2007年,地母庙更名为地母寺。2008年,张淑贤的儿子姜海翔为完成母亲的夙愿,计划扩建,在王兰沟庄村民的大力相助下重建了观音殿、伽蓝殿、普贤殿等。随后几年,庙内供奉的神像也逐渐完善丰富。

为了更好地完善地母寺建筑,凌源市政府加大了寺庙修建力度。2011年,凌源市领导多次前往北京长安寺,邀请释常吉法师前来地母寺担任住持。常吉法师来到地母寺后,大力整肃寺庙风气,制定了详细的寺庙规定,要求寺庙人员坚持每日早晚上殿,按时打坐,组织庙内僧众修缮殿宇的屋顶、门窗,平整坑洼不平的院落与广场。常吉法师严于律己，寒冬时节，自己留宿在地母殿内修行。当地母寺运转遇到资金困难时，常吉法师选择变卖北京住房，用于修缮地母寺，令众人感动不已。同年，地母寺佛事活动获得官方认可，凌源市民族宗教事务局为凌源市地母寺颁发佛教活动场所证书。随后几年，常吉法师将关注点转移到了地母寺修缮上，将屋顶上破损的残瓦与门窗全部更换，重新粉刷与装饰佛殿内部，佛殿地面也更换为木质地板。各殿堂内的佛像与佛龛也焕然一新，皆饰以金漆。

地母寺的修复扩建也得到了社会各界的关心与支持。2015 年 4 月，北京市华耀投资有限责任公司董事长范金龙出资建造了僧寮楼和新地母殿。一个月后，宋杖子镇政府为支持地母寺建设休闲广场颐养院，拆迁寺院东侧 6 座农业蔬菜大棚，征集用地 5000 平方米。在各方努力与坚持下，地母寺现已形成一个中心、三条轴线、五大功能的新格局。

三、庙宇建筑

地母寺作为观音感应、地母显化之地，为佛教寺院。地母寺距牛河梁红山文化遗址 25 公里。民谚曰："东有红山女神祭坛，西有中华地母寺院。"[①]地母寺整体建筑格局是仿制清代寺庙建筑样式，寺庙坐北朝南，建筑布局严整，宏大壮阔。现存的地母寺是一座综合建筑物，包含各类殿宇、房屋等，平面布局多为均衡对称，主体建筑依次分布在南北向中轴线上，其他建筑分布在轴线的东西两侧。现存的地母寺建筑群由东院、中院、西院三大院落组成。中院为地母寺的主体建筑，以中轴线划分，依次为地母殿、大雄宝殿、圆通阁、文殊阁、普贤阁等主要殿堂，而东西两侧分列着钟鼓楼、客堂、观音殿、伽蓝殿、地藏殿等。东院主要是般若门法物流通处，建筑物包括女神殿、护法殿、齐堂楼、居士寮楼等。西院作为解脱门法物流通处，有新地母殿、僧寮楼、长廊角亭等建筑。

当地地母文化氛围浓厚。地母是中国农耕民族因土地崇拜而产生的大地女神，也有信众认为地母是观音菩萨的化身。地母孕育了山川河流、大地万物以济苍生大众。作为整个地母寺的代表性建筑，地母殿为长跨门砖木结构，长 12.9 米，宽 10.2 米，高 7.9 米，建筑面积 131.58 平方米，面阔三楹，进深一间。殿内供奉有泥塑的金漆地母、王母、无生老母造像，左右两侧为侍者造像，被放置在木制金漆佛龛之内。地母殿内东西两侧墙壁上有彩绘的地母出巡图。

天王殿坐落在地母殿前侧，是地母寺的第一进殿宇。殿内供奉有弥勒佛，

① 朱伟：《乡村寺院的大愿——记辽宁凌源地母寺》，《中国宗教》2012 年第 6 期。

袒胸露乳，神态安详，其造像乃木雕金漆制成，安放在木制金漆佛龛之内。东西两侧为四天王造像，为泥塑金漆。

大雄宝殿为地母寺的第三进殿宇，进深二间。殿内供奉释迦牟尼坐式佛像，佛像的发髻高耸，面容非常饱满。左侧供奉有弥勒佛造像，右侧供奉有阿弥陀佛造像。大雄宝殿内供奉神像较多，除此之外，还供奉有韦陀菩萨造像、观音菩萨坐像、地藏王菩萨造像等。

圆通阁为地母寺的第四进殿宇，殿内供奉铜铸贴金观音菩萨立式佛像，左右两侧有善财龙女侍者造像。

文殊阁位于圆通阁左侧，属于钢混结构，阁内供奉铜铸贴金的文殊菩萨佛像。普贤阁位于圆通阁右侧，和文殊阁一样，亦为钢混结构。普贤阁内供奉普贤菩萨。

女神殿位于般若门法物流通处北侧，坐北朝南分布，进深一间，悬挂有“女神殿”牌匾。殿内中间为中华女神坐像，东侧为女娲娘娘及两位侍者的立像，西侧为三霄娘娘（云霄娘娘、碧霄娘娘、琼霄娘娘）坐式造像。女神殿内的神像皆为泥塑金漆。

四、主要活动

1.地母圣诞节

每年农历十月十八为地母圣诞日，也是地母寺最隆重的节日，场面相当壮观。关于地母圣诞日的缘起，还要从《地母十醒书》说起。《地母十醒书》记载：“地母圣诞日始于清初。”[①]地母圣诞日活动中断过一段时间，1875 年佛殿重建后得以恢复。

每逢地母圣诞日，凌源地母寺都会举办一系列活动用以庆祝。首先会举行众人参与的传供法会，包括献五谷、献果蔬、献花篮和敬香等。僧人参与祈福诵经，向地母传达虔诚的心愿。庆祝活动也很盛大，有歌舞、秧歌、戏曲等形式。参与表演人员来源广泛，有寺庙仪仗队、僧团、居士、地母锣鼓队、地母秧歌队、龙灯队等，有时还会邀请朝阳居士歌舞团、河南省少林寺僧人表演队等外省人员参与表演。

近年来，地母圣诞日庆祝活动更加丰富。地母圣诞日期间还会举办结合当地红山文化组织的地母论坛。论坛参加者包括地母寺居士、红山文化学者、地母文化学者等。

---

① 曹玉柱主编《地母寺志》（沈阳出版社 2018 年版）记载：同年九月八日，河北省平泉县榆树林子镇喇嘛店村民曹玉廷善士将珍藏半个世纪之久《地母十醒书》典籍，归还地母寺，释常吉法师予以整理付梓。

2.地母出巡节

地母寺每年正月十五会举办地母出巡法会,20 世纪 40 年代后停办,2012 年,在凌源市段杖子村委会的大力支持下,地母出巡法会活动得以恢复。

农历正月十五早上 8 点左右,参加出巡活动的人员便聚集在地母殿前,先由常吉法师带领殿内僧众诵读经文,随后开展出巡活动。出巡队伍盛大,队伍由铜锣开道,地母圣像载于彩车之上,仪仗队伴随彩车前行。前行途中,佛乐《慈悲地母菩萨》一路唱响。常吉法师端坐在车内,向众人发放祈福带。殿内僧人与善士队、秧歌队、彩旗队等其他人员,一边挥舞,一边前行。地母圣像所到之处还会燃放鞭炮。随后,出行队伍聚集在村委会广场,举行隆重的参拜地母仪式。仪式结束后会进行文艺演出。演出结束后,彩车便返回地母寺,至此地母出巡活动结束。

3.佛诞节

每年农历四月初八是地母寺纪念释迦牟尼佛诞日,也称"佛诞节"或"浴佛节"。佛诞节前,地母寺内的僧众会将寺庙打扫一番,并擦拭殿内佛像。很多信众在四月初七便会来到佛寺参加翌日清晨的纪念活动。寺庙内也会装饰一番,特别是香花、烛台以及各色供品等。浴佛完毕后,参加浴佛活动的人会用剩余的香汤点浴自己,以示来年消除灾难,一切顺利。佛诞日当天,庙内信众朝拜祈愿,庙外商贸、娱乐活动等接连不断,场面热闹极了。

甘肃省

明清、民国至今甘肃的后土信仰

（朱鹏）

明嘉靖《庆阳府志》载："（合水县）后土庙，在县城南一里。"①清乾隆《合水县志》载："后土庙，东南一里。故老云：东河源出子午，北河发自青山，至城东坛角合而为一，其迅直恐不利于城郭，故置庙以镇之，取土克水之意。"②可见当地人认为，建造后土庙是为了镇水。合水县后土庙庙会日期为农历四月二十八。庙会期间，有演剧、吃会等活动。清乾隆《合水县志》载："祈报。每岁二月二日，城南药王庙会。远乡士女毕集。其庙去地阶二百七八十级，妇女有逐步拜以上者。次日，为文昌会。三月十八日，后土会。四月二十八日，城隍会。五月十，关帝会。凡会必演剧、卖茶；酒席城沽饮，脔胙而啖之，名曰'吃会'。其村中自为祷祈者，多用影戏。冬至前后，农功大毕，各庄合会以报赛田祖，虽喧阗杂遝，而酗殴搏奕之人无有焉。"③由此可见合水县庙会活动之盛。

灵台县兴安寺中也供奉后土。民国《重修灵台县志》载："兴安寺，在县东北独店镇，清道光年复修。内祀三，太白、后土、圣母，祷雨辄应。寺院古槐一株，浓荫亩余，广遮全院。第一区原称城南里，为八排。人民按年轮流祀神，多属灵感。"④

在甘肃地区，过去几乎村村都有土地庙，但后土庙和地母庙相较而言并不算多，"后土之祀多在坟地，祭祖时必先祭后土"⑤。如嘉靖《平凉府志》载："及墓下棺，纳魂帛墓中，祝后土于墓左，题主成坟，反哭至家。"⑥又民国《徽县新志》载："孝子拖帷盖，执绋仗而前引，哭不绝声。亲友悉护送，亦有路祭者。柩至墓门，请宾，祀后土。"⑦

至今，甘肃地区仍有后土信仰，据戚晓萍 2023 年 8 月田野调查，甘肃省兰州市皋兰县多处墓地设置后土神位，这是当地较为常见的丧葬习俗。

---

① （明）傅学礼撰：《庆阳府志》卷九《祀典》，明嘉靖三十六年刻增修本，第 8a 页。

② （清）陶奕曾撰：《合水县志》上卷《寺观》，清乾隆二十六年钞本，第 45 页。

③ （清）陶奕曾撰：《合水县志》下卷《风俗》，清乾隆二十六年钞本，第 41b 页。

④ （民国）王朝俊撰：《重修灵台县志》卷三《风土志》，民国二十四年铅印本，第 43 页。

⑤ 武文主编，王静等撰稿：《甘肃民俗》，甘肃人民出版社 2004 年版，第 254 页。

⑥ （明）赵时春纂修：《平凉府志》卷二《风俗》，明嘉靖刻本，第 68b 页。

⑦ （民国）董杏林修，赵钟灵纂：《徽县新志》，民国十三年石印本，第 16a 页。

平凉市

泾川县城关茂林村皇天后土圣母大帝庙

（朱鹏）

据甘肃各地方志记载，明清以至民国时期，甘肃曾有合水县后土庙与成县后土祠，供奉后土的有灵台县兴安寺。现在平凉市泾川县城关茂林村还有皇天后土圣母大帝庙（俗称“后土娘娘庙”）庙殿遗存。庙殿现存民国二十四年（1935）七月古碑一通，记载了现有遗存的修建情况以及以往的庙宇、信仰活动。皇天后土圣母大帝庙旧时殿宇辉煌，有拜殿、戏楼、廊房、山门等，每年七月十五庙会时还要演剧酬神。庙宇坐东朝西，占地约 10 亩。主殿中塑有皇天后土圣母大帝像，头戴冕旒，身着朝服，左右立侍金童玉女，殿内有轿子两顶，两廊肃立站神四尊。庙宇于 1966 年后被毁，后又修复。当地民众逢年过节常到庙内祭拜圣母。①

泾川县飞云乡老塬洪庆寺地母娘娘殿

（朱鹏）

洪庆寺距泾川县城约 40 里，距飞云街 6 里，位于飞云街镇东北部七塚坳东一个低于塬面的十多亩的大平台上。洪庆寺北面高台上的大殿正中供奉有地母娘娘，另有佛殿、药王、文昌、薛老爷庙等庙殿。古寺虽经战乱风雨，但主体建筑基本保存完好，后又经民众修复塑像，常年香火不断。改革开放之后，这里又增设了集市，人员往来与贸易交流十分活跃。②

---

① 参见张学俊：《泾川女神》，内部资料，第 113～116 页。

② 参见张学俊：《泾川女神》，内部资料，第 109 页。

泾川县张老寺农场地母娘娘庙

（朱鹏）

张老寺位于泾川西部，距县城 60 里，遗存有地母娘娘庙和九天圣母庙。古寺因张老寺农场改建，于 1966 年后被毁，其渊源也无法确考。当地民众有动土事宜，仍会到古寺废墟祭祀地母娘娘和九天圣母。[①]

泾川县泾明乡苏家河兴隆山地母娘娘殿

（朱鹏）

苏家河兴隆山有十几座庙，山门内第一层大殿左边供奉地母娘娘，中间供奉九天圣母，右边供奉三霄送子娘娘。在当地，有人去世时，其家族会立即在坟墓旁用瓦或土基垒一个小楼，请阴阳道士念经超度，恳请地母娘娘保佑逝者。[②]

泾川县丰台乡伍塚村乾丰寺地母娘娘殿

（朱鹏）

乾丰寺曾是北塬的一个大寺观，长年香火不断，农历七月十五庙会时更是有成千上万的信众来此祭祀地母娘娘。1966 年后，由于乾丰寺被毁，当地信众就在旧庙中立牌位祭祀。[③]

---

① 参见张学俊：《泾川女神》，内部资料，第 110～111 页。

② 参见张学俊：《泾川女神》，内部资料，第 111 页。

③ 参见张学俊：《泾川女神》，内部资料，第 111～112 页。

泾川县丰台乡通尔沟村地母娘娘殿

（朱鹏）

通尔沟村村中央有一棵高 18 米的马尾松。松树旁是地母娘娘殿，北面的大殿中供奉有地母娘娘。通尔沟村每年六月举办庙会，本地及周边党原、玉都、丰台三镇的信众纷纷到此祭拜。①

兰州市

七里河区彭家坪镇石板山村地母宫

（朱鹏）

当地资料显示，明末清初石板山地母宫位于西关什字上沟，1953 年因建设铁路和学校而被拆。现今的地母宫为 2003 年 6 月当地人杨玉琴带领彭家坪、五泉、雁滩、马滩等地的信众所建。地母宫大殿为土木结构，长 26 米，宽 15 米，殿内依次供奉有王母娘娘、九天圣母、地母、观音老母和斗姆元君。有厢房 18 间，总长 45 米，宽 6 米，占地 7.7 亩，建筑面积共计 660 平方米。石板山地母宫每年有三次大型庙会：一是农历三月初三的王母娘娘蟠桃会，二是农历九月十九观音菩萨成道日庙会，三是农历十月十八地母圣诞日庙会。每次庙会时，除来自兰州本地及周边的信众外，还有来自青海、宁夏、陕西等地的信众。②

七里河区华祖庙

（朱鹏）

华祖庙原为金天观的一部分，今位于兰州市七里河区华林路。华祖庙由陕甘总督那彦成于清道光二年（1822）建成，道光十三年（1833）扩建，内祀华佗。华祖庙原有一副楹联："灵素阐真诠，断胃湔肠征异术；岐黄宣妙蕴，解头理脑媲

① 参见张学俊：《泾川女神》，内部资料，第 112～113 页。

② 参见马定涛主编：《兰州七里河宗教概述》，甘肃文化出版社 2014 年版，第 29 页。

神功。"该楹联为林则徐任陕西巡抚时在道光二十六年(1846)四月二十五因病祭祀华佗时所书,今已无存。1966 年后,华祖庙被改作工厂,1984 年归属兰州市道教协会。今华祖庙有大殿三楹,坐北朝南,殿南为卷棚,卷棚东西有配殿,卷棚南有东西耳房。大殿内北壁有东、中、西三龛,东龛供天姥,中龛供三清,西龛供地母。东配殿供城隍、华佗、灵官。西配殿供观音、金花、土地。东西耳房各嵌一碑,分别为清咸丰四年(1854)《重修华祖庙大殿回廊山门记》和清道光十四年(1834)《重修华祖庙碑记》。①

七里河区崔家崖白云观地母宫

(朱鹏)

崔家崖白云观又名"吕祖庙""上白云观",始建于清道光十七年(1837),位于城西 15 里的崔家崖西端崖头的极寿山。白云观依崖头坡面而建,东邻大户村,西至范家坪,南起大金沟,北靠黄河。观内主要建筑除了王母宫、百子宫坐东朝西外,其余均坐西朝东。白云观占地约 50 亩,崖高 80 米,庙高 100 米,观内供奉吕祖、寿星、玉皇等。有东西两个山门,东山门至玉皇顶为建筑群的中轴线,主体建筑为玉皇顶。进山门沿中轴线分布着七个院落,其中一个院落分为左右两院,有地母宫、五福殿和十殿阎王庙。②

龙尾山麓地母宫

(朱鹏)

兰州市龙尾山麓佛、道等各式庙宇林立,其中有地母宫一座,为光绪时地方人士所建,当时庙宇梁柱已立,但因为捐资不够,所以倾圮未成。③

---

① 参见程兆生主编:《兰州市统一战线实用资料手册》,中共兰州市委统战部 1998 年版,第 245 页。

② 参见袁志学、王耀宏编著:《兰州地域文化》,甘肃文化出版社 2017 年版,第 462～463 页。

③ 参见刘少皋:《兰州龙尾山麓拾遗》,载中国人民政治协商会议甘肃省兰州市委员会文史资料研究委员会编:《兰州文史资料选辑》第 2 辑,1984 年版,第 207～210 页。

定西市

临洮县岳麓山地母宫

（朱鹏）

临洮县岳麓山海拔 2200 米，传说是老子的飞升地。岳麓山公园内主要有超然台、椒山祠、道统祠、武侯祠、地母宫、先农坛、文昌阁、太平观、三星阁、龙泉寺、魁星阁、东岩寺、曾观、画廊亭台、碑匾刻石等 42 处景观。[①] 其中地母宫位于岳麓山南岩，现为全真教坤道院，院内有三圣殿、赵灵官殿等。每年二月初三有文昌阁庙会。

临夏回族自治州

临夏县河西乡地母宫

（朱鹏）

河西乡地母宫是道教圣地，宫前有著名的刘家峡水库，景色宜人。[②]

嘉峪关市

文殊镇文殊山后山总土地庙和地母殿

（朱鹏）

嘉峪关市文殊镇文殊山上曾庙宇林立，1958 年后寺庙建筑被破坏殆尽。1988 年后，文殊山开始恢复佛教活动。经过文殊镇塔湾村民茹世义（法名“释谛

---

① 参见《发现者旅行指南》编辑部编：《甘肃·宁夏》，旅游教育出版社 2016 年版，第 148 页。

② 参见《临夏回族自治州概况》编写组编写：《临夏回族自治州概况》，民族出版社 2008 年版，第 212 页。

义”)和当地僧众、居士、香客等30余年的努力,前山的百子楼、三肖圣母殿、城隍庙、文王庙、观音院、弥勒宝殿、地藏殿、观音宝殿、大雄宝殿、财神殿、太白金星殿、寿星洞、钟楼、西天门、普化寺、玉皇楼、五方佛殿得以建成。后山有总土地庙、鲁班殿、山神庙、龙王宫、张天师庙、子牙楼、王母宫、无生殿、地母殿、元始天尊庵、白衣洞、三皇洞、盘古洞、女娲洞、老君洞、睡佛殿、孤魂庙、天桥、万佛塔等,共计39间。①

① 部分信息来自2012年文殊山观音楼众弟子立《释谛义法师功德录碑》,参见崔云胜:《酒泉地区流传〈香山宝卷〉相关问题研究》,王保东主编:《丝绸之路·肃州文化遗产保护与文化旅游产业发展学术研讨会论文集(下)》,甘肃文化出版社2017年版,第276页。

云南省

文山壮族苗族自治州

广南县地母庙

（朱鹏　曾可人）

云南省文山壮族苗族自治州广南县有着浓厚的地母文化。2012年，“广南地母历史文化旅游景区”成为“云南省十大历史文化旅游项目”之一。[①] 此后，广南地母文化便迅速引起了地方各界的关注。据广南地母文化研究与开发工作领导小组提供资料，广南现有16个寺庙念诵《地母经》，信众达6万余人。其中香火最为旺盛的三处是县城地母庙（也被称为“女娲庙”）、坝美镇普千村地母庙和城郊神仙坡庙。每月的农历初一、十五和十月十八地母诞辰日，都有信众前来咏诵《地母真经》。坝美镇普千村常年祭祀地母，至今仍完整保存着地母崇拜习俗的活态传承。另外，广南城西的道教场所祖师殿，除供奉有真武祖师、慈航真人、太上老君、财神赵公明、文昌帝君等道教神祇外，也供奉有地母神位。[②]

一、三皇宫

三皇宫即地母庙，原称“先农坛”，位于广南城东，是广南东郊地母祭祀活动最为隆重的庙宇，原供奉有轩辕黄帝，因道光二十五年（1845）塑伏羲氏、神农氏、女娲氏等九尊神像于正殿，故有“三皇宫”之称。庙内至今仍有“三皇宫”的牌匾。[③] 庙前有一块清道光二十五年的功德碑，刻有“新建娲皇神正殿暨左边厢房”等内容。据当地老人口传，清朝石碑后的古树已有几百年的历史。当地人认为古树“双树共生”奇观的形成与其得到三皇宫神灵庇佑有关。地母庙正殿内现有伏羲、黄帝、神农、女娲和地母等神像。另有一殿供奉普贤、观世音和文殊三尊菩萨，一殿供奉一尊佛像和云霄、琼霄、碧霄三霄娘娘神像。[④] 据三皇宫的两位主持介绍，整个广南只有三皇宫内供奉地母娘娘的神像，正殿内黄帝、女娲、伏羲、神农的泥塑神像均是按照杨光昭老人敬献的画像制成。平日的三皇

---

① 参见中共云南省委宣传部讲师团编：《跨越发展在云南》，云南人民出版社2012年版，第134页。

② 参见萧霁虹：《地母信仰及其经卷研究——以云南为中心》，林超民主编：《西南古籍研究2016》，云南大学出版社2018年版，第258～268页。

③ 参见刘怀主编：《文化文山·广南》，云南人民出版社2013年版，第145页。

④ 参见何正廷：《关于广南和富宁民间“地母崇拜”习俗的探讨》，《文山学院学报》2012年第2期。

宫依旧香火不断，每天由信奉者轮流上香，早上、下午各一次。三皇宫内的双塔是近年来由供奉的老人自主筹钱修建的。

明清时期，广南流行“官撒种”的活动。每年农历三月三，广南知府与土司准备好丰富的供品，率领文武官员和村社头人到先农坛进行隆重的祭祀活动，焚香诵经，祭拜地母。在坛前的田里，广南官员用三头白水牛象征性地犁田撒种，称为“籍田礼”，老百姓又称“官撒种”。“三月三”是壮族人民最隆重的传统节日，广南土司及壮族村寨百姓借此表达敬畏地母、缅怀祖先之情。“三月三”活动持续三天，在此期间人们在村寨头人、长老和布摩的率领下举行驱邪纳福、祈求风调雨顺和国泰民安的系列民俗活动，比如杀猪宰羊，上竜山、入社庙举行大祭，进行鸡卜，抬着神像走村串寨等。其间还有跳草人舞、春牛舞、手巾舞和纸马舞以及对山歌、唱壮戏、舞狮耍龙等活动。①

二、普千村光善坛

坝美镇普千村光善坛是广南另一处地母信仰活动中心。光善坛正殿以玉皇大帝为主神，左右供奉紫薇大帝、地母、太乙救苦天尊、慈航普度天尊、瑶池金母、孔圣先师、西方佛祖等。神坛称“灵霄宝殿”，殿门有联曰：“光复神教，开演经典，共求至天消灾劫；善与人同，启宣圣谕，普化黎民悟前因。”光善坛还有清代刻本《地母经忏》、乩坛降笔汇集成册的《圣经汇集》以及儒、释、道经文和劝善书等100多册。光善坛设有主坛师，现任主坛师为农恩祥（1957年生），他回忆说，以前有善名的前辈有七代20多位。② 据主坛师介绍，其他地方的《地母真经》源于普千村光善坛，并且其他《地母真经》中的序言部分在传诵时将“實”字抄成了“質”字，“亡”字抄成了“云”字。

普千村是一个壮族村寨，距坝美景区约3公里，是一个狭长的坝子。普千村有300户，1300余人，均讲壮语，村民能用壮语吟诵《地母经》。③ 普千村对地母的常规祭祀是在每月的初一、十五，主要包括斋戒，向地母进献香斋以及念诵《地母经忏》。每年两次盛大的祭祀活动分别是在农历三月三前后和十月十八的地母诞辰。祭祀活动由村寨长老和神职人员组织，活动中一定念诵《地母经

---

① 参见何正廷：《关于广南和富宁民间“地母崇拜”习俗的探讨》，《文山学院学报》2012年第2期。

② 参见萧霁虹：《地母信仰及其经卷研究——以云南为中心》，林超民主编：《西南古籍研究2016》云南大学出版社2018年版，第258～268页。

③ 参见何正廷：《壮、汉文化交流丰富了广南地母崇拜的内涵——广南地母崇拜溯源（之三）》，《文山学院学报》2015年第1期。

忏》，祭祀后还举行对歌、要“弄娅歪”[1]等节庆活动。[2]

三、城郊神仙坡庙

神仙坡庙是另一处祭祀地母的香火旺盛之地，距离广南县城约 10 公里，位于山顶。神仙坡庙始建于清乾隆十二年(1747)，每年举行两次盛大的祭祀活动。一是农历正月初九的玉皇大帝诞辰，一是农历十月十八的地母诞辰。其间，从坡脚到山顶挤满了前来进香祈祷的男女老幼，庙内外回荡着《地母真经》的吟唱声。庙内正殿有神龛，立有地母娘娘神像。地母娘娘左手拿谷穗，右手持八卦，脚前塑有一条鳌鱼和一只金鸡。关于鳌鱼和金鸡，还有一个传说：女娲补天后，砍下鳌鱼四足支撑四极；鳌鱼想努力挣脱束缚，一旦翻身就会天摇地动，带来灾难；地母派金鸡看管鳌鱼，鳌鱼一翻身，金鸡就会啄它的眼睛。[3]

四、广南《地母经》

广南《地母经》及其诵经活动是广南地母文化的重要表征。大陆流传《地母经》的地方主要有北京地坛公园、河南洛阳上清宫、陕西城固县地母庙以及云南广南县等。历史上最早出现的《地母经》版本是光绪九年(1883)正月初九陕西汉中府城固县本，后又有光绪十九年(1893)五月十八陕西汉中府城固县地母庙飞鸾传经本，分《新镌地母真经序》《地母真经》《地母宝忏》三部分，再后有托名纯阳吕祖序的“光绪二十七年(1901)十月十八日降笔于南漳仙女山之地母庙”本。吕祖序《地母经》全称《无上虚空地母养生保命真经》，分上下两卷，上卷包括《地母诰》《地母真经》，下卷包括《焚香宝诰》《地母妙经》，后又增加了礼请和忏文，编为《地母经忏》。[4]

广南县现存两套三本原始木雕版拓印本，其中一套(一本)藏于珠琳镇珠琳村旁溶洞暨珠琳洞亲善坛内；另一套尚存两本，一本藏于杨柳井乡宝月关关帝庙盟仙坛，另一本藏于坝美镇普千村光善坛。[5] 在广南，地母与女娲常被视为同一神灵。广南《地母经》纯阳吕祖序说：“地母何力焉，何以为名……昔炼石以补天者，其孰能之，唯女娲圣母是也。”[6]所以，广南县城的地母庙又是女娲庙。北京地坛公园、洛阳上清宫、陕西城固县地母庙等现存《地母经》均记载：“光绪二

---

① 壮语，意思是“耍母牛”，为壮族民间祭祀性舞蹈，又称“牛头舞”。

② 参见刘怀主编：《文化文山·广南》，云南人民出版社 2013 年版，第 146～147 页。

③ 参见刘怀主编：《文化文山·广南》，云南人民出版社 2013 年版，第 145～146 页。

④ 参见萧霁虹：《地母信仰及其经卷研究——以云南为中心》，林超民主编：《西南古籍研究 2016》，云南大学出版社 2018 年版，第 258～268 页。

⑤ 参见陈应文：《广南地母文化三题》，《云南日报》2013 年 5 月 5 日。

⑥ 何正廷：《关于广南和富宁民间“地母崇拜”习俗的探讨》，《文山学院学报》2012 年第 2 期。

十七年十月十八日地母降笔于滇省广南府南漳仙女山之地母庙。"[①]在壮泰语中,"漳"意为大象,"南"意为骑乘,"南漳仙女"即乘象仙女。普千村旁确有一座"仙人乘象山",山势呈中间高两侧低之状,形如一人乘坐在大象上。而在广南壮族聚居地,人们也将地母称作"南漳仙女"。这说明这些地方现有的《地母经》可能都出自广南。[②]

广南的地母祭祀活动中都会有念诵《地母经》的仪式,广大信众对《地母经》的经文、拜忏也都非常熟悉。得益于云南省的旅游文化政策、文山州以及广南县地方政府的支持和广南县民间地母祭祀、《地母经》念诵传统较好的传承,广南地母文化呈现出良好的发展态势。

---

① 何正廷:《关于广南和富宁民间"地母崇拜"习俗的探讨》,《文山学院学报》2012 年第 2 期。

② 参见刘怀主编:《文化文山·广南》,云南人民出版社 2013 年版,第 147～148 页。

广东省

潮汕地区的后土信仰

（李国平）

潮汕地区地处广东东部，大概包括今天的汕头、潮州、揭阳三市，区域内有广东第二大平原——粤东平原。以此为基础，当地形成了具有地方特色的潮汕文化。民间信仰是潮汕文化的重要组成部分和特色。区域内民间信仰庙宇数以万计，每个乡村都有一座以上的庙宇（完全改信基督教、天主教的村子除外）。神明种类繁多，其中一些神明流传广泛，如三山国王、妈祖、大峰祖师、福德老爷、伯公、公婆母等。后土信仰是中国人特有的土地崇拜，自然也是潮汕人的信仰。

地方志记载，潮汕地区曾有一些“后土祠”。乾隆五十八年（1793），澄海知县德文倡修冠山书院，并在书院左边修建后土祠。[①] 今天，冠山书院仍存，但后土祠已杳无踪迹。光绪《海阳县志》在“建城土地庙”下注明“后土庙为群祀”[②]，可知土地庙与后土庙或已被等同。冠名“后土”的庙宇，今在潮汕地区已难得一见。据揭阳市普宁市509座庙宇的统计数据、汕头市潮南区峡山街道54个乡村的实地考察，笔者未见冠以“后土”二字的庙宇。

潮汕地区的土地神一般以福德老爷的形象出现，庙宇也多称“福德庙”。福德老爷，民间亦称“大德老爷”“伯公”。需要指出的是，伯公原来是山神，亦称“感天大帝”，与福德老爷的土地神形象明显不同。在一些靠山的聚落，两者的区别更为明显。不过，在笔者调查的峡山街道，这些不同的名称经常混用，难以区分。如村民口中的“伯公”，实际上可能是“福德老爷”“大德”等。福德老爷是潮汕地区最为常见的信仰，几乎每个村子都有几处供奉福德老爷的场所。乡村的福德庙多为不足两三平方米的小庙，村寨寨门处亦经常供奉福德老爷，大的庙宇有时也会供奉福德老爷。

“后土”二字目前笔者仅在潮汕人的墓葬习俗中发现。后土信仰在潮汕人的墓葬习俗中占据着重要位置。潮汕人建墓，一般会在墓旁立土地神位，通常是一块石碑，规格略小于主墓碑，其上镌刻“福神”“土地之神”“后土之神”等文字。

---

① 参见（清）李书吉、王恺修，蔡继坤纂：（嘉庆）《澄海县志》卷二十五，清嘉庆二十年刊本，第11页。

② 参见（清）卢蔚猷修，吴道镕纂：（光绪）《海阳县志》卷二十《建置略四》，清光绪二十六年刊本，第1页。

据笔者在汕头市金平区鮀浦鮀园风景区一带山麓的田野考察，所见的数百座坟茔，土地神石碑上的文字为“福神”“土地之神”“土地神位”，一些石碑上还镌刻墓主信息及立碑年月等信息，但未能寻见“后土”石碑。据笔者所知，揭阳市揭西县棉湖镇的一处义冢，其土地碑上镌刻“后土神位”四字，主墓碑文为“永远同居诸义墓”。据普宁张声金先生介绍，明代进士、浙江道御史萧端蒙（潮阳人）墓旁土地碑镌刻“后土之神”四字。《玉浦西河林氏族谱》记录了宗族进行大型墓祭时使用的后土祝文及祭祀程序：

后土祝文式

中华人民共和国，一九九□□年岁次在□□月□□日届当清明佳节祭扫之期，厥有墓裔经理信民□□暨与祭墓信□□统众大房墓人等，谨以香椿宝烛，五牲果品，清酌之仪，恭祭□□世祖考之墓，不敢擅变，诚心昭告于吾本山后土、福德、兴旺龙神之位前曰：尊神，山川精华，龙脉辉我祖葬此，实赖威灵，际兹春露触感衷情，常叨，德惠，岂敢忘心，爰具牲酌，聊表微诚。伏愿，英灵鉴格高以醴牲，俾荫墓信世代荣昌，房房应财丁之盛，代代衍富贵之兴，人文蔚起，福禄骈臻，瓜瓞螽斯，德载隆新，猗欤休哉，伏惟尚飨。[①]

上山祭祀礼仪与厅堂略同：开始通者司仪：(1)放炮(2)进香(3)进茶(4)进毛血(5)进酒(6)读祝文（公墓与土地同时读），祝文念后，通者：鞠躬拜，主祭以下皆拜。焚财宝、祝文。礼成，山场祭至此结束。

山场祝词：岁序流易，春露秋霜，涓兹吉旦，扫墓登场，陈牲荐币，酒醴告虔，伏冀歆格，子孙炽昌，伏维尚飨。

土地祝词：威灵赫濯，申锡无疆，我祖宅兆，赖神保康，兹届仲冬，致祭莫虔，神其格斯，俾炽俾昌。

（李国平按：祭祖祝词省录）

土地之神祝文（李国平按：竖式书写）：维□□年□□月□□日治子林□□等，今以岁事恭倩于□□世祖考妣之墓，敢昭告于本山土地之神前曰：威灵赫濯，申锡无疆，我祖宅兆，赖神保康，兹届仲冬，致祭莫虔，神其格斯，俾炽俾昌。谨以牲牷肥腯酒醴馨香之仪恭伸奠敬，伏维尚飨。[②]

虽然“后土”二字不常见，但坟茔旁的土地神确为后土无疑，而且这种信仰形态至迟在清代已经普遍存在。清代《澄海县志》载：“葬必择日发引，戚族毕

---

① 《请神书》，内部资料，1990年，第7页。

② 林相荣主编：《玉浦西河林氏族谱》，潮阳林氏玉浦宗史编纂委员会编印，2004年，第297～298页。

送。既窆，祀后土；恭请达尊题神主。毕，设奠墓前，客各具香纸拜别而散，俗谓'虞祭'。"①相邻的梅州地区，亦是类同。清代《嘉应州志》载："退释服，暂即吉以酒果筵席祭后土，行三献仪，焚楮锭。"②可见，下葬之后祭祀后土是必不可少的仪式。此外，清代"后土"二字的使用频率可能更高一些，梅州下辖的蕉岭县（旧名"镇平"，曾隶潮州府）普遍在墓旁立后土神位，《镇平县志》中就有"俗墓侧皆立后土"③等记载。

另外，与潮汕西接的海陆丰地区也存在类似的土地崇拜。如笔者在汕尾市陆丰市甲子镇所见的一处义冢，其主墓为 1985 年修建，墓旁修建有一座约两平方米的小庙，为土地神遮风挡雨，庙两侧的对联为"山神依道长护圣，后土丹心贯苍穹"，庙前香炉镌刻"伯公"二字。

除了墓祭之外，举凡破土动工，潮汕人都会祭祀土地神，又称"下伯爷"。以汕头市潮阳区棉城一户人家在 2021 年 10 月装修新房"下伯爷"为例，其过程为：先到日馆请先生选取吉日吉时，需要结合屋主人的生辰八字。吉日当天准备 5 个元宝（潮汕的一种冥钱）、1 盏灯、5 个槟榔（一般用龙眼树叶或番石榴树叶折成圆锥形）、5 杯茶、"大吉"（潮州柑）、粿盒（饼食）、香烛，在新房附近取一捧土放在 5 个元宝里，作为插香之用。吉时一到，点灯拈香烛祭拜，随后拿着装修工具（如铁锤）在房子各个角落象征性地动工。伯爷在屋内并无固定位置，一般在屋子的角落，出于装修施工需要，可随时移动元宝。房子装修结束后，需要举行"谢伯爷"仪式，准备三牲等祭品答谢神明。在乡村地区，"下伯爷"仪式可能更复杂一些，会用木板搭一个简易的神龛，"谢伯爷"时也会举行"打油火"等仪式。

附录一：潮汕地区的福德信仰图景（以三个村子为例）

庙额	庙址	主神	其他神明
三山国王庙	峡山街道拱桥乡	三山国王	保生大帝、太夫人
希圣贤	峡山街道拱桥乡颜厝寨门外	天后圣母	珍珠娘娘、福德老爷、李道明仙师
无额	峡山街道拱桥乡颜厝寨门外	天地父母	

① （清）李书吉、王恺修，蔡继坤纂：《澄海县志》卷六，清嘉庆二十年刻本，第 5b 页。

② （清）温仲和纂：《嘉应州志》卷八，清光绪二十四年刊本，第 47a 页。

③ （清）吴联元纂：《镇平县志》卷四《礼仪》，清光绪六年刻本，第 27 页。

续表

庙额	庙址	主神	其他神明
无额	峡山街道拱桥乡许厝寨门		珍珠娘娘、天后圣母、诸位福神、相爷、伯爷
无额	峡山街道拱桥乡许厝寨外	天地父母	
无额	峡山街道拱桥乡桥头	福德老爷	
三王庙	峡山街道洋汾林	三山国王	护法夫人、王爷、九天玄女
两圣母庙	峡山街道洋汾林	天后圣母、圣姑娘娘	双忠圣王、玄天上帝、真仁老爷、天地父母
德善堂	峡山街道洋汾林	大峰祖师	玄天上帝、普庵佛祖、福德老爷、天地父母
无额	峡山街道洋汾林	福德老爷	
无额	峡山街道洋汾林	天地父母	
无额	峡山街道洋汾林寨门	福德老爷	
真武庙	峡山街道洋汾陈	玄天上帝	诸位娘娘(罗大娘娘、仙姑娘娘、五天龙娘娘、罗二娘娘、罗三娘娘)、天后圣母、大圣佛祖、万山祖公
同安善堂	峡山街道洋汾陈	大峰祖师	西方三圣、伽蓝菩萨、观音菩萨、药师如来、地藏菩萨、韦陀菩萨、坚牢菩萨、圣母娘娘、孤魂鬼子、天地父母
无额	峡山街道洋汾陈	珍珠娘娘	
无额	峡山街道洋汾陈老寨寨门	福德老爷	
无额	峡山街道洋汾陈新寨寨门	福德老爷	
无额	峡山街道洋汾陈国道324线旁	福德老爷	

由上可知福德信仰在潮汕地区的流行程度。不过，福德庙都比较简陋，与之相关的资料也比较少。以洋汾陈国道旁的福德庙为例，该庙在一个正方形亭子之内，亭子有三面墙体，右墙镶嵌有甲申年(2004)重修碑刻及福德老爷签诗

碑刻。亭子正中的福德庙约4平方米，仅有三面墙体，无门，无匾额，庙中放一个小神龛，神像为老者形象。门柱对联为“福地生辉聚玉帛，德泽滋润集财源”，横批“地灵人杰”。重修碑刻中仅有几句简单的纪事，主要是捐款金额及人名，此处省录。签诗如下。峡山各村福德老爷签诗大同小异，主要是洋汾陈这一版本。

汕头市潮南区峡山洋汾陈乡《福德老爷灵应签诗》

三圣：一书上好花，奇异早登科。千年松柏茂，何处不种瓜。

圣阴阴：春天草木青，尼姑去采茶。劝君早走起，乞阮返回家。

圣圣阴：三级禹门开，鲤鱼变化来。东南西北路，直上云天台。

圣圣阳：杨梅夜来开，朝夕早相随。风吹铁马响，白马锦衣回。

圣阳阳：关公持宝刀，织女过银河。朱雀随身步，船载苏东坡。

圣阴圣：智远去投军，千里寄回文。做到丞相返，一十八年春。

圣阴阳：一字值千金，虽然好用心。关公骑赤马，玉带永随身。

圣阳圣：哑仔虽有梦，有话也难言。行船终须至，失物勿慌忙。

圣阳阴：石船铁栏杆，风吹不摇动。还有好日子，劝君心勿忙。

三阳：庙中一炉香，跪落细思量。莫贪嫦娥女，铁马移过乡。

阳阴阴：西方有吉星，见事未齐全。狂风一吹散，近前必有光。

阳阳圣：平路好走马，顺水好行船。龙蛇有变化，水落更成流。

阳圣阴：玄德去带兵，关公入古城。翼德相会面，三人一齐行。

阳阴阳：信女来求财，未卜神先知。凡事未得意，贪食祸就来。

阳阳阴：天子贺新年，文武拜丹墀。楼前有歌舞，声声庆团圆。

阳阴圣：好事大家知，所作莫迟疑。眼前未见利，神明相扶持。

阳圣阳：千年一宝镜，分明照人影。虽然未磨洗，依旧正齐整。

阳圣圣：贵人相扶持，各事都有理。目前未见利，退后正有喜。

三阴：劝君读诗书，功名永不虚。今日得随意，色云永来珠。

阴阴圣：此签第一春，万事大乾坤。喜得新婚好，做事有十分。

阴阳圣：虽然是太平，心闲人未闲。停久正见福，老少心安宁。

阴圣阴：月缺会团圆，枯木再生枝。慢行进一步，福禄定有期。

阴圣阳：瞎眼爱穿针，劳力又劳心。求财初未见，退步转回程。

阴圣圣：开山得见宝，买卖得财好。退后正是时，有起也有倒。

阴阳阳：知足自然足，事到人有福。眼前未见利，纵得未劳碌。

阴阴阳：上高须用梯，失脚踏不对。遇逢贵人到，救起返回归。

阴阳阴:半夜去寻金,想久枉费心。求才早未遂,且去别处寻。

三企杯:阴签之立吉,大吉圣之钦。吉之扶朱雀,来往第一春。

汕头市潮南区峡山洋汾林乡《福德老爷灵应签诗》

三圣:一书上好花,奇异早登科。千年松柏茂,何处不种瓜。

圣圣阴:三级禹门开,鲤鱼变化来。喜得贵云露,得飞天上台。

圣阴阴:春天草木青,尼姑去采茶。烦动君早起,乞阮返回家。

圣阴阳:一字值千金,虽好须用心。关公骑赤马,玉带永随身。

圣阴圣:哑仔虽有梦,有话亦难言。行人终须步,失物勿慌忙。

圣阳圣:智远去投军,千里寄回文。做到丞相返,一十八年春。

圣圣阳:松花夜来开,朝夕早相随。风声铁马响,白马锦衣回。

阳阴阴:信女要求财,未做神先知。诸事未遂意,贪食祸就来。

三阴:劝君读书诗,功名总不虚。今日得意遂,色云乾彩珠。

圣阳阳:关公持宝刀,织女过银河。朱雀随身步,船载苏东坡。

阳圣阴:开山得见宝,买卖生意好。昆岗岂无玉,有起也有倒。

阴阴圣:此签第一春,万事大乾坤。喜得新婚好,做事有十分。

阳圣阳:瞎眼爱穿针,劳力枉费工。求财利未护,退步反回乡。

阴圣阳:月缺会团圆,枯木再生枝。慢行进一步,福禄定有奇。

阴阳阳:知足自有足,事到难有福。眼前未见利,总得亦劳力。

阴阴阳:登高须用梯,失脚踏不对。得逢贵人到,救起返回归。

阴阳阴:半夜去寻金,思久枉费心。求才利未护,且往别处寻。

阴阳圣:虽然是大平,身闲心未闲。倚久正见福,老少求康宁。

阳圣圣:贵人相扶持,诸事甚有理。眼前未见利,退后正有喜。

三阳:庙中一炉香,跪落细思量。莫贪嫦娥女,铁马移过乡。

阳阳圣:平路好走马,顺水好行船。龙蛇有变化,水落更成流。

阳圣阴:玄德去带兵,关公入古城。翼德相会面,三人一齐行。

阴圣圣:千年一宝镜,分明照人影。虽然未磨洗,依旧又齐整。

阳阴阴:南北有吉方,见事未有全。狂风一吹散,近前必有尊。

阴圣圣:石船铁旗杆,就做未过河。眼前未遂意,神明相扶持。

阳阳阴:天子贺新年,文武拜丹墀。楼前有歌舞,声声庆团圆。

阴阳阳:春游芳草地,夏赏绿河池。秋饮黄花酒,冬吟白雪诗。

三企杯:阴朵立之言,大吉圣之钦。青鸾持朱雀,卜此大清心。

阳阴圣：好事大家知，不作莫你依。眼前未遂意，神明相扶持。

汕头市潮南区峡山东山乡《福德老爷签诗》

圣圣阴：请出一神祈，神明来报喜。老翁送贵子，万事大吉利。
圣圣阳：天地暗朦胧，时运还未通。停待二三月，贵人来相逢。
圣阳阳：州县有石亭，亭上有奉赠。城市有宫庙，保民有群生。
圣阴阴：地上有一山，万人齐去看。祖公积德好，官员有一半。
圣阴阳：久旱逢甘雨，他乡遇故知。思想甘泉井，风猛亦难伸。
圣阳阴：三拜祝神祈，思想欲保庇。不做亏心事，神明自然知。
圣阴圣：历尽山岭坑，脚酸难回家。心意父母子，强宁行三夜。
圣阳圣：病马去登山，脚行难载人。任他猜狂大，并不半晓人。
圣圣圣：双人去踏车，四脚长短行。并无齐心力，一事做不成。
阴阴圣：龙在天上飞，虎在山中会。三年开虎榜，点着中京科。
阴阴阳：朽木不出青，干姜不出芽。龙困难戏水，虎病难过坑。
阴圣圣：书中有黄金，诗书欲读尽。食斋念经答，三请佛来临。
阴阳阳：鲤鱼变化龙，小官掌县城。祖公积德好，代代出公卿。
阴圣阳：神明自降临，奉敬在人心。求问凶吉事，尽欲报好音。
阴阳圣：新设一签诗，众人传世知。每事真欲好，好事告众知。
阴圣阴：求问一姻缘，跪落说因端。签中传得好，福禄真齐全。
阴阳阴：东海有一山，船只海中播。舵翁船尾坐，一时不能波。
阴阴阴：碗内有麒麟，任打不起身。病者有药改，无病保其身。
阳阳圣：孩儿笑唠吟，团花好出世。父母枝下待，当时即到边。
阳阴阴：登高须用梯，双脚踏不对。遇逢贵人到，救起转回归。
阳圣圣：元宵出花灯，满街锣鼓鸣。神明有显赫，保民贺太平。
阳阳阴：天子贺新年，文武拥阶前。殿前齐踏武，声声说团圆。
阳圣阴：贵贼在东西，心意欲来害。家内圣神显，托梦报伊知。
阳阴圣：开井须用锥，般重扶不去。人有千万事，百灾公改过。
阳圣阳：溪边一只船，载人心清春。一夜呾好话，天光折散群。
阳阴阳：喜得逢春来，万物都胜前。一年四季好，五谷真齐来。
阳阳阳：三阳是油签，秋冬喜绵绵。添灯化吉事，保你得祯祥。
立签：时运□□轮，人命□□长。□□□□部，神明求不转。
乙未年三月重抄。

附录二:安土地神咒

元始安镇,普告万灵。岳渎真官,土地祈灵。左社右稷,不得妄惊。同向正道,内外澄清。各安方位,备守坛庭。太上有命,搜捕邪精。护法神王,保卫安神。皈依大道,元亨利贞。急急如律令。[①]

① 参见《佛圣真经》,内部资料,1989年,第12页。

香港特别行政区

长洲西湾地母庙

（刘怡辰）

一、概况

长洲西湾地母庙位于离岛区长洲岛西湾，距西湾街渡码头约 5 分钟的步程。地母庙坐南朝北，依山面海。紧邻的村落是疍家人在 19 世纪 60 年代上岸建立的美经援村。

这是一个庙宇群，沿着山路坡道，地母庙、永胜堂（观音庙）、天后宫三座庙宇毗邻而建，以此展开。岛上指览地图上只标注了西湾天后宫。

地母庙是三座神殿中最小的一座。根据神像上方的木梁，供奉的主神为地母元君，右侧为龙母元君，左侧为太岁老爷。中间地母元君左右两侧分别为齐天大圣和三洲妈娘（画像）。

二、庙宇建筑

整个庙宇群中，永胜堂和地母庙的建筑形制相似，较为朴素。天后宫的外观与内设则更为繁复（虽然其规模依然无法同岛上其他的天后宫或关帝庙相比）。在西湾天后宫以东以西，筹办西湾天后诞的香港会友堂花炮会出资建立了两个观景台，设立纪念亭，登亭可一览西湾防波堤的美景。如果将两座观景台之间的范围视为天后庙的范围，则永胜堂和地母庙亦在其内。从各庙的捐修碑文来看，三座庙宇的作用以及对应的人群并不相同。但由于访问时三座庙宇都没有人，无法确证三座庙宇之间的关系。

西湾地母庙右侧的墙壁上挂有写着“甲申十一月捐赠龙母元君真身一座”字样的捐赠人题名牌匾。

三、周边影响

相邻的西湾天后庙是西湾的水上人社区的庙宇①；永胜堂则不明。②

---

① 参见蔡志祥：《酬神与超幽：香港传统中国节日的历史人类学视野》上卷，中华书局（香港）有限公司 2019 年版，第 206、213 页。

② 永胜堂供奉的主神是观音，其侧面墙壁挂有三位创始人的遗像，皆为女性，尊称为“姑婆”，其右边的偏殿，则供奉了一整个墙壁的牌位，牌位上的姓氏各有不同，其排列也并无次序，还有预留的空位（写明了姓氏）。访谈对象：若干香客；访谈人：刘怡辰；访谈时间：2022 年 1 月 3 日；访谈地点：长洲西湾地母庙中。

蓝田地母元君庙

（刘怡辰）

一、概况

蓝田地母元君庙位于东九龙观塘区五桂山西侧山麓，今蓝田公园旁。这是一个沿着南北向山道延伸开来的庙宇群，其中地母元君的神殿位于中间且最大。从南到北，山径西侧依次分布有龙母庙（小间，内有三尊神像），一个摆有零星小神像的台阶，福德庙（小间，内有两尊神像，现已上锁，看起来许久未开过），地母元君殿（较大，主神为地母元君，左为送子娘娘，右为三太子），观音庙（开放式，空间较大，内有两尊主神像、六个小神像，供桌下有土地牌位），供奉黄大仙、吕祖和土地公、土地婆婆的小神龛，等等。地母元君殿对面（即山径东侧）有一上书“天地父母”的香炉。观音庙斜对面亦有一香炉，其背后三个牌位从左到右依次为“太岁星君宝座”“天地父母宝座”“紫薇星君宝座”。

根据神像上的幔帐刺绣显示的内容可知，地母元君正殿正神位供奉地母元君，左侧为天后娘娘、送子娘娘，右侧为宋太祖师、三太子。地母元君像旁边的对联又称其为“老母娘娘”。

二、历史沿革

由地母元君庙神台上张贴的文字可知，地母元君庙有30多年的历史。其创办人叶爱弯女士被《地母真经》经文感动，虽然不懂其意但仍发誓为地母元君建庙，经过多次迁移，最终在2001年获政府批地，于现址建庙。

地母元君主殿内张贴的告示显示，这一庙宇群的法人为地母元君有限公司（Tei Mo Yuen Kwan Co Ltd.）。根据网页资料，该公司于1991年4月9日在特区政府注册，注册编号为0304081，目前仍存。[①]

三、庙宇建筑

供奉地母元君的神殿为潮汕建筑风格。可能是为了防止神殿内物品被周

① 香港公司名单数据集，https://hkg.databasesets.com/en/gongsimingdan/number/0304081，发表时间：不详；浏览时间：2023年11月23日。

围出没的野猪破坏，主殿门常被锁上。供奉地母元君的正殿几乎背靠山体，故正殿后的狭小空间只作为储藏杂物之用。山体上则镶有捐款碑。创办人的神位被置于捐款碑两侧。捐款碑左侧为叶爱弯女士的牌位，右侧为一男性牌位，有照片，牌位下方亦书有“本庙创办人”字样。

四、主要活动

根据庙内张贴的告示，农历十月十八为地母元君娘娘宝诞，有庆祝活动。

牛头角福德庙

（刘怡辰）

一、概况

牛头角福德庙位于东九龙观塘区的公共屋牛头角下邨旁。

二、历史沿革

根据守庙人的介绍，神像或在 19 世纪 60 年代已经存在。1970 年，庙宇建立。2019 年进行维修前庙宇仍较为简陋。[①]

三、庙宇建筑

庙宇规模不大，整体呈开放式。进入殿中，有两张神台相向而放。靠近马路的一侧神台上有一个香炉，上书“天地父母”。其后没有神像，亦没有墙体，从香炉前方向外望即为马路。守庙人称此处是祭拜玉皇大帝的地方。靠内一侧为一个亭子状的神台，上设香炉与神像、牌位。位于正中的香炉上书“福德伯公”，为一武神样貌的男子。左侧香炉上书“地母娘娘”，为一女子。右侧香炉上书“诸位福神”，其后不设神像，而是代之以牌位，上书“诸位福神宝座”。神殿左侧有一个小房间，是庙祝和守庙人的办公场所。办公室外墙壁有一通 2019 年寺庙维修重建时的捐款碑。

四、主要活动

问及该庙的仪式活动，守庙人的第一反应是正月初九福德伯公神诞，当笔

① 访谈对象：牛头角福德庙守庙人；访谈人：刘怡辰；访谈时间：2021 年 12 月 10 日；访谈地点：牛头角福德庙。

者问及地母娘娘时，守庙人说地母娘娘的仪式上月刚做完，即农历十月十八地母娘娘神诞。[1]

五、周边影响

庙宇香火旺盛，笔者访问期间有多人进入庙中上香，路过的街坊也会在门口停下简单祭拜。

① 访谈对象：牛头角福德庙守庙人；访谈人：刘怡辰；访谈时间：2021 年 12 月 10 日；访谈地点：牛头角福德庙。

澳门特别行政区

澳门土地信仰

（刁统菊　朱鹏[①]）

以中西文化交融为突出特点的澳门，有“东方梵蒂冈”“东方蒙特卡洛”之称。“东方梵蒂冈”凸显了澳门所具有的西方宗教进入东方世界桥头堡的作用；“东方蒙特卡洛”则强调博彩业在澳门经济与社会中的强势地位。纵观澳门的历史，自宋元以来，本地华人始终传承着具有中华传统和华南地域特色的民间信仰，即使是开埠及葡萄牙占据时期，澳门华人的民间信仰依旧以其顽强的生命力存续并发展，成为澳门华人的精神寄托，同时也是凝聚民众的重要力量。这里使用的“澳门民间信仰”的概念，是指与天主教、佛教、道教等制度化宗教有明显区别的、与澳门华人世俗生活密切相关的信仰事象和仪式化活动。透过妈祖信仰、财神信仰、土地神信仰、石敢当信仰等，我们可以对澳门民间信仰的历史与现状了解一二。

中国人的土地信仰反映的是中国传统的对天地的尊崇和对自然的尊重。我们的居处占用了一方土地，设立土地神位，一方面是对土地表示尊重，另一方面自然是希望得到土地的护佑；从小家进而推及大家，一个小区占用了更多的土地，对这一方小区的土地，自然也应该尊崇，使之保佑一方民众。澳门土地信仰保留土地神最初的意义，即关于自然的崇拜。同时，在土地诞仪式中，还保存了土地作为一方小区的保护神的功能，此外还具有睦邻、互助的重要作用。土地诞成为小区民众集体活动的重要日子，土地庙则成为民众精神寄托的最亲近庙宇。

澳门土地信仰之盛，从家家户户门口供奉的土地财神神位可见一斑。无论大街店铺，还是小巷人家，家家户户的门口都设有土地神位，同时还有“天官赐福”神位。民众居住的小区中，也会有街巷小区的土地神来保佑一方民众。庙宇中也设有土地神位。

土地公，即福德正神，本名张福德，自小聪颖至孝。36 岁时官至朝廷总税官，为官清廉正直，体恤百姓疾苦，做了许多善事，102 岁辞世，死后三天容貌不

---

① 澳门土地庙内容由刁统菊、朱鹏摘编。资料来自叶涛：《澳门地区民间信仰管窥》，邱永辉、陈进国编著：《澳门宗教报告》，社会科学文献出版社 2015 年版，第 189～231 页；庙宇节庆网（http://www.temple.mo/index.php? lang=mo）“庙宇介绍”栏目下的相关内容。

变。有一贫户以四块大石围成石屋奉祀他，过了不久即由贫转富。百姓都相信是神恩保佑，于是合资建庙并塑金身膜拜，生意人更是常来祭祀。也有说法是在他死后，接任的税官上下交征，无所不用其极，民不堪命。这时，人们想到张福德为政的好，念念不忘，于是建庙祭祀，取其名而尊为“福德正神”。

在民间，土地公也被视为财神与福神，因为民间相信“有土斯有财”，因此土地公被商家奉为守护神。据说他还能使五谷丰收，很多人也把土地公迎进家里祭拜。一般家庭的厅堂五神中必有土地公，家中没有供奉土地公的，也在每月初二、十六在家门前设香案、烛台、供品祭拜。一般农家则是在每月朔、望也就是初一和十五祭拜土地公。

土地婆又称“土地娘娘”，造型和土地公公一样，都是年长者。土地婆顶上结有一发髻，为中国传统妇女的模样。土地公和土地婆非常有夫妻相，不仔细看或经庙祝指点，很难发现哪个是土地婆。

白鸽巢公园附近的沙梨头土地庙是澳门最古老、最大的土地庙，依山而建。除主殿奉祀土地神外，还有医灵殿、圣母先锋殿、水月宫等，配祀医灵大帝、梨山圣母、观音菩萨、佛祖、泰山石敢当等。该庙现存有多块清代碑刻。据碑文记载，土地庙始建于明末，嘉庆年间重修，最后一次重修于2004年完成。

沙梨头土地庙是永福古社的庙宇，现由沙梨头土地庙慈善会和坊众互助会管理。农历二月二是土地爷福德正神的诞辰。2010年农历二月二土地诞的活动从初一开始，持续三天，每天晚上都有演戏酬神活动。庙方特邀广东湛江粤剧团演出三天粤剧。初二上午十一点，举行醒狮参神仪式；下午两点，向长者派发礼品、烧肉。初三中午十二点，举办敬老斋菜宴。此次土地诞，特区政府民政总署、文化局、旅游局各赞助10000元，社工局赞助9000元。另有个人赞助，如黄华强先生赞助大戏戏金并向老人派发礼品、利是红包，李汉基先生赞助50000元，等等。

其他土地庙也会在二月二举行仪式。河边新街的福德祠为下环坊小区居民所有。2010年农历二月二上午十点刚过，庙门前摆放着许多花篮，上面都写有“祝贺土地爷爷圣诞”的字样，庙内人来人往，上香者络绎不绝。庙内存有四块清代碑刻，记述了庙宇的历史。该庙始建于清同治十二年(1873)，距今已有100多年的历史。庙内悬挂的匾额多为光绪、民国年间的。农历二月二土地诞，该庙没有特殊的仪式，主要是居住在土地庙周边的坊众前来进香、上供、悬挂塔香。

澳门著名的妈阁庙中也有三处土地庙或土地牌位。其中两处有庙，均被称作“正直祠”，一处写的是“土地福德财神”，另一处写的是“土地福德正神”。另有一块约40厘米高的石碑，上书“土地神位”。岗顶斜街的菖蒲里和聚龙里都有土地庙，菖蒲里土地庙神位上写着“本坊土地福德正神”，聚龙里土地庙上书“福德祠”，神位上写的也是“本坊土地福德正神”。在奥斯定教堂旁的龙嵩正街，有龙新社土地庙，街口扎有彩花门楼，龙新社土地庙上书“福德祠”，是与社公一起祭祀的，土地庙旁的人家大门上方还写有“龙新社坊众土地会”。大三巴牌坊边上的哪吒庙也有自己的土地庙，瓷塑的神像上刻有“地主爷神位”的字样。

民间信仰是澳门华人社会的重要文化现象，信仰事象丰富多样，表现形态多姿多彩，同时也是团结、凝聚华人小区民众力量的重要文化因素，是澳门华人的精神寄托。诸神灵及相关仪式与民众生活息息相关，民众祈求神灵，沉醉于仪式，民众日常生活中的各种精神需求便得以满足，因此民间信仰的神灵及其庙宇成为华人小区空间布局中不可缺少的部分。

在澳门华人聚居的街巷，无论是空间稍大的庙宇，还是门口奉祀的土地财神，几乎随时都能够看到上香的民众，虔诚的仪态令人起敬。每逢土地神诞、妈祖祭典，小区民众都会踊跃参加。神诞庆典的组织者也会为小区老人准备红包和各种礼物。每逢惊蛰时节，澳门本地民众和祭祀石敢当的庙宇都会举行“打小人”的仪式，通过这种形式宣泄心中不满，化解无边烦恼。

土地庙在澳门极其普遍，数量之多恐怕是无法统计清楚的。农历二月二土地诞也受到广大民众的重视，不论大小，庙里或神位前都有坊众供奉的香火。接下来以“庙宇节庆网”(http://www.temple.mo/index.php? lang=mo)检索的“土地庙”数据介绍澳门土地庙的基本情况，其中也包括前文提到的沙梨头土地庙。

福荣社

福荣社位于福隆新街福荣里，始建于晚清，与福隆新街的开发时期相近。供奉神明为福德正神。

九澳土地庙

九澳土地庙何时建成已无从稽考，据九澳村村长口述，此庙经历两次修缮，一次在1983年，另一次在2006年。传说土地公曾在此显灵，当时农民在田间耕作，看到远处有一位白须老人身穿白袍到村里卖茶叶，村民们都很贫穷，没有人买得起，老人便离开，走到土地庙那边消失了。村民认为是土地公显灵，保佑村民出入平安。另外，土地庙旁有一棵大榕树，亦是土地公公的化身，村里的孩子出生，都会契榕树为伯公，称为“榕树伯公”，希望得到土地公的保佑。

青洲土地庙

青洲土地庙位于青洲坊，现代所建，时间不详，供奉福德正神。

雀仔园福德祠

雀仔园福德祠位于罗宪新街 8 号 A 楼旁，始建年代已难稽考，据推测当在清中叶以后。庙外墙现存古碑一帧，立于光绪十二年(1886)，提及“本坊向有土地祠，今因本澳官宪修泊道路，遂将旧祠迁建此地”。可见现存福德祠为后来迁建。此庙为雀仔园公所所有。每逢农历二月二土地诞期间，庙中例有庆祝活动，包括演出神功戏。该庙供奉神明为福德正神，亦供奉土地婆婆。

三巴门福德祠

三巴门福德祠位于(沙梨头街)墙街与田畔街口附近，据《三巴门永安社土地公》记载已有近三百年历史。庙内有清初所立之牌匾“同沾德泽”与“合家沾恩”，是同治及光绪年间居民自置的。土地神多设于小区内，方便居民参拜。现时每年土地诞均会举行庙会活动，如“福赐三巴乐满城”，起到了促进区内居民睦邻关系，传扬本区庙宇文化特色，推动旅游业多元发展，加强传统历史文化教育，进一步改善旧城区面貌，祈求小区祥和、居民安居乐业的良好效果。祠门口有对联“春风化雨恩泽百家多欢乐，护佑宅门福赐三巴乐万家”。该庙除供奉福德正神和土地婆婆以外，还供奉关帝。

沙梨头土地庙

沙梨头土地庙位于澳门麻子街 52 号至 54 号，始建于明朝晚期，是本地始建于明代的五座庙宇之一。沙梨头土地庙由永福古社、水月宫、医灵庙、梨山圣母殿组成，依次供奉土地、观音菩萨、佛祖、医灵和韦陀、先锋杨爷、梨山圣母。庙内比较重要的是后人于水月宫前建造的牌坊，有明季大学士何吾驺书写的“水月宫”三字。

台山土地庙和台山福德祠

土地庙、福德祠位于巴波沙大马路，是本地最常见的民俗神崇拜建筑。近年来，随着新的区域的开发，居民新聚居点形成，新的福德祠出现。

下环街福德祠

下环街福德祠位于河边新街131号与133号楼宇之间，建于同治七年(1868)，祀奉主神为“威灵土地福神爷爷”，即土地公，另有民间俗神财帛星君、地藏王、紫薇正神、禄马星君、天后等。现存晚清至民国牌匾20余块，时间为创庙时至20世纪30年代。

台湾地区

台湾地区的后土信仰常见于墓地或是阴司，不常见于一般寺庙，但另一种形式的地母（信众多称“地母娘娘”“地母至尊”）信仰却常见于台湾各地寺庙。专以地母为主神之寺庙数量不多。[①] 根据“中研院”文化资源地理信息系统所藏资料，以“地母”之名检索出 153 份资料，台湾有记录可查之地母庙计有 5 间，加上互联网查找的 2 间，显示目前至少有 7 间地母庙，遍布岛内北、中、南各区。以陪祀神录入之资料，更是有 20 余份。[②] 本部分以“中研院”文化资源地理信息系统所藏之台湾寺庙记录为基础，辅之以网站资料与地方文献，以期达到内容翔实、查缺补漏。

嘉义县

圣灵山修缘湖地母庙[③]

（叶育伦）

圣灵山修缘湖地母庙位于嘉义县梅山乡大南村，主祀地母娘娘，另有神农圣帝、关圣帝君、天上圣母等陪祀神。该庙信徒认为地母信仰源于大陆的后土信仰，而后土信仰则源自早期人类自然崇拜中的土地崇拜。地母娘娘本为嘉义市大天宫的陪祀神，先是 1983 年独立驻驿于嘉义市芳安街，后于 1990 年正式落户梅山乡大南村坑口。初始仅为临时行宫，迨 2001 年 12 月大庙建成，并行入火安座大典。修缘湖地母庙占地一甲多[④]，正面为正殿，两侧为钟鼓楼及会客室。主殿前面有九龙堵及十八罗汉石像，左侧有八角亭及放生池。每年农历五月二十八举办为期五天的“护国祈安礼斗法会”，法会期间附近各宫庙都会前来赞诵经典，以祈求拜斗之信众全家平安顺利。另有每年农历十月十八地母娘娘圣诞万寿日，为主神无量虚空地母大慈尊圣寿。宫庙信徒皆会参加祝寿大典。

---

① 本处所指之寺庙盖属地方公庙性质，而非私人崇拜的私庙。

② 本部分资料来源为台北“中央研究院”文化资源地理资讯系统，http://crgis.rchss.sinica.edu.tw/@@search? sort_on=relevance&b_start:int=0&SearchableText=%E5%9C%B0%E6%AF%8D，发表时间：不详；浏览时间：2021 年 10 月 1 日。

③ 图片和内容均来自《嘉义圣灵山修缘湖地母庙》，台北“中央研究院”文化资源地理资讯系统，http://crgis.rchss.sinica.edu.tw/temples/ChiayiCounty/meishan/1015009-JYSLSXYHDMM，发表时间：不详；浏览时间：2023 年 11 月 23 日。

④ 甲是台湾地区农民计算田地面积之单位，换算成公制 1 甲为 9699 平方公尺，即 0.9699 公顷，约 14.5 亩。甲和坪，都是台湾地区常用的土地面积单位。

新北市

芦洲护天宫地母庙[①]

（叶育伦）

芦洲护天宫地母庙建于1972年，位于新北市芦洲区，为两层中式寺庙，主神为地母至尊，另有后土元君、天上圣母、孚佑帝君等陪祀神。农历三月十八为后土皇神圣诞。农历五月十九至二十一举行宫庆礼斗法会。农历十月十八为地母至尊圣诞。地母会组织是庙中活动的主要参与者，入会者须缴纳会费。

云林县

高林地母宫[②]

（叶育伦）

高林地母宫位于云林县古坑乡高林村，主祀地母至尊。该庙于1997年12月18日建成，为东和天浩宫地母庙的前身。该庙为三开间寺庙。因紧邻道路，因此并无庙埕。

① 台湾宗教资讯网，https://religion.moi.gov.tw/Knowledge/Content? ci=2&cid=248，发表时间：不详；浏览时间：2022年4月12日。图片来源：芦洲护天宫地母，https://www.facebook.com/HouTainTemple/，发表时间：不详；浏览时间：2022年4月12日。

② 内容来自《高林地母宫》，台北"中央研究院"文化资源地理信息系统，http://crgis.rchss.sinica.edu.tw/temples/YunlinCounty/gukeng/0907003-DMG，发表时间：不详；浏览时间：2022年4月12日。

天浩宫地母庙[①]

（叶育伦）

天浩宫地母庙位于云林县古坑乡东和村，主祀地母至尊，另有中坛元帅、观音、土地公、玄天上帝等陪祀神。最早由古坑乡高林村陈福朝、陈联昌于1977年从建德寺恭请地母金尊奉祀，并于1980年农历三月十二创建天浩宫。主庙为重檐式中式庙宇，另建有牌楼一座。每月逢二、五、八为救世乩日。

建德寺地母庙[②]

（叶育伦）

建德寺地母庙位于云林县古坑乡荷苞村，又称“灵台山建德寺”，为荷苞山风景区两大名寺之一。该庙主祀地母至尊（又称“宇宙之母”，掌管地上所有神明和事物），另有文昌帝君、观音、中坛元帅等陪祀神。寺庙建于清光绪三十四年（1908），其间曾历经几次修整，直到1969年才重建完成。该庙左右雕绘着地母娘娘显灵拯救众生的神迹。庙前广场建有八卦掌地球九龙池。以其为中心，池上的柱顶撑地球，球顶上则有地母娘娘、八卦图坐镇，象征着至高无上的地位和在人间奉祀三官大帝。

---

① 图片和内容均来自《东和-天浩宫》，台北“中央研究院”文化资源地理信息系统，http://crgis.rchss.sinica.edu.tw/temples/YunlinCounty/gukeng/0907005-THG，发表时间：不详；浏览时间：2022年4月12日。

② 图片和内容均来自《荷苞灵台山建德寺地母庙》，台北“中央研究院”文化资源地理信息系统，http://crgis.rchss.sinica.edu.tw/temples/YunlinCounty/gukeng/0907004-JDS，发表时间：不详；浏览时间：2022年4月12日。

台南市

二龙山无极金銮宝殿[1]

（叶育伦）

二龙山无极金銮宝殿位于台南市关庙区埤头里，主祀无上虚空地母至尊及五母大天尊。无神像，仅置龙椅，供信徒参拜。该庙为全金色的北式建筑，殿高七层。

南投县

埔里镇宝湖宫天地堂[2]

（叶育伦）

埔里镇宝湖宫天地堂位于南投县埔里镇，地方惯称“地母庙”。主祀地母至尊，另有无极老祖、开天古佛、玉皇大帝、神农大帝等陪祀神。信徒认为本庙主祀地母，配涵养先天与后天之万物万灵，为宇宙之母。最初由埔里梁传兴奉祀地母香火。1937年，为地母塑金身奉祀。1947年，筹建委员会成立，将建筑正式命名为“宝湖宫天地堂”。1948年3月15日，开堂镇座。1961年，成立管理委员会。1979年，管理委员会改组为法人组织。庙内建筑为仿宋北朝厥山重檐式，配彩色瓦，前后殿、乾坤定位与中殿（神农殿）合为天、人、地三才格局。现有地母殿、乾元殿、太阳殿、太阴殿、神农殿，作为庙中主陪祀神祇的祭祀场所。1964年，成立重建委员会，辟建宫阙，设八卦九龙池，扩建正殿。在1999年的9·21南投地震中，各殿均遭到了一定程度的损毁。为此，对天地堂进行了大规模修复，2001年8月完工。每年农历十月十八，天地堂都会举行“地母至尊万

① 网站“台南咬一口”，https://eattnn.com/06-595-7399/，发表时间：2022年10月25日；浏览时间：2022年4月12日。

② 财团法人台湾南投县埔里镇宝湖宫天地堂，http://www.timu.org.tw/about_guide.php，发表时间：不详；浏览时间：2022年4月12日。

寿”,包含仪式(三献礼、朝贺、午敬)、献戏、民众康乐节目(施放烟火、儿童绘画比赛等)与寿宴(4 天,流水席形式)等活动。

根据成书于 2019 年的庙志《宝湖藏津》所载,该庙曾有 47 年的扶鸾记录(今已无),是埔里地区早期鸾务发展的重要鸾堂之一。今日,天地堂仍与埔里各寺庙保持着诵经团互为赞诵经卷的关系,同时也是埔里寺庙联谊会的成员,本地与外地信众极多。

国内外后土信仰实践

辽宁省鞍山市后土信仰

（王祖悦）

鞍山市是辽宁省下辖地级市，也是辽中南地区重要的中心城市，有着“共和国钢都”的美誉。本文将文献与田野资料相结合，呈现鞍山地区的后土信仰状况。

一、方志中的后土

搜寻地方志书可以发现，辽宁地区的后土信仰虽有一定的记载，但与山西、河北、江苏等地相比并不多。从记载数量来看，最多的是丧葬仪式中祭拜后土，其次是祭祀仪式和建筑仪式中祭拜后土。

丧葬仪式中祭拜后土的记载有以下几条：

> 灵入茔，祀后土毕，由阴阳就圹，准正方位，丧主以具撮土掩棺者三，助葬人始各筑土起坟；孝子即于是时除丧绖，凡灵前所用陶器及男女麻绖悉纳圹中，盖取古礼藏凶之义。①
>
> 既至茔兆，先祀后土，然后悬棺而窆，正其方向，谓之“拨正”。②
>
> 茔于新葬地而祀神者，曰“祭后土”。就圹后，焚化冥镪、刍灵毕，定正方向，丧主先掩土，然后助葬者筑土起坟，家人哭之尽哀而返。③
>
> 如系新茔，请武大宾祠后土，礼宾同往襄礼。葬毕，回宅行安主礼。④
>
> 用红纸书本山后土神位，南向陈设香案、酒馔、三牲，并盥盆、帨巾、红毡，礼请祠土官（多以武职为之）盥洗上香。行九叩礼毕。孝眷退至墓所，

---

① （民国）王树枏、吴廷燮、世荣、吴闿生、金梁、金毓黻总纂：《奉天通志》卷九十八《礼俗二》，民国二十三年铅印本，第27b页。

② （民国）戚星巖纂：《海城县志》卷四《人事志》，民国二十六年铅印本，第31页。

③ （民国）李毅纂修：《开原县志》卷三《人物》，民国二十年铅印本，第16b页。

④ （民国）崔正峰、郭春藻编辑：《盖平县志》卷十《礼俗志》，民国十九年铅印本，第3a页。

视开茔兆毕，请礼教下建。[①]

至墓地，先致奠于后土，然后窆棺。[②]

是日，扶柩诣茔，祀土神（茔域树石为神位，曰“后土”），悬棺而窆。[③]

是日，扶柩诣茔，祀土神（茔域树石为神位曰“后土”），悬棺而窆。[④]

至墓，祀后土。悬棺而端其方向，曰拨正。纳棺于圹上，覆以席。凡柩前所用陶器及男女麻绖灵牌等物悉纳其中，盖取古礼藏凶之义。[⑤]

灵柩入茔，先祭后土。就圹时，遵术士指定方向。丧主用襟取土覆棺四周，加铭旌于盖。然后加椁覆以席。始筑土为坟。[⑥]

至茔，先备三牲礼，由礼生赞唱，武大宾躬祀后土。[⑦]

及入茔，祀后土毕。就圹，正其方向。丧主以襟兜土掩棺者三。助葬人始各筑土起坟。各冥物悉于此时焚化。[⑧]

至墓地，先祀后土。乃贬柩。丧主率家人设奠哭之，尽哀乃返。[⑨]

至墓地，先祀后土。乃窆柩。丧主率家人设奠，致祭乃返。[⑩]

及入茔，祀后土毕。扶柩就圹，正其方向。丧主以襟兜土掩棺者三。助葬人始各筑土起坟。[⑪]

及入茔，先祀后土。就圹，正其方向。丧主以襟兜土掩棺者三。助葬人始各筑土起坟。[⑫]

武略将军墓……旁有石碑，一镌有皇天后土四字。[⑬]

从以上记载可以看出，不同地区丧葬礼仪中祭拜后土的仪式既有相似之

---

① （民国）宋抡元、刘滋桂、寇乃荣纂修：《庄河县志》卷八《礼俗》，民国十年铅印本，第4b页。

② 转引自丁世良、赵放主编：《中国地方志民俗资料汇编东北卷》，书目文献出版社1989年版，第182页。

③ （民国）王文藻修，陆善格、朱显廷纂：《锦县志略》卷十七《礼俗》，民国九年铅印本，第9b页。

④ （民国）赵兴德修，薛俊昇纂：《义县志》卷九《民事志》，民国十九年铅印本，第13a页。

⑤ （民国）杨荫芳纂：《兴城县志》卷十一《礼俗》，民国十六年铅印本，第8a页。

⑥ （民国）陈德懿总纂：《铁岭县志》卷十二《礼俗》，民国二十年铅印本，第7b页。

⑦ （民国）郝玉璞纂：《岫岩县志》卷三《人事志》，民国十七年铅印本，第69a页。

⑧ （民国）白永贞总纂修：《辽阳县志》第四编《人事》，民国十七年铅印本，第14b页。

⑨ （民国）张辅相、宋作宾、戚鸿藻、陈宗岱纂修：《海城县志》卷七《人事志》，民国十三年铅印本，第19b页。

⑩ （民国）吕中清、孟宪彭、郭绍汾、宋景和纂修：《北镇县志》卷五《人事》，民国二十二年石印本，第14a页。

⑪ （民国）张恩书、褚冠英总纂：《西丰县志》卷二十《礼俗志》，民国二十七年铅印本，第7b页。

⑫ 李植嘉纂：《辽中县志》第四编《人事》，民国十九年铅印本，第12b页。

⑬ （民国）王树枏、吴廷燮、世荣、吴闿生、金梁、金毓黻总纂：《奉天通志》卷九十五《建置志九》，民国二十三年铅印本，第43a页。

处，又有细微的差别。

从祭祀后土的顺序来看，各地都是先祭祀后土再下葬。

从祭祀的对象来看，虽然都是后土神，但是具体的表现形式有所差别，锦县和义县都是下属于锦州的地区，两县县志对祭祀后土的记载完全一致，都是祀土神（茔域树石为神位，曰“后土”），即锦州地区是将茔地范围内的树木和石头视为后土的神位。其他地区的记载仅提及“祀后土”，并未提及后土神位的具体形态。

从祭祀时奉献的祭品来看，庄河县县志记载献给后土的祭品要包括“酒馔、三牲，并盥盆、帨巾、红毡”，岫岩县县志记载要供奉三牲，其他地区都没有明确记载祭品的具体种类。

从祭祀后土的人员来看，盖平县与庄河县对此有明确的记载，盖平县是“武大宾”，庄河县是武职的土官，其他地区均没有提及祭祀的人员。

从后土的管辖范围来看，仅庄河县县志提到是“本山后土神位”，即可能该地区认为后土神管辖本山，而其他地区记载则都只称“后土”，并没有“本山”这个范围限定。

祭祀仪式方面，辽宁地区有关后土神的记载多是从官方的角度。

> 皇祖辞让再三。明年四月，表上尊号曰“宽温仁圣皇帝”。建国号大清。改元崇德。告于皇天后土。追王烈祖。[①]
>
> 社会日礼：仲春之月，择元日，命民社。（注：社，后土也。）祀社日用甲或曰元日。春分前后，戊日以社祭土，土异木，甲属木，故不用而用戊日土。（按：今以立春后五戊为春社，立秋后五戊为秋社，亦适当二分前后也。）[②]
>
> 皇天后土岳渎神祇监听此誓。[③]
>
> 世谓清太祖请神像于明，明与后土，识者谓为献地之兆。[④]

从以上记载可以发现，后土多与“皇天”并列，祭社仪式中的社即是后土。而官方祭祀仪式中的后土一方面具有保证誓言实现的信仰功能，另一方面又具有强大的政治象征功能，即“献地之兆”。

我们在爱如生数据库中查询到建筑领域的一则记载：复州知州耀昌于清嘉

---

① （清）魏枢纂修：《盛京通志》卷三《典谟志》，清咸丰二年刻本，第 9b 页。

② （民国）戚星巖纂：《海城县志》卷四《人事志》，民国二十六年铅印本，第 56、57 页。

③ （民国）王树枏、吴廷燮、世荣、吴闿生、金梁、金毓黻总纂：《奉天通志》卷二十五《大事志二十五》，民国二十三年铅印本，第 22a 页。

④ （民国）曾有翼纂：《瀋阳县志》卷十《古迹》，民国六年铅印本，第 5a 页。

庆六年(1801)所作《建修奎星楼碑记》中提到:"诹吉于辛酉孟秋之廿九日兴工,余偕学厅暨诸生展拜后土。忽见清风洒然,膏雨霢霂,逾数刻而止,遂共欣然谓:'有风雨会合之兆。'于是周爰执事,于九月十五日落成。"[①]从这段文献中可以解读出,在建筑领域,人们在动土之前会祭拜后土,有时当地的士大夫、官员也会参与祭祀。祭祀后土还会产生种种自然的"神迹",如该段文献中记载的"有风雨会合之兆"。从"欣然"这一描述性词语可以看出,这种征兆或许是一种吉兆,有助于建筑安全、快速完工。

二、当下丧葬仪式中的后土

在鞍山地区,现在仍存在地方志中记载的在丧礼中祭祀后土的习俗。

据访谈对象回忆,这一传统可以追溯到20世纪七八十年代,具体的表现是从砖搭的后土神位发展为庙宇般的后土神位。用砖搭成的后土神位由三块砖搭成,"两块立着的一块横的"[②]。据采石场老板回忆,随着近几年公墓盛行,这种如同压缩庙宇一般的后土牌位才开始产生。现在通用的后土牌位是用石头砌成的,有黑白不同的花色,大致的样式是一块长方形的石板,用红漆或黄漆上书"后土之位"四字,而石板顶端则雕刻成庙堂般的屋檐形状。这种后土牌位大小不一,多是依据自家墓碑的大小和形式选定,大墓碑就配大一些的后土牌位,小墓碑就配小一些的后土牌位,花色也尽量与墓碑的颜色相配。

后土牌位的价格因大小而异,采石场最小的后土牌位价格约为50元,而同样大小的后土牌位在公墓的价格约为200元。除了这种样式较为通行的后土牌位以外,还有雕刻成庙宇形状的后土牌位。如果说通行的后土牌位是将四四方方的庙宇压缩至一个平面内,那么庙宇形状的后土牌位则是等比缩小。笔者在采石场见到的这款后土牌位如同一间小房子,门洞上左右用红色油漆书写对联"庙小神通大,保佑子孙兴",横批"保佑一方",而内部则同样供奉一块竖立的石头,上书"后土之位"。据说这种形式的后土庙因为占地面积较大,所以一般不会出现在公墓之中,而是多出现于山上的私人家族墓地中。本地人并不认为这些后土牌位是"碑",他们大多认为这些牌位是"庙"。

在鞍山地区,后土牌位一般放在墓碑左后方。对于为什么放在左后方,笔

---

① (民国)张素纂:《复县志略艺文略》,民国九年石印本,第4a页。

② 访谈对象:祝秋月,女,1970年生;访谈人:王祖悦;访谈时间:2022年7月12日;访谈地点:线上访谈。

者得到的回答多是“左是主位”[①]“左为大”[②]。但是经过更为深入的访谈，笔者发现后土牌位的供奉分为几种情况：最为常见的情况是夫妻合葬，这种时候将后土牌位安放在墓碑左后方；第二种情况是墓主为单人，这种情况下不论男女，后土牌位都安放在墓碑的左后方；第三种情况则较为特殊，即夫妻二人中如果是妻子先入土，这时候要将后土牌位放在墓碑右后方，等待其丈夫入土合葬以后再将后土牌位转移到墓碑的左后方，但如果是丈夫先入土，则还是将后土牌位安放在墓碑的左后方。

丧礼中安置后土牌位的时间与祭拜后土的顺序分为两种情况：公墓会预先立好碑，所以在公墓中举行的丧礼只能是立碑以后再立后土牌位；在自家坟地中举行的丧礼一般则是“请先生定好了坟地，然后给后土上香，把后土立上，再把棺材放里头，最后再放碑”[③]。这种顺序与地方志中的记载完全相同，由此可见，这种先祭祀后土再安放棺椁的习俗保留了下来。当下公墓丧礼的后土牌位安放时间出现改变，主要原因是公墓的人为安排打破了原有的丧葬民俗时序。在何时祭拜后土这一问题上，受访者的回答高度一致，即“先祭后土后祭祖”[④]。至于为什么要先祭拜后土，受访者回答是“希望后土给看着点”[⑤]，即祈祷后土护佑去世的先人。

对于后土与土地的关系问题，受访者的回答并不一致。有些受访者坚定地对后土与土地进行了区分：从性别上看，认为后土是娘娘，而土地是土地爷；从神灵的居所上看，认为后土是道观中的娘娘，而土地则是土地庙中的土地神；从管辖范围上看，认为后土管得大，土地管得小，“那国家领导人不是只有一个吗？土地庙那不是一个村一个村的，那得多少个村啊？”[⑥]从官职上看，认为“皇天就

① 访谈对象：孙禹，男，1971年生；访谈人：王祖悦；访谈时间：2022年7月9日；访谈地点：双龙山墓园二期。

② 访谈对象：金英，女，1971年生；访谈人：王祖悦；访谈时间：2022年7月9日；访谈地点：采石场。

③ 访谈对象：采石场老板张丽娟，女，1967年生；访谈人：王祖悦；访谈时间：2022年7月9日；访谈地点：采石场。

④ 访谈对象：孙禹，男，1971年生；访谈人：王祖悦；访谈时间：2022年7月9日；访谈地点：去采石场的路上。

⑤ 访谈对象：孙禹，男，1971年生；访谈人：王祖悦；访谈时间：2022年7月9日；访谈地点：双龙山墓园。

⑥ 访谈对象：祝秋月，女，1970年生；访谈人：王祖悦；访谈时间：2022年7月9日；访谈地点：去武圣观途中。

是玉帝，后土就是娘娘……土地是村长”①，或“后土是国土资源部部长”②。但还有些受访者将后土与土地混同：“（后土）就是土地，都是神话说的，就像演的《西游记》，就是土地爷、土地姥。”③除了上述既知道后土也知道土地的访谈对象，还有很多人只对土地有了解，但并不知道后土。对于后土的管辖范围，从阴阳的角度来看，有些访谈对象认为后土是娘娘，与玉帝相配，因此职能非常广泛。当笔者问及后土是否只管阴间的事情时，访谈对象回答说：“这是所谓的先生们的说法。”④而从后土管辖的领域来看，大家普遍认为“只有一个后土”⑤，即神灵是共用的。由于“各家都只顾着自己家的事”，因此每户的墓碑后都立有后土牌位，而非在整个公墓墓园立一个。这个范围的边界可能是以家族为单位的，有访谈对象回忆，自己曾经在一个家族墓地看到过后土牌位，所立的位置是在辈分最高的墓碑的左后方。在这种情况下，整个家族墓地只有一个后土牌位。

三、道观供奉后土神

笔者在调查中得知有两座道教宫观供奉后土。那么，在宗教人士眼中，后土信仰有哪些意义和内涵？与普通百姓的视角是否会有所不同？

（一）武圣观

武圣观全称“武圣观财神庙”，位于摩云山南，在鞍山与辽阳交界处。武圣观始建于清雍正三年（1725），历史上称“千山无量观下院”，是北方供奉财神最全的古老财神庙。⑥ 慈云殿供奉圆通自在天尊、王母娘娘、地母娘娘、碧霞元君、眼光奶奶、子孙娘娘和三音娘娘。道观后方的土地庙供奉着城隍、山神、土地以及后土娘娘。据道长讲述，这尊像是“别人不供了的”⑦。

---

① 访谈对象：孙禹，男，1971 年生；访谈人：王祖悦；访谈时间：2022 年 7 月 9 日；访谈地点：去双龙山墓园的路上。

② 访谈对象：于景泽，男，1971 年生；访谈人：王祖悦；访谈时间：2022 年 7 月 9 日；访谈地点：千山五龙宫。

③ 访谈对象：采石场老板张丽娟，女，1967 年生；访谈人：王祖悦；访谈时间：2022 年 7 月 9 日；访谈地点：采石场。

④ 访谈对象：孙禹，男，1971 年生；访谈人：王祖悦；访谈时间：2022 年 7 月 9 日；访谈地点：去双龙山墓园的路上。

⑤ 访谈对象：孙禹，男，1971 年生；采石场老板张丽娟，女，1967 年生；访谈人：王祖悦；访谈时间 2022 年 7 月 9 日；访谈地点：采石场、去武圣观途中。

⑥ 参见武圣观山门外的介绍牌。

⑦ 访谈对象：武圣观陈红道长，女，1972 年生；访谈人：王祖悦；访谈时间：2022 年 7 月 9 日；访谈地点：武圣观。据说这种情况可能是原本供奉了后土娘娘，但是后来有了其他信仰，便把原先供奉的神像送到了庙中。

武圣观道长认为后土娘娘就是地母娘娘，地母娘娘的生日是农历十月十八。慈云殿门外的指示牌处，写着地母娘娘“掌握阴阳生育、万物生长、与大地山河之秀之神，人们的衣食住行、吉凶祸福全受地母娘娘所庇佑……”[①]当笔者问及后土娘娘与土地的区别时，道长回答：

土地是男神，后土是女神，但是都属于土地神。但他们职管的还有区别……这和人似的，阴和阳嘛。土地是管整个这一片土地的，地母、后土呢是管山河啊、江海啊、妇女啊，她管这些。

人生存在土地上，或者你做土地搞建筑的，都愿意拜土地啊。

本境土地就管咱这片的。你要大面积的，那就是管全国的，管世界的。咱这个就叫本境土地。[②]

可见在道长的理解中，土地与后土娘娘的区别在于男女神的区别与管理职能的区别，土地神管的是本地，而后土则管辖整个山川江海。

（二）五龙宫

五龙宫在千山仙人台景区丁香峪沟中部，慈祥观之南。周围有五岭，恰似五龙围绕，取“五龙捧圣”之意，故名“五龙宫”。开山祖师是洪谷庵龙门派道士彭复光。彭复光于清乾隆三年(1738)化缘创建真武殿及玉皇阁。清嘉庆、道光、咸丰年间和民国先后重修与扩建，有正殿、前殿、客堂、监院房、十方堂、门房、钟楼和玉皇阁等建筑28间。[③] 五龙宫的后土神像立于玉皇阁，玉皇阁中间立了玉皇大帝神像，其牌位为“供奉玉皇大天尊玄穹高上帝之神位”。左侧供奉后土娘娘，其牌位为“供奉万灵之主后土皇地祇之神位”。右侧供奉碧霞元君，其牌位为“供奉王母宠德碧霞元君之位”。神像前的供品除了水果、红烛和糖果以外，还有白面馒头数个。

看守玉皇阁的孟道长回忆，后土娘娘是近些年才供奉的，原先只有玉皇大帝和王母娘娘，后来觉得应该摆三尊神像，于是又供奉了后土娘娘，因为“(后土)级别能在玉帝旁边”[④]。在孟道长的观念中，后土娘娘就是地母娘娘，后土的生日是农历三月十八，但是由于鞍山本地了解后土的比较少，所以三月十八专

---

① 参见武圣观慈云殿殿门外指示牌。

② 访谈对象：武圣观陈红道长，女，1972年生；访谈人：王祖悦；访谈时间：2022年7月9日；访谈地点：武圣观。

③ 参见韩敏主编：《鞍山宗教文化》，春风文艺出版社2015年版，第46页。

④ 访谈对象：玉皇阁孟晓军道长，男，1962年生；访谈人：王祖悦；访谈时间：2022年7月9日；访谈地点：千山五龙宫玉皇阁。

门来祭拜后土的并不多。五龙宫的法事宣传单上也没有标注后土娘娘的诞辰。关于后土娘娘与土地的区别，孟道长认为后土是大罗金仙，而城隍与土地仅仅是地仙。后土的管辖范围非常广泛，“哪里有生命她都管”。墓地祭拜的后土同这里供奉的后土娘娘是同一神灵，至于为什么动土就要祭祀后土，是因为“过去那土不是随便挖的，烧点元宝，向后土祈祷，我买下这块地了，完事才能动土”[①]。但孟道长认为后土并不管阴间的事，阴间的事情由鬼王来管。

总的来看，鞍山地区对后土地位的认知相对一致，即普遍认为后土神只有一位，是女性，在神职中地位非常崇高，可与玉帝相配，是掌管土地的最高神灵，山神、城隍和土地都在后土的管辖范围之内。

① 访谈对象：玉皇阁孟晓军道长，男，1962年生；访谈人：王祖悦；访谈时间：2022年7月9日；访谈地点：千山五龙宫玉皇阁。

晋东南的后土神位

（吕树明）

晋东南一带普遍流行在坟墓左边立后土神位的习俗。这一习俗由来已久，至今仍在山西省晋城市的泽州、阳城、高平等地的丧葬仪式中使用。后土神位上镌有“后土尊神”“后土皇帝神”“立后土皇后之恩”“皇天后土帝”等不同尊称，反映了风水先生对后土神祇性别、司地司冥职能的不同认知。后土神位的制作有用黄表纸和石质两种，处理方式亦有不同。黄表纸糊制的后土牌位，其上用毛笔写上“后土”尊称，这在丧家去世的第一时间就要制作完毕。在破土前的祭后土仪式上，后土牌位要连同祭文、黄表纸等一起被烧掉，表明民众需要将亡魂安葬破土的事宜传递给冥神后土。石质后土牌位一般用花岗岩、大理石等制成，上面镌刻后土神祇的尊号，一般是由仪式专家联系殡仪商家定做。石质后土牌位立的时间没有特别具体的规定，但在丧家下葬之前必须立起来。后土神位一旦确立起来，表示后土冥神已经接纳亡魂，死者可以下葬。

在风水先生袁某的引领下，笔者实地走访了高平市南城街道的晓山公墓和一处吴氏私人墓地，查看后土神位的安置使用情况。[①] 晓山公墓位于高平市南城街道西南庄村，是主要面向城镇居民的经营性公墓，占地30余亩，建在一个相对平缓的山坡上。在墓园里，“晓庄公墓”四字镌刻在公墓主道正上方的巨石上。镌刻有“後土尊神之位”的石质牌位立在其左边30余米处，经由一条水泥路即可到达。这块“後土尊神之位”牌位体积较大，碑身高1米，宽约0.6米。按照袁某的介绍，整个墓园共用一位后土神，后土神掌管着整个公墓的事务。所有来这里的主家在处理完下葬事宜后，都要通过主道来后土神位前祭拜摆供，叩谢后土。吴氏私人墓地位于南城街道西南庄村的一片玉米地中，据袁某

① 访谈对象：袁某，男，1952年生，高平市东城街道办事处秦庄村人；访谈人：吕树明；访谈时间：2022年8月8日；访谈地点：高平市东城街道办事处秦庄村袁某家中。

介绍，吴家是比较讲究的，这块后土神位石碑也是由其所立，下葬后的谢后土仪式就是在神位前举办，和坟地破土时的祭后土仪式几乎一样。吴家后土神祇牌位较小，通体黑色，用红漆写着“後土尊神之位”，碑身高约 0.3 米，宽约 0.2 米，位于吴氏祖墓左边大约 3 米处。

山东墓地的后土信仰

枣庄市后土碑

（刁统菊）

大约60年前，山东省枣庄市滕州市龙阳镇刁沙土村墓地广泛存在“后土”或“后土神位”碑。老林（即家族墓地）都有四至，指的是墓地的范围，而后土就是管理这一小范围的土地爷。当有人去世时，执事的老总带着孝子先去墓地给后土磕头，请他接管亡者。但现在墓地很少能见到“后土神位”石碑，有的人甚至都不知道后土，也有人了解后土，但没有专门安置后土石碑，而是在墓地一侧通常安放后土的位置烧纸，表示对后土的敬拜和请托。[①]

而在枣庄市其他区域，如薛城区和山亭区，墓地依然有安放后土碑的习俗。枣庄市乡村，每个姓氏宗族都有自己的墓地，俗称“林地”或“祖坟地”。山亭区徐庄镇张山湾村村南有一座张氏祖坟，坟前立有墓碑，坟后立有一块后土碑，上面书写着“后土之神位”几个字。至于为何要立这么一块碑，村里人则用“人有前有后”“前头碑，后土碑，有前也有后”来解释。张山湾村及其周边村落有“跑马圈地”的习俗，即选好墓地后会把买来的“后土之神位”石碑放置于墓地，在下葬之前骑着马绕墓地正转三圈、反转三圈，也有不骑马由人拿着纸马跑圈的。“后土之神位”石碑，可能有镇阴宅之功用，即保佑或守护墓地之意义。[②]

枣庄市这种习俗由来已久。枣庄市山亭区原付庄乡人大主席团主席田传江曾经在20世纪90年代参与地名志编辑工作。他介绍道，红山峪村始建于明

---

① 访谈对象：刁金星；访谈人：刁统菊；访谈时间：2022年5月1日；访谈地点：线上访谈。

② 参见王素珍：《地可发千祥：湘中的土地神与土地庙》，中州古籍出版社2015年版，第112～113页。

万历十三年(1585),其依据便是在“赵家林”(赵氏祖坟)后土碑上发现“万历十三年”字样。2004年清明节,红山峪村周氏家族竖碑,即给去世的先人立碑,墓地后面就是“后土神位”碑。“后土神位”碑当时被描红了,周氏后人将准备好的祭品摆好,然后举行磕头仪式。[①]

济宁市后土碑

邹城市后土神位碑

(袁振吉)

2009年,山东邹城市进行了第三次文物普查,发现两块后土神位碑。一块位于邹城市唐村镇中唐村西北1500米潘氏家族墓地,又称“潘家林”,松柏森森,坟冢累累。现存较好的碑刻9通。其中,后土神位碑高1.1米,宽0.65米,厚0.27米,刻立于清道光二十九年(1849),碑面正中竖刻“后土神位”四字,题“道光贰拾玖年岁次己酉端阳月下浣之榖旦”。

另一块后土神位碑位于峄山镇照山庄,立碑时间为清光绪十五年(1889),碑长1.2米,宽0.6米,碑面正上横刻“大清”二字,正中竖刻“后土之神位”,题“光绪十五年岁次己丑十二月”。该碑所在地为土地庙原基址。

曲阜孔庙后土碑

(袁振吉)

除了墓地祭祀后土,人们在祠堂也会安放后土神位。2007年3月30日,枣庄市薛城区田湾村修田氏家庙,举办祭祖活动,家庙后面就有后土神位。[②] 这种在家庙内供奉后土神位的风俗,曲阜孔庙也有。后土祠位于圣迹殿东南,与焚帛所东西相对,是一处独立的小院。正房三间,内置神龛,龛内有“后土之神位”。灰瓦硬山顶,七檩四柱前后廊式,前为廊。门一间,砖墙承重,木过梁,灰瓦硬山顶。后土祠始见于金代庙图,位于寝殿以北偏东处。明弘治火灾后,土

① 资料来自刁统菊2004年清明节在红山峪村的田野作业。

② 资料来自张礼敏、刘爱昕2007年3月30日在枣庄市薛城区田湾村的田野作业。

地祠位于今处，但仅为孤立的正房。清雍正七年(1729)重修时已成独立院落，形制与今存相同，围墙十六丈，门阔五尺二寸，正祠明间面阔一丈，两次间各面阔七尺，进深一丈七尺，其中前后廊各三尺，檐柱高八尺四寸，雅五墨彩画。清乾隆十三年(1748)维修，嘉庆二十一年(1816)正祠坍塌重建，1988年重修。[①]

临沂市费县东蒙镇乡村墓地的后土碑

（王全宝　王庆安　马荣宪）

山东省临沂市费县东蒙镇不少村庄的墓地里都有刻着“后土”字样的石碑。

永目村西岭上马氏祖林里的后土碑位于村庄西侧，距村约400米，此碑地上部分高0.8米，宽0.3米，碑面上刻有“后土”二字。据该村村民马荣厚介绍，此碑为十五年前(约2007年)竖立，因坟地坐落于土岭西坡，为免受冲撞，故竖立此碑。

西宋家庄季氏祖林里的后土碑位于村西300米处，竖立于2002年前后。当时由于修筑道路，季氏墓地西南侧形成一个三岔路口，季氏族人认为对自家墓地不吉，故于墓地南侧路边竖立此碑，保护墓地免受冲撞。

该后土碑不是规则的长方形石碑，而是在一块不甚规则的石头上雕刻了“后土”二字，除此别无其他文字。近来因道路加宽，该后土碑恰在加宽范围内，故被推倒。季氏族人准备在道路加宽工程完成后选择合适位置将该碑重新竖立起来。

---

① 关于曲阜后土祠的材料，来自袁振吉搜集的2022年5月孔庙“后土祠”的解说词。

福建墓地的后土信仰

（石奕龙）

福建虽没有专门供奉后土主神的宫庙，但有着后土信仰实践，主要表现在两个方面：其一，阴宅多以后土为守护神；其二，正一派、闾山派道士在建醮设坛时常需悬挂包括后土皇地祇在内的四御神像，而有的全真派道士则在宫庙中供奉“承天效法后土皇地祇”。

康熙三十五年(1696)，施琅将军卒于任上，康熙皇帝钦赐下葬于泉州府惠安县黄塘镇虎窟村的鹤顶山腰南麓。施琅墓依山而建，船形，坐北朝南。整个墓地占地6800平方米。墓地分几个台阶，第一台阶上有石亭一座，内有赑屃驮的“皇清赐建”碑。第二台阶上有三座石亭，内为康熙皇帝的“皇清谕祭”碑。第三台阶正中建有“钦赐祭葬”石牌坊。牌坊后面墓道两旁石马、石虎、石羊、石狮等石翁仲各一对。第四台阶上则为清朝文武官员的石翁仲各一对。第五台阶为半圆形墓埕，上有长条石制作的祭台。第六台阶为坟包。墓碑方形，正中刻“皇清光禄大夫太子少傅靖海将军侯襄壮施公墓”，两旁刻“一品夫人王氏”(左)和“一品夫人黄氏”(右)。坟包鸟瞰为心形。坟包左侧距坟包中心点约30米处，竖有“后土神位”石碑。

福建安溪县湖头镇湖头村(清康熙时大学士李光地老家)村边有李光埌夫妇合葬墓，其坟包左侧也安置有后土神位的石碑。李光埌，字赐卿，安溪县武生，康熙朝大学士李光地的堂弟。资料显示，李光埌也是康熙、雍正年间人。其墓地应为康熙末到乾隆年间建造，故其坟墓的年代与施琅墓地的年代相距不远。[1] 也就是说，在清康乾年间，福建人墓地的守护神明是后土皇地祇或后土娘娘。

---

① 参见(清)庄成修、(清)沈钟、(清)李畴纂：乾隆《安溪县志》卷八《人物下·劳绩二》，上海书店出版社2000年版，第590页。

这并非福建人在墓地用后土皇地祇作为墓地守护神的开始。早在唐代，福建地区就以后土神明作为墓地的守护神。唐代开漳圣王陈元光的墓地也是以后土为墓地的守护神。唐总章二年(669)，因南方泉州、潮州之间蛮獠骚乱，民苦之，唐高宗以“佥乞镇帅有威望者以靖边方”，诏令归德将军陈政“莫辞病，病则朕医；莫辞死，死则朕埋”，以朝议大夫的头衔统岭南行军总管事，携子陈元光率123名将佐、3600名府兵入闽，平定啸乱。他们驻军、屯垦于云霄，兴修水利，发展生产，为漳州府的建置打下基础。唐高宗仪凤二年(677)四月，陈政积劳成疾，病逝于云霄，葬于县城西郊将军山东麓。

陈政病逝后，20岁的陈元光承袭父职，任岭南行军总管，并被封为鹰扬将军。他一边消除动乱根源、稳定地方，结束了战乱局面，打下了唐王朝有效治理闽南的根基；一边厉行法治，重视垦荒，兴修水利，将中原先进农耕文明带到这片蛮荒之地，催生了闽南文化，对当地的少数民族实行团结、教育、感化政策，吸引少数民族下山定居，倡导汉族军士与当地少数民族通婚结亲，促进民族和睦共处。这为后来闽南地区经济、社会和文化的繁荣奠定了坚实基础。为了确保闽南地区的长治久安，经陈元光奏请，垂拱二年(686)十二月初九，武则天准许在泉州与潮州之间建漳州府，治所位于云霄漳江之滨。陈元光受命为漳州刺史，当地实现了由行政管理取代军事管制的转型。随着漳州府的建置，闽南、粤东的经济文化迅速发展，陈元光也成为促进中原文化、楚越文化和海洋文化融合的奠基者。

唐睿宗景云二年(711)，陈元光在与潮寇作战中殉职，享年55岁，朝廷赠临漳侯，谥忠毅，民间誉为“开漳圣王”。其初葬于福建云霄县大峙原(今葛布山)。唐德宗贞元二年(786)，漳州府治迁今漳州后，陈元光也奉敕移葬漳州城北的石鼓山下，即今漳州市芗城区浦南镇的石鼓山，距漳州市区15公里。

浦南陈元光墓坐西北朝东南，坟碑高耸坟首，上刻“唐开漳陈将军墓”，两侧护肩与碑身成弧状。墓前的墓道两侧石羊、石马、石狮等石翁仲及石烛、华表各一对。1961年，陈元光墓被福建省公布为第一批省级文物保护单位。2013年，陈元光墓与陈政墓一起被公布为全国重点文物保护单位。在墓园前左侧，除了“陈元光墓”碑外，还竖有“后土”碑，但被写为“司土”。这并非建墓者乱写，而是精确地表达了后土神明的功能，即统辖和管理大地。而且，坟包也暗喻大地之母的肚子。还有“后”就是“司”，只不过两字颠倒而已。在古代，这种情况应该颇为常见，如商代的“司母戊鼎”，亦有人认为应称为“后母戊鼎”。这也是一个很好的“后”与“司”可以通假的例子。由此我们也许可以知晓，在唐代或更晚的时期,“后土”可以用“司土”代之,或者“司土”即“后土”。

宋代,墓地的“后土”神明也可能用“福神”来替代。我们可以从宋代的墓地看出一些端倪,如宋代理学家、监察御史游酢的陵园。游酢(1053—1123),字定夫,号豸山先生,福建建阳长坪人,北宋理学家、教育家、书法家、诗人,宋元丰五年(1082)进士,历任萧山尉、太学录、太学博士、监察御史、知州、知军等。他在理学界以“程门立雪”而出名,是上承程颢、程颐,下启朱熹的人物,曾在故里建阳建芝山书院,是道南学派的主要创始人之一,也是闽学鼻祖。其陵园有牌坊山门、歇山顶拜亭和重檐歇山顶建筑等构成的纪念堂,正殿供奉游酢像。其牌坊的对联为“立雪拜程门尊师重道流芳百世,南传宣理学修德建功作育千秋”。纪念堂的门联为“闽北高风传理学,道南立雪仰程门”。

陵园纪念堂旁即为后来根据宋代形制重修的游酢墓,坟包为土堆坟外砌河卵石,墓碑安置于坟包后,上写“广平宋皇恩封监察御史闽九世祖考游讳酢、字定夫、号豸山、谥文肃,闽九世祖妣吕太宜人合墓”。右边下款写“众嗣裔孙仝永祀”;左边上款写“时公元二零零六年丙戌岁季冬月吉旦”。这表明该墓为2006年重修的游酢夫妇合葬墓。坟包右侧安置有墓地的守护神石碑,但其上没有刻“后土”两字,而是刻着“福神”两字,可能是用福神来代替后土,这说明至少在闽北南平地区,人们认为后土是福神,是可以给墓主人后裔带来福祉的神明。

类似的情况在其他地方也可以看到。如闽南漳州龙海区东园镇埭美村现在是一个观赏闽南红瓦厝的旅游点,村口有一座重新整修过的陈氏祖坟,墓碑上镌刻着“埭美陈门世祖孺人墓”,左边上款为“二〇一六丙申年□月重修”,右边下款为“陈氏裔孙立石”。这说明该墓是埭美村陈氏开基祖夫人的坟茔。该墓墓围左侧也立着“福神”牌位。

厦门市湖里区江头街道蔡塘社区的墓葬实例,或可为福神即后土的说法提供佐证。在蔡塘社区,村庄北为湖边水库,水库边上为过去的村庄。现在社区的外围地带葬有该村居民,是该社区的公共墓地之一。其中有1984年重修的“显考王公炎之墓”,其左边的墓地守护神为“福神”。而同一个社区(过去是村落)南面的边缘地带也有一座较大的坟墓,其左边的墓地守护神则为后土。在同一个社区或村落中不同姓氏居民的祖坟中,其墓地守护神明有的为福神,有的为后土。这种福神与后土并存于同一社区(或同村)墓地中的现象表明,在村民的心目中,后土可以用福神来替代。有这样的理念,才会在该社区或村落居民(过去为村民)的社会实践中以这种并存的形式表现。我们在其他地方的墓地看到的守护神福神,或许就是后土神明的另一种表达。

明清以降，福建各地将后土作为墓地守护神的现象较为普遍。2016 年暑假，笔者在惠安县东部的小岞半岛小岞村见到一座李姓祖坟，墓碑上写着“陇西清故考李公、孺人庄氏祖坟”。这表明这是小岞村李姓某一房支清代某位祖先的祖坟，墓主李公过世时应该还不到 60 岁，所以墓碑上不用“显考”而用“故考”。该墓圈左侧安置有“后土神位”石碑。

台北“中央研究院”民族学研究所前所长、院士李亦园先生是福建泉州人，2017 年过世后，他的骨灰与夫人刘时莼的骨灰遵其遗嘱被归葬在其泉州老家的家族祖坟中。2019 年，厦门大学人类学系召开了“李亦园先生逝世纪念”的学术研讨会，会后与会者驱车前往泉州李先生的墓地吊唁。李先生的家族墓地在泉州市清源山风景区内，最早安葬的是李先生的祖父母与父母，墓碑上写着“湖山三世祖崧汀李公妣许碟娘、四世祖根香李公妣林朝素墓”。这座合葬墓的墓区外也安置了“后土神位”石碑，把后土皇地祇作为湖山李氏墓地的守护神明。其位置在李亦园先生父母与祖父母墓的右侧，李先生与其弟李少园合葬墓的左后方。

现代的公墓也延续了将后土娘娘视为家族墓地或单一坟墓守护神的做法。不过，人们的观念也发生了一些变化，有的已经把后土与土地公等同起来，而且安置后土神位的位置也从坟墓的左边大位变得较为随意，左右皆可。笔者的母亲 88 岁高龄过世后，笔者在厦门岛外的安乐园公墓中购置了墓地，为父母建造了永久性的阴宅。这座父母合葬墓左侧安置了后土神位，其前亦有香炉，清明时节扫墓时应先祭拜后土，然后才是祖先。在该墓园中，许多阴宅也都如此，但有的坟墓墓碑中的“后土”被写成了“後土”。这可能是墓主要求以繁体字镌刻墓碑，墓地的工作人员和刻工不了解。即便在繁体字系统中，“后土”的“后”仍是简体字的“后”，因为在繁体字系统中，此“后”为“皇后”的“后”，而非“後面”的“後”。也就是说，简体字中的“后”有不同的来源，但是电脑程序并不能这样转换，它只能把“后面”的“后”转化为繁体字的“後”，而无法将“皇后”的“后”保留下来，刻工按电脑转化出来的字刻，加之不了解汉字繁体字与简体字系统的不同，所以就出现了“後土”这种情况。

有的坟墓则将后土神位安置在墓围的右侧，也许是因为墓左侧供奉土地公，是墓主后裔为增强对墓地的守护力量，这需要在以后清明上坟扫墓的过程中得到进一步证实。

还有的坟墓直接以土地公的神像来代替后土神位，同样安置在墓的左侧。这清楚地表明，在当代，有些人已分不清后土与土地公各自的职司与性别，将代表坤的大地之母后土娘娘与掌管地方的土地公混为一谈。

台湾的后土信仰实践

（石奕龙）

台湾许多地方也会在墓地安置后土神位作为墓地守护神。2012 年 12 月，笔者在台湾北部的苗栗县后龙镇外埔村的公共墓地，看到有许多该村人的祖墓。从墓碑看，外埔村的叶姓来自澎湖，吕姓则来自银同，即福建同安县。在这些坟墓中，有的坟墓在墓左安置有后土神位，有的则没有。

2013 年 4 月初，笔者在台中市大甲镇的墓地看到很多去扫墓的人，有的是从台湾的其他地方甚至国外赶回老家扫墓，连拉杆行李箱都带到墓地来了，表明他是一下飞机就直奔老家的祖坟而来。

墓地中有的是家族墓，有的是单一的祖坟。后裔还未来祭扫的坟墓，坟包上满是杂草，而祭扫过的坟墓坟包上杂草除尽，上面还压着“五色纸”。大甲镇居民称此举是为祖先的阴宅添砖加瓦。有的坟墓安置有后土的神位；有的坟墓除了安置后土神位外，还安置了土地公的神龛；有的只安置了土地公的神龛；有的墓则没有神龛；有的墓虽没有安置后土神位、土地公神位或神龛，但在墓首左侧或右侧插有燃尽的香枝(祭扫后)，不尽相同。

学者张庆宗解释说：“台湾同胞的坟墓都有守护神明的，但有的有物化的表现，即安置了后土的神位或土地公的神龛，有的虽没有物化的安置，但观念上却一定存在。有的坟墓虽看不到后土的神位或土地公的神龛，但其族人来祭扫时就会先在坟墓的墓首旁点香，摆上祭品来祭祀，表示先祭坟墓守护神，然后再祭祀祖先。所以，你看到有些祭扫过的坟墓的墓首上有香梗，就是这种现象的表征。实际上坟墓还有一类守护神，那就是‘龙神’，可能是象征着坟墓的龙脉。在我们大甲镇，泉州籍居民的祖坟多数是左边安置后土或土地公的神位，右边安放‘龙神’的神位。而客家人的祖坟则是左‘龙神’、右‘土地公’或‘后土’。”张老师的解释使我们对大甲镇人的祭扫习俗与墓地的结构有了较为深刻的了解。

2011 年 3 月 28 日，萧放教授参加了台湾新竹客家人梁氏家族的清明祭扫活动。台湾新竹市郊外，每一座坟墓前左方都有一个土地神位。梁氏家族在祭拜祖坟前，要先拜墓旁的后土神位，一个小石碑上写着“后土”二字。祭祀过后土后，才在祖先墓碑前摆供，以前是要有三牲的，现在简化了，只摆糖果、香纸等。进香人接过一根香献给后土，然后接一根香献给祖先，还要将带来的一沓沓纸钱烧化，烧纸的顺序也是先后土再祖先。[①]

但后来，笔者从朋友萧木通先生提供的一些台湾葬俗的照片中看到，台湾地区泉州籍居民祖坟左“后土”或土地公、右“龙神”的现象，客家籍居民祖坟左“龙神”、右“后土”或土地公的现象，可能只在大甲镇出现。而在台湾的其他地方，泉州籍居民的祖坟墓地守护神安置的情况也可能与大甲镇客家籍居民一样。如萧木通先生说新竹一座泉州晋江籍（晋水）蔡姓台湾同胞的祖坟就是左“龙神”、右“后土”。不过，新竹县客家籍台湾同胞占多数，也许这是新竹的泉州籍台湾同胞受客家籍台湾同胞习俗的影响所致。如果真是这样，那这种差别可以作为区分泉州籍台湾同胞与客家籍台湾同胞的一种方法。

此外，从萧木通先生提供给的丧俗照片中，笔者还找到了一张他们考察一座家族墓风水的照片。从照片的情况看，该墓园中有好几个坟墓，其中前左的一座坟墓旁就安置着后土神位。这表明台湾地区墓地安置后土神位的现象较为常见。

---

① 参见萧放：《台湾新竹客家的清明》，宋颖、陈进国主编：《鹤鸣九皋：民俗学人的村落故事》，商务印书馆2017年版，第13～18页。

东南亚华人墓园的后土崇拜

（石奕龙　刁统菊）

东南亚华人社会多是延续明末清初的社群，保存着较多南明遗民南迁的地方记忆。华人不论任何籍贯或方言，对义山神明和先人的祭拜都是非常重视的，以后土等作为坟墓和墓地守护神明的现象也较为普遍。在马来西亚马六甲的青云亭，庙址左侧墙边保存着1685年《甲必丹李公博懋勋颂德碑》，其中便提到"因明季国祚沧桑、航海而南行，悬车此国"。东南亚华人殡葬涉及的后土崇拜，受到明代殡葬规格与习俗的影响。明代的礼秩可以参考《大明集礼》和《大明会典》。《明史稿》中提到明朝品官与士庶人的丧礼"本之《仪礼·士丧》，稽诸《唐典》又参以朱子《家礼》之编"[①]。按照相关说法，"告后土"是穿圹下葬之前的礼仪，而"祠后土"是掩圹复土之后的礼仪。不论"告后土"还是"祠后土"，在新马两地这种习俗至今犹存。

从东南亚多数墓园可以看出，当地的华人社群为了延续对后土的崇拜而采取了折中的做法。公共义冢或私人墓园，有的会在墓园设立福德祠而未设后土坛，后土转换为福德庙的土地神。地方上的一些坟墓旁设立的神位也不再是后土神位，改拜土地福神。一方面，公共义冢或私人墓园的福德祠供奉的是被尊称为"福德正神"的土地公，是所有个体共同祭祀的对象，到墓园上墓之前必须先拜福德正神。例如，马来西亚和新加坡的华人义山都有一座"福德祠"或"伯公亭"，祠内或亭内的主神为大伯公，有时候也称为"福德正神"。其神像和供奉于庙宇或私宅的大伯公像没有差别。只要是在义山范围内举行活动，就必须先到福德祠祭拜大伯公，禀明来意，以示对土地的尊敬和期望获得大伯公庇佑，随

① （清）万斯同、王鸿绪编著：《明史稿》卷六十一《礼志十四》，清雍正元年敬慎堂刻本，第186页。

后才可以走向坟墓。也有人准备水果、发糕祭祀大伯公。[①]

另一方面，死者入土为安，死后的世界为后土所掌管，在墓前或墓后设立后土神位，也是为了让子孙替死者礼敬后土。义山范围内的所有先人葬地，墓旁一定会安放后土神位。其后世子孙逢年过节到义冢祭祀先人，都要代表先人和自身向后土焚香礼敬，禀告和祈求后土神庇佑先人这块风水宝地，并使其后裔兴盛。一般还会给后土准备简单的祭品，如水果、发糕、米酒或茶水，祭祀了后土方可祭祀先人。马来西亚和印度尼西亚等地私人墓园的坟墓设计也是按照传统旧例。这种形式的后土崇拜延续了中国古代民间流传的后土崇拜，无论称呼或者崇拜神祇，都是直接指称“后土”。[②] 从进入义山到祭祀先人，整个过程都体现了对神明、土地、大自然的尊重。[③]

2016年，石奕龙考察马来西亚马六甲市东南的宝山亭。[④] 过去有人认为这座庙“是后人为纪念三宝公郑和而建造，当地居民称之为‘三宝庙’”[⑤]。调查表明，这种说法是以讹传讹。实际上宝山亭正殿的主神龛中供奉的是福德正神（土地公，当地人称“大伯公”）。左偏殿墙上挂着观音菩萨的神像，供桌上的神龛中供奉观音、天上圣母妈祖。右偏殿墙上挂着福神的神像，供桌上摆放着“特授甲必丹大檀越主蔡讳士章星君禄位”。乾隆六十年（1795），马六甲华人甲必丹蔡士章倡议并创建该庙，目的是守护其背后的“三宝山”——华人义山（义冢或坟山），并为来义山的祭扫者提供祭祀神明、祖先和无主孤魂的场所，同时也便于祭扫时避暑休憩。该庙并非专门祀奉、纪念三宝公郑和的庙宇。土地公神龛上悬挂着“以承祭祀”的匾，其表达的意思不辩自明。该庙中现在虽安放有郑和的塑像，但塑像并非立在庙堂的正殿或偏殿，而是立在宝山亭的院墙内。塑像前也没有设香炉，故郑和的塑像并没有香火，也就是说无人供奉。其实，宝山亭应为“三宝山”的守护神的庙宇，而不能称为“三宝庙”。

---

① 参见蓝姵錂：《吉隆坡福建社群的墓葬文化与信仰——吉隆坡福建义山为个案研究》，中央民族大学硕士学位论文，2016年。

② 关于东南亚后土崇拜，以上多数内容由刁统菊摘编自《清明信俗谈（二）：南洋华人墓园的后土崇拜》，作者王琛发，现稿源于修订后的公益讲座讲义（2017年，山西介休后土文化研究会），原稿初刊于（台北）《中华礼仪》第26期，2012年6月。

③ 参见蓝姵錂：《吉隆坡福建社群的墓葬文化与信仰——吉隆坡福建义山为个案研究》，中央民族大学硕士学位论文，2016年。

④ 此处关于马来西亚马六甲市东南的宝山亭后土的调查与报告，均来自石奕龙2022年8月23日提供给课题组的稿件《闽台与海外华人的后土信仰的实践》，因其原稿件包括我国闽台两省和马来西亚华人的后土信仰，为合本书规范，将马来西亚华人的后土信仰部分抽出放在此处。

⑤ 鲁白野：《马来散记》，（新加坡）星洲世界书局有限公司1954年版，第11页。

据苏庆华说，三宝山由马六甲华人第二任甲必丹李为经[①]于清康熙二十四年(1685)集资购置献给青云亭(马六甲第一座华人庙宇)，作为马六甲华人的坟山。该山原来的面积为106英亩，山上年代最古老的一座坟墓乃志年皇明天启二年(1622)的黄维弘夫妇合葬墓。[②] 这表明，至迟在1622年马六甲就已有不少华人在那里生活。

“文山显考甲必丹明弘郑公之墓”是中国南方汉人的坟墓形制，上款为“龙飞岁次戊午年仲春吉旦立”，下款为“孝男文云奉祀”。墓桌肚上还有一块碑，即民国二十六年(1937)“荥阳堂重修”碑。据蔡文泰考证，郑明弘又名郑启基、郑芳扬，是马六甲第二任甲必丹，生于1632年，卒于1677年。因他们是反清复明之义士或其后裔，所以不用清的年号，如郑明弘在青云亭为其父、第一任马六甲甲必丹郑思显(又称郑我慎、郑贞淑)立的神主牌，写的是“……卒于隆武戊子年(1648)闰三月”，而没有用清顺治五年(1648)的年号。[③] 郑明弘的祖籍是福建省龙海市榜山镇文苑社[④]，故其墓碑上的祖籍地名写“文山”，这是对文苑社的雅化。另外，他与上面提到的甲必丹李为经都是青云亭的创始人。郑明弘逝世于1677年，却在1678年戊午仲春(大约农历二月)下葬。如果不是停柩几个月才下葬，就是1677年刚过世时先按当年的年历埋葬，1678年春再捡骨装金瓮行二次下葬，而这也是遵循闽南习俗或规则的。此外，估计他的派下人数较多，到了200多年后的民国时期形成了宗族，故在1937年时以郑氏宗祠“荥阳堂”的名义来重修这一光宗耀祖的甲必丹祖先墓。该墓的右侧安置有后土神位，为该墓的守护神。郑明弘墓后面的一座坟墓，其后土神位安置在坟墓的左边。

在吉隆坡福建义山，绝大部分坟墓左前方(有的在右前方)都安置有后土神位。即便是由义山管理委员会倡导的新建筑模式的坟墓也不例外。后土神位一般刻有“后土”“福神”等字样，或使用后土画像，还有的直接供奉“福德正神”

---

① 也有人认为李为经为马六甲第四任甲必丹。参见蔡文泰:《回望下南洋——探索泉州人在马来亚的历史足迹》,《闽南》2022年第2期。

② 参见苏庆华:《代天巡狩:勇全殿、池王爷与王船》,马来西亚:马六甲怡力勇全殿,2005年,第5页。

③ 在马六甲青云亭中的“甲必丹李公济博懋勋颂德碑”也是如此，其纪年为“龙飞乙丑”(1685)，碑文中说:“公讳为经，别号君常，银同(即福建同安)鹭江(即厦门)人也。因明季国祚沧桑，遂航海而南行，悬车此国，领袖澄清，保障著勷，斯土是庆，抚绥宽慈，饯溺是兢。捐金置地，泽及幽冥，休又有容，藩又无名，用勒片石，垂芳永永。”这表明李为经也是明朝的遗老，因明朝覆灭逃到马来西亚马六甲的，所以手下为他立的功德碑也不用清朝的年号，而那年是康熙二十四年(1685)乙丑。也就是说，清朝的纪年不必遵从，但中国文化仍须遵从。

④ 参见蔡文泰:《回望下南洋——探索泉州人在马来亚的历史足迹》,《闽南》2022年第2期。

的塑像。[①] 福建义山坟墓后土神像一般有石碑、画像、塑像和浮雕这几种。[②]

柬埔寨中部偏南的狮子桥村的土生华人父辈或祖辈的坟地后也都安置有后土神位，目的是守护坟墓。在修筑好坟墓后，当地土生华人会在坟地后面堆一土墩，墩前立一块石碑。石碑由水泥制成，刻上红色文字，有的还会在石碑边缘涂上红漆，或在石碑上雕刻葫芦形花纹。清明节华人上坟，家庭成员为先人摆上供品前，首先要祭拜后土。[③]

东南亚各方言群经营的义冢墓园在坟墓设计方面有相似之处，绝大部分都会在各自的墓地奉祀后土。同时，各籍贯人士在供奉后土的细节上也有所不同。一般广东籍人士是把后土神位安在墓前左侧以示尊重。而福建籍人士的后人做法则不尽相同，一般都把后土神位安在坟前右边，因为闽南人根据天阳地阴，认为右边属阴，符合地母之性质。总之，中国南方各省的义冢或墓葬形式至今仍在东南亚地区流行，其丧葬活动依然包含墓园葬祭礼仪中长期存在的后土崇拜。[④]

东南亚华人的后土崇拜，除了最直接地见于各地义冢之外，还见于各地的神庙习俗。庙门前方往往有一个朝天的大香炉，香炉上也常见“天地父母”四个大字，多为由右到左的直排对句。按正统的膜拜习惯，人们在正式拜神之前要先在庙外遥望，向天地交接之处膜拜，在大香炉中插香，然后再入庙，继续礼拜主祀和附祀诸神灵。

---

① 参见李永球：《魂气归天——马来西亚华人丧礼考论》，（马来西亚）漫延书房2012年版，第172～174页。

② 参见蓝姵錂：《吉隆坡福建社群的墓葬文化与信仰——吉隆坡福建义山为个案研究》，中央民族大学硕士学位论文，2016年。

③ 参见陈俊源：《传承与变迁：柬埔寨狮子桥村土生华人研究》，广西民族大学硕士学位论文，2018年。

④ 参见王琛发：《清明信俗谈（二）：南洋华人墓园的后土崇拜》，现稿源于修订后的公益讲座讲义（2017年，山西介休后土文化研究会），原稿初刊于（台北）《中华礼仪》第26期，2012年6月。

日本华侨公墓的后土、土地神信仰

（刁统菊）

后土是墓地祭祀的土地神。在中国，建造墓地时，首先要对后土进行祭拜。在日本，除了长崎之外，华侨社会于近代形成，亦开始在建造公墓之后立后土碑。① 长崎、神户、京都、横滨等日本华侨集中居住和活动地的公墓也都有后土碑，如神户与后土碑相邻而建的阪神淡路大地震（1995）华侨遇难者追悼纪念碑，以及横滨与关东大地震（1923）华侨遇难者纪念碑合建的后土碑。这一信仰在华人社会及其历史过程中具有重要意义。

目前，在日本生活着20万华侨，直到现在，长崎、神户、京都、横滨等地的华人墓地与日本墓地相比，虽然有形态上的差异，但从祭祀、信仰等视角来看，前者都供奉土地神，即后土、后土神，只是在墓地进行祭祀的方法及形式方面存在差异。

在福建地区，埋葬死者前要举行破土（亦称“动土”）仪式。先得到墓地所在地土地神——后土的许可，再对其进行祭祀，并且在墓地建造完成之后也要祭祀后土，从这一行为方式来考虑的话，供奉后土是建造公墓的第一步，而实际上，在横滨、神户等地的中华义庄，后土神是作为一个整体被供奉的。如神户中华义庄整个陵园的后土神石碑是在陵园建造之后于1976年由出生在广东省的吴姓一家施赠而立。也就是说，该公墓建造后历经半个世纪，家乡的信仰、习俗才由同样来自中国的人士带入。另外，中华义庄的神堂供奉的土地公“福德正神”，也可以被看作整个陵园的守护神。②

---

① 本文由刁统菊根据《日本华侨公墓与后土、土地神信仰——旅日华侨社会的历史和记忆之表象》一文摘编，原文发表在《徐州工程学院学报（社会科学版）》2016年第2期，作者松尾恒一（日本国立历史民俗博物馆教授），译者徐铭（时为日本明海大学讲师）。

② 参见中华会馆编：《落地生根　神户华侨与神阪中华会馆之百年》，（日本）研文出版2000年版，第314页。

值得注意的是各家墓地立有后土碑进行供奉的现象。在京都的华侨墓地、神户的中华义庄、附属于万福寺的京都华侨陵园等地，这一景象随处可见。在神户和京都，后土碑均是顶部呈较缓的圆弧状，纵向呈长方形，刻有“后土”字样，并立于墓碑前方靠左处。京都华侨陵园后土碑上的刻字是红色，而神户中华义庄的多数是金色。

2014 年清明节，在京都华侨陵园，清早各家在墓前供奉食物、鲜花等祭品。在自家墓地祭拜后土神时，先向后土奉献祭品，再祭拜祖先。可以看到，他们的意识里还留有对后土神的信仰。对土地神的信仰，日本人并非完全没有，却没有在祖先墓碑之外安放“后土神位”石碑，与祖先之灵一同祭祀的事例。这是日本人和中国人在祖先祭祀、祖灵观等方面较大的不同之处。近代以来，神户、京都、横滨乃至具有超过两个世纪华人社会历史的长崎，在墓地合并祭祀后土神的习俗甚至扩展到日本人的墓地。可以确认，这一习俗始于华人墓地。墓地的后土神已经成为华人华侨身份认同的一种标志。